主编简介

胡 飒 博士，北京信息科技大学马克思主义学院教授。

奚冬梅 博士，北京信息科技大学马克思主义学院讲师。

当代人文经典书库

高校思想政治教育教学与实践研究

胡　飒
奚冬梅 ◎ 主编

光明日报出版社

图书在版编目（CIP）数据

高校思想政治教育教学与实践研究 / 胡飒，奚冬梅

主编 . -- 北京：光明日报出版社，2017. 12（2022. 9 重印）

ISBN 978 - 7 - 5194 - 3795 - 4

Ⅰ. ①高… Ⅱ. ①胡… ②奚… Ⅲ. ①高等学校-思想

政治教育-教学研究-中国 Ⅳ. ①G641

中国版本图书馆 CIP 数据核字（2017）第 324403 号

高校思想政治教育教学与实践研究
GAOXIAO SIXIANG ZHENGZHI JIAOYU JIAOXUE YU SHIJIAN YANJIU

主　　编：胡　飒　奚冬梅

责任编辑：曹美娜　朱　然　　　　　责任校对：赵鸣鸣

封面设计：中联学林　　　　　　　　责任印制：曹　净

出版发行：光明日报出版社

地　　址：北京市西城区永安路 106 号，100050

电　　话：010 - 67078251（咨询），63131930（邮购）

传　　真：010 - 67078227，67078255

网　　址：http：// book. gmw. cn

E - mail：gmrbcbs@ gmw. cn

法律顾问：北京市兰台律师事务所龚柳方律师

印　　刷：三河市华东印刷有限公司

装　　订：三河市华东印刷有限公司

本书如有破损、缺页、装订错误，请与本社联系调换

开　　本：710×1000　1/16

字　　数：392 千字　　　　　　　　印　张：22.5

版　　次：2017 年 12 月第 1 版　　　印　次：2022 年 9 月第 2 次印刷

书　　号：ISBN 978 - 7 - 5194 - 3795 - 4

定　　价：99.00 元

目　录
CONTENTS

01

马克思主义研究

对社会主义本质科学内涵的一些思考*

——从《概论》教材对社会主义本质科学内涵表述的变化谈起

赵雅沁

摘 要:《概论》教材使用以来,对社会主义本质科学内涵的表述经历了三次变化,主要体现在如何理解并阐明"解放生产力,发展生产力"与社会主义本质的关系。"把解放和发展生产力概括为社会主义的本质"的表述不够准确,容易使人产生"解放和发展生产力就是社会主义本质"的错误认识,并在实践中产生严重后果。这一表述现已改为"突出强调解放和发展生产力在社会主义发展中的重要地位",它虽然符合马克思主义基本原理,但并没有体现出社会主义本质论的鲜明特色。建议改用"把解放和发展生产力纳入社会主义的本质",这一表述既坚持了马克思主义创始人对社会主义的原有认识,又体现出社会主义本质论的创新性,能够较为准确地揭示社会主义本质的科学内涵。

关键词:社会主义本质;科学内涵

一、《毛泽东思想和中国特色社会主义理论体系概论》(以下简称《概论》)教材对社会主义本质科学内涵表述的变化

"社会主义的本质,是解放生产力,发展生产力,消灭剥削,消除两极分化,最终达到共同富裕。"[1]自1992年邓小平提出社会主义本质理论以来,如何把握其科学内涵,就是一个重要的理论问题和现实问题。《概论》教材使用以来,对社会主义本质科学内涵的表述经历了三次变化:

2009年之前(含2009年)的教材对社会主义本质的科学内涵是这样概括的:第一,把解放和发展生产力纳入社会主义的本质。第二,突出强调消灭剥削,消除

---

* 基金项目:北京市教委社科计划面上项目(项目编号:SM201511232006)。

两极分化,最终达到共同富裕。[2]

2010年修订版教材对社会主义本质科学内涵的概括:第一,把解放和发展生产力概括为社会主义的本质。第二,强调消灭剥削,消除两极分化,突出了最终达到共同富裕这一社会主义的目标。[3]

2013年后(含2013年)的教材对社会主义本质科学内涵的概括:第一,突出强调解放和发展生产力在社会主义发展中的重要地位。第二,突出强调消灭剥削,消除两极分化,最终达到共同富裕的发展目标。[4]

从上面的表述看,《概论》教材对社会主义本质科学内涵的概括,在第二点上是基本一致、没有实质变化的,只是在"消灭剥削,消除两极分化,最终达到共同富裕"(2009年之前的教材)之后加上了"社会主义的目标"(2010—2012年的教材)或"发展目标"(2013年后的教材),从文字表达上更加明确了"消灭剥削,消除两极分化,最终达到共同富裕"作为"社会主义的目标"或"发展目标"的定位(即使没有这样的文字表达,这一定位也是客观存在的)。区别主要在于第一点,经历了"把解放和发展生产力纳入社会主义的本质"到"把解放和发展生产力概括为社会主义的本质"再到"突出强调解放和发展生产力在社会主义发展中的重要地位"的变化。这表明,把"消灭剥削,消除两极分化,最终达到共同富裕"作为社会主义的本质方面,是不存在争议的,而如何理解并阐明"解放生产力,发展生产力"与社会主义本质的关系,则是一个具有争议、需要不断完善的问题。

二、对社会主义本质科学内涵的一些思考

1. "把解放和发展生产力概括为社会主义的本质"的表述不够准确,容易使人产生"解放和发展生产力就是社会主义本质"的错误认识。

"把解放和发展生产力概括为社会主义的本质"的表述,给人这样一种感觉,或容易使人产生这样的误读,即解放和发展生产力就是社会主义的本质,而解放和发展生产力是不是社会主义的本质,本身就是邓小平社会主义本质论提出以来最具争议性的问题。马克思主义创始人从来都是把公有制、按劳分配看作社会主义的本质特征,而邓小平的社会主义本质论并没有提到公有制和按劳分配,却突出强调了解放和发展生产力,一些人据此认为,邓小平改变了马克思主义创始人的认识,不再把公有制和按劳分配看作社会主义的本质特征了,而把解放和发展生产力看作社会主义的本质,既然如此,他们就进一步认为:既然解放和发展生产力是本质,那么所有制就是手段,因此,哪种所有制有利于解放和发展生产力就应该发展哪种所有制,言外之意就是不一定非要坚持公有制的主体地位了,这实际是在利用社会主义本质论来为他们的私有化主张做注释。可见,正确理解并阐明"解放生产力,发展生产力"与社会主义本质的关系,是一个非常重要的问题,否则,社会主义本质论就可能被利用为反社会主义的理论武器。

首先,何谓本质?本质指的是事物本身所固有的根本属性,是某类事物区别于其他事物的基本特质。因此,是不是本质,要看它是不是该事物所特有的、能够把该事物与其他事物区别开来的该事物所固有的根本属性。马克思主义创始人从生产关系的角度,把公有制和按劳分配作为社会主义的本质特征,是相当合理的。因为,生产力即生产"一般",属于适用于一切时代的抽象范畴,用这些抽象范畴不可能理解任何一个现实的社会。例如,生产是劳动者通过劳动生产出劳动产品的过程,这是一切社会的生产都具有的特点,不可能凭借它把不同的社会制度区分开来。而生产关系即生产"特殊",指的是生产力即生产一般所据以产生和存在的社会历史条件,由于它在每个社会制度下都是不同的,因而能够体现不同社会制度的本质差别。例如,同样是生产,在资本主义社会是以资本主义私有制为基础进行的,在社会主义社会则是以社会主义公有制为基础进行的,这种生产关系上的区别才能真正把不同的社会制度区分开来,真正体现不同社会的根本特质。

既然如此,邓小平为什么要把"解放生产力,发展生产力"放在社会主义本质中呢?这主要是因为,马克思主义创始人从生产关系层面对社会主义本质特征的概括虽然很科学,但我们对它的理解却存在一些偏差,导致长时间内脱离生产力抽象地谈论社会主义,误以为只要不断改变生产关系,提高公有化的程度,就能搞好社会主义,在实践中导致了忽视生产力发展的倾向和做法,产生了比较严重的后果。邓小平正是针对这一问题,在社会主义本质论中突出强调了解放和发展生产力。这也体现出邓小平理论的特点,即往往是针对现实存在的问题、作为理论武器提出来的,具有较强的现实性和针对性。也正因为如此,理解邓小平理论时,必须要了解邓小平提出该理论的背景及针对的具体问题。了解了这些,也就明白为什么社会主义本质论要突出生产力的地位了。但这并不表明生产关系不重要,也不表明邓小平改变了马克思主义创始人的看法。在社会主义本质论中,邓小平在突出生产力的同时也强调了"消灭剥削,消除两极分化,最终达到共同富裕",这本身就是生产关系的内容,因为,私有制是剥削和两极分化的根源,只有在公有制和按劳分配为主体的情况下才能消灭剥削和两极分化,这也就是说,邓小平的社会主义本质论,内在地包含着马克思主义创始人关于社会主义本质特征的论述,或者说,是马克思主义创始人关于社会主义本质特征论述的另一种表达。这又产生一个问题:既然社会主义本质论内在地包含马克思主义创始人关于社会主义本质特征的论述,为什么不直接引用而要采用这样一种间接的表达呢?这还是要归于邓小平理论作为理论武器的特点。社会主义本质论本来针对的问题就是离开生产力片面强调公有制和按劳分配的程度和范围,再加上当时我们早已确立了以公有制和按劳分配为基本特征的社会主义制度,因此这里就无须强调了,但这里无须强调并不等于不重视。通观邓小平文选,可以看到,邓小平多次强调,一个公有制占主体,一个共同富裕,这是我们必须坚持的社会主义的根本原则;社会主义有两个非常重要的方面,一是以公有制为主体,二是不搞两极分化。可见,邓小平多次强调公有制,并且是把它当作社会主义的根本原则和重要方面加以强调的。

综上,把"解放生产力,发展生产力"放入社会主义本质论中并不意味着"解放和发展生产力就是社会主义本质",这种认识既不符合马克思主义创始人对社会主义本质特征的科学概括,也不符合邓小平社会主义本质论的科学含义,实践上的危害也很大。社会主义一定要解放和发展生产力,但并不意味着解放和发展了生产力就等于搞社会主义,或者认为搞社会主义就是解放和发展生产力,只要解放和发展生产力就什么问题都解决了。事实上,任何一种社会制度,在其发展的早期阶段,往往都是解放和发展生产力的,马克思讲过,"资产阶级在它的不到一百年的阶级统治中所创造的生产力,比过去一切世代创造的全部生产力还要多、还要大。"[5] 可见,解放和发展生产力本身并不是社会主义才独有的特质,而是实现"消灭剥削,消除两极分化,最终达到共同富裕"这一社会主义特有目标的手段。邓小平的社会主义本质论,就是把手段和目标统一起来的创造性认识。

2."突出强调解放和发展生产力在社会主义发展中的重要地位"的表述虽然符合马克思主义基本原理,但没有体现出社会主义本质论的创新性;"把解放和发展生产力纳入社会主义的本质"的表述更为恰当。

可能正是因为"把解放和发展生产力概括为社会主义的本质"的表述容易使人产生"解放和发展生产力就是社会主义本质"的错误认识,《概论》教材在2013年修订时将该表述改为"突出强调解放和发展生产力在社会主义发展中的重要地位",这一表述一直沿用至今。

应该说,"突出强调解放和发展生产力在社会主义发展中的重要地位"的表述是符合马克思主义基本原理的。马克思主义最重视生产力,恩格斯《在马克思墓前的讲话》一文指出:"正像达尔文发现有机界的发展规律一样,马克思发现了人类历史的发展规律,即历来为纷繁芜杂的意识形态所掩盖着的一个简单事实:人们首先必须吃、喝、住、穿,然后才能从事政治、科学、艺术、宗教,等等;所以,直接的物质的生活资料的生产,一个民族或一个时代的经济发展到一定阶段,便构成基础,人们的国家设施、法的观点、艺术以至宗教观念,就是从这个基础上发展起来的,因而,也必须由这个基础来解释,而不是像过去那样做得相反。"[6]生产力决定生产关系的原理,是马克思主义最基本的原理,马克思正是通过对资本主义生产关系从生产力发展的推动力量转化为生产力发展的桎梏的考察,才得出资本主义生产方式产生、发展和灭亡有其内在必然性的科学结论。而马克思所设想的新的社会主义社会,既要以高度发达的生产力为基础,也是解放和发展生产力的必然要求。

"突出强调解放和发展生产力在社会主义发展中的重要地位"的表述虽然符合马克思主义基本原理,但并没有体现出社会主义本质论的创新性。马克思主义创始人一贯强调生产力,邓小平在这里也强调生产力,那社会主义本质论的创新性又体现在哪里呢?需要注意的是,马克思主义创始人虽然极其重视生产力,却从来没有从生产力的层面去界定任何社会的本质,包括社会主义社会的本质。其原因如前所述,即在生产力层面,一个社会制度与另一社会制度的本质差别无法体现出来。而邓小平的创新之处,就在于他第一次把"解放生产力,发展生产力"纳入了社会主义本质中,"纳入"意味着原来的认识中没有,是新加进来的,但并不意味着否定原来的认识,而是与原来的"消灭剥削,消除两极分化,最终达到共同富裕"一起构成社会主义本质,而新"纳入"的内容本身并不能独立地作为社会主义本质存在。因此,"把解放和发展生产力纳入社会主义的本质"的表述更为恰当,它表明,社会主义本质论既在理论上坚持了马克思主义创始人对社会主义的原有认识,体现出社会主义的独有特质,又针对现实纠正了忽视生产力发展的错误观念,反映了社会主义初级阶段发展生产力的迫切要求,体现了生产力和生产关系、根本任务与最终目标的辩证统一。应该说,这一表述既符合马克思主义基本原理,又体现出社会主义本质论的鲜明特色,是坚持与创新的统一,能够较为准确地揭示社会主义本质的科学内涵。

三、就社会主义本质的科学内涵对《概论》教材的建议

1. 建议仍使用"把解放和发展生产力纳入社会主义的本质"这一表述。

综上所述,"把解放和发展生产力概括为社会主义的本质"的表述不够准确,容易使人产生"解放和发展生产力就是社会主义本质"的错误认识,并在实践中产生严重后果。这一表述现已改为"突出强调解放和发展生产力在社会主义发展中的重要地位",它虽然符合马克思主义基本原理,但并没有体现出社会主义本质论

的创新性。建议改用"把解放和发展生产力纳入社会主义的本质"（也即 2009 年之前的《概论》教材的表述），这一表述既坚持了马克思主义创始人对社会主义的原有认识，又体现出社会主义本质论的创新性，能够较为准确地揭示社会主义本质的科学内涵。

2. 建议把"突出强调消灭剥削，消除两极分化，最终达到共同富裕的发展目标"改为"突出强调消灭剥削，消除两极分化，最终达到共同富裕的社会主义发展目标"。

由于"消灭剥削，消除两级分化，最终达到共同富裕"本身就是马克思主义创始人关于社会主义本质特征的另一种表达，体现了社会主义所固有的根本属性，因此，《概论》教材对社会主义本质科学内涵的表述，在这一点上没有实质的变化，相应地，本文也没有就此进行探讨。但是，仍然建议在现用教材的"发展目标"四个字之前加上"社会主义"四个字，以体现"消灭剥削，消除两极分化，最终达到共同富裕"是社会主义才具有的发展目标，更好地反映社会主义本质的科学内涵。其实，2010 年修订版教材是有"社会主义"四个字的，只是没有"发展"两个字，现用教材加上了"发展"两个字，把"目标"改为"发展目标"，应该是更为确切，但不知何故删掉了"社会主义"四个字，窃以为还是再加上比较合适。

（作者单位：北京信息科技大学马克思主义学院）

参考文献：

［1］邓小平文选（第 3 卷）［M］. 北京：人民出版社，1993：373.

［2］毛泽东思想和中国特色社会主义理论体系概论［M］. 北京：高等教育出版社，2009：118～119.

［3］毛泽东思想和中国特色社会主义理论体系概论［M］. 北京：高等教育出版社，2010：118～120.

［4］毛泽东思想和中国特色社会主义理论体系概论［M］. 北京：高等教育出版社，2013：113～114.

［5］马克思恩格斯选集（第 1 卷）［M］. 北京：人民出版社，1995：277.

［6］马克思恩格斯选集（第 3 卷）［M］. 北京：人民出版社，1995：776.

浅析群众路线的时代价值

齐治兰

摘　要：群众路线是中国共产党领导群众进行革命的历史经验总结，在中国革命、建设和改革的不同时期，我们党把马克思主义关于人民是创造历史的英雄的基本原理运用于中国实际，是马克思主义基本原理在党的全部活动中的生动体现。毛泽东的群众路线思想是中国共产党群众路线的思想源头和基础，面对当今世情、国情、党情的变化，党的十八大以来，习近平立足解决党的长期执政、党群关系、党风等方面的问题，继承和发展了毛泽东群众路线思想，开辟了马克思主义群众路线思想的新境界，具有重要的时代价值。群众路线是党的传家宝和根本工作路线。坚持和发展群众路线，是中国共产党党性的体现。只有始终坚持和深入贯彻群众路线，始终保持同广大人民群众的血肉联系，始终做到植根人民、依靠人民、造福人民，我们党才能永远立于不败之地。

关键词：群众路线；唯物史观；传家宝；群众观；党的十八大

党的十八大以来，面对新时期世情、国情、党情的变化，习近平在继承毛泽东群众路线思想的基础上，围绕深入开展党的群众路线教育实践活动、密切党群关系，发表了一系列重要讲话，提出了"让人民成为改革的主体""人民对美好生活的向往，就是我们的奋斗目标"等一系列富有时代特色的重要论断。在十八届六中全会的全会公报中又再次强调"必须坚持党的全心全意为人民服务的宗旨""坚持党的政治路线、思想路线、组织路线、群众路线"等核心精神，赋予马克思主义群众观新的时代内涵，提出了新时期群众路线实施的许多新观点和新举措，进一步丰富和发展了群众路线的理论内涵。随着"两学一做"学习教育的不断深入，对党的群众路线有如下认识。

一、马克思主义群众观是我党群众路线的理论基础

马克思以前的哲学家们在认识人类社会历史发展时,对于人类社会发展动力、谁是历史的真正创造者等问题的回答往往陷入历史唯心主义"英雄史观"的泥潭,他们宣称"世界历史不过是伟人的传记"而已。只有马克思主义第一次科学地回答了这个问题的,马克思、恩格斯指出:"历史活动是群众的活动,随着历史活动的深入,必将是群众队伍的扩大。"马克思主义群众观作为马克思主义唯物史观的核心内容,揭示了社会基本发展规律,认为:人民群众才是创造历史的英雄,更是推进社会发展的决定性因素。马克思主义是中国共产党的指导思想的理论基础,马克思主义的群众观也指引着中国共产党人,是我党群众路线的理论来源和每一代中国共产党人制定纲领、路线的理论依据。作为我党第一代领导人的毛泽东,比较早地在中国共产党内形成"群众工作的技术"思想,并明确使用"群众路线"概念。在中国长期的革命和建设的实践过程中,毛泽东创造性地将马克思主义关于人民群众是历史创造者的群众观与中国实际相结合,提出了"一切为了群众,一切依靠群众,从群众中来,到群众中去"的群众路线思想,使之成为毛泽东思想活的灵魂之一,并进一步明确了人民群众在不同实践领域的历史作用,提出了要相信和依靠群众的思想。

毛泽东的群众路线思想在整个中国共产党的群众路线理论中始终居于核心地位。它既提出了中国共产党群众路线的根本出发点和落脚点,又形成了群众路线的基本原则、基本作风和基本工作方法;它作为全党集体智慧的结晶,既是党的群众路线的理论源头,又为后来党的历届中央领导集体坚持和发展党的群众路线奠定了坚实的理论基础。中共十一届三中全会以后,我党在开创、坚持和发展中国特色社会主义的过程中,对群众路线又做出了一些新的理论概括。从邓小平理论中"是否有利于提高人民的生活水平"的判断标准,到"三个代表"重要思想中"中国共产党要始终代表中国最广大人民的根本利益"的观点,再到科学发展观中"以人为本"的核心,邓小平、江泽民、胡锦涛在这方面的一些重要论述,都丰富和发展了党的群众路线。党的十八大以后习近平总书记在很多重要场合强调人民群众在坚持和发展中国特色社会主义中的重要作用。他在中共十八届中央政治局集体学习会上强调指出:"密切党群、干群关系,保持同人民群众的血肉联系,始终是我们党立于不败之地的根基。一个政党、一个政权,其前途和命运最终取决于人心向背。如果我们脱离群众、失去人民拥护和支持,最终也会走向失败。"这些论述充分体现了新一届党的中央领导集体对党的群众路线的传承和发展。十八大后全党开展了群众路线教育实践活动,这些理论和实践形式都是在坚持毛泽东创立的群众路线基本思想观点基础上对中国共产党群众路线的进一步丰富和发展。

可以说,群众路线既是中国共产党领导新民主主义革命,特别是在敌我力量对比差距极大的严峻形势下开展革命活动的十分珍贵的历史经验的总结,也是马克思主义辩证唯物论和历史唯物论基本原理在党的全部活动中的生动体现。

二、群众路线是我们党的传家宝

古往今来,无数历史事件证明,任何执政党的前途命运都最终取决于人心向背,人心就是力量。

我党90多年的光辉历史,就是同人民群众生死与共、同甘共苦的奋斗历史,是党的群众路线的历史。从第二次国内革命战争到抗日战争时期,再到解放战争时期;从毛泽东著名的《论持久战》一文中提出了"兵民是胜利之本"的著名论断,到党的七大上,毛泽东对群众路线思想有了更加深入的分析和准确的表述。毛泽东的群众路线思想在领导全党为最后打败日本侵略者、争取民族和人民解放而进行的斗争中,得到了充分的丰富和发展。群众路线的正确坚持,为中国的抗日战争和解放战争的迅速胜利,新民主主义革命的胜利和中华人民共和国的成立奠定了深厚的群众基础。革命战争年代,如果说中国共产党依靠与群众在斗争中凝结的深厚情感取得了胜利,那么在和平建设年代是否需要以及如何维系这种情感,需要远见卓识和政治智慧。早在1945年7月,曾任国民党参政会参政员的黄炎培访问延安与毛泽东晤谈时,就对中国共产党能否在环境变化以后继续保持党的优良作风提出关切的疑问。对此,毛泽东不是简单地回答完事,而是以很高的警觉对待这个问题,很好地阐述了中国共产党如何避免"历史周期律"的问题,并在即将取得全国胜利的前夕,一再告诫全党同志必须戒骄戒躁,谦虚谨慎,密切联系群众,防止官僚主义。强调要克服党内首先是领导干部中的居功自傲情绪,反对官僚主义和命令主义,密切党和人民的关系;强调发扬群众路线传统、认真执行群众路线对执行党的政治路线和各项政策的极端重要性,认为采取群众路线,工作中毛病会比较少一些,错误比较容易纠正些;要求党的领导机关要善于从本质上发现群众的积极性,恰当地组织群众的积极性,加强对群众运动的引导,避免脱离群众的危险及其可能给群众造成的危害。对这一问题,习近平站在党长期执政的高度,特别是在新形势下,党还面临着许多严峻的挑战和考验,尤其是我们党内脱离群众的现象还大量存在,集中表现为一些党员干部身上发生的贪污腐败、形式主义、官僚主义等相当严重的问题亟待解决的背景下,有力地回答了这一问题。密切联系群众,坚持党的群众路线,就是其中最重要的一条。"坚持群众路线,就要保持党同人民群众的血肉联系。我们党的最大政治优势是密切联系群众,党执政后的最大危险是脱离群众。""得民心者得天下,失民心者失天下,人民拥护和支持是党执政的最牢固根基。人心向背关系党的生死存亡。"习近平告诫全体党员干部:能否坚持群众路线,是一个关乎我们党存亡的根本性问题。具体到每个党员身上,既是党性和立场问题,也是世界观问题。并提出"群众路线是我们党的生命线和根本工作路线"的重要论断。

以邓小平同志为核心的党的第二代中央领导集体以实现人民根本利益为出发点,尊重人民首创精神,开启了改革开放,开创了中国特色社会主义道路。以江泽民同志为核心的党的第三代中央领导集体、以胡锦涛同志为总书记的党中央始终高度重视加强和改进党的群众工作、密切党同人民群众的联系,提出并贯彻"三个代表"重要思想和科学发展观,不断把中国特色社会主义事业向前推进。

党的历史反复证明,什么时候能真正做好群众工作,密切联系群众,党的工作就胜利,党的事业就发展;什么时候背离了群众路线,脱离了群众,党的工作就遭受挫折,党的事业就受损失。

三、坚持和发展群众路线,是中国共产党党性的体现

《共产党宣言》指出,在同全体无产者的关系问题上,共产党人"没有任何同整个无产阶级的利益不同的利益",共产党人与众不同的地方在于"他们了解无产阶级运动的条件、进程和一般结果",并且能够在实践中成为"最坚决的、始终起推动作用的部分"。在社会历史发展进程中,离不开英雄人物或社会精英。但是,英雄人物或社会精英必须是来自人民群众并且被人民群众所拥护的个体或群体,必须始终坚持维护广大人民的整体利益,因为人民群众才是推动社会历史前进的主体力量,社会历史的发展必须符合广大人民群众根本意愿。中国共产党是来自人民群众之中的英雄人物,是代表广大人民群众利益、全心全意为人民服务的社会精英群体。因此,从《共产党宣言》角度看,党的群众路线体现了无产阶级的阶级性和先进性。

《中国共产党党章》明确规定中国共产党的性质是:"中国共产党是中国工人阶级的先锋队,是中国人民和中华民族的先锋队,是中国特色社会主义事业的领导核心,代表中国先进生产力的发展要求,代表中国先进文化的前进方向,代表中国最广大人民的根本利益。"为了谁,代表谁,是决定一个政党,不论是执政党,还

是革命党性质的根本性问题,也是任何政党都要始终面临的方向性问题,中国共产党亦是如此。毛泽东在党的七大生动诠释了马克思主义群众至上的观点,他指出:"我们共产党区别于其他任何政党的又一个显著标志,就是和最广大的人民群众取得最密切的联系。全心全意地为人民服务,一刻也不脱离群众。"可见,中国共产党奋斗目标和价值追求就是全心全意为人民服务。人民群众的根本利益是共产党人工作的最终目标和归宿。毛泽东在领导中国革命和建设的过程中,始终把为最广大的人民群众谋利益作为全党的根本宗旨,并要求共产党人从实践到理论,都要时刻把人民群众的利益放在第一位,作为工作的出发点和归宿,只有这样,才能把人民群众团结在党的周围,赢得他们的信赖和支持,最终夺取革命事业和社会主义建设事业的胜利。群众路线体现了我们党的根本性质,而党的性质决定了我们党必须走群众路线。

群众路线是在革命战争年代产生的,中国共产党自成立之日起,就在思想上和实践中非常重视人民群众的作用,依靠群众、组织和发动群众。在面临异常恶劣的环境下,不断带领广大群众在革命、建设和改革的不同历史时期创造了一个又一个伟大胜利。党的十八大以后,习近平总书记在不同场合多次强调"群众路线是我们党永葆青春活力和战斗力的重要法宝,不论过去、现在和将来,我们都要坚持把它贯彻到治国理政的全部活动之中"。这就要求全党从事的一切工作和活动,必须以最广大人民的根本利益为最高标准。我们的每一项重大改革政策,都要站在人民的立场上,正确处理和把握好涉及改革的重大问题。要从人民的利益出发谋划改革思路,制定改革举措。在改革发展的成效上,人民是最高裁决者和最终评判者。在党的建设上,贯彻群众路线,从严治党,筑牢党的执政根基。习近平总书记指出:"党的先进性和党的执政地位都不是一劳永逸、一成不变的,过去先进不等于现在先进,现在先进不等于永远先进;过去拥有不等于现在拥有,现在拥有不等于永远拥有。"从党的历史发展看,要保持党的先进性和纯洁性,巩固党的执政基础和执政地位,最重要的就是要靠党的群众路线、密切联系群众。

四、从严治党离不开群众路线的工作方法

自党的十八大以来,以习近平同志为核心的党中央推进全面从严治党。全党上下"打老虎、拍苍蝇"取得了举国瞩目的成效。习近平总书记指出:"打铁还需自身硬。我们的责任,就是同全党同志一道,坚持党要管党、从严治党,切实解决自身存在的突出问题,切实改进工作作风,密切联系群众,使我们党始终成为中国特色社会主义事业的坚实领导核心。"在刚刚落幕的党的六中全会上,再次明确提出

了"高级干部的带头示范作用",对党政高级干部给出特别警示。同时基层反腐也决不放松,因为,当前,人民群众最不满意,反映最突出的问题就是作风问题。作风问题本质上是党性问题,关系党的执政基础和人心向背。在形式主义、官僚主义、享乐主义和奢靡之风这"四风"上,针对我国当前的实际情况,习近平以解决"四风"问题为突破口,探索贯彻群众路线的新举措新途径。他指出,"四风"问题是侵蚀党群干群关系的直接源头。作风问题无小事,如果听之任之而不坚决纠正的话,就会在党和人民群众中间竖立一座无形的墙,把党和人民群众隔开了,我们党就会失去人民的拥护和支持,从而侵蚀党长期执政的群众基础。目前,基层腐败呈现出量大面广、影响恶劣两大特征,基层腐败严重背离党的宗旨,严重抹黑组织形象。基层党组织作为党的基层"堡垒",在党的日常工作中承担着上传下达、组织群众执行党的纪律方针政策等任务。一旦"堡垒"自行攻破,会严重打击群众的积极性,挫伤人民的信任感。只有持续深入开展反腐,在基层进一步消除党和基层群众间的隔膜,才能更好地贴近群众实际。基层党组织是我们党的执政根基,是整个党组织的"神经敏感地带,严抓基层党组织的腐败问题,关系到能否将全面从严治党落到实处"。毛泽东在《论联合政府》中就指出:"共产党人的一切言论行动,必须以合乎最广大人民群众的最大利益,为最广大人民群众所拥护为最高标准。"为人民群众的最大利益奋斗,全心全意为人民服务,成了中国共产党全部活动的行为准则和价值标准。毛泽东强调,坚持为人民服务,就要坚决制止有损人民群众利益的倾向和行为。党的路线、方针、政策是否正确、是否合理,人民群众最有发言权。人民群众是最好的老师,党的领导干部要虚心向人民学习,群众提的不同建议和意见,哪怕是尖锐的批评,都要诚恳地接受。只有这样,革命和建设的问题才能得到及时发现,工作中的错误和偏差才能及时修正,党的实践活动才能顺利进行。党是为人民服务的,这是党永远要记住的"初心",反腐和作风建设都是为了更好地服务于群众的利益,让群众满意,那么在从严治党的过程中引入群众参与,接受群众检验成为一条可行的方式。

　　群众标准观即把人民群众的利益和拥护作为衡量党的一切工作成效的最高标准。群众标准观是实践标准在马克思主义群众观中的具体体现,是毛泽东群众路线思想的检验标尺。习近平继承并发展了毛泽东的群众标准观,他在纪念毛泽东同志诞辰120周年座谈会上指出:"人民是我们党的工作的最高裁决者和最终评判者。"一切价值的源泉来自人民群众的实践,人民群众既是价值创造的主体,又是价值评价的主体。因此,"检验我们一切工作的成效,最终都要看人民是否真正得到了实惠,人民生活是否真正得到了改善,人民权益是否真正得到了保障。"

要把人民群众满意不满意、拥护不拥护、支持不支持、赞成不赞成、高兴不高兴、答应不答应、损不损害人民群众利益,作为工作中判断是非、决定取舍、制定政策的最高标准。

一切为了群众、一切依靠群众,从群众中来、到群众中去,是党的群众路线最简洁、最规范、最准确的概括和表述。群众路线充分反映并高度概括了党与群众的关系问题,也是我们党的任何时期的根本工作路线。

(作者单位:北京信息科技大学马克思主义学院)

参考文献:

[1]托马斯·卡莱尔. 论英雄、英雄崇拜和历史上的英雄业绩[M]. 北京:商务印书馆,2005:35~36.

[2]马克思、恩格斯. 马克思恩格斯全集(第2卷)[M]. 北京:人民出版社,1957:104。

[3]马克思、恩格斯. 马克思恩格斯全集(第3卷)[M]. 北京:人民出版社,2009:466页。

[4]毛泽东文集(第1卷). 北京:人民出版社,1993:57.

[5]毛泽东选集(第3卷). 北京:人民出版社,1991(2):1093~1094、1095、1031.

[6]习近平. 紧紧围绕坚持和发展中国特色社会主义学习宣传贯彻党的十八大精神——在十八届中共中央政治局第一次集体学习时的讲话. 北京:人民出版社,2012:11~12.

[7]习近平. 在纪念毛泽东同志诞辰120周年座谈会上的讲话. 新华网,2013年12月26日。

[8]习近平. 在庆祝全国人民代表大会成立60周年大会上的讲话.《人民日报》,2014年9月6日。

[9]习近平在党的群众路线教育实践活动会议上强调:深入扎实开展党的群众路线教育实践活动为实现党的十八大目标任务提供坚强保证.《人民日报》,2013年6月19日。

[10]习近平在十八届中央纪委五次全会上发表重要讲话.《人民日报》,2015年1月14日。

[11]柳建辉. 建国初期毛泽东对加强执政党建设几个问题的思考与实践.《毛泽东思想研究》,2011年第1期。

浅析新时代下"按需分配"实现的可能性

王冠坤

摘　要:1875 年,马克思首次在《哥达纲领批判》中提出共产主义是"各尽所能,按需分配",在马克思的眼中其历史必然性和现实可能性基于三个方面的预设,其后的马克思主义者也对这一理想进行了一系列的理论完善。"按需分配"的"需"如何界定,是本文探讨的首要问题。这一理想化的分配方式在互联网普及、教育普及、福利政策普及和经济资源环境危机的新时代下,又将增加哪些实现的可能性? 本文将做简要分析。

关键词:"按需分配";马克思主义理论;可能性

2015 年 10 月,在北京大学召开了首届世界马克思主义大会,400 余位学者参加会议共同探讨马克思主义理论的未来,马克思主义理论的延续和发展又一次让我们更加坚定地看到了社会主义社会发展的明天,即共产主义社会,在社会不断实践和理论不断丰富下终会到来。

一、马克思主义理论对"按需分配"的描述

(一)马克思理解下的"按需分配"

1875 年,马克思在《哥达纲领批判》中第一次明确提出了"各尽所能,按需分配"。这一描述曾让无数奉献终身的共产主义者看到了人民反抗压迫最后的桃花源,也曾被人质疑这一人类文明的星火,是否终像柏拉图的理想国一样只能在书本中被点燃。然而当时的马克思却认为,"按需分配"有其历史必然性和现实可能性,基于三个方面的预设:在共产主义社会高级阶段,在迫使人们奴隶般地服从分工的情形已经消失,从而脑力劳动和体力劳动的对立也随之消失之后;在劳动已经不仅仅是谋生的手段,而且本身成了生活的第一需要之后;在随着个人的全面

发展生产力也增长起来,而集体财富的一切源泉都充分涌流之后——只有在那个时候,才能完全超出资产阶级法权的狭隘眼界,社会才能在自己的旗帜上写上:各尽所能,按需分配![1]

首先,马克思的"按需分配"与劳动目的的转变密不可分。马克思理论中人类劳动分为必要劳动和剩余劳动,但在城乡、工农、脑体三大差别消失,生产力和科学技术已高度发达的共产主义社会,这种劳动的区分也会随之消失。大部分人类从为满足生存需要的生产劳动中解放,投身于自由自在的为个人发展而生活,少数人花费少数的时间便可生产出满足整个社会所需的产品,且劳动不再是生存手段,而成了生活第一需要。

其次,马克思的"按需分配"是在为满足人类全面发展的需求提供物质基础。马克思认为,人的需要具有层次性,分为生存需要、享受需要和发展需要。在物质资料极大丰富的共产主义社会,人们的生存和享受的需要可以被满足,而人人追求更高层次精神需求,发展需求的愿望才是首要问题,"按需分配"虽然不能解决这一问题,但是却可以为之提供物质保障,反之,"按需分配"的顺利进行,也需要人们较高境界觉悟的思想保障,二者互为条件,相互促进。

(二)马克思主义者对"按需分配"理论的丰富

列宁在其《国家与革命》一书中谈道:"当社会实现'各尽所能,各取所需'的原则时,也就是说,在人们已经十分习惯于遵守公共生活的基本规则,他们的劳动生产率已经大大提高,因此他们能够自愿地尽其所能来工作的时候,国家才会完全消亡。"[2]列宁主张的"按需分配",是在一定的生产力和生产秩序的协作下,人类"各尽所能"的工作前提下的理论。十月革命的胜利,苏维埃政权的建立为列宁提供了实践这一理论的契机,然而当时的苏联社会实际并不符合共产主义社会的标准,列宁"按需分配"实践例如统一发放生活必需品、消除贸易、计划供销等也充满了平均主义的色彩。

斯大林在《无政府主义还是社会主义》一书中指出:"自由而友爱的劳动必定使未来社会主义社会中的一切需要都得到平等而充分的满足。这就是说,如果未来的社会要求每个成员能劳动多少就劳动多少,那么社会本身也应当根据每个人需要多少产品就给予多少产品。各尽所能,各取所需!这就是未来的集体制应借以建立起来的原则。"[3]但由于客观条件的限制和建设社会主义国家经验不足等因素,斯大林的理解也停留在集中劳动、统一分配生活必需品的"按劳分配"阶段,这一点从随后单一的公有制经济下的计划经济体制建设可以看出。

毛泽东将马克思"按需分配"理论付诸了深入实践。青年时代毛泽东曾提出平等教育、平等劳作、平等地位的"新村"设想，到社会主义建设时期试图通过工农角色互换，吃"大锅饭"的人民公社化运动，来逐步实现消灭工农差距、城乡差距、脑体差距，消灭社会分工，实现平均分配美好愿景。

历史上"按需分配"原则实践的失败，主要归结于生产力的发展水平，就像列宁承认：生产力"将怎样迅速发展到打破分工，消灭脑力劳动和体力劳动的对立，……这都是我们所不知道而且也不可能知道的"[4]。但这些实践，都为我们追求共产主义伟大事业的征途，提供了宝贵的经验教训。

二、"需"的界定

（一）"需"绝不等于"欲"

"按需分配"不等于"按欲分配"，需是个人健康合理的需要，绝非毫无节制的享受欲望。"需"和"欲"的本质区别就在于，"需"是理性的，"欲"是盲目的，"需"具有社会性，而"欲"只注重个人。马克思关于人的需要理论认为：人的需要是人的本性[5]，人的一切活动均为满足其需要而展开；另一方面，人的需要是把个人和社会连接起来的"天然必然性"[6]，它表现出极大的社会性，即人的需要是在劳动—实践的基础上形成和发展的，"一旦满足了某一范围的需要，又会游离出、创造出新的需要。"[7]这就决定了人的需要绝不是孤立存在的意识，实践决定了人的需要，同时为人的需要所鼓舞，所有单个人的实践又组成了社会的运转。因而，不断满足新的需要的实践过程构成了人类社会螺旋式上升的发展轨迹。

相反，我们常与"需"混淆的"欲"则是极端个人狭隘的，充满了原始的本能的冲动，历史上任何剥削者也正是利用了人类的欲望，对人类进行统治。物质财富成了唯一衡量成功和幸福的标准，没有金钱就没有自由，人们开始为了追求剥削者主导的错误思想而在短暂的一生中，为了个人财富疲于奔命，漠视社会苦难，压制善良人性，被欲望所奴役，"驯顺的身体"加上"格式化的大脑"成了一个"齿轮"。正是无限繁殖的贪欲把人变成了马克思所说的物的带引号的"劳动"。"需"是可以被满足的，而"欲"是无法被满足的。

（二）"需"是运动变化发展的

从人类社会发展早期开始考察，我们发现，需求贯穿生产生活的始终，满足需求，是人类生存和从事生产的原动力。需求牵引着产品的生产、交换、分配、消费、再生产整个循环。原始社会时期，物质资源匮乏，最重要的资源就是满足人类生存的食物，食物的分配按氏族成员直接需要的标准进行，纯粹而公平；但随着生产力水平的提高，剩余产品的增加，社会阶级分化，社会生活开始复杂多样，更高等级的生产经营活动受种种条件的制约和限制,资源开始向一定的利益集团特别是对生产资料垄断,对劳动者控制的统治阶级转移,分配主要控制在经济政治享有特权的群体中。需要也分裂为"统治阶级的需要"和"被统治阶级的需要",统治阶级的需要又分为"生存需要""发展的需要"和"享乐需要"。当然,这不是共产主义社会下的"按需分配"。"需"绝不是永恒不变的,"需"随着社会生产力和社会形态的变化而变化。当资产阶级被无产阶级代替,资本主义被消灭,人类历史发展到共产主义社会的阶段时,"需"又将被重新定义,影响分配的外在压迫消失后,整个社会群体的需要将再次成为主导的需要。

由此可见,人的需要是否合理很难有尺度去精确衡量,"需"是一个历史范畴。单个人的"需"会随着自身的实践劳动和心境变化而变化,群体的"需"会随着社会的发展而发展。与此相对应的"需"的满足也是一个不断由量变的萌芽阶段到覆盖各种需求并不断满足新的需求,最终将整个社会纳入"按需分配"中的质变的过程。

三、新时期下"按需分配"实现的可能性

(一)科学技术为达到"按需分配"物质层面要求提供可能

共产主义社会下生产力极大提高,物质极大丰富,究竟离我们有多远,是我们所有人的困扰。早在工业社会,恩格斯就惊叹于机器巨龙在极短时间内创造的财富奇迹,生产力发生质的飞跃,科学技术是重要推动力。众所周知,生产力的基本要素是生产资料、劳动对象和劳动者,其中的部分生产资料包含科学技术;现代劳动者也利用科学技术武装自己,现代科学技术通过改变劳动者、劳动对象、劳动工具和管理水平,而飞速向生产力转化,并先导生产力的发展方向,极大地提高了人们认识自然、改造自然的能力。

另一方面,在对社会物质财富进行分配时,涉及具体操作机制问题。如何将大量不同种类的物品和服务分配给数以万计的"需求",难度巨大,计划经济时期,我们计划油粮米面的需求,但是随着经济的发展,琳琅满目的商品和人们多种多样的需求如何对接?必须要借助科学技术和互联网手段,形成一套有效的分配体系,既能从社会各地发布实时社会供给信息,又能使每个社会成员参与进来反馈需求。

(二)教育普及为达到"按需分配"精神层面要求提供可能

在漫漫历史长河的远方,物质财富的积累终将达到人人衣食无忧的阶段,似乎这只是时间的问题。但人心贪婪和欲望的黑洞,在任何时点、任何群体中总会

出现,填满这个黑洞也许才是我们面临的最大难题。整个族群精神进阶极大提高,人人像老庄一样超脱,光有物质的富足还不够,还要有思想的富足,这就必须依靠教育来净化人们的心灵。对人的教育分为自然科学的教育和思想道德教育。对自然科学的教育,有利于人们掌握认识自然、改造自然的能力。只有具备这种能力,才会真正使人站在客观科学的角度看待外界事物,审视自身,才会正确区分合理"需"的范围,而不会因自身无力了解世界、无力改造世界及自身的恐惧,而产生扭曲的病态的"需求"。对思想道德的教育,会使人类进一步地产生体恤他人、心系社会的责任感。高尚的人总会充满柔情地将眼光放之四海,找到自己活着的价值和意义,从内心深处萌发出"我真正需要什么"的答案。

多年来各国坚持的义务教育和思想政治对人们精神境界的提高有了很大的帮助。义务教育最早起源于德国,1986年4月我国颁布了《中华人民共和国义务教育法》,这是我国首次把免费的义务教育用法律的形式固定下来,适龄的"儿童和少年"必须接受九年的义务教育,大大提高了全体公民的文化水平。同时注重在青年时期加强对学生的思想政治教育,思政课几乎伴随着每个人的学业生涯,力图培养一批又一批有理想有道德有文化有纪律的共产主义接班人,特别是近年来对弘扬中国传统文化的兴起,用"仁义礼智信"来帮助新时代的人们,抵御金钱至上的资本主义理论腐蚀我们的心灵和共产主义的梦想。

(三)社会福利保障制度为"按需分配"的探索提供参考

共产主义的到来并非一蹴而就,事实上,世界各地都有局部实现带有共产主义色彩的社会系统的建立,其中不得不提的就是社会保障体系对于我们探索"按需分配"提供的借鉴思路。一百多年来,大部分西方国家建立了较为完善的社会福利制度。完善的社会保障网络为大部分的普通民众抵御经济危机、养老、失业等风险提供了保护伞,缓和了资本主义的基本矛盾和社会冲突,马克思所讲的"按需分配"的基本特征在一定程度上被西方国家的福利政策所体现。

首先,社会福利制度和保障体系通过对国民收入的再分配,缩小了由于市场经济的弊端导致的社会成员之间的收入差距,一定程度上促进了社会公平;其次,以法制化、规范化的手段给予了社会成员生存权利实现的最基本的"底线"和个人追求更高层级发展的公平的"起跑线";最后,良好稳定的社会环境,也加速人类向更高等级的文明的探索追求,频繁的战乱和社会动荡,不只会摧毁一个地区长时间积累的物质财富,还会使生产力倒退,社会停滞不前,例如中东战火连连,人民生活在水深火热之中,离共产主义所畅想的幸福生活渐行渐远。

（四）经济资源危机为"按需分配"的探索提供动力

"按需分配"并非只是共产主义社会的特征,它同时是我们解决当代许多问题的一种途径,更像是一面旗帜来引导人们走出经济危机、资源短缺、环境恶化的困境。金融危机的周期性爆发,使疲惫应对的西方国家重新拾起了他们当初嗤之以鼻的马克思主义理论,开始反思"马克思为什么是对的",生产过剩导致生产力浪费,资源过度开采导致资源枯竭、环境恶化。国际机构的研究报告显示,1974年以来,美国人均浪费的食物增长了50%,现在,美国人每人每天浪费掉1400卡路里的食物,一年总计浪费150万亿卡路里,相当于每年耗费美国1/4的淡水用量和近3亿桶原油。德国人计划终结核能,更多依靠可再生清洁能源,但另一方面,他们却依然肆无忌惮地生产和购买耗油的大汽车。在过去20年,全球碳排放和石油消费急剧增加,一味追求物质享受的西方人不断发现新的"需求",而这一"浪费文化"也正悄然渗透着中国社会,我们不禁担心这一"潮流"何时终结?

学术界提倡重返计划经济的呼声不绝于耳,我们承认计划经济对社会生产力的提高和人们潜能的开发具有阻碍的作用,但共产主义的分配制度绝不是落后自然经济状态下的计划经济,或是平均主义。我们应该借此反思,无节制无计划地满足我们的"需求",只会损害后代的利益。按劳分配,按生产要素的分配一定程度解决了效率问题,也看似公平,但人人平等的美好大同社会也将难以实现。真正意义上的共产主义"按需分配"是一种更加合理、公平和节约的分配方式,更加有利于社会的全面协调可持续发展。

四、总结

"各尽所能,按需分配"的美好愿望思想最早可以追溯到古希腊柏拉图的理想国时期,而马克思却对其可能性做了认真剖析,真正赋予了"按需分配"内涵和生命。在共产主义社会里,社会生产力高度发展,物质极大丰富,生产资料的占有关系彻底摆脱了私有制的束缚,城乡之间、工农之间、脑体之间差别消失,阶级和作为阶级统治工具的国家将完全消亡,人们精神境界极大提高,并将劳动作为第一生存需要后,就会实现"各尽所能,按需分配"。对共产主义社会的畅想,在随后的一百多年的时间里,国内外无数的仁人志士付诸实践,从俄国十月革命到我国社会主义建设初期的探索,积累了宝贵的经验教训。正确地理解这一原则,需要"需"的两点特性,首先"需"是健康合理的,其次"需"是运动变化发展的。

新时期下,我们拥有了前所未有的有利条件去实现共产主义理想,同时也面临更大的问题和挑战。科学技术无可替代地发挥关键作用,为进一步简化劳动,提高生产效率,消除三大差距,保障分配的顺利进行,使物质财富得以充分涌流提供可能;教育,尤其是德育教育,帮助提高人民的认识能力和精神境界,增强自控力抵制贪欲的腐蚀,为树立良好的人生观、世界观、价值观提供了正确的引导;借鉴西方发达国家的社会保障制度,一定程度上展示了马克思"按需分配"的部分特点,从"摇篮到坟墓"地提供平等生存的权利,平均社会财富,为每个人创造更多公平的发展机会;同时我们要结合新时代下,周期性经济危机爆发、资源枯竭、环境恶化等一系列新问题,为合理节约、高效分配有限资源拓展新思路。

(作者单位:北京信息科技大学马克思主义学院)

参考文献:

[1]马克思恩格斯全集(第19卷)[M]. 北京:人民出版社,1963:22~23.

[2]列宁全集(第25卷)[M]. 北京:人民出版社,1958.

[3]斯大林全集(第1卷)[M]. 北京:人民出版社,1953.

[4]列宁选集(第3卷)[M]. 北京:人民出版社,1958.

[5]马克思恩格斯全集(第3卷)[M]. 北京:人民出版社,1960.

[6]马克思恩格斯全集(第1卷)[M]. 北京:人民出版社,1956.

[7]马克思恩格斯全集(第47)[M]. 北京:人民出版社,1979.

论邓小平关于科技现代化的理论论述

——基于道路自信、理论自信、制度自信的视角

王乐明

　　摘　要:邓小平关于科技现代化的理论论述,作为邓小平理论的重要组成部分,极大地推动了我国科学教育事业的发展。邓小平关于科学技术现代化的理论论述对于我们今天实施创新驱动的发展战略、实施人才强国的战略仍有重要的指导意义。他对于科技现代化的理论论述是中国特色社会主义科技发展的道路自信、理论自信、制度自信的力量源泉。

　　关键词:科技现代化;邓小平理论

　　科技是国家强盛之基,创新是民族进步之魂。科技兴则民族兴,科技强则国家强。正是意识到目前我国科技创新能力还不强,党的十八大报告提出,实施创新驱动的发展战略;并指出,科技创新是提高社会生产力和综合国力的战略支撑,必须摆在国家和全局发展的核心位置,要坚持走中国特色自主创新道路,以全球视野谋划和推动创新,提高原始创新、集成创新和引进消化吸收再创新能力,更加注重协同创新。十八大报告还就如何从制度层面推进科技创新提出了一系列措施和要求。此后,习近平总书记等党和国家的领导人多次就科技创新的重要性提出重要的论述。时至今日,科技创新仍然是全人类的一个共同的话题。在中国特色的科技现代化的道路上,我们不应该忘记中国改革开放的总设计师邓小平。他审时度势,密切关注世界,结合中国实际,就实现科学技术的现代化进行了一整套的制度设计,并对其进行了实施。1988 年,他提出了"科学技术是第一生产力"的著名论断。邓小平关于科技发展的理论论述,是邓小平理论的重要组成部分。在"科学技术是第一生产力"这一著名论断的指导下,改革开放三十多年来,我国科学技术取得了长足的发展与进步。在全面建设小康社会的今天,在实现"中国梦"

的征程中,为坚定我们走中国特色自主创新道路的道路自信、理论自信和制度自信,加强和深化对于邓小平同志关于科技现代化的理论研究,完整和准确地理解邓小平关于实现"科技现代化"的理论,具有重大的理论和现实意义。

根据史料,按照时间的顺序,邓小平关于实现"科技现代化"的理论与实践具体可以分为三大阶段:一是"文革"被下放期间(1969年到1973年),邓小平对于如何实现国家现代化进行了长远的思考与观察,也是他对于如何实现科技现代化的思路的形成期;二是全面整顿时期(1973年到1975年),邓小平在复出期间对于我国的科技与教育事业进行的整顿,也是他关于如何实现科技现代化理论的探索与初步实践期;三是改革开放的新阶段,从1977年邓小平着力恢复高考到1988年提出"科学技术是第一生产力"的著名论断。下文笔者将根据这三个阶段,对于邓小平关于"科学技术现代化"的理论论述与实践措施进行系统的梳理与介绍。

一、"文革"期间被下放时的思考与观察(1969—1973)

早在1957年,毛泽东就在《关于正确处理人民内部矛盾的问题》的讲话中说:"将我国建设成为一个具有现代工业、现代农业、现代科学文化的社会主义国家。"此后,1964年12月,第三届全国人民代表大会第一次会议上,周恩来根据毛泽东的建议,在政府工作报告中首次提出,在20世纪内,要把中国建设成为一个具有现代农业、现代工业、现代国防和现代科学技术的社会主义强国。虽然当时党中央提出了实现"科技现代化"的战略目标,但未就如何实现科技现代化提出具体的政策措施。且遗憾的是,在这之后,"文化大革命"爆发了,现代化建设的步伐完全停滞。

"文革"期间,1969年,邓小平被下放到江西。根据美国学者傅高义的考证,邓小平同志被下放到江西的时候,他虽不能看机密文件,除了专门指派的当地干部,也不准跟其他干部有来往。但他的党籍被保留了,他仍然保持着为党、国家和人民服务的热忱,他到达南昌后对自己专案组的当地代表说:"我还会出来工作,我还能为党工作10年。"[1]

正因为保持着这种为党和国家服务的热忱,邓小平在这段艰难的下放岁月中开始了对国家的重大和长远目标的思考,他对中国需要进行的改革的性质以及如何落实做过长远的思考。这其中的思考就有如何帮助中国实现包括科技现代化在内的四个现代化。邓小平同志在江西时可以看报纸,邓朴方到来后他还可以收听到外国电台的广播。他在去江西时就已经知道日本人就要成功地走过人均收入以两位数增长的10年,他认为,日本现代化的关键是西方愿意转让新技术和设备。他坚信,当时的中国已经落后于亚洲其他国家(比如日本、韩国、新加坡等),中国迫切需要改革。[2]

二、全面整顿期间的论述与实践(1973—1975)

1973年2月22日,邓小平从江西返回北京。1973年12月,根据毛泽东的意见和中共中央政治局会议的决定,邓小平成为政治局正式委员和军委委员。自1974年5月邓小平赴美参加联大会议时起,他就主持接待外宾,替周恩来做一些其他的工作。1974年10月,他开始担任第一副总理。到了1975年2月,周总理病重,邓小平成为正式领导政府工作的负责人,他着手开展了全面整顿工作。[3]在此期间,为促进科学技术的发展,他进行了两方面的努力,一是对于中国科学院进行整顿,并发表了相关的论述;二是进行了恢复高等教育的努力。在此期间,他发表的论述重点是关于如何抓"科技发展"的。

(一)整顿中国科学院及相关论述

1975年6月,邓小平把精力放在重整中国的科学事业上。"文革"前期的1965年,中国科学院有106个下属研究单位,科研人员24714人。到1975年时,只剩下13个研究所、2个研究室和2000多名人员,其中有1800名干部或科研人员,200名后勤人员。"文革"期间,我国的科研事业受到了极大的干扰。[4]在1975年,很多被下放农村的科学家还没有回来。邓小平同志早在1957年去苏联时,就"看到苏联的原子弹是三个四十岁的年轻人搞出来的"[5]。他认识到"文革"对于科研队伍的破坏,深知"如果我们的科学研究工作不走在前面,就要拖整个国家建设的后腿"[6]。他实事求是地指出,我国目前的科学技术落后于其他国家太多。他认为,"科学技术的现代化是实现四个现代化的关键一步"[7]。

为了实现科学技术的发展,1975年9月26日,邓小平在听取中国科学院同志汇报时,发表了《科研工作要走在前面》的重要讲话。他认为,抓科技需要做好以下几个方面的工作:

一是整顿科研领导班子,避免用非所学的现象,实行人尽其才。怎样整顿领导班子?邓小平提出,一是"那些不懂行、二不热心、三有派性的人,不能让他们留在领导班子里"。他提出,领导班子要划分为"党的、科研的、后勤的"[8]三个部分,一套班子管党,一套班子管业务,一套班子管后勤。他认为,要充分尊重科研专家,不能叫科研人员去搞后勤,整天东奔西跑,要让他们充分发挥他们的科研热情。他认为,要让党性好、组织能力强的人去搞后勤,"后勤工作很重要,它要为研究工作创造条件,保护和管理好资料、材料、仪器、机器等"[9]。

二是保障科研人员的物质生活，使其能专心科研。他提出两个具体保障科研人员物质生活的制度措施：一是建立科技人员的档案，帮助他们创造条件，把那些有培养前途的科技人员记下来；二是解决科技人员的个人生活问题，改善他们的生活条件。他提出"首先要解决这些人的房子问题，家庭有困难的也要帮助解决"。[10]

三是制定十年性的科学规划。邓小平指示胡耀邦，让其着手制定中国科学院牵头的十年科学规划。由于时间仓促，胡耀邦主要利用了1956年批准的现成的十二年规划(1956—1967)。后来邓小平又让胡乔木负责了规划的修订工作。这份科学规划说明了当前农业、工业和国防急需的技术，也谈到了发展尖端技术的战略，如计算机、激光、遥感、仿生学以及在核能、粒子物理和其他领域的基础科学研究。[11]

四是培养科研的后备人才。他提出了两点论述。一是中国科学院要把科技大学办好，选数理化好的高中毕业生入学，不照顾干部子弟。二是科研工作者必须增强自身的科研能力。他提出，中国的科学工作者必须学习外语，以便阅读国外文献，要学习数理化。

（二）恢复高等教育及相关论述

"文革"期间，开课的大学寥寥无几。1970年发布的让工农兵而不是学术人员管理大学的规定，以及后来1971年发布的"上大学要通过推荐而不是考试"的规定，给我国的高等教育造成了严重的破坏。美国科学家在1973年5月访问过北京大学后的结论是，该校的科学教育大体相当于美国初等技术学院的水平。[12]

邓小平认识到高等教育的重要性，开始恢复高等教育。1975年9月26日，他在听取中国科学院同志汇报时指出："所有的现代化国家，不管是什么社会制度，都需要受过高等教育的专业人员，但中国的大学却下降到只有其他国家的中学的水平。"[13]在9月27日到10月4日的农村工作座谈会上，他再次谈到要改进中国的高等教育机构。他认为，"大学的主要任务是教学，为了让教师好好教书，必须改善教师的地位。"[14]以此来调动教师的教学积极性。

总的来说，在邓小平短暂的复出期间，他不遗余力地试图推进我国科研和教育的发展，但所有的努力都由于1975年11月的"批邓运动"被搁浅了。另外，这个阶段，邓小平关于科技现代化的理论体系还在发展过程中，他关于发展教育方面的论述还不多。

三、改革开放新阶段的论述与实践

在粉碎"四人帮"之后，1977年7月17日，十届三中全会通过了《关于恢复邓小平同志职务的决议》，邓小平正式复出。从1977年到1988年提出"科学技术是第一生产力"这一论断,邓小平同志发表了关于发展科学技术的诸多论述,具体包括:《尊重知识、尊重人才》(1977 年 5 月 24 日)、《关于科学和教育工作的几点意见》(1977 年 8 月 8 日)、《教育战线的拨乱反正问题》(1977 年 9 月 19 日)、《在全国科学大会开幕式上的讲话》(1978 年 3 月 18 日)、《在全国教育工作会议上的讲话》(1978 年 4 月 22 日)、《实行开放政策,学习世界先进科学技术》(1978 年 10 月 10 日)、《把教育工作认真抓起来》(1985 年 5 月 19 日)、《科学技术是第一生产力》(1988 年 9 月 5 日、9 月 12 日)、《中国必须在世界高科技领域占有一席之地》(1988 年 10 月 24 日)。

总的来看,跟全面整顿时期相比,他关于如何发展科学技术和如何发展教育的论述更加全面、深入。这个阶段中邓小平关于科技现代化的论述已经形成了一整套完备的理论体系,表现在三个方面:第一,提出了科技现代化的目标,他指出,"不抓科学、教育,四个现代化就没有希望,就成为一句空话。"他认为,科学技术发展的目标是,"能够取得科学突破,推动工业、农业和国防现代化的基础研究,赶上世界先进水平"。第二,在强调科技发展重要性的同时,他更加显著强调了教育在实现科技现代化中的重要性。第三,在如何实现科学技术现代化的问题上,他提出了思想、技术、制度三个层面的具体措施,形成了一整套完备的理论体系。本文接下来将从思想、技术和制度三个层面对于邓小平关于科技现代化的理论论述进行详细的介绍。

(一)思想层面

邓小平认为,要实现科技的现代化,首先要统一全党和全社会的认识,要让大家都认识到科技的重要性,要在党内形成尊重知识和尊重人才的良好氛围,要培养良好的学风,要树立科技发展的目标,即中国在世界高科技领域必须占有一席之地。具体论述如下:

一是对科学技术是生产力的认识问题。邓小平同志认为,要促进科学技术的发展,首先要使得科研人员从思想上认识到当下发展科技的重要性。他在《在全国科学大学开幕式上的讲话》中明确提出,科学技术是生产力,是马克思主义历来的观点。因为马克思就说过:生产力中也包括科学。[15]他认识到了近三十年来现代科学技术出现的新的飞跃,他指出,大量的历史事实已经说明:理论研究一旦获得重大突破,迟早会给生产和技术带来极其巨大的进步。而社会生产力的巨大发展,劳动生产率的巨大提高,最主要靠的就是科学的力量,技术的力量。[16]

二是尊重知识和尊重人才的认识问题。邓小平指出,一定要在党内形成这样的一种空气:尊重知识、尊重人才。要反对不尊重知识分子的错误思想。不论脑力劳动、体力劳动,都是劳动。从事脑力劳动的人也是劳动者。他提出这样的论断是为了肃清四人帮鼓吹的"宁要没有文化的劳动者"的思想,为了使得整个社会都形成尊重知识和尊重人才的风气。他尤其提出,"要提高人民教师的政治地位和社会地位",不但学生应该尊重教师,整个社会都应该尊重教师,要大张旗鼓地表扬和奖励教师队伍中的优秀工作者。

三是要形成良好的学风。他提出,要培养好的风气,最主要是要坚持走群众路线和实事求是。他指出,科学本身就是实事求是、老老实实的学问,是不允许弄虚作假的。这种鼓励实事求是的学风路线,对于促进科技工作者扎实治学大有裨益。

(二)技术层面

邓小平在促进科学技术的发展方面提出了一系列具体的技术措施。本文将其归结为以下两个方面:

一是要实现科学技术的发展,需要加强科研人才队伍的建设。他提出,要建设宏大的又红又专的科学技术队伍。什么是"红"? 邓小平指出,"红"不是四人帮提出的"知识越多越反动",而是要热爱我们的社会主义祖国,自觉自愿为社会主义服务,为工农兵服务。"专"指的是科学技术人员要专业化,应当把最大的精力放到科学技术工作上去。他说:"至少必须保证六分之五的时间搞业务,这是最低的限度,能有越多的时间越好。"[17] 他提出,"专"要求科研工作者专心致志、精益求精、不畏劳苦、百折不回。他还指出,对于科技工作者而言,要保证其"专",就不要要求他们读很多的理论书籍,参加很多的社会活动,开很多与业务无关的会议。

二是要实现科技的发展,需要增强教师队伍的建设。只有把教师队伍建设好,才能培养出科技发展需要的人才。综合邓小平同志对于如何加强教师队伍建设的措施,有以下几条:一是各级党委和学校的党组织,要热情地关心和帮助教师思想政治上的进步,帮助他们认真地学习马克思列宁主义、毛泽东思想,使其梳理无产阶级的共产主义的世界观。二是要设立奖惩制度。对于教师队伍中表现好的教师,要进行精神和物质奖励,改善他们的物质待遇,研究建立中小学教师的工资制度。三是加强科研系统和教育系统人员的交流问题,将科研系统的人调出来搞教育。

(三)制度层面

为了促进科技的发展,邓小平意识到要从体制、机制上进行改进。为此,他做了三个方面的努力:

一是实行改革开放的伟大决策。他在 1978 年 10 月 10 日,做了《实行开放政策,学习世界先进科学技术》的讲话。他在讲话中,承认了我们国家的科技发展水平极大落后于世界发达国家的现状,他指出"同发达国家相比较,经济上的差距不只是十年了,可能是二十年、三十年,有的方面甚至可能是五十年"。他提出,要实现四个现代化,就是要善于学习,大量取得国际上的帮助,要引进国际上的先进技术、先进装备,作为我们发展的起点。正是在邓小平同志这种开放与学习的政策制度下,改革开放三十多年来,神舟飞天,蛟龙探海,我国科技的发展才取得了辉煌的成就。

二是要改革教育制度。改革教育制度有两个方面的内容:

(1)恢复高考。科学技术人才的培养,基础在于教育。而教育人才的遴选,需要有一种公平公正的方式。邓小平强烈感到,越早恢复从小学到大学的各级入学考试,越能尽快改善国家的教育。1977年,他再次复出后,尤其想恢复"文革"期间被终止的"大专院校统一入学考试"。但在1977年8月4日召开的"科学和教育工作座谈会"上,正在制定的大学秋季开学计划中录取学生仍然是根据推荐,而离秋季开学的时间只有几周。之后,邓小平同志下定决心要在1977年举行高考。在如此短时间内完成这个巨变非常艰难。但是在他的统一安排与部署下,高考重新恢复了,578万人参加了高考。这是大学第一次不把阶级出身作为录取学生的因素。邓小平同志的伟大决策,给了万千学子以希望,更迅速提高了我国的教育质量,促进了科技的发展。

(2)改革学制与放假制度。邓小平对于教育制度改革的考察非常细致。在学制改革方面,他提出,"是否先恢复小学五年,中学五年,以后再进一步研究"。另外,他还特别强调要恢复放假制度。要让老师和学生们劳逸结合,以此来提高教育的质量。

三是要统筹教育和科研机构。他在《关于科学和教育工作的几点意见》中指出,"过去科研、教育是分别有自己的机构,分别制定了自己的规划,这种状况是不行的,需要有一个机构,统一规划,统一调度,统一安排,统一指导协作"[18]。要让教育和科研体制最大限度地调动人的积极性。邓小平同志关于科研和教育管理机构统筹协调的论述,也正是目前我国政府机构改革中实施大部制改革的前身。

四、结　语

邓小平同志关于科学现代化的理论论述,作为邓小平理论的重要组成部分,极大地推动了我国科学教育事业的发展。他使得我国实现科技强国、人才强国的梦想又更近了一步。邓小平同志关于科学技术现代化的理论论述对于我们今天实施创新驱动的发展战略、实施人才强国的战略仍有重要的指导意义。他对于科技现代化的理论论述是宝贵财富,是中国特色社会主义科技发展的道路自信、理论自信、制度自信的力量源泉。

（作者单位:北京信息科技大学马克思主义学院）

参考文献:

[1]冯克利译.傅高义著.邓小平时代[M].上海:生活·读书·新知三联书店编辑部,2013(02):63.

[2]冯克利译.傅高义著.邓小平时代[M].上海:生活·读书·新知三联书店编辑部,2013(02):69.

[3]冯克利译.傅高义著.邓小平时代[M].上海:生活·读书·新知三联书店编辑部,2013(02):103—104.

[4]冯克利译.傅高义著.邓小平时代[M].上海:生活·读书·新知三联书店编辑部,2013(02):135.

[5]邓小平文选(第2卷)[M].北京:人民出版社,1993:32.

[6]邓小平文选(第2卷)[M].北京:人民出版社,1993:33.

[7]冯克利译.傅高义著.邓小平时代[M].上海:生活·读书·新知三联书店编辑部,2013(02):138.

[8]邓小平文选(第2卷)[M].北京:人民出版社,1993:33.

[9]邓小平文选(第2卷)[M].北京:人民出版社,1993:33.

[10]邓小平文选(第2卷)[M].北京:人民出版社,1993:33.

[11]冯克利译.傅高义著.邓小平时代[M].上海:生活·读书·新知三联书店编辑部,2013(02):138.

[12]冯克利译.傅高义著.邓小平时代[M].上海:生活·读书·新知三联书店编辑部,2013(02):143.

[13]冯克利译.傅高义著.邓小平时代[M].上海:生活·读书·新知三联书店编辑部,2013(02):145.

[14]冯克利译.傅高义著.邓小平时代[M].上海:生活·读书·新知三联书店编辑部,2013(02):145.

[15]邓小平文选(第2卷)[M].北京:人民出版社,1993:87.

[16]邓小平文选(第2卷)[M].北京:人民出版社,1993:87.

[17]邓小平文选(第2卷)[M].北京:人民出版社,1993:94.

[18]邓小平文选(第2卷)[M].北京:人民出版社,1993:53.

《单向度的人》启示及思考

王梦晨

摘　要:马尔库塞"单向度的人"一词自 1964 年问世以来,便引起了国内外学术界的热烈探讨,在市场经济体制下的今天,马尔库塞所批判的"单向度的人"的现象在我国却已经开始出现,本文将从我国特色社会主义建设的视角分析"单向度的人"理论给我们带来的启示,为我国进行社会主义和谐社会建设、全面建成小康社会贡献微薄之力。

关键词:马尔库塞;单向度的人;社会主义建设

一、"单向度的人"综述

赫伯特·马尔库塞,哲学家、美学家,是法兰克福学派左翼主要代表,被西方誉为"新左派哲学家"。"单向度的人"的概念是其于 1964 年在《单向度的人:发达工业社会意识形态研究》中提出的。马尔库塞认为现代的工业社会是一个具有极权主义的社会,它将社会中的反对派和反对意见压制,同时压制了人们内心的否定性、批判性和超越性的向度,从而使发达的工业社会成为单向度的社会,生活于其中的人即为单向度的人。单向度的人注重物质享受而失去了精神追求,他们接受现实、屈服于现实,且不能批判现实。马尔库塞是在第二次工业革命后的资本主义工业社会的背景下提出单向度的人的概念的,他认为单向度的人形成的促因是发达工业社会中受操纵的单向度思想以及受全面控制的传播。

(一)政治的单向度

马尔库塞认为,当代资本主义工业社会维持自身存在是通过利用高生产和高消费的维持。科学技术的发展,生产力水平的提高,机械化程度的加深进一步降低了劳动者体力所消耗的数量和强度,蓝领逐步向白领而转化,非生产性工人的数量明显增多,改变了劳动者的社会态度和阶级意识,使劳工阶级与资本主义呈现出"社会和文明一体化"的表象,工人阶级的否定地位也被削弱了,而且他们似乎也不再与既定的社会相矛盾。在技术合理性的控制下无产阶级先前的阶级意识被削弱了,"当他生活在肮脏和贫困中时,他只是依靠身体和劳动来获取生活的必需品和奢侈品。因而他是对他那社会的活的否定。与此相反,技术社会发达地区的有组织的工人都过着明显缺乏否定性的生活;同社会劳动分工中的其他人的目标一样,他正在被纳入由受到管理的人们所组成的技术共同体之中。"[1]在机械化奴役状态中发生的变化是:东西起着支配作用而不是压迫,它们支配着现实社会中的人——不仅支配他们的身体,而且支配他们的大脑甚至灵魂。总而言之,政治权利就是通过机器生产过程与国家机构组织的技术控制,有效地利用高生产率维持自身的存在。用马尔库塞书中的话说,就是:"统治者能够投出的消费品越多,下层人民在各种官僚统治机构下就被束缚得越紧。"这就是马尔库塞所描述的政治的单向度。

（二）社会生活的单向度

在发达工业社会中,先进的科学技术几乎满足了所有人的需求,社会生活逐渐也向单向度演变。马尔库塞认为,因为有物质需要的满足,人们好像也就失去了反抗的理由,进而也就成为了被统治制度驯服的工具。在发达工业社会里,社会在工具理性的作用下产生大量的消费,于是就通过媒体将产品推销给个人,通过这种虚假的需求控制着人们,使人们感到"满足",在他们的物品中识别出自身,在自己的汽车、高保真度音响设备、错层式房屋、厨房设备中找到自己的灵魂。人们的这种单向度性使人们的可贵的第二个向度逐步消失——那就是否定的和批判的思想。发达工业社会的社会生活中最流行的需求包括,按广告来放松、娱乐、行动和消费,爱或恨别人所爱或所恨的东西,然而这些在马尔库塞看来都是虚假的需求。由于人们的需求得到满足,在满足感作用下,大家似乎都分享到了工业生产的好处,便不会对现存的社会制度进行质疑乃至否定,因此,社会生活的单向度就表现出来了。

（三）文化和思想的单向度

马尔库塞是通过对比较思想文化和现实的关系对单向度文化思想进行批判的。在文化领域,高层次文化与现实实现了同一:在发达工业社会,高层次文化与现实同化了,文化被给予了商品的形式,文化中心变成了商业中心、市政中心或政府的适当场所。在思想领域,马尔库塞分析了现代哲学,他提出分析哲学和实证哲学将语言的意义同事实经验以及具体的操作划为等同,不假思索不具批判性地接受了既定的事实,因而思维方式也是单向度的。然而分析哲学与实证哲学在美国和英国等国家的普及标志着像肯定性思维的这种单向度的哲学的胜利、否定性思维的被排斥，它也意味着人们否定性思维的丧失，人们不能做出合理的判断。因此，现代哲学失去了哲学本身的传统，不能把现存世界同哲学的准则所揭示的真实世界相对照，从而形成了某些服从和依赖的东西。在马尔库塞看来，"思想和行为在多大程度上同既定现实相符合，它们就在多大程度上表达着一种对维护事实虚假程序的任务做出响应和贡献的虚假意识。这种虚假意识已经具体在反过来再生产它的流行拘束装置之中。"[2]

二、对单向度理论的辩证思考

马尔库塞以其独特的视角，分析了发达工业社会的新趋势和新特点，指出新的历史条件下资产阶级和无产阶级之间矛盾的新变化。其理性的批判精神，对人的主观能动性有着积极的影响，同时对我国的现代化建设和构建社会主义和谐社会也是非常有益的，然而这就要求我们去辩证地思考其积极的影响以及客观的局限之处。

首先，我们从积极的角度看，马尔库塞继承了马克思对资本主义的批判精神。马克思与马尔库塞均承认科学技术的进步促进社会经济的发展，同时带动了社会各方面的发展。而马克思在人道主义层面对资本主义开展了严厉批判，马尔库塞也继承了他的人道主义精神，从新的角度去进行深入挖掘研究，揭露了资本主义社会下存在的不人道现象，在其理论中出现了以人为本的思想火花。[3] 马尔库塞认为，资本主义并没有真正解放生产力，但不能以暴力将资本主义推翻，反之还要减缓资本主义灭亡的速度，充分利用其有利的方面，从中汲取经验以指导建设一个全新的乌托邦社会，让社会朝着正确的方向发展，让人真正得到自由和解放。

上面我们已经谈到马尔库塞继承了马克思人道主义的精神，除此之外，不得不提的是，马尔库塞同时也在发扬其人本主义的精神。马尔库塞认为，在当代资本主义社会中，物质是极为丰富的，但是人们的精神却是痛苦的。究其原因，人与物的关系被倒置了，人为了物而存在，人完全拜倒在物的面前。社会采取广告和媒体的途径进行大肆的宣传，诱使人们仅仅满足于虚假的物质需求，并通过人们自以为的幸福感而控制着人们，诱导人们用尽一切办法地追求物质享受，最终物成为了人的灵魂，社会成了一个物质充裕、精神匮乏的病态社会。我们可以看出，马尔库塞从始至终就在批判这种"以物为本"的思想，实际上，相比于物，人终归是最重要的，我们并不否认科技进步带来的经济发展成果，但是经济的发展归根到底是为了满足广大人民群众的物质文化需要，保证人的全面发展。

其次，马尔库塞认为科学技术的迅速发展、广泛应用是资本主义社会的病态的主要根源,进而彻底否定、批判科学技术。他指出,科学技术也使得人们的不理性无处不在,人要成为自主的人、要决定自己的生活,从所谓的技术的角度来看是不可能的。技术合理性是保护而不是取消统治的合法性,理性的工具主义视界展现出一个合理的极权主义社会。马尔库塞对科技进步的意义和价值彻底地否认,将人的异化、技术本身的异化简单归咎于科学技术,显然缺乏说服力。[4]马尔库塞的单向度理论是为了唤醒人们的批判性,遏制单向度在现代发达工业社会中的扩张。他表明了"非暴力的反抗",就是"总体革命"。他认为必须在政治、经济、文化、意识形态等诸多领域都要进行革命,特别是在文化领域,在探究人类的心理本能结构时必须要保证全面的革命和总体的革命。马尔库塞把这种革命手段称为"大拒绝",目的就是绝不屈服于统治阶级,这种理论为他所生活的那个时期带来了巨大的历史影响,使越来越多的人对资本主义社会有了更深刻的认识。马尔库塞倡导"大拒绝",但是他没有意识到问题的症结之处,其实就在于资本主义的所有制形式,所以要想使人得到真正的解放,最根本的就是要消除私有制。从人类发展前景上看,相对于马尔库塞的观点而言,从马克思对异化的阐释看,他比马尔库塞看得更远。因为马克思一开始就抓住了私有财产这个根本问题。只有废除了资本主义社会的私有制,才能使人从对物的占有欲中摆脱出来,才能使人从依附于物的枷锁中挣脱出来。正是由于私有制,才出现了不用劳动却得到财富的资本家,才出现了艰苦劳作却勉强维生的工人。也正因为如此,才出现了马尔库塞所说的"虚假的需要",出现了被塑造的消费欲望。但是马尔库塞却用"历史决定需要"将此简单带过。[5]显然马尔库塞始终没有跳出资本主义这个大环境的限制,没有以更广阔的角度来探索解放人的出路,这也使得他的理论具有一定的局限性。

三、对我国社会主义建设的启示

　　马尔库塞通过对单向度的人和单向度社会的批判,高度弘扬了人本主义精神以及实现人的全面发展的思想。这对于如今社会主义条件下我国而言,推动人的全面发展,实现人和社会、人和自然的和谐统一,促进社会主义建设具有积极有益的借鉴意义。[6]若要实现人的全面发展,就要坚持以人为本,探析人的本质,实现人类的解放。我们认为,马克思主义是我国社会主义革命和建设的指导思想。人的本质"不是单个人所固有的抽象物,在其现实性上,是一切社会关系的总和"[7],人的解放,是人的本质的解放,是劳动的解放。我国在建设具有中国特色的社会主义道路和全面建成小康社会的进程中,不仅以马克思主义为指导思想,同时坚持把马克思主义与我国实际相结合,切实了解我国广大人民群众的实际利益需求,在充分尊重和发挥人民群众主观能动性的基础上,维护、实现和发展我国最广大人民群众的根本利益,这是共产主义社会这一伟大目标的价值取向。

新中国成立以后,我们国家就开启了社会主义工业化道路,我们的国内生产总值已显著提升,那么基于马尔库塞的单向度的理论,我国社会在工业迅速发展的情况下应该如何避免单向度的深化、如何恢复人民的否定精神或批判精神呢?首先,科技进步也使我们的社会生活因此而丰富,人们日常生活的各方面都受到其影响。科技进步首先影响到了人们的生活方式,不断出现的各种各样高科技新鲜的产品,一旦生产出来,就需要被消费,一方面给人带来了高速、便捷、舒适的生活,另一方面这些产品和服务使人们的生存和发展陷入了沼泽之中,有了手机和网络人们忘却了面对面聊天是更加充满乐趣的,有了汽车人们似乎也忘却了走路步行是更为灵活的。其次,科技进步也影响到了人们的思想和心理。现在许多人的消费心理是不健康的,其中从众心理和攀比心理表现得尤为突出。许多人认为大家需要的、拥有的,就是自己需要的,理所当然要拥有。例如,某品牌的手机因其外观漂亮、性能好,大家争相攀比、购买,甚至利用一些非正当的手段去获取。我们现在看来这一切无非就是所谓的虚假的需求,那么在当今时代作为个人而言我们应主动去否定这种虚假需求,适当地消费。从未来需求上看,应该是追求个人全面、自由地发展,而不是停留在单纯的物质满足和享受上,消除日常生活的单向度,正确认识生产与消费之间的关系,有利于人们在生产和科技的进步中各取所需,提高生活水平,在此基础之上我们才能够推动社会的发展。[8]

纵观全局,我们认为科技的进步和发展应该是有助于促进人类的全面发展,不应该是支配和驾驭人的工具,虽然马尔库塞把致使当代发达工业社会成为"单向度"的原因归咎于科学技术本身的观点尚存很多纷争,但是马尔库塞所披露的西方发达工业社会科技异化的状态却给我们敲响了警钟。中国正走在实现社会主义现代化道路上的重要时期,而实现现代化的关键之笔就是科学技术现代化。那么如何有效促进我国的科学技术健康地发展,避免出现科技异化的现象,从而把实现科技发展和人的全面发展有机统一起来呢?这就成为我们当下应该关注的重要问题了。其实我们应该都知道,科技本来就是一把双刃剑,原则上它只是为人类生产生活而服务的工具。然而,科技是为人类造福还是会给人类带来祸害,并不取决于科技本身,而是取决于科技掌握在什么样的人手中,用它来干什么。正如爱因斯坦所说:"科学是一种强有力的手段,怎么用它,究竟是给人类带来幸福还是灾难,全取决于人自己而不是取决于工具。"要使科技不出现异化现象造福于人类,必须坚持以人为本的科学发展观为指导,使科技发展真正能够为人民谋福利,为社会主义和谐社会建设、全面建成小康社会而贡献力量。[9]

结　语

自《单向度的人》问世以来,我国学者对于单向度理论与我国社会主义建设做过颇多研究和探讨,针对我国目前的发展现状、针对我国市场经济体制的大环境下,我们应该对革命和社会持怎样的态度呢? 正如马尔库塞在《单向度的人》中,以引用本杰明的话"只是因为有了那些不抱希望的人,希望才赐予了我们"作为整篇论文的结尾。所以,我们也要对革命和社会抱有希望! 在当代社会,中国的改革发展取得了显著的成就,虽然在前进过程中我们遇到各种各样的挫折和困难,但我们仍始终坚定不移地跟随着党的领导,坚持中国特色社会主义道路,坚持共产主义理想信念。我们相信到建党 100 周年时,我国将全面建成小康社会,共产主义社会这一伟大目标的实现也会越来越近。

(作者单位:北京信息科技大学马克思主义学院)

参考文献:

[1]赫伯特·马尔库塞. 单向度的人:发达工业社会意识形态[M]. 上海译文出版社,2008.

[2]赫伯特·马尔库塞. 单向度的人:发达工业社会意识形态[M]. 上海译文出版社,2008.

[3]李远菲. 马尔库塞单向度理论对现代科技社会的启示[D]. 吉林大学,2014.6.

[4]薛笑婷. 马尔库塞"单向度人"理论及其现实启示[J]. 当代经济,2010(8).

[5]王颖. 从马克思的异化劳动观看"单向度的人"[J]. 吉林省教育学院学报,2014(7).

[6]范晓丽、李超. "单向度的人"及其对当代中国的启示[J]. 人民论坛,2014.

[7]马克思恩格斯选集(第一卷)[M]. 中央编译局编译. 北京:人民出版社,2012.9:135.

[8]徐珑钊. 要实现中国社会的超越——读《单向度的人》之思[J]. 牡丹江大学学报,2014(8).

[9]魏红娟. 马尔库塞社会批判理论及其现实意义———以《单向度的人》为例[J]. 浙江理工大学学报,2010(5).

02

哲学文化研究

说"一"*

何玉清　刘永成

　　摘　要:老子说"道生一,一生二",其中的"一"即汉代《史记·天官书》及《黄帝内经》中所说的"太一",或"太一神";而这个"一"或"太一"与屈原《九歌》中的"东皇太一"又是同一位神;其亦即《周易·系辞传》中所说的"太极",其实质是北极星。

　　关键词:"一";"太一";"东皇太一";"太极"

一

　　《老子·四十二章》中说:"道生一,一生二,二生三,三生万物。"对于老子的这句话,学者们历来有不同的解释。

　　老子认为,世界的本原是"道"。"道"是什么? 道是无形的宇宙精神,是宇宙据以生成的"遗传密码"。因为其无形,所以,"道"可称为"无";但与"什么都没有"的"无",即"纯粹的无"相比,它又并不是什么都没有,它又是"有"。所以,这个"道",老子有时称其为"有",有时称其为"无"。如老子说:"无,名万物之始;有,名万物之母。"这里的"有"和"无",即"万物之始"与"万物之母"都指的是"道",是同一个东西。又如,老子说:"常无,欲以观其妙;常有,欲以观其缴。此二者,同出而异名,同谓之玄。"也就是说"常无""常有"本是一个东西,它们不过是从不同的角度阐述的"道"。"妙"在这里可理解为"缘由";"缴"在这里可理解是"界限"。也就是说,"道"既是宇宙的时间起点,又是宇宙的界限,它无所不包。

　　唯心主义认为,如果把整个世界看作"有"的话,那么,从逻辑的角度讲,这个"有"只能产生于"无",即只能是"无中生有"。因为,从逻辑的角度看,一个东西

---

　　* 基金项目:北京信息科技大学教改项目(项目编号:2017JGYB54)。

只能是由与它不同的东西产生出来的,说"一个东西自己生出了自己",就像是说"我们是由自己,而不是由我们的母亲生出来的"一样,逻辑上是无法成立的。当然,这只是唯心主义的说法。

"道生一",一是什么? 一是整体,是阴阳尚未分化的整体,是阴阳的统一体,或曰"混沌",也可理解为阴阳未分的"元气"。

"一生二",阴阳未分的统一的元气一分为二。"二"就是阴阳,或说是天、地。

"二生三",冯友兰先生认为,"三"实质上是"掺"。古代的"三""参""叁"本是一个字。而参、叁都有"掺"的意思。所以,"二生三"的意思即,阴阳相"掺",阴阳交合,生成了万物,就像我们的父母两人一"掺和"就生出了我们。

二

当许多学者纠缠于老子所说的"一"到底是什么时,我们发现,在汉及汉以前的文献中有一个非常重要且与"一"的关系非常密切的概念——"太一"。

《史记·天官书》中说:"中宫天极星,其一明者,太一常居也。"人世间权力的中心是宫廷,古人也把宇宙的中心想象成宫廷。这个中心就是"紫微宫",它是天上的"中宫"。"紫微宫"中共有两个"星团",一是"北极星"共有五星,这就是《史记》中所说的"中宫天极星"。北极五星中有一星常明,古人认为天上最尊贵的神——"太一"常居于此。

古人认为,北极是宇宙阴阳之源。杨泉《物理论》说:"北极,天之中……极南为太阳,极北为太阴,日、月、五星行太阴则无光,行太阳则能照,故为昏明寒暑之限极也。"

这段话的意思是:北极星团在天的正中,它的南面是"太阳区",北面为"太阴区"。当日、月,以及金、木、水、火、土五大行星行经"太阴区"时,人们则见不到日、月及五大行星发出的光,当日、月及五大行星行经"太阳区"时,人们就可见到它们发出的光。而这就是日常生活中人们在地球上所感觉到的昏、明、寒、暑的原因。

《尔雅》中说:"北极谓之北辰",即古人又将"北极"称为"北辰"。

《春秋合诚图》中又说:"北辰,其星五,在紫微中。紫之言此也,宫之言中也,言天神运动,阴阳开闭,皆在此中也。"

这意思是说:北辰,共有五颗星,在紫微宫中。紫微宫之所以称为"紫微宫","紫"的意思本是"此","宫"的意思本是"中";意思是"天神运动,阴阳开闭"都是源于此。

综上所述,我们可以归纳出如下几点:

1. 古人认为,北极位于天之正中。

2. 北极星团五星中有一颗星称为"太一",它是最常为人们观察到的。

3. "天神"即"太一"在紫微宫中的运动,决定着"阴阳开闭"。

那么"天神"或"太一"是怎样运动,怎样决定"阴阳开闭"的呢?

《史记·天官书》中说:"斗为帝车,运于中央,监制四方——分阴阳,建四时,均五行,移节度,定诸纪,皆系于斗。"

"斗"即北斗七星。"帝"则指"太一神"或"天神"。古人认为这个"太一"是天上中宫的"帝"。他以北斗七星为"车",坐着这辆"车"在中央区域巡行不止,监制着四方。

北斗七星第一为"天枢",第二为"天璇",第三为"天玑",第四为"天权",第五为"玉衡",第六为"开阳",第七为"摇光"。古人把这七星联系起来想象为古代舀酒的斗形,所以谓之"北斗"。"天枢""天璇""天玑""天权"合起来组成"斗身",古人称其为"魁";"玉衡""开阳""摇光"组成为斗柄,古人称为"杓(音标)"。

在古人的实践中,北斗七星是用来辨方向、定季节的标准——在日常生活中,人们根据北斗七星的指向来确定方位和季节。所以,"斗为帝车"的理论或观念应是来源于生产生活的实践。

古人认为,北斗七星主"七政",所谓"七政"也即日、月和金、木、水、火、土五星。《史记·天官书》中说:"北斗七星,所谓'旋(璇)、玑、玉衡以齐七政。'"简言之,古人认为北斗七星统御着日、月以及金、木、水、火、土五星。

"太一"乘北斗七星这辆"帝车"不断巡行,并将紫微宫中的紫微之气配置到不同的方位和不同的季节,从而形成阴阳、四时、五行、节度、诸纪等。所谓"分阴阳",即二十八星宿,以"壁宿"之南为阳,"轸宿"之北为阴;所谓"建四时",即北斗七星一年围绕北极运转一周,人们可以根据斗柄位置的转移来推定时令季节,气候变化,斗柄指东,天下皆春;斗柄指南,天下皆夏;斗柄指西,天下皆秋;斗柄指北,天下皆冬。所谓"均五行",即按周天三百六十五度平均分配五气,即"风、火、湿、燥、寒"所主的时间;所谓"移节度"即按二十四节气和周天三百六十五度的依次运转来决定节气和度数的变化;所谓"定诸纪"即确立八纪,也就是八个最重要的节气——立春、立夏、立秋、立冬四立以及春分、秋分、夏至和冬至。

了解了太一,以及太一在古代文化中的地位、内容,我们自然联想到老子的"道生一、一生二"的论述。如果说,老子所说的"一"是阴阳未分的元气,"二"是阴阳二气的话,那么,显然老子的"一"与"太一"是一致的。联系到"太一"是先秦文化中一个十分普遍性的概念,甚至在汉代还是人们普遍尊奉的至上神,即"太一神"，我们可以推断，老子所说的"一"就是中国传统文化中的"太一"。

三

"太一"乘着北斗七星这个"帝车"如何行进？其如何为天下建立起阴阳、四时？《黄帝内经》中的《九宫八风》篇为我们做了至为详尽的描述。《九宫八风》篇描述，"太一"一年中，从中央和八方的九宫方位，依次移行。其开始移行的方位是正北方的"叶蛰宫"，开始移行的时间是"冬至"。"冬至"这一日，"太一"移行到"叶蛰宫"并在"叶蛰宫"停留四十六天。之后，移入"天留宫（东北）"，在此也停留四十六天。之后，移入"仓门宫（东）"，并停留四十六日。之后，移入"阴洛宫（东南）"，并停留四十五日。之后，移入"天宫（南）"，停留四十六日。之后，移入"玄委宫（西南）"，停留四十六日。之后，移入"仓果宫（西）"，停留四十六日。之后，移入"新洛宫（西北）"，停留四十五日。最后，再于冬至这一天回到"叶蛰宫（北）"。"太一"在上述每一宫停留三个节气。

《黄帝内经》中说，太一在交换节气过宫的那一天，如果当天风调雨顺，就为吉利的征象，则谷物丰收，人民安乐，很少患疾病。假若在交节之前出现风雨，就会多涝；若在交节之后出现风雨，则多旱。

《黄帝内经》成书的时代是西汉初年，《史记》也是西汉的著作，两部著作所说的"太一"无疑是同一个太一，即北极星，或想象中居于北极星位置的"太一神"。而这个"太一"是不是只是汉代的神呢？

四

上面我们讲到"太一"是先秦文化中一个带有普遍性的观念，到了汉代它甚至是受人们祭祀的天上最高的神。《史记·乐书》载："汉家常以正月上辛祠太一甘泉，以昏时夜祠，到明而终。"

"太一"这些内容以及它的至上地位自然让我们又想到了另一个"至上神"——东皇太一。"东皇太一"是屈原《九歌》中第一个要祭祀的神，是天上最高的神。

《九歌》的来源很早，远在夏朝已经出现。《山海经·大荒西经》说："夏后开上三嫔于天，得《九辩》与《九歌》以下。"这句话的意思是：夏王朝的启为天帝贡奉了三个美女，于是得到了天帝赐予的《九歌》。这与屈原《离骚》及《天问》中所讲的完全一致。《离骚》中说："启《九辩》与《九歌》兮，夏康娱以自纵。"《天问》中也说："启棘（梦）宾商，《九辩》《九歌》。"

《九歌》是祭神时唱的颂歌。《九歌》共歌颂了九位神。这九位神分别是《东皇太一》《东君》《云中君》《湘君》《湘夫人》《大司命》《少司命》《河伯》《山鬼》。

东皇太一是谁？《文选》吕向注："太一，星名，天之尊神。"《东皇太一》放在《九歌》中的第一篇的位置，在太阳神《东君》之前，可见其地位高于太阳神，是天上的至上神，最高的神，即太一神。

其余八位神分别是："东君"——太阳神。《东君》中的第一句话是"暾将出兮东方，照吾槛兮扶桑……"，表明是"太阳神"。"暾"，即太阳；"云中君"——云神；"湘君"——湘水之神，多数人认为是舜，因为舜死在湘水边；"湘夫人"——湘水的女神，据说是舜的两个妃子——娥皇和女英，二人为舜殉情，投湘水自尽；"大司命"——掌管人命寿夭的"司命神"；"少司命"——掌管小孩生命的"司命神"；"河伯"——黄河的河神；《山鬼》——巫山女神。

显然，"东皇太一"与《史记》及《黄帝内经》中所说的"太一"是同一个神。那么在楚辞中为什么称其为"东皇太一"呢？《文选》吕同注："太一，星名，天之尊神。祠在楚东，以配东帝，故云东皇。"皇，楚人对天的称呼。太一，楚人对天神的称呼。

吕向的解释是因为其"祠在楚东"，"故云东皇"。那么随之就有一个问题——为什么楚人要将祭祀"太一神"的神祠建在"楚东"呢？为什么不建在北方呢？既然"太一神"代表的是"北极星"，那应该将祠建在北方啊？笔者认为，"东皇"二字或可另做解释，或者说这与古人另一固有观念——"阳始于子，春起于寅"有关。

古人用"十二地支"来表示十二个月，但奇怪的是，十二个月的第一个月，即"正月"并不是用"十二地支"的第一个，即"子"来表示，而是用第三个"寅"来表示。而"子"表示的则是农历的冬十一月（如下）。

11月	12月	1月	2月	3月	4月	5月	6月	7月	8月	9月	10月
（子）	（丑）	（寅）	（卯）	（辰）	（巳）	（午）	（未）	（申）	（酉）	（戌）	（亥）

十二支建月是从"寅"始，而不是从"子"始，其原因何在？《类经图翼》说："盖以建子之月，阳气虽始于黄钟，然犹潜伏地下，未见发生之功，及其动而转寅，三阳（自子至寅）始备，于是和风至而万物生，萌芽动而蛰藏振，遍满寰区，无非生意，故阳虽始于子，而春必起于寅。"

古人除用十二地支表示十二个月之外，又以十二个月与古代音乐的十二律相配。其相配的结果是"黄钟"所对应的正是冬十一月（如下），也即上面所说的"建子之月"，这也正是二十四节气中的"冬至"前后。

11月	12月	1月	2月	3月	4月	5月	6月	7月	8月	9月	10月
黄钟	大吕	太簇	夹钟	姑洗	中吕	蕤宾	林钟	夷则	南吕	无射	应钟

所以，《类经图翼》中这段话的意思是：自然界的阳气生于与"黄钟"相对应的"建子之月"。但是，这时阳气潜伏地下，在地上生活的人还感觉不到，即"未见发动之功"。等到了寅月，即正月，这时阳气已由开始时的"一阳"变成了"三阳"，于是春天的气息为人们感觉到了，"和风至而万物生"，植物开始萌芽，冬天蛰藏的蛇虫也开始活动了，春天的气息遍满寰宇，到处都是生机盎然。所以，自然界的阳气虽然是于"建子之月"开始回升，但人所感觉到的春意则是始于"建寅之月"即"正月"。

所以，虽然出自"太一神"的阳气始于在"五行"中代表冬季的北，但是，其真正为人们感觉到则是在春天，而按照"五行说"的理论，"春配东"，所以，楚人祭祀"太一神"要将祠堂放在东方。

中国许多殿宇的匾额常题的"紫气东来"的字样也可从这里得到解释。"紫气"也即"紫微宫"之气。

五

前面我们说，老子所说的"一"与《史记·天官书》《黄帝内经》中的"太一"，以及屈原《九歌》中的"东皇太一"本是一个对象，都是指的北极星，或由北极星转化而成的"太一神"。而这又让人联想到《周易》中的"太极"。

我们先来看一下《周易》中关于"太极"的论述。《周易·系辞传》中说："易有太极，是生两仪，两仪生四象，四象生八卦。"这句话中有几个令人费解的概念——"太极""两仪""四象"。

何为"太极"？"太"主要有两个含义，一是"至"，所以"太极"也即"至极"，即"最高极"；二是"阴阳未分"的混沌状态。在古代汉语中"太"与"泰"通用。孔子在解释《周易·泰卦》时说："阴阳未分曰泰。"

"极"字的本义是"房屋的最高处"，即房脊。古人把宇宙想象为穹隆，北极即这个穹隆的最高处，且这个北极既是空间的极点，也是一年四季时间的起点。古人认为，掌管宇宙的至高神——"太一"就在这里统御着宇宙的一切。显然，"太极"也就是"太一"。

"太极"生阴阳，这就是"两仪"。所谓"两仪"即阴阳。古人认为一年四季的变化是因为阴阳配置不同造成的,所以,一年春、夏、秋、冬四季又分别被比喻为"少阳——春""太阳——夏""少阴——秋""太阴——冬"。而这阴阳配置的变化始于"太极",或"太一"。

"两仪生四象"——所谓"四象"即春、夏、秋、冬四季。从"太一"生出的元气分化为阴、阳二气;由于阴阳二气配置的比例不同,所以造成了一年四季的区别。这一年四季的变幻是由春开始的。春天开始,北斗七星,也即"太一神"所乘的"帝车"的杓柄指向二十八宿中东方"青龙"的方位,所以,古人又以东方代表春天;到了夏天,北斗七星的杓柄指向南方,即二十八宿中"朱雀"的方位,所以,古人又以南方代表夏天;到了秋天,北斗七星的杓柄指向西方,即二十八宿中"白虎"的方位,所以,古人又以西方代表秋天;到了冬天,北斗七星的杓柄指向北方,即二十宿中"玄武(龟蛇)"的方位,所以,古人又以北方代表冬天。因此,所谓"四象",其直接的含义是代表东、南、西、北四个方位,在二十八宿中用"青龙""朱雀""白虎""玄武"来表示的四种动物。其间接或实质的含义则是四季和四方。

在分析完"太极""两仪"和"四象"的含义后,我们再回头看一下前面已经叙述过的关于"太一"的内容——如《史记·天官书》中说:"斗为帝车,运于中央,监制四方——分阴阳,建四时,均五行。"显然,这个"分阴阳,建四时"的"帝"就是《周易·系辞传》中所说的"太极"。所以,《周易》中的"太极"、《史记·天官书》以及《黄帝内经》中的"太一"、老子的"一",还有屈原的"东皇太一"都是一个东西,其实质都是北极星。

（作者单位:北京信息科技大学马克思主义学院）

《老》《庄》《易》"三玄"中的矛盾辩证法*

韩剑英

摘　要:《老子》《庄子》《易经》"三玄"中包含有丰富的辩证法思想,构成了中华传统哲学中辩证法的源头。本文运用格义的方法,通过分析三玄辩证法特别是矛盾同一性和斗争性问题上的不同着力点,比较毛泽东在《矛盾论》中关于矛盾同一性和斗争性的论述,指出三玄矛盾辩证法在实践意义上的三个向度,是马克思主义哲学中国化的一次有益尝试。

关键词:三玄;矛盾辩证法;实践向度

中华传统文化中有丰富的辩证法资源,从中国传统辩证法去看矛盾及其在事物发展中的作用,能够帮助同学们更好地把握马克思主义哲学中唯物辩证法的精髓,提高辩证思维的能力,同时帮助同学们更加理解中华传统文化的魅力和思想,有助于培养文化自觉、文化自信,以及更好地实现同学们价值观的建构。本文以中华传统文化"三玄"《老子》《庄子》《易经》所蕴含的辩证法特别是在矛盾同一性和斗争性问题上的不同着力点,来分析其中包含的矛盾同一性和斗争性及其在事物发展中的作用,以及三玄矛盾辩证法在实践指向上的三层向度。

辩证法与形而上学的根本区别在于是否承认事物内部存在矛盾,是否承认矛盾是事物发展的根本动力,而辩证法所说的矛盾与来自经验的假象不同,它是客观世界本身的矛盾,是生活本身的矛盾;矛盾是普遍存在的,它揭示的是事物本身具有的对立与同一关系及其运动过程,矛盾同一性和斗争性在事物的发展中又具有不同作用。用中国传统辩证法中最具中国特色的《老子》《庄子》《易经》辩证法

---

* 本文为北京信息科技大学课程建设项目"多维立体教学引导学生发现马克思主义的魅力"阶段性成果。

来格义马克思主义的矛盾观是马克思主义与中华传统文化相结合的有机尝试,也是用中国语言、中国逻辑来帮助大学生更好地理解马克思主义辩证法的有效途径之一。

一、《老子》《庄子》《易经》辩证法的不同特点

我们通过"有无相生"来理解《老子》辩证法。《老子》第十一章中讲到了"有无相生",并且举了三个具体例子。很有趣的是在同学们熟悉的金庸小说《射雕英雄传》第十七回"双手互搏"中全文引用了这段文字,并且以此来论证天下第一武功的根本思想。我们来看一下这段内容:"三十辐,共一毂,当其无,有车之用。埏埴以为器,当其无,有器之用。凿户牖以为室,当其无,有室之用。故有之以为利,无之以为用。"[1]

三十根马车车轮的辐条安在一个轴瓦上,靠着轴瓦当中本来就有的空间,才造就了车子的用途。和泥制成器皿,靠着它本来当中就有的空间,才有了容器的用途。凿开门窗制成房屋,靠着四壁中间本来就有的空间,才有房屋的作用。所以,制造出来的东西只是提供了一个条件,最后使用的仍是本来就有的空间。

《道德经》这段文字在有无这对矛盾的同一性和斗争性问题上至少表达了一下看法:1. 矛盾双方是相互区别的,功用不同;2. 矛盾双方的存在是事物存在的前提,同一才产生了价值和意义。我们可以这么分析:老子对于"有""无"这对矛盾的看法侧重于在认识其对立性的基础上,强调其同一性,特别是同一性中的相互依存性,我们可以比喻为"鸟之双翼""车之双轮"。老子在承认矛盾双方对立的基础上,强调的是实现成功(达到目标)的路径和方法,我们所熟悉的"千里之行,始于足下"就是这个道理。这也是马克思主义在讲到矛盾同一性在事物发展中的作用时所写的:"同一性是事物存在和发展的前提,在矛盾双方中一方的发展以另一方的发展为条件。""同一性使矛盾双方相互吸收吸取有利于自身的因素,在相互作用中各自得到发展。"[2]

我们再来看一下《庄子》,同样是在认识矛盾同一性的基础上,庄子强调的则是矛盾双方的相互转化性。《庄子·秋水》中有一段文字:"昔者庄周梦为蝴蝶,栩栩然蝴蝶也。自喻适志与!不知周也。俄然觉,则蘧蘧然周也。不知周之梦为蝴蝶与?蝴蝶之梦为周与?周与蝴蝶则必有分矣。此之谓物化。"[3]庄子以自我为中心主张万物平等,庄子从物性平等的立场,将人类从自我中心的局限性中提升出来,以开放的心灵观照万物,了解各物都有其独特的意义内容,其理论前提就在于由于我们现实中的不同立场不同视角不同背景,造成了认识上的对立,而从最

高的道的角度,对立是相对的,同一的道才是绝对的,所以他说"方生方死,方死方生""方可方不可,方不可方可",等等。我们在此需要清楚认识到的是,庄子对于矛盾同一性中相互转化性的认识,不是广泛意义上的世界观,而是直接针对我们个体的人生观,追求一种超越的必然世界、合乎道的绝对逍遥。

与《老》《庄》不同,《易经》的阴阳相生思想是最接近马克思主义的。作为最伟大的预测科学,《易经》揭示了事物存在的根本原因和发展的动力源泉,指出了事物发展的道路、趋势和一般规律,"易与天地准,故能弥纶天地之道,仰以观于天文,俯以察于地理",能够"范围天地之化而不过,曲成万物而不遗,通乎昼夜之道而不知"。[4]它在认识矛盾双方的同一性基础上,强调的是"一阴一阳之谓道"的斗争促进了事物的变化和发展。"泰极否来""损极益来""革故鼎新"这些常用的成语都可以反映出矛盾双方的相互斗争是如何推动事物的发展的。"泰极否来"中泰就是通的意思,事物不会长久地通下去,所以就产生了有阻隔的否卦,"易穷则变,变则通,通则久"[5]。这也正是北宋伟大思想家、政治家、文学家范仲淹在向宋仁宗的上书中一再提到的[6],这表现出的是一种客观的现实主义态度。"损极益来"中讲的是一直减损下去,一定会有所增益;在经济危机中、在股市的下行中,在自然、社会、历史和人生的变迁中我们似乎也能够看到这样的一种趋势,这表现出的是一种面对未来的乐观主义精神。"革故鼎新"中讲的则是变革和建立的重要,体现的是变革之时的动荡和建立之时的秩序。

二、毛泽东《矛盾论》中所体现的辩证法

我们在理解了《老》《庄》《易》基于不同着力点对于矛盾同一性和斗争性的认识后,我们以毛泽东《矛盾论》为例来看马克思主义辩证法的有关内涵,这是1937年8月在中国面临巨大民族生存压力的情况下,毛泽东为克服中国共产党内严重的教条主义思想而写的《矛盾论》中关于矛盾同一性和斗争性的论述。

首先是矛盾的同一性。毛泽东说:"原来矛盾着的各方面,不能孤立地存在。假如没有和它作对的矛盾的一方,它自己这一方就失去存在条件。试想一切矛盾着的事物或人们心中矛盾着的概念,任何一方面能够独立地存在吗?没有生,死就不见;没有死,生也不见。没有上,无所谓下;没有下,也无所谓上。没有祸,无所谓福;没有福,也无所谓祸。没有顺利,无所谓困难;没有困难,也无所谓顺利。"[7]

毛泽东举出两个例子来说明矛盾的同一性:

1. 曾在中国近代历史的一定阶段上起过某种积极作用的国民党,因为它的固有的阶级性和帝国主义的引诱(这些就是条件),在1927年以后转化为反革命,又由于中日矛盾的尖锐化和共产党的统一战线政策(这些就是条件),而被迫赞成抗日。矛盾着的东西从这一个变到那一个,其间包含了一定的同一性。

2. 我们实行过的土地革命,已经是并且还将是这样的过程,拥有土地的地主阶级转化为失掉土地的阶级,而曾经是失掉土地的农民却转化为取得土地的小私有者。有无、得失之间,因一定条件而互相联结,二者具有同一性。在社会主义条件之下,农民的私有制又将转化为社会主义农业的公有制,苏联已经这样做了,全世界将来也会这样做。私产和公产之间有一条由此达彼的桥梁,哲学上名之曰同一性,或互相转化、互相渗透。

毛泽东以《山海经》中的"夸父追日"、《淮南子》中的"羿射九日"、《西游记》中的孙悟空七十二变、《聊斋志异》中的鬼狐变人等神话与故事为例,指出"神话或童话中矛盾构成的诸方面,并不是具体的同一性,只是幻想的同一性。科学地反映现实变化的同一性的,就是马克思主义的辩证法"[8]。

关于矛盾的斗争性,毛泽东认为:有条件的相对的同一性和无条件的绝对的斗争性相结合,构成了一切事物的矛盾运动。我们中国人常说:"相反相成。"就是说相反的东西有同一性。这句话是辩证法的,是违反形而上学的。"相反"就是说两个矛盾方面的互相排斥,或互相斗争。"相成"就是说在一定条件之下两个矛盾方面互相联结起来,获得了同一性。而斗争性即寓于同一性之中,没有斗争性就没有同一性。

在《矛盾论》的第六部分"对抗在矛盾中的地位",毛泽东指出:"对抗是矛盾斗争的一种形式,而不是矛盾斗争的一切形式。""在阶级社会中,革命和革命战争是不可避免的,舍此不能完成社会发展的飞跃,不能推翻反动的统治阶级,而使人民获得政权。……但是我们必须具体地研究各种矛盾斗争的情况,不应当将上面所说的公式不适当地套在一切事物的身上。矛盾和斗争是普遍的、绝对的,但是解决矛盾的方法,即斗争的形式,则因矛盾的性质不同而不相同。有些矛盾具有公开的对抗性,有些矛盾则不是这样。根据事物的具体发展,有些矛盾是由原来还非对抗性的,而发展成为对抗性的;也有些矛盾则由原来是对抗性的,而发展成为非对抗性的。"[9]

毛泽东关于矛盾同一性和斗争性的论述进一步证明了列宁关于辩证法是关于对立如何同一的学说的论述,同时也使我们认识到《老》《庄》《易》在关注到矛盾既对立又同一的问题上,与马克思主义辩证法是完全契合的,只不过由于社会历史背景和作者关注点的不同而有了不同的着力点。

三、"三玄"矛盾辩证法在实践意义上的三个向度

我们可以用现代逻辑学的表述方式来看一下《老》《庄》《易》和马克思主义辩证法在矛盾同一性和特殊性问题上的思维方式。前提假设 U 事物（或过程），矛盾双方为 A、B，那么，老子认为没有 A 就没有 B，同样没有 B 就没有 A，想要实现 A，就应该从 B 入手，想要实现 B，就应该从 A 入手；庄子认为不管什么 A、B、U，从道的角度看，全部是人为的区别，A 可以转化为 B，B 可以转化为 A，U 也就是 U；易经认为 A、B 之间的矛盾既是 U 事物存在的前提，也是推动 U 事物发展的根本动力。毛泽东《矛盾论》则是基于中国社会现实的宏观思考，是在清醒认识事物发展规律的现实主义精神指导下，具有老子式的对成功路径的探讨。

教材中"矛盾同一性斗争性及其在事物发展中的作用"这一节的理论，特别是矛盾同一性在事物发展中的作用的三个表现，矛盾斗争性在事物发展中的作用的两个表现。从中可以体会出：马克思主义辩证法和《老》《庄》《易》在矛盾的同一性和斗争性问题上既具有契合点，这是马克思主义中国化进程中与中国传统哲学沟通的重要逻辑；又具有不同的着力点，反映了不同哲学形态的不同特点，这种不同的思维方式又互相沟通，正是当代中国和而不同世界观的重要思想基础。

具体来说，三玄中的矛盾辩证法在实践指向上形成了三个向度："和而不同的世界观""居安思危的历史观""矛盾和谐的人生观"。

（一）"和而不同的世界观"。"和而不同"这个词出自《国语·郑语》史伯回答恒公的一段话："夫和实生物，同则不继。以他平他谓之和，故能丰长而物归之；若以同裨同，尽乃弃矣。"[10]性质不同的金、木、水、火配合在一起才能产生出百物；"同则不继"只有一种东西就不能继续下去。我们在 2008 年 8 月 8 日北京奥运会开幕式上看到了大大的一个"和"字。"和"，就是不同事物、不同方面同时共存、相互补充、相互调剂总体上的和谐。同即绝对的相同、一致，不允许不同和差异的存在。"和"是保持事物的和谐统一，同则否认差异，强调绝对的同一。

在此，"不同"关注的是矛盾的斗争性，"和"关注的是同一性。北京奥运会开幕式以"和"为主题。我们处理国与国、邦与邦、家与家之间的关系，讲究的是"协和万邦"（《尚书·虞夏书·尧典》）、"万国咸宁"（《周易·乾·象传》）。我们对于西方新保守主义二元对立的思想是不赞同的，其代表人物布什的思想是基于一神教的善恶二元论，我们主张的是在承认"不同"多元文化基础上的和谐对话。

（二）"居安思危的历史观"。十七大报告中"我们一定要居安思危、增强忧患意识""机遇前所未有，挑战也前所未有""必须始终保持清醒头脑"等论述，处处

彰显着中国共产党人的"忧患意识"。我们来看一篇新华网 2007 年 10 月 19 日刊登的文章"居安思危,面向未来——十七大代表清醒看待中国未来面临的五大挑战",这五大挑战分别是:经济增长的资源环境代价过大、不平衡问题考验经济社会发展、防范全球化背景下的金融风险、影响群众利益的民生难题须破解、反腐败任重道远。

我们可以看到,这些挑战是社会主义初级阶段发展过程中不可避免的矛盾问题,也是党和政府高度重视和正在着力解决的问题。《左传·襄公十一年》说:"居安思危,思则有备,有备无患。""居安""思危"蕴含着矛盾双方是相互作用的,在一定条件下可以相互转化的原理。掌握这一思想,我们可以提高警惕,未雨绸缪,从而防微杜渐,防患于未然,避免事物向不利的方面发展,促使事物由不利方面向有利方面转换,最终使事物沿着正确的方向发展。

(三)"矛盾和谐的人生观"。现实中的我们都不是单向度的人,我们处在一个复杂的矛盾中。天道—人道、天性—人性、理性—情感、个人—家庭、个人—社会、家庭与事业等都是既对立又同一的,我们要不断学习在矛盾中寻找同一,这正是中国北宋以后形成的根本经典《中庸》中所追求的。1028 年,宋仁宗在他的御花园中宴请新中榜的进士们,一人赐予一本《中庸》,此后《中庸》成为中国士大夫修身养性的最基本教科书。今天当我们读这篇不长的文章,在学习中国传统文化的同时,可以去体会那个古代人们对矛盾同一性和斗争性的思考与独特的解决方案。

事实上,在世界观、历史观、人生观上,矛盾普遍性和斗争性理论是处处时时可以发现的,例如,天人之间、人与人之间、民族与民族之间、国家与国家之间、人与环境之间、历史与现实之间、传承与创新之间等,需要我们认真细心地体悟才能真正形成矛盾和谐的世界观、历史观和人生观。

(作者单位:北京信息科技大学马克思主义学院)

参考文献:

[1]老子道德经注校释[M].(魏)王弼注、楼宇烈校释,北京:中华书局,2011.
[2]马克思主义基本原理概论[M].(2016 年修订版)本书编写组,北京:高等教育出版社,2016.
[3]马恒君.庄子正宗[M].北京:华夏出版社,2007:34.
[4]余敦康.周易现代解读[M].北京:华夏出版社,2011:329.

[5]余敦康.周易现代解读[M].北京:华夏出版社,2011:354.

[6]范仲淹全集(上)[M].成都:四川大学出版社,2002:200.

[7]毛泽东选集(第一卷)[M].北京:人民出版社,1991:328.

[8]毛泽东选集(第一卷)[M].北京:人民出版社,1991:331.

[9]毛泽东选集(第一卷)[M].北京:人民出版社,1991:334~335.

[10]中国哲学史教学资料选辑(上册)[M].北京大学哲学系中国哲学史教研室选注.北京:中华书局,1982:8.

白鹿洞书院人才培养特色研究 *

奚冬梅

摘　要:白鹿洞书院作为中国古代书院的典型代表,有自己独特的人才培养和教育传统,尤其在人才培养目标方面克服科举功利化弊端,立足"醇儒"道德人格和贤人培养,强调环境化育人,德育为先,治学与为人相结合,学生自主实践、学习为主,教师点拨指导为辅的人才培养特色,对于今天高等教育创新人才培养具有重要的启示价值。

关键词:白鹿洞书院;人才培养;特色

在源远流长的中国古代教育史中,书院教育最有特色和成就。白鹿洞书院自五代南唐昇元年间建立至清末光绪二十九年停办,历时千余年,是中国历史上存续时间最长、影响最大、最具代表性的一所书院,被誉为"宋代四大书院之首",且有"海内书院第一"之称。王昶在《天下书院总志序》中称其为"天下书院之首"。白鹿洞书院既有一般书院的教育特点,又有自己独特的教育传统,作为书院文化的典范,对中国古代社会的人才培养、学术研究、文化传播、社会发展做出了重要贡献,为今天的高等教育留下了宝贵、丰富的办学经验与教育思想。

白鹿洞书院坐落在江西星子县庐山五老峰东南,背靠庐山,面对鄱阳湖,环境清幽、秀美。它始于唐李渤隐读,兴盛于南宋朱熹复兴,绍隆于明清。作为传承与创新儒家文化的主要机构,白鹿洞书院将教学、研究、人才培养、学习方法等融为一体,成为一大创举。

---

* 课题项目:书院模式在高校创新人才培养中的作用研究,北京信息科技大学教改课题,编号:2016JGYB35。

一、人才培养目标力避功利、立足长远

南宋时期,朱熹被宰相史浩举荐,任知南康军,在当地遭受旱灾的艰难情况下,努力推动白鹿洞书院的重建与复兴,对办教育充满了恳切之情。《知南康军榜文》中晓谕:"请乡党父兄各推择其子弟之有志于学者,遣来入学,陪厨待补,听讲供课。本军亦一面多方措置,增置学粮,当职公务之余,亦当时时诣学,与学官同共讲学经旨,多方诱掖,庶几长才秀民为时而出,有以仰副天子长育人才之意。"[1] 从榜文中可以看出,朱熹复兴白鹿洞书院,吸纳学子的根本目标不是单为考取功名利禄,而是为社会培养出"为时而出"的人才,这反映出书院人才培养目标的高远和对当时官学教育急功近利趋向的革新。

之所以会有这样的认识与朱熹的经历有很大关系。朱熹在仕途时间虽然不长,但在对金兵南侵的问题上,南宋朝廷出现了主战与主和两派,以宋高宗、秦桧为首的主和派,力主议和,对金妥协迁就,导致南宋政权的衰弱和严重的外患威胁。朱熹对此极为愤懑,主张抗战,表现出深切的爱国情怀。他认为国家的外患要消除,根本上取决于内政清明通达,而内政清明则必须有济世人才担任才能实现。他认为科举选拔急功近利的趋向,应当通过书院教育来纠正。朱熹曾多次明确表达过此种观点。

在招收高级生徒的榜文《招举人入白鹿咨目》中,朱熹劝告那些士子,"国家以科举取士",是前代的旧规,这不是书院教育的终极目标,他进一步阐述了书院"非以经义、诗赋、论策之区区者为足,以尽得天下之士也","士之所以讲学、修身,以待上之选择者",不能"止于记诵缀辑无根之语,足以应有司一旦之求"。[2] 朱熹制定的《白鹿洞书院揭示》的跋语中明确指出:"熹窃观古昔圣贤所以教人为学之意,莫非使之讲明义理以修其身,然后推己及人;非徒欲务记览、为辞章,以钓声名取利禄而已。"[3] 他认为书院教育的最终目标不是为了培养沽名钓誉的科举进士,而是应当为国家、社会培养出经世济民的人才,书院教育是为了培养合乎儒家道德标准的士君子,这对书院教育产生了广泛的影响。

书院人才培养的目标反映出中国古代教育造就社会发展需要人才的独特性,成为新型书院教育的典范,对今天高等教育的终极目标具有很强的启示和借鉴意义。

二、培养方式上强调环境对人的熏陶与化育

白鹿洞书院在人才培养方面最有特色的是强调环境化育人,从场所的选择、

建筑风格、学习活动等方面将人与自然有机融合。人在自然中净化、陶冶，自然被人赋予意境与情趣。从白鹿洞书院的选址来看，颇具匠心，北耸五老峰，前有卓尔山，后有后屏山，东有左翼山、回流山，贯道溪从石上流过，清澈见底，地势西高东低，三山夹岸，一水中通。走入其中，古树参天，飞鸟啾鸣，不仅会被优美的自然风光所吸引，同时，"无市井之喧，有泉石之胜"的悠然感油然而生，使人不由自主想要静下心来，一心向学。

　　白鹿洞书院外部环境中，最有特色和教育意义的是石刻，从朱熹开始，带领学生在附近山崖溪石上留下很多石刻，有50余处，目的是为了书院倒后也可以为后人留下复修的痕迹，同时对后人有所启发。这些石刻大致可以分为两类，一类是写景或永久记叙性的，如朱熹在溪石上亲题的"枕流"，枕流桥西岩壁上刻有"白鹿洞"，鹿眠场的贯道溪石上有"漱石"两字，枕流桥贯道溪东壁有"敕白鹿洞书院"等。此外，如"观澜""闻泉""钓台""回流山""圣泽之泉""风泉云壑"等都是对景色的描写与记录。《流芳桥题志》《枕流桥题志》《枕流亭题志》等记录了书院修建的历史。另一类是道德规范或富有哲思寓意的，如宋嘉定十年陈宓在枕流桥西壁书字径45厘米的"自洁"两字；在回流山流芳桥东，于嘉定十一年书"流芳"；贯道溪西壁宋陈淳祖摹书的"忠""信"二字；枕流桥西坡，明正德穆相书"仰思"等，都使人们在经过时无不躬身自省，律己修身。在书院前方贯道溪中有一巨石上赫然刻着四个大字"逝者如斯"，当人们经过时，会看到潺潺流水中，这四个字格外醒目，慨叹时间如流水，让人有珍惜时间的冲动。此外，在贯道溪石上还刻有明代的"砥柱""千古不磨"；清代的"不在深""清如许""源头活水""踏实""琴意""静观"等，这些石刻从宋代朱熹开始，历经元、明、清、民国，至今已有700多年的历史，发展成为一种重要的教育手段，石刻不仅是为了"流芳千古"，更重要的是让生徒和后人在环境当中感受思古之忧，启发学问与做人，践行艺术与文化，从而达到一种润物无声的教育效果。

　　为了强化教育功能，书院在建筑风格上进行了精心的设计，一般分为两类：一类是尊崇孔子的礼圣殿（或大成殿），另一类是根据书院教育需要而设计构筑的。如白鹿洞书院为了让学员更深了解学习周濂溪，还根据他的著作、思想和品性，兴建了莲池、太极亭、君子堂等，使生员有更深刻、亲切的理解。此外，书院还建有宗儒祠、先贤祠、明伦堂、崇德祠、云章阁、御书阁、文会堂、报功词、春风楼等。这些建筑虽然各有千秋，但都有一个共同的目的就是为了对学院进行教育，使学员尊儒崇圣。

　　书院还借鉴禅宗关于《大厦之才，本出幽谷》的理论，认为"故知栖神幽谷，远避嚣尘，养性山中，长辞俗事，目前无物，心自安宁。从此道树花开，禅林果出也"[4]。朱熹传承了书院先贤"依山林，即闲旷"的传统，重视环境对教育之影响，他认为白鹿洞清幽雅致的自然环境有利于学员少杂念、收心归位、存道心，而容易处于一种"居敬"的状态中，使意志统一，深入学习研究和体悟。

《论语》中有"仁者乐山，智者乐水"之语，朱熹一遇闲暇，即赴书院与生徒"优游山石林泉间"，寓讲说、启迪、点化于休息、游乐之中。这与朱熹的哲学观也是一致的，朱子之"格物致知"，有以天下之物所体现之天理，来印证"吾心所固有之"天理，内外相证，从而"致吾之知"的讲法。既然"理一分殊""月印万川"，那么优游林泉之中，考察山川名物，无非是要学生更好地体察"万物"虽纷纷纭纭，却终归无逃于"天理"。[5]

三、德育为先，治学与为人相结合的"醇儒"人格培养

白鹿洞书院始终将学生的品德教育与培养放在首位，将伦理道德教育看成是首要任务。这和儒家以"明人伦"为教育宗旨，将教育价值定位于"人道"，重视个体道德培养是相统一的。

白鹿洞书院兴建的重要目的是要克服科举"所务在名，所图在利"，专于八股"熟于记诵，工于辞章，优于进取"的弊端，从而恢复孔孟之道。

朱熹主张在教育目标上将人培养为"醇儒"，即国家需要的人才。他认为要培养人才，必须要教育年青一代"存天理、灭人欲"，他还指出当今许多学者不能去世俗之陋，没有别的原因，只是在于没有确立远大的志向，因此，"学者要立大志，才学便要做圣人，是也。"如何培养具有道德主体性的"醇儒"？白鹿洞书院形成了一套比较完整的德育体系和模式，这主要通过以下几种方式进行：

一是典礼祭祀。"克己复礼"是儒家教育的重要目标。"礼"是儒学教育的重要内容，儒家早期的"六艺"教育起源于原始的祭祀活动，"教民""教化"本来就是祭祀活动的延伸——祭祀与教民在儒家的教育理念中本来是不可分的。[6]因此，白鹿洞书院将儒家祭祀与教育内容有机结合，形成了规范的典礼活动。白鹿洞书院开讲之前，朱熹带领生徒举行了开学典礼，在《白鹿洞书院洞志》（载文集卷86）中保存了朱熹当年为开学典礼写的《白鹿洞书院成告先圣文》，其中提到："将率同志，讲学其间，意庶几乎先圣先师之传，用以答扬太宗皇帝之先训，鼓箧之始，敢率宾佐合师生，恭修释菜之礼，以见于先圣，以先师兖国公、先师邹国公配。"朱熹离开白鹿洞后，遗钱三百贯建造礼圣殿，可见其对典礼的重视。书院建造的祠祀成为道德教育的重要场所，目的是为了歌颂先圣、先贤、先师等，使生徒在榜样、楷模

身上吸取教益。塑望祭礼成为书院的常制,一直延续到清末。

二是定规制。将知识传授、学问研究与品德修养、人格完善有机地结合起来。其中,朱熹制定的《白鹿洞书院揭示》成为宋以后中国书院教育的指导方针,对后世影响深远。"言忠信,行笃敬,惩忿窒欲,迁善改过"和"正其义,不谋其利;明其道,不计其功"以及"己所不欲,勿施于人,行有不得,反求诸己"[7],这些内容尤其注重生徒在日常待人、处事、接物行为中的修身养性的锻炼和磨炼,成为规范和约束学员行为的守则,将道德行为养成落实到日常生活与学习当中。

三是规范、系统、递进推进德育内容,尤其注重融合当时的社会主流文化和核心价值。朱熹在主持白鹿洞书院时,提出"教人以《大学》《论语》《孟子》《中庸》为入道之序,而后及诸经"[8]。在白鹿洞书院学习儒家经典极为盛行,朱熹挑选出《大学》《中庸》《论语》《孟子》四部书,作为书院教学的基本教材,并且做了简明扼要的注释,成为后世广为流传的《四书集注》[9],这为书院开展系统教学内容奠定了基础。

四、学习方式上鼓励主体独立体悟、自主实践

和今天的大学教育比起来,在课堂知识传授之外,白鹿洞书院在教育方面更注重自主性精神的培养和践行。这体现在几个方面:

第一,强调"少教多学",采取学生自学为主,自主研读、自主感悟体会理解,教师讲授为辅的方式。书院提倡启发诱导,避免灌输,认为教师的职责是帮助学生发现问题和解决问题,如朱熹指出:"指引者,师之功也。"书院内虽有大师定期升堂讲学,"开悟"学生的"自行理会",如心学大师陆九渊曾到白鹿洞讲学,留下了脍炙人口的《白鹿洞书堂讲义》,但这些往往是提纲挈领,更多需要生徒在课后自主学习领悟;或指定书目,令学生细心钻研,教师点拨提点,这种方式有利于提升学生的独立研究与治学能力。格物致知最重要的方式之一就是读书。白鹿洞书院的教学活动主要是采取学生刻苦钻研、自行理会的方式:"书用你自去读,道理用你自去究索,某只是做个引路底人,做个证明底人,有疑难处同商量而已。"[10]为了提高学生自主学习能力,朱熹提出了一套系统为学的方法,朱熹在《白鹿洞书院揭示》中指出,"其所以为学之序,亦有五焉",即"博学之、审问之、慎思之、明辨之、笃行之"。在学习过程中,"学、问、思、辩"四者相互配合,密不可分,只有经历这四个过程才能达到穷理。

第二,强调师生平等,注重相互切磋、研讨。在书院,要相信"弟子不必不如师,师不必贤于弟子"[11],师生间平等讨论,教学相长。这种相互交流以"讲会"和

"会讲"两种制度形式体现。"会讲"是一种师生间互相讨论、自由切磋、启发式的教学方式，"会讲"制度提倡师生的平等关系，强调互相争辩和自由讨论，极大地调动了学生学习的主动性，对塑造学生的独立学术人格大有裨益，也确保了书院始终处于时代学术研究的中心。[12]《白鹿洞书院续规》中曾记载"会讲有期"，"每月以初六、十一、二十一、二十六四日为会讲之期"，明确规定了会讲日期，在会讲之外，"即非会讲之期，各有所见，无妨不时相商"，可见书院对相互切磋、探讨、交流的重视。"讲会"是不同学派之间以互相学习、相互促进为目的而举行的一种学术活动。历史上著名的"鹅湖讲会"就是朱熹理学与陆氏兄弟就"为学之方"展开的学术论争。讲会制度作为一种教育方式，为师与师、师与生、生与生，不同学派之间相互促进搭建了平台，使得学术思想得以繁荣。

第三，注重质疑、批判精神的培养。书院格外重视学生质疑精神的培养，朱熹说："经多诘难，其辩愈详，其义愈精。"学友之间的相互切磋，师生之间的质疑问难，是书院师生群居的一种"日程"。[13]"学贵有疑，方有收获"，书院十分强调生员读书时要善于思考和质疑。"疑者足以研其微"就是鼓励生员要带着问题去读书，通过请教师长解开疑问，才能逐渐达到融会贯通的境界。《朱子语类》便是朱子与生徒质疑问难的记录。

总之，白鹿洞书院作为我国古代民办高等教育的典型代表，其历时千年所形成的人才培养特色及其所蕴含的教育思想与方式，对当前高校人才培养目标、定位、教学方式、实践活动、文化环境建设等方面具有重要的启示价值。我们应该批判继承和发扬白鹿洞书院立足"醇儒"全人教育目标，教学活动与学术研究和为人处世相结合，教师指导与学生自主学习相配合，环境化育激发与行为规制相依托，实现创造性人才的培养，促进理论与学术的繁荣。

（作者单位：北京信息科技大学马克思主义学院）

参考文献：

[1]陈谷嘉主编．岳麓书院名人传[M]．湖南大学出版社，2016：52．

[2]李科友著．白鹿洞书院的秘密[M]．江西人民出版社，2014：48．

[3]李宁宁、高峰主编．白鹿洞书院艺文志[M]．江西人民出版社，2008：81．

[4]（唐）释静觉．楞伽师资记[M]．续修四库全书本，第1281册．上海古籍出版社，2002卷1：55．

[5]李劲松．论朱熹兴复白鹿洞书院的历史渊源及其教学改革[J]．江西社

会科学,2008(4):132.

[6]李劲松.论朱熹兴复白鹿洞书院的历史渊源及其教学改革[J].江西社会科学,2008(4):131.

[7]李宁宁、高峰主编.白鹿洞书院艺文新志[M].江西人民出版社,2008:81.

[8]邓洪波.中国书院史[M].上海:中国出版集团东方出版中心,2004:217.

[9]魏佳佳、孙芳.我国古代书院人才培养制度对当代民办高校的启示[J].黑龙江高教研究,2016(5):136.

[10]孙培青.中国教育史[M].上海:华东师范大学出版社,2000.

[11]孙培青.中国教育史[M].上海:华东师范大学出版社,2000:208.

[12]高军、睦国荣.古代书院独立人格教育的策略与启示[J].开封教育学院学报,2016(2):3.

[13]詹丽萍.论白鹿洞书院办学特色蕴含的教育思想[J].2011(4):122.

03

历史研究

国民党六全大会关于中共问题之探讨

陈建成

　　摘　要:中共问题是国民党六全大会绕不开的一个话题。六全大会上对于中共问题形成了两套决议,即对外公开舆论宣传的《对于中共问题之决议案》和在党员内部宣讲的《本党同志对中共问题之工作方针》。蒋介石及其领导的国民党迫于美苏和国内外舆论等的压力才提议政治解决中共问题的方针,但骨子里仍希望消灭中共。

　　关键词:国民党　六全大会　中共问题

　　关于六全大会中共问题的认识,两岸学术界存在很大的分歧。台湾学者邵铭煌认为六全大会"诚心化解与中共关系"[1];大陆学者则认为国民党六全大会"最重要的一个中心议题,是如何处置中国共产党"[2],国民党六全大会是准备内战,消灭中国共产党和中国民主势力,把中国引向黑暗的大会。

一

　　在国民党六全大会筹备时,中共问题起先并没有纳入重要议题的范围。5月12日第八次会议,潘公展做了《关于中共问题之报告》后,代表甘家馨等43人临时动议成立特种委员会审查此项报告,并草拟对各党派,尤其中共问题之意见,提交大会讨论。大会做出决议:组织特种审查委员会,推潘公展、王世杰、张治中、邵力子等39位同志为委员,以潘公展、王世杰、张治中三位同志为召集人,并由特种委员会审查关于中共问题的六件提案[3]。

　　5月17日下午由张治中主持第十六次会议,讨论并通过特种审查委员会提出之《对于中共问题之决议案》及《本党同志对中共问题之工作方针》[4]。

　　《对于中共问题之决议案》全文如下:

大会听取中央关于中共问题之总报告，深以中央以往所采政治解决之方针为适当。本党领导全国军民艰苦抗战，无时不尽力于团结御侮，以求中国之自由平等。中共在"民国"二十六年九月亦曾有四项诺言之宣告，虽频年以来，中共仍坚持其武装割据之局，不奉中央之军令政令，而本党始终宽大容忍，委曲求全，其苦心已为中外人士所共见。现值国民大会召开在迩，本党实施宪政，还政于民之初愿，不久当可实现，为巩固国家之统一，确保胜利之果实，中央自应秉此一贯方针，继续努力，寻求政治解决之道。所愿中共党员，亦能懔于民国缔造原非易事，抗战胜利犹待争取，共体时艰，实践宿诺，在不妨碍抗战，危害国家之范围内，一切问题可以商谈解决。斯则国家民族之大幸，本党同志应共喻此旨，以促成之。

《本党同志对中共问题之工作方针》全文如下：

本党本团结抗战之精神，数年以来对中共问题坚立以政治方式力求解决，今后自仍应本此既定方针，继续努力。惟根据中共问题之总报告，中共一贯坚持其武装割据，借以破坏抗战，致本党委曲求全、政治解决之苦心，讫无成效，而本党同志在各地艰苦奋斗惨遭中共残害，书不胜书。追溯往事，能无愤慨。乃中共最近更变本加厉，提出联合政府口号并阴谋制造其所谓"解放区人民代表会议"，企图颠覆政府，危害国家。凡我同志均应提高警觉，发挥革命精神，努力奋斗，整军肃政，加强力量，使本党政治解决之方针得以贯彻。兹特提示今后全党同志对此问题之工作方针如下：

一、本党同志应切实深入农工群众，解除农工痛苦，大量吸收农工党员，发展本党在农工社会中之组织。

二、应以革命进取之精神，吸收富于革命性之知识分子，并正确地领导青年。

三、对外应配合政治环境，加强国际宣传；对内应加强党员政治训练，纠正中共之虚伪宣传。

四、一切社团中之本党同志，应加强党团组织，争取第三者对本党之同情。

五、在沦陷区应确立并加强党的领导权，一切军政设施，均须适应党的工作方针，并由中央选派坚强干部，深入敌后工作。

六、加强中央及各地对于本问题之统一指导机构。

第六届中央执行委员会应将上列工作方针通令全国各级党部，勖勉同志，一致力行，中央并应随时本此方针，规划具体办法，切实施行。

《对于中共问题之决议案》是王世杰从中美苏关系着眼起草的，主张对中共问题仍采取"政治解决之方针"，"在不妨碍抗战危害国家之范围内，一切问题，可以商谈解决"。《本党同志对中共问题之工作方针》是CC系起草的，认为"中共最近更变本加厉,提出联合政府口号,并阴谋制造其所谓'解放区人民代表会议',企图颠覆政府,危害国家"。《本党同志对中共问题之工作方针》还提出了六点方针,主要内容在于深入农工群众,争取农工党员;吸收并正确领导知识青年;加强国际宣传与党员政治训练;加强一切社团中之党团组织;遴选坚强干部深入敌后工作以加强党在沦陷区之领导权;加强中央及各地对于处理中共问题之统一指导机构。这些方针的内容毫无疑问是解决中共的对抗措施。

二

从六全大会关于中共问题的决议本身来看,六全大会确定的对中共问题的方针和对外公开的舆论宣传是采取政治解决的方针,这个方针早在五届十一中全会上就确定了。蒋介石在听取了中央秘书处关于中共案件之报告和各委员的意见后,指示"个人以为全会对于此案之处理方针,要认清此为一个政治问题,应用政治方法解决"[5]。此后,蒋介石又多次公开宣示,要用政治方式解决中共问题。那么蒋介石为什么要反复强调用政治方式解决中共问题呢?其实,这是蒋介石政府的无奈之举。对外公开宣示用政治方式解决中共问题是美国、苏联以及国内舆论相互作用的结果。1943年夏季以后,国共斗争愈演愈烈,几乎酿成新一轮军事冲突,于是,"主要是根据对日战争的需要和对国共力量对比的分析,美国政府从1944年夏季开始直接积极地插手国共矛盾,试图找到既能维持蒋介石的地位,又能防止内战的办法。总之,通过政治方式解决国共争端,成为美国政策的主调。"[6]至于苏联,从1944年夏季到战争结束后一个时期,苏联在同民国政府代表谈判时也声称,"中国只能有一个政府,由国民党领导",蒋介石谋求军令政令统一是"正当之愿望",但应用政治方式解决,苏联不会向中共提供军事援助,等等。[7]在美苏合作的大背景下,苏联固然不能公开支持中共推翻民国政府,蒋介石也不敢违背美国的意愿与苏联对抗。这种复杂的局面使苏联试图造成一种内外环境,中立蒋介石政府,防止蒋介石过分反苏。在这个框架下,国共问题成为苏联向蒋介石施加压力的砝码。王世杰日记载:"今日赫尔利在山洞蒋先生官邸与蒋先生谈二小时。一为中共问题。蒋先生谓此事与中苏关系为一个问题。"[8]美苏的对华态度直接影响国共两党各项政策的实施。国民党要维持其统治地位,必须坚持抗日,要抗日又必定要争取美苏等国的支持和援助。美苏双方当时均需要利用中国的抗日来牵制日军的南进或北进,绝不希望中国发生内战,因而,各自运用其有力手段促使国共两党继续维持合作局面。当然,美苏的对华政策均以本国利益为准绳,审时度势,变换手法。所以,蒋介石的政治解决方针是为了应付美苏和国内外舆论压力的一种表态。

三

　　蒋介石在 1945 年 3 月 3 日日记曾痛切言之："分析共匪之行径：（甲）以俄国为主子，张大其声势，以威胁国人与国际；另一方面又否认受俄国之统辖，以欺弄美国，希接济其武器。（乙）以倭寇为其掩护着，以沦陷为其逃薮。一面推动寇军，进攻我军，扩大沦陷区，那可扩大其势力范围。对外则宣传其敌后政权地域之大，人民之多。其实则沟通敌寇，为敌寇保护其后方基地，与敌相约互不侵犯，敌乃得专一进攻我国军……"[9] 又 5 月 14 日，蒋介石在六全大会上做第一次政治报告，谓"共产党盛倡联合政府，与准备召集民族解放委员会，如果召集民族解放委员会，是自速其灭亡，但所唱联合政府乃亡我国民政府之毒计[10]"。5 月 22 日，蒋介石为六全大会军队代表作了《革命军人与革命党的关系、中外军人受欺于共产党的教训与事实》的讲话，讲话指出："我们政府对于共产党始终是宽大的，只要他能服从政府的军令和政令，能够完成国家的统一，政府一定承认其合法地位，使之参与国家的建设。无如共产党执迷不悟，别有用心，蓄意要破坏统一，背叛国家，他们以为如果不乘此时机彻底消灭本党和我们革命的武力，就不能达到其夺取政权赤化中国的阴谋。因此他们在这抗战胜利的前夕，一定要作最后的挣扎，袭击我们艰苦抗战的国军，破坏我们政府的威信，动摇我们国家的根本。"并乐观地认为："共产党的武力和国军比较起来是不可同日而语的，他现在号称有多少正规军，多少游击队，占领多少地区，其实都是乌合之众，不堪一击！"[11] 由此可见，就蒋介石深层的考虑，是要用各种迂回方法消灭中共。

　　正是基于蒋介石的这种认识，在国民党六全大会上，CC 系起草的《本党同志对中共问题之工作方针》，才认为中共"企图颠覆政府，危害国家"，便宣告国民党与中共的斗争无法妥协解决。[12] 事实上，在此之前不久，蒋介石已经下达命令，要求各战区"集中全力"消灭中共军事力量。[13] 不过，尽管蒋介石本人倾向使用武力，但他遇到两方面的障碍。其一是国民党内部意见并不一致，对武力解决持反对态度的人很有些影响力。[14] 其二是美国苏联的影响。所以在国民党六全大会才形成了两套决议，即对外的由王世杰起草的《对于中共问题之决议案》，对内的《本党同志对中共问题之工作方针》。

　　在中共问题上两套议案的形成，反映了蒋介石作为政治人物的两难悲剧。一方面，在内心里，蒋介石和 CC 系迫切希望用各种方式消灭共产党；另一方面，迫于美苏和舆论的压力，蒋介石又不得不接受王世杰等的主张，对外发表一个"政治解决"的决议案。究其本质,当是采取各种方法适时消灭中共。

（作者单位：北京信息科技大学马克思主义学院）

参考文献：

[1]邵铭煌.为抗战胜利而绸缪：中国国民党第六次全国代表大会之召开与时代意义.台北：《近代中国》,第 149 期。

[2]孙彩霞.中国国民党历次代表大会简介(1924—1949).南开大学出版社,1989 年,第 230 页；马齐彬主编.国共两党关系史.中共中央党校出版社,1995 年,第 869 页；彦奇、张同新主编.中国国民党史纲.黑龙江人民出版社,1991 年,第 922 页等。

[3]详见中国第二历史档案馆藏.中国国民党第六次全国代表大会纪录.第113 ~ 114 页,案号：七一一(4)/123。

[4]案文详见中国第二历史档案馆藏.中国国民党第六次全国代表大会纪录.第 182 ~ 183 页,案号：七一一(4)/123；《革命文献》第七十六辑,第 412 ~ 413 页；荣孟源主编.《中国国民党历次代表大会及中央全会资料》(下).光明日报出版社,1985 年版,第 921 ~ 922 页。

[5]荣孟源主编.中国国民党历次代表大会及中央全会资料[M](下).光明日报出版社,1985：841.

[6]牛军.一九四五年至一九四九年的美苏国共关系[J].《历史研究》,2002(2).

[7]秦孝仪主编.中华民国重要史料初编(第三编,第二册).中国国民党中央委员会党史委员会编印,1988：588,602,609.

[8]王世杰.王世杰日记[M].第五册.台北：中央研究院近代史所,1990：82.

[9]国父建党革命一百周年学术讨论集[C].第 4 册.台北：近代中国出版社,1995：158.

[10]唐纵.唐纵失落在大陆的日记(连载之一七).台北：《传记文学》,第六十三卷,第一期,第 127 页。

[11]秦孝仪主编.总统蒋公思想言论总集[M](卷二十一).国民党中央党史会,1984：138.

[12]荣孟源编.中国国民党历次代表大会及中央全会资料[M](下).光明

日报出版社,1985:921~922.

[13]杨奎松.失去的机会? 战时国共谈判实录[M].广西大学出版社,1992:189.

[14]汪朝光.中华民国史[M](第三编第五卷).中华书局,2000:29~30.

国民党六全大会关于宪政议题之探讨

陈建成

摘　要:1945 年 5 月召开的国民党第六次全国代表大会将宪政问题列为重大议题,有关国民大会、宪法草案、宪政实施等提案占有相当数量,所涉及的内容很多都是亟待解决的问题,但由于蒋介石领导下的主席团以及提案审查委员会的"综合""审查",代表们的意见在很大程度上得不到表达,受到制约,宪政问题只停留在形式上。

关键词:国民党;六全大会;宪政

抗日战争后期的宪政问题不仅仅是以国民党、共产党和民盟为代表的中间党派等政治力量十分关注的问题,也是美苏等国际力量在中国政治上十分关注的问题。美国总统罗斯福就从有利于世界反法西斯战争的角度出发建议蒋介石:"中国宜从早实施宪政。"[1]由于各方对宪政问题的关注,宪政问题成为了国民党六全大会讨论的重要议题。关于六全大会的这一议题,学术界专门研究不多,下面从国民大会、宪法草案、宪政实施三个方面加以探讨。

一、国民大会

关于国民大会,国民党六全大会收到的相关提案主要有《关于国民大会召集日期案》《请修正国民代表大会选举法以应需要案》《定期召集国民大会以宏民治而奠国基案》《召集国民大会并恢复本届国民大会原定职权,俾早日实施宪政,完成建国工作案》《推定重新推选国民大会代表,以便实施宪政案》《请规定国民大会代表妇女名额为总数百分之二十比例案》《积极筹开国民大会以利党政实施案》等。[2]

国民党六全大会提案审查委员会政治组审查这些议案,在合并讨论后综合决

议,提出如下报告意见:

一、国民大会之开会日期应依照总裁宣示定于本年十一月十二日;二、国民大会之职权,除制定宪法、决定宪法施行日期外,并应行使宪法所赋予之职权;三、依法产生之国民大会代表,除因背叛国家及死亡或因他故丧失其资格者外,一律有效;四、为适应抗战与时代需要,得延揽各方人士充实国民大会。其办法交中央执行委员会酌定之。[3]

5月14日六全大会第九次大会由冯玉祥主持,讨论提案审查委员会上述报告,经过形式上的讨论,通过了"本着总裁意思写出来"[4]的决议文,即《关于国民大会召集日期案》。该案规定:

一、国民大会之召集日期,依照总裁宣示,定于本年十一月十二日;二、关于国民大会职权问题,以及其他与国民大会召集有关之各项问题,交中央执行委员会,慎重研讨后酌定之。[5]

这一决议案的第一条,是秉承蒋介石的旨意而确定的,蒋介石多次提到国民大会要在本年11月12日召开。第二条,将国民大会的职权、代表资格(抗日战争之前选任的代表是否有效)、选举法和组织法等重大争议问题,以"交中央执行委员会,慎重研讨后酌定之",并没有在六全大会上形成确切的决议,这无异于在六全大会上回避国民大会职权等相关问题,交由中央执行委员会包办。如此一来,与国民大会相关的上述提案也束之高阁,这实际上剥夺了参加六全大会并提案的代表和其他代表的发言权和表决权,并且没有形成共识或确切条文。大会讨论结果仅仅是解决一个召开日期的问题。

二、宪法草案

关于宪法草案,代表们提出的宪章修正案主要有:《宪章第五十六条第一项应修改为"行政院院长副院长各一人由总统提请国民大会之同意任免之政务委员若干人由总裁任免之"案》《请提前施行宪章规定之监察职权以加强制度增进效能案》《实施宪政拟请注意农民及农业问题案》《请于宪章中明定边疆各宗族自治地位案》等。[6]

5月14日第九次会议正式讨论宪法草案问题。首先由立法院长孙科报告五五宪草起草经过及各方对五五宪章修正意见[7],内容涉及"总纲""人民权利义务""国民大会""中央政府的组织""地方制度""国民经济""教育的规定""宪法之施行及修正"八章。接着在下午的第十次会议上,代表们就提案审查委员会政治组提出的《关于宪法草案各提案之审查意见》及主席团提出的《对于宪法草案之意见》进行了讨论。讨论激烈异常，主要内容为：

（一）总统与五院院长之间的职权。彭学沛认为："总统之下更有行政院长，行政院长对总统负责，他是辅助总统处理行政事务。但宪草规定行政院为行使行政权之最高机关，显有矛盾。所以本席主张明确规定行政院长之职权。"彭的提法立即得到了程陶的响应，程说："总统之下设行政院长，但行政院长与总统之间的职权，宪草无明确的划分。同意彭委员意见，将两者权职划分。"同时程陶指出："司法院长，宪草规定由总统任免，亦欠妥当。"原因是"司法院长是国家司法最高首领，如由行政首领任免，无异推翻了司法独立之精神，应如立法院长例同，由国民大会选举"。陈长蘅指出五五宪草的缺点是"政权与治权未能明确划分"，"宪草规定司法、考试两院正副院长由总统任命，则将来两院行使职权必多困难。五院院长地位既相等，同应由国民大会选举，至少应经国民大会同意后由总统任免。否则有剥夺国民大会选举权之嫌。"[8]

（二）立法院职权是否应该扩大。彭学沛提出，"现时立法院主管立法，将来在国民大会休会期间，五院中无一院负责讨论政策问题"，"立法院职权似可予以扩大，使成为国民大会的缩影，以便讨论政策。"[9]程陶随后附和"现时世界各国立法与监察两权多由议会行使……赞成彭委员意见，扩大立法院，使成为国会之缩影。"[10]陈绍贤则极力反对，认为"依照总理五权宪法之规定，国民大会之职权，属于人民之政权，立法院之职权属于政府之治权，二者岂可混淆"[11]。

（三）国民经济与教育两章是否应该列入宪草。彭学沛认为"宪草国民经济与教育两章属于国家之政纲政策，应不列入"[12]。陈绍贤则认为彭的意见"系出发于旧的宪法概念"，"教育与经济两章是实施三民主义之具体纲领，本党如求三民主义实现，自应列入宪法，以为将来政府施政之根据。"[13]

此外代表们还提出了宪草中应该设置副总统，应该规定政绩如何考核，应该规定国大召集日期及代表任期，选举应采取区域与职业代表结合方式等问题。[14]

代表激烈讨论后，意见并没有得到尊重和采纳。吴铁城在随后的报告中以"大会会期短促，宪草范围甚广，且关系重要，势难详尽周密之讨论"为由，"而做硬性之规定"[15]。仅将"依照总裁指示而定的"[16]《对于宪法草案之意见》中的三条："（一）大会对于宪法草案之讨论，不作具体决议，所有各代表意见及宪政实施协进会等团体对宪草之修正意见，并交下届中央执行委员会于国民大会开会前两月，指定专家若干人详慎研讨整理。此项整理案，国民大会讨论五五宪草时，以适当方式提供国民大会采择。（二）国民大会开会时，仍应以国民政府公布之五五宪法草案为讨论基础。（三）宪法为国家根本大法，逐条逐句必须均能严格实行。倘有若干条文成为具文,则全部宪法之尊严亦必受其影响。将来中央执行委员会制定任何机关或专家整理各方所提修正意见,仍应特别注意将宪草中一切不易见诸实施之条款予以删减"[17]付诸表决,其他代表们讨论已久和提案中涉及的诸多问题,均被排除在外。最终形成的《关于宪法草案案》如下:

(一)所有各代表意见,及宪政实施协进会等团体,对宪草之修正意见,并交下届中央执行委员会组成宪法草案研讨委员会,详慎研究整理,此项整理案,于国民大会讨论五五宪草时,以适当方式,提供国民大会采择。

(二)国民大会开会时,仍应以国民政府公布之五五宪法草案为讨论基础。[18]

从最终形成的《关于宪法草案案》来看,对宪草之修正意见交由下届中央执委组成的宪法草案研讨委员会研究整理,并且在国民大会开会时,仍以五五宪草为基础,充分说明六全大会对宪法草案的提案和讨论基本上没有收到成效,只不过是走了一个过场。

三、宪政实施

蒋介石关于提前实施宪政的构想,最初是随着联合政府口号的提出而产生的,而后,随着关于联合政府的争论加剧,而逐步下定决心。1944 年国民党在日军一号作战的打击下,惨遭失败,洛阳、长沙、衡阳等相继失守,国民党军事上和政治上的种种弊端暴露无遗,在国内外引起极其强烈的反响。日军的一号作战对于中国政治的直接影响在于,迅速引起了国共力量的消长,而国共力量对比的变化,必然引起中国政治格局的变化。联合政府口号的提出,就是这一系列变化在政治上的反映[19]。1944 年,中共代表在国民参政会第三届第三次大会上公开提出了废止一党专政,建立各党各派联合政府的政治主张。这一口号的提出,迅速得到了国内国际各种民主势力的响应和支持,使国民党变得极为被动。"蒋介石所做的关于战后一年实施宪政的许诺,也因此变得一钱不值,社会上几乎人人都相信国民党应当尽快改组政府。"[20]

关于宪政实施的提案主要有:《为加速完成地方自治以利宪政实施案》《宪政时期本党所负使命与应有工作案》《重新确定县自治经费及其来源以利用地方自治而固宪政基础案》《普及三民主义宣传案以奠定宪政基础案》《宪政期间调整党政联系办法案》《实施宪政建设三民主义共和国家建议案》等。[21]总裁"综合"以上提案,提出了《促进宪政实现之各种必要措施案》。[22]5 月 18 日第十八次大会对蒋介石提交的《促进宪政实现之各种必要措施案》进行了讨论。与会代表仅对"三民主义青年团改属于国家教育系统"提出了不同的看法,经举手表决最终改为"三民主义青年团属于政府",此外还举手表决通过修改第三条中"民选机关"为"民意机关",第四条"本党以外"修正为"各"字[23],其他的均予以保留。

综上所述,在六全大会中,有关国民大会、宪法草案、宪政实施等提案占有相当数量,所涉及的内容很多都是亟待解决的问题,但是在决议的时候,代表们的意见在很大程度上得不到表达,受到制约。参加大会的国民党部分高层借助提案审查委员会和主席团的所谓审查,秉承蒋介石的旨意,要么对相关问题不列入决议范围,要么以交"下届中央执行委员会"办理或者讨论,回避或搁置了许多急需解决的问题。虽然在大会决议的过程中很多代表发生了争论,但蒋介石及主席团成员还是能够将决议的结果控制在一定的范围内。从宪政问题讨论的结果看,国民大会仅仅是确定了召开的日期,对于国民大会的代表如何确定,国民大会的职权如何,国民大会机构如何设置以及它与政府的关系怎样,都没能解决。蒋介石主张召开国民大会、实行宪政实际上是为应对国内民主势力发动的联合政府政治攻势而打出的一张牌。宪法草案讨论的结果仍然是以五五宪草为基础,在此次大会上没有任何进展。对于宪政实施,决定在军队、学校等部门取消党部,终究迈出了重要的一步,这一点作为执政党的国民党来说,应该肯定。如果从控制宪政问题决策看,蒋介石在这方面是成功的。这就有利于蒋介石将宪政问题作为对外应对联合政府的武器,争取舆论上的支持。但从内部决议过程来看,显然蒋介石不希望宪政问题在六全大会有过多的讨论和偏差,很多问题都希望在其控制范围内进行。从决议结果来看,的确达到了这一点。从国民党统治本身来说,这样的好处是集中了对外口径,坏处是剥夺了党内的民主。宪政问题,国民党屡次提及,但屡次未曾实施[24],直到1948年终于召开了所谓"国民大会",进入宪政时期,但1947—1948年的国会选举"并不成功","原因是国民党全面控制,弊病多端,所谓民主,有名无实"[25],1949年即被中国共产党打败,宪政终究落空。

(作者单位:北京信息科技大学马克思主义学院)

参考文献:

[1]许汉之.黄炎培年谱.文史资料出版社,1985:152.

[2]中国第二历史档案馆藏.中国国民党第六次全国代表大会提案原文(第1~5册).案号:七一一(4)/115~119。

[3]中国国民党六全大会第九次会议关于国民大会召集日期案之讨论速记录.秦孝仪主编.中华民国重要史料初编——对日抗战时期(第四编,战时建设

(二)).中国国民党中央委员会党史委员会编印,1988年,第1797页。

[4]中国国民党六全大会第九次会议关于国民大会召集日期案之讨论速记录.秦孝仪主编.中华民国重要史料初编——对日抗战时期(第四编,战时建设(二)).中国国民党中央委员会党史委员会编印,1988年,第1797页。

[5]中国第二历史档案馆藏.中国国民党第六次全国代表大会纪录.第118页.案号:七一一(4)/123;荣孟源主编.中国国民党历次代表大会及中央全会资料(下).光明日报出版社,1985年版,第960页;革命文献(第七十六辑).第407页。

[6]中国第二历史档案馆藏.中国国民党第六次全国代表大会提案原文(第1~5册).案号:七一一(4)/115~119。

[7]原文见《立法院孙院长科报告研讨宪草经过情形》,秦孝仪主编.中华民国重要史料初编——对日抗战时期(第四编,战时建设(二)).中国国民党中央委员会党史委员会编印,1988年,第1800~1806页。

[8]秦孝仪主编.中华民国重要史料初编——对日抗战时期(第四编,战时建设(二)).中国国民党中央委员会党史委员会编印,1988年,第1809~1810页。

[9]秦孝仪主编.中华民国重要史料初编——对日抗战时期(第四编,战时建设(二)).中国国民党中央委员会党史委员会编印,1988:1809.

[10]秦孝仪主编.中华民国重要史料初编——对日抗战时期(第四编,战时建设(二)).中国国民党中央委员会党史委员会编印,1988:1810.

[11]秦孝仪主编.中华民国重要史料初编——对日抗战时期(第四编,战时建设(二)).中国国民党中央委员会党史委员会编印,1988:1812.

[12]秦孝仪主编.中华民国重要史料初编——对日抗战时期(第四编,战时建设(二)).中国国民党中央委员会党史委员会编印,1988:1809.

[13]秦孝仪主编.中华民国重要史料初编——对日抗战时期(第四编,战时建设(二)).中国国民党中央委员会党史委员会编印,1988:1811~1812.

[14]程陶认为理由有三:1.总统由国民大会产生,万一总统有问题,无副总统,势须召开国民大会另选总统,费时费财,两不经济。2.副总统系辅助总统办事者,事实上确有必要,并非虚设,更非浪费人才。3.总统因故不能行使职权,果如宪政实施协进会研讨结果,可由五院院长依次代行,但立法院长代总统行使行政职务,理论上欠妥。秦孝仪主编.中华民国重要史料初编——对日抗战时期(第四编,战时建设(二)).中国国民党中央委员会党史委员会编印,1988:1811~1812.

[15]中国国民党第六次全国代表大会经过．中国第二历史档案馆：《中华民国史档案资料汇编》,第五辑第二编(政治)．江苏古籍出版社,1998:742.

[16]秦孝仪主编．中华民国重要史料初编——对日抗战时期(第四编,战时建设(二))．中国国民党中央委员会党史委员会编印,1988:1814.

[17]秦孝仪主编．中华民国重要史料初编——对日抗战时期(第四编,战时建设(二))．中国国民党中央委员会党史委员会编印,1988:1813.

[18]中国第二历史档案馆藏．中国国民党第六次全国代表大会纪录．第122页．案号:七一一(4)/123;荣孟源主编．中国国民党历次代表大会及中央全会资料(下)．光明日报出版社,1985,第961页;《革命文献》第七十六辑,第407~408页。

[19]邓野．联合政府与一党训政——1944~1946年间国共政争．社会科学文献出版社,2003:43.

[20]杨奎松．走近真实——中国革命的透视．湖北教育出版社,2001:313.

[21]中国第二历史档案馆藏．中国国民党第六次全国代表大会提案原文(第1~5册)．案号:七一一(4)/115~119。

[22]秦孝仪主编．中华民国重要史料初编——对日抗战时期(第四编,战时建设(二))．中国国民党中央委员会党史委员会编印,1988:1816~1817.修正后的决议案见中国第二历史档案馆藏．中国国民党第六次全国代表大会纪录,第200~201页．案号:七一一(4)/123;荣孟源主编．中国国民党历次代表大会及中央全会资料(下)．光明日报出版社,1985,第932页;《革命文献》第七十六辑,第413~414页。这一提案很大程度上吸收了邹鲁未提交大会的《请振刷本党以树民治标准》的提案,其纲要为:(一)撤销各级学校党部;(二)取消军队内之党部机构;(三)取消调查统计局;(四)请依本党政纲,予言论出版等自由;(五)注意农工之扶植。邹鲁．回顾录．岳麓书社,2000年,第542页。

[23]秦孝仪主编．中华民国重要史料初编——对日抗战时期(第四编,战时建设(二))．中国国民党中央委员会党史委员会编印,1988年,第1817~1819页。

[24]分别有"民国二十三年十月十日为宪政开始日期""民国二十四年四月开国民大会,开始宪政""民国二十五年五月五日宣布宪法草案,十一月十二日开国民大会""民国二十六年十一月十二日召开国民大会""民国二十九年十一月十二日召开国民大会"、"战争结束后一年内,召集国民大会制定宪法而颁布之""预定本年(1945)十一月十二日国父八十诞辰召集国民大会,以实现宪政"等。

[25]张朋园．国民党控制下的国会选举(1947—1948)．台北:《中央研究院近代史研究所集刊》,第35期。

民国北京政府时期的公园教育化

——以北京公园为例*

石桂芳

　　摘　要:民国北京政府时期,城市公园作为一种新型的公共空间,是民国政府传递教育信息的重要载体,同时也是社会教育的重要组成部分。各大公园在创办之初,将"有益于民智""有益于民德"作为重要的倡议理由。新辟的公园几乎都设立图书馆、阅览室,定期或不定期地举办名目繁多的展览会、展销会以及各种学术演讲,公园俨然成为爱国主义与民族主义的教育示范基地,努力践行在"公共游息"之中,"提倡教育之意"的办园宗旨,公园与教育活动息息相关。

　　关键词:民国;北京政府时期;教育化;北京公园

　　中国社会历来注重社会教化,通过教育教化来规范人们的言行举止,并统一人们的世界观和价值观,从而建立并稳定整个社会秩序。民国政府也不例外,民国伊始,中央成立社会教育司,各地设立通俗教育馆,特别是在民国初期,城市公园作为一种新型的公共空间,成为民国政府传递教育信息、开展社会教育的重要场所,北京各大城市公园先后陆续开辟了公共图书馆、阅览室等,在普及社会教育上发挥着不可替代的作用,俨然是知识分子心目中的"天堂之所"。

一、公共图书馆——"天堂之所"

　　时代的风气由民智渐开而发生转变,晚清以来特别是民国初年,正是民智渐开的时代,这多少应归因于公共图书馆、教育博物馆的建立以及图书的普及和推广。民国伊始,蔡元培任教育总长,鲁迅任社会教育司一科科长,具体负责公共图

---

　　* 北京市教委社科项目:SM201611232005。

书馆事务。在他们二人的共同努力下,建立了北京第一批新式的公共图书馆。随着京师图书馆(1912)、京师图书分馆(1913)、京师通俗图书馆(1913)以及中央公园图书阅览所(1916)的陆续建立,近代公共图书馆取代古代藏书楼已然成为社会共识并取得了可喜的进展。值得一提的是,民国北京大部分主要的公共图书馆都与公园共存。如"中央公园图书阅览所",不仅是中国最早的公立图书馆之一,而且也是一个最早在公园里开设的近代新式的图书馆。1916 年 9 月 21 日,时任教育部社会教育司金事的鲁迅代表教育部与内务部、中央公园进行多次交涉,商洽在中央公园内开设通俗图书馆各项事宜。在《教育部咨内务部拟就中央公园附设通俗图书馆及教育博物馆文》中曰:

查公园之设,一以为公共娱乐之地,一以为陶冶国民之所。故各国通例,恒于公园中附设图书馆、教育博物馆等。使一般国民于藏休息游之际,无形自然之中,得增进其常识,涵养其性情。所谓不召而来,无言而化之国民教育,公园有焉。京师中央公园自开办以来,其间设置点缀,颇臻完美。惟关于上述各项,尚付阙如。本部有鉴于此,拟就园中社稷坛大殿二重附设通俗图书馆及教育博物馆,购置通俗图书并陈设教育上简易物品,专备游人观览,庶公园添有益之娱乐,而社会蒙无形之福利。[1]

经过多方协调努力,"民国五年,由教育部主办,就坛内后殿(原为戟门)酌加修理,设图书阅览所,并于左后方建造琉璃瓦顶办公室七间"[2],不同于以往的私人藏书楼只向特定的人群开放,"阅览所"免费向普通民众开放,市民们可以在这里借阅图书、杂志和报纸。因中央公园"位置极佳",故"阅览所"开办后,"读者不召自来",而且随着"阅览所"规模的不断扩大,读者人数也不断增多,特别是每逢节假日,读者"尤属异常加多,取阅图书,争先恐后,大有应接不暇之势"。此后,在鲁迅等人的积极努力并经过多次协商,1924 年 12 月,奉教育部令,中央公园图书阅览所更名为"京师第三普通图书馆"[3]。不仅如此,普通图书馆的数量与规模也有了一定的发展。

中央公园图书阅览所开办之时,鉴于国民受教育程度较低,阅览所内的藏书与同时期其他的通俗图书馆藏书的宗旨相类似,主要是针对普通民众的阅读,因此,藏书中基础性的书籍较多,如京师通俗图书馆的藏书,"小说一类,超过各种图书十分之三。阅览小说者,亦占多数,故专列一部,区分略为详晰,分别为撰者、翻译两种"[4]。"阅览所"不仅重视通俗类藏书,而且藏书种类繁多,能部分满足不同文化程度读者的需求。据《唯一日报》刊登的一则广告载,至 1918 年 6 月,"阅览所"所藏图书已初具规模,"藏有古今图书四千余部,中外报章五十余种"[5]。

　　除了"中央公园图书阅览所",还有一所由"中华教育文化基金董事会"利用美国的庚子赔款之退款创办的"北京图书馆",此馆建于 1926 年 3 月,地点在今天的北海,租借庆霄楼、悦心殿、静憩轩等处。"馆长曾由京师图书馆的馆长梁启超先生兼任。"1928 年更名为"北海图书馆","仍继续利用'庚款'作为经费"。[6]该馆入藏了不少中外文图书,但是由于"读者来馆除购阅览券外(每券铜元二三枚),还须购公园门票(当时约需铜元七八枚),故阅览人数很少"[7]。同时,由于国民政府南迁,"北海图书馆"也进行了改组。北海公园内亦有"松坡图书馆",松坡图书馆系梁启超为纪念蔡锷将军(字松坡)于 1923 年 11 月所建,梁启超任馆长,并制定《北海公园阅报室阅览规约》。此外还有北平香山教育图书馆,该图书馆是熊希龄于 1921 年私人拨款所建。沈从文经由梁启超推荐,从 1925 年 8 月至 1927 年 8 月曾任职于此。天坛公园里设有阅览室,京兆公园内开设通俗图书馆,"故宫博物院图书馆(1925 年)及其景山分馆(1926 年)"等,"公共图书馆与公园共存,成为民国北京公园一道新兴的风景"。[8]

　　可见,民国时期,大多数公园在建立之初都陆续开办了图书馆或阅览室。公园内各类图书馆的开办,不仅方便游览,而且在游览之余还能增进知识,开阔视野,正是体现了通俗图书馆为开启民智设立的初衷。例如青年作家沈从文最流连忘返的就是当年的北京图书馆(馆址设在北海西墙外),这在他的自序传小说《老实人》中可以随处寻到踪迹:"自宽君,无所事……每日到北海去溜。"去北海公园,为的是去看公园里的"公子小姐",当然,"还有一件事,自宽君,看人还不是理由,他是去看书。北海的图书馆阅览室中,每天照例有一个座位上有近乎'革命家式'的平常人物,便是自宽君"。[9]事实上,从 1924 年到 1927 年,沈从文曾居住于沙滩地区北河沿边的"汉园公寓"[10]。汉园公寓"不仅毗邻北京大学的红楼,而且与北海公园、故宫博物院、东安市场、中山公园(应是中央公园)等相距不远"[11],这样,从汉园公寓,步行可至北海公园欣赏美景,又可以顺路到北海图书馆饱览群书,一举两得。在《棉鞋》中,香山慈幼院图书馆也是主人公经常光顾之所:"这是一个拿来遂人参观的大图书馆。一座白色德国式的房子,放了上千本的老版本古书,单看外面,就令人高兴! 房子建筑出众,外面又有油漆染红的木栏杆。"尽管香山的景色绝美,见心斋的泉水亦是清澈极了,甚至许多人说这流动的泉水声像是音乐。但是,"我"却觉得无味,而是饶有兴致地"念刚借来的《白氏长庆集》",可见,沈从文对香山图书馆还是情有独钟的。[12]

　　再如鲁迅,在居京的十余年内与京师的图书馆曾结下了深厚的感情,在《小说旧闻钞》再版前言中,他回顾并追述了十多年前自己在京师通俗图书馆等处潜心学问的情景,字里行间渗透着浓浓的思恋。还有,在名篇《伤逝》中,鲁迅曾写道"我终于在通俗图书馆里觅得了我的天堂"。可以想见,民国时期所设立的通俗图书馆,在当时知识分子心中所占的地位以及他们对图书馆的那种浓浓的情意。即便是在多年以后,鲁迅先生仍怀着依依深情写道:"中国乡村和小城市,现在恐无可去之处,我还是喜欢北京,单是那一个图书馆,就可以给我许多便利。"[13]这也足以进一步印证了鲁迅对图书馆的高度评价——"天堂之所"。

二、公园里的爱国主义和民族主义教育基地

民国时期,中国依然处在西方列强的欺凌蹂躏之下,因此,实现民族独立、国家富强是那个时代每一个中国人肩负的历史使命和历史责任,故爱国主义和民族主义也就成了那个时代的主旋律。也正因为如此,民国初期,作为首都的北京,不管是皇家园林和坛庙的开辟,还是旧式园林的改造,几乎都成为民国政府培养国家观念、教育教化民众以期培养民众爱国主义与民族主义的教育基地。

这种教育与宣传首先体现在公园的设施设置与景观设计上。以京兆公园为例。由地坛改建的京兆公园在改建中,设置了世界园、教稼亭、共和亭、有秋亭、公共体育场、讲演台、通俗图书馆等景点和设施。"均期于公共游息之中,寓有提倡教育之意也。"在这些景点中,充斥着体现政府意识的政治宣传语和教育教化的内容。如世界园"画地为图,以石代山,以草代水,以花木辨其国土,以旗帜志其国名,如各国都会商埠铁路航路分别清晰,点缀綦详"[14]。这实际上是一座壮观的立体世界地图,中外大势,清晰可见,从而于有形无形之中,培养民众的国家意识和世界观念。世界园不但用山石草木花卉标示了各国和中国的概况,而且对"吾国历来丧失之土地,租界之口岸,尤为精详",世界园门正面"有联为:'大好河山,频年蚕食鲸吞,举目不胜今昔感;强权世界,到处鹰瞵虎视,惊心莫当图画看。'反面又有一联为:'要有国家思想,须具世界眼光。'横额为'勿忘国耻'四字。北墙壁上有'竞争生存'四大字,两端写有:'人富我贫,人强我弱,同是个国,我不人若。游历一遍,惭愧实多,奉劝同胞,快快觉醒。'又有'世界大势,一目了然,惊心触目,自强为先。愿我同胞。努力勉勉,中华前途,亿万斯年'等等。游者阅之,爱国思想、国家主义,油然而生。"再如共和亭,"分为五面,绘成五色;亭之左右,有匾二方,一为'共和国之主权在人民',一为'共和国之元气在道德'。亭内悬有五族伟人之画像,如汉族之黄帝、满族之努尔哈赤、蒙族之成吉思汗、回族之穆罕默德、藏族之宗喀巴;并叙其简单事略,以示五族一家之意。亭之两旁分立木牌,上绘中外爱国故事,并有说明。俾游人一见而生爱国思想。若是,全国人民果有共和之精

神,乃能有共和之政治。"把公园首先当作教育教化的传播空间,是建园的宗旨之一。"薛公之设斯园也,即本斯旨,极力提倡国家主义,唤起群众爱国思想。"[15]公园功能的教育化,成为民国肇造后的普遍现象,不惟北京一地。如南京第一公园即设有烈士祠,"祠内陈列之龙坛阵亡诸将士照片,颇足表现国民革命精神。"[16]镇江计划建立"赵声公园",以纪念辛亥革命志士赵声。公园拟设草皮区、纪念区、森林区、园艺区,纪念区内"以专祠、铜像及纪念碑为主",专祠前列石狮,"建筑及植树以庄严为原则",公园设计书称:"本园以烈士赵声名,盖所以纪念烈士赵先生百先者也。赵先生为京口、大港产,同志念其功勋,设纪念物于其诞生地,俾后死者得以瞻仰凭吊,益鼓勇气,以挽救国家于危亡,法至良也。"[17]

同时,京兆公园的创建者把体育和爱国教育紧密结合在一起,在坛之西南,设有公共体育场,包括儿童体育场。这里过去曾是一片洼地,填平后改建而成运动场所。北面有天桥、秋千、转千、铁杠、溜板、扒绳、扒杆、双环、溜绳、摇椅、软梯、双结绳等多种器械;东面有网球场;南面有篮球、足球、赛跑场等,并有转轮、压板、木马、平台、浪桥、浴池、沙滩等;西面还建有浴池。"天桥上有高杆,悬国旗。"可以看出,这是一个在当时设施比较齐备的平民化运动场。值得一提的是,场门及场内贴有很多格言和对联,给人以启示,如:"提倡尚武精神,发扬民气,辅助通俗教育,陶铸国魂。""强健身体,活泼精神",以备他日"担当宇宙","报答国家"。当然,创建者们还把体育与救国联系起来,如当时的《京兆公园纪实》载:"要知国家之存亡,视乎人民之强弱,人民之强弱,视乎能否奋勇,能否竞争而已。我国开化最早,因为安故守常,萎靡不振,所以数千年来,丝毫未有进步,人民日弱一日,列强之欺侮,国势之岌危,真令人痛心!是以提倡体育,发扬民气,实为救国根本之大计。"[18]

一座运动场的设计规划可以和国民素质紧密相联,进而上升到爱国乃至救国之根本大计。这充分体现了创办者的良苦用心以及那个时代知识分子特有的忧患意识和社会责任感。可以毫不夸张地说,民国时期开辟的京兆公园俨然成了爱国主义与民族主义教育大课堂,"变相的通俗教育学校"[19],"也是一部启蒙国民、普及知识的教科书"[20],真正实践了建园者在公园入口处匾额中所写"化民成俗"的办园理念[21],从而将革命思想、民族认同、国家意志潜移默化地植入公众精神之中,使其成为宣传爱国主义、民族主义的教育前沿阵地,并发挥了不可替代的作用。

三、展览会、展销会、筹赈会及学术演讲

除了在公园硬件设施方面突出教育功能之外，政府机构及社团组织还经常使用公园这个开放的公共空间开展各种教育活动，包括不定期地举办各种展览会、展销会、义赈会、组织学术演讲以及免费的参观学习等，以此来教育大众，提高国民素质。

例如，自晚清开办的农事试验场，在民国时期为"开通风气，振兴农业"就曾多次举办展览会。"是日天气晴和，园内开农林展览会，往来男女丛杂如林，车马纵横，道路为之梗塞。……维时日刚值午，友倦于游，遂下楼来幽风堂，而农林展览会之陈列在此。足始到门，见男女聚观者如堵。外设有演说坛，各职员分班演说，其宗旨总不过劝告农民提倡农林而已。里边陈列各色物品，种类颇多，不可胜数，大都不外关于农林者。"[22]该试验场以展览植物为主，同时还试验粮、棉、桑、麻、蔬菜、果木、花卉的栽培，并设有各种陈列室、标本室、试验室、茶厂等。这从《农事试验场章程》中也进一步得到印证："本场为开通风气，改良农事起见，特于场内附设博览园，以便公众游览，得考察试验之成绩，发起农事之观念。并于博览园内设动物园、博物馆，藉以开通智识，及供学理之参考。"[23]

再有就是中央公园自 1919 年以来举办的劳改产品长期展销会。据《中央公园纪念册》载："民国八年由司法部主办，就坛内图书馆右后方建造琉璃顶西式廊房七间，陈列京师第一第二监狱手工出品，并随时售卖。"这些劳改产品定期在公园这种新兴的公共场所展销，其目的是向社会表明，民国政府的监狱体制与旧社会明显不同，引导人们"弃恶扬善""重新做人"。当时鲁迅的朋友宋紫佩与中央公园内的这家机构有联系，因此，鲁迅先生曾买了不少展销会上的东西。据鲁迅日记载，1919 年 7 月 23 日："往中央公园观监狱出品展览会，买蓝格毛巾一打，券三元。""八月四日记着午后托紫佩买家具十九件，见泉四十。这也是右安门自新路京师第一监狱的出品。"[24]显而易见，司法部举办这种展销会，一方面，教育民众弃恶扬善，另一方面，希望通过向游客出售比较廉价的劳改产品，获取一定的收入，用于弥补管理中国监狱所必需的支出，因为政府的拨款常常是不敷所需的。

此外，成立之初的中央公园，也举办过义赈会，颇极一时之盛：

月之五日为江皖义赈会开幕之期，假北京天安门内中央公园，诚盛举也。……是日也，天朗气清，惠风和畅，香车宝马，杂沓纷纭，攘攘熙熙，往来如织，极一时之盛会，抗千载而欢娱。……会中演说者，以汤济武（注：汤化龙）、梁任公（注：梁启超）两先生为最。到会者约万五千人，主人则沈雨人先生也。其演说亦

颇能激刺精神,提倡社会,婆心苦口,造福灾黎,江皖人民,同深庆幸。尤奇者,朱潘两女士手持雪茄烟盘,往来人丛中求售以助赈,亦可谓苦心孤诣矣。

会场后庭设筹赈彩票赠品陈列所,商彝周鼎,琼贝鲛珠,满目瑶琨,五光十色,如入山阴道上,令人目不暇接。其时以两元购彩票者,不知凡几。余偕从兄亦与焉。而有得汽车者,有得橡皮马车者,有得宝瓮者,有得古画者,有得端砚者,均皆兴高采烈,鼓舞轩渠。……即此彩票一款,亦不下数万金,未始非集腋成裘之道也。[25]

事实上,中央公园自开办以来,同乡会、红十字会等各种社会团体几乎每年都会举行各种各样的大型筹赈活动。如1917年举办的天津水灾筹赈会和北京英国红十字会游园会;1920年华北救灾秋季游园助赈会;1921年全国急募振款大会、贵州赈灾游艺会和江苏水灾筹赈会及湖南新宁筹赈会;1923年河南灾荒赈济会、山西旱灾会、旅京贵州镇远筹赈会和旅日同人为东京大地震筹赈会,等等。[26]与以往以政府救济为主导的赈灾不同,这些筹赈会,在政府及社团的组织下,更多市民参与到了公共事务之中,"碎石筑长城,细流积成海",在灾难面前,社会团体自发地将民众组织起来,通过游园的形式筹集善款,积少成多,践行了"一方有难,八方支援"的爱心接力,以此达到教育大众的目的。

当然,民国时期,公园也是社会名流及知识分子发表演说、进行学术演讲的平台和空间。当时在中央公园内,经常举办各种演讲或知识讲座,比如"佛教讲习会""中国文化协会""尊经会"都曾在此设席开讲。讲演的内容颇为广泛,既有儒家的孔孟之道,也有现代科学知识。京兆公园在原坛址上改建露天讲演台,"坛上有高竿,悬国旗,周围设听众座位,可容纳数百人。还备有留声机,任各界名流随时讲演"。[27]

总之,民国时期政府及社团组织充分利用公园这种公共开放空间,通过举办各种展览会、展销会、义振会以及各级各类学术演讲,宣传了民国政府的治国理念、爱国意识及教育思想,并在某种程度上起到教育民众的建园宗旨。

四、结 语

在近代中国,公园这种新型的公共空间,作为西学东渐的催生物落户中国具有双重的意义,一方面,不可否认,它推动并加速了古老中国传统园林的近代转型,不仅为普通民众提供了一个可以自由出入的公共休闲空间,也为整个社会增添了几许近代化气息;另一方面,在列强欺凌、殖民主义大行其道的特定背景下,近代城市公园又带有强烈的反殖民主义的政治色彩,并成为民国政府及社会精英宣扬爱国主义与民族主义的教育前沿阵地,清末民初无论是公园的倡导者还是公园的筹建者都十分强调公园在教育方面的重要作用,认为公园在德育、体育、智育、学校教育、社会教育等方面有重要的功能,甚至认为公园中的卫生、风景、名物、古迹"无一不与教育息息相关"。[28]而中国的舆论之所以如此强调公园的政治教化功能,实际是落后民族国家在近代化过程中一种积极的主观应对和焦虑,即一切活动都与"强国新民"联系起来,并服从服务于改造社会与民族国家的政治目标,因而形成公园的泛教育化,客观上也推动了民国大众教育的普及与提高,这一带有历史局限性的倾向,是民国时期城市公园鲜明的时代印记。

(作者单位:北京信息科技大学马克思主义学院)

参考文献:

[1]鲁迅先生与首都图书馆[A].金沛霖主编,北京文化史资料选集·首都图书馆馆史[M].北京市文化局,首都图书馆,1995:294.

[2]中央公园委员会.中央公园廿五周年纪念刊[M].北京:和平印书局,1939:17.

[3]鲁迅先生与首都图书馆[A].金沛霖主编.北京文化史资料选集·首都图书馆馆史[M].北京市文化局,首都图书馆,1995:295.

[4]金沛霖主编,北京文化史资料选集·首都图书馆馆史[M].北京市文化局,首都图书馆,1995:90.

[5]金沛霖主编,北京文化史资料选集·首都图书馆馆史[M].北京市文化局,首都图书馆,1995:75.

[6]张树华.北京各类型图书馆志[M].北京燕山出版社,1993:129.

[7]张树华.北京各类型图书馆志[M].北京燕山出版社,1993:130.

[8]林峥.从禁苑到公园——民初北京公共空间的开辟[J].文化研究,2014:127.

[9]沈从文.沈从文全集(第2卷)小说[M].北岳文艺出版社,2002:74.

[10]北京大学中文系编著.北大中文学刊[M].北京大学出版社,2009:372.

[11]北京大学中文系编著.北大中文学刊[M].北京大学出版社,2009:369.

[12]沈从文.沈从文全集(第1卷)小说[M].北岳文艺出版社,2002:393.作于1925年9月5日西山静宜园,发表于1925年9月21日《晨报副刊》1276号.

[13]鲁迅.鲁迅书信3[M].人民文学出版社,2006:301.

[14]薛笃弼. 京兆公园纪实序[A]. 王仲奋编著. 地坛史略[M]. 北京:燕山出版社,1998:134.

[15]北京市东城区园林局、北京市档案馆编. 北京地坛史料[M]. 北京:燕山出版社,1998:126~128.

[16]致第一公园管理处函[J]. 江苏革命博物馆月刊,第3期,1929年10月.

[17]陈植. 赵声公园设计书[J]. 农学杂志,第2号,1928年6月.

[18]北京市东城区园林局、北京市档案馆编. 北京地坛史料[M]. 北京:燕山出版社,1998:127.

[19]薛笃弼. 京兆公园开幕志盛,社会日报,1925-8-4(4).

[20]刘晓云. 近代北京社会教育发展研究1895—1949[M]. 知识产权出版社,2013:110.

[21]商务印书馆编译所. 实用北京指南:第九编·古迹名胜[M]. 上海:商务印书馆,民国15年(1926):34.

[22]镜虚. 重游万牲园记(节选)[J]. 余兴,1917年3月26日,转引自:王炜,闫虹. 老北京公园开放记[M]. 北京:学苑出版社,2008(09):40~45.

[23]转引自:王炜,闫虹. 老北京公园开放记[M]. 北京:学苑出版社,2008(9):33~34.

[24]邓云乡. 鲁迅与北京风土[M]. 文史资料出版社,1982:159.

[25]半仙魏羽. 游京都中央公园记[J]. 余兴,1916(4):53.

[26]钟少华. 从皇家禁地到北京的第一座公园[A]. 北京市政协文史资料委员会编,北京文史资料(第57辑)[M]. 北京出版社,1998:288.

[27]刘晓云. 近代北京社会教育发展研究(1895—1949)[M]. 知识产权出版社,2013:111.

[28]幻龙. 教育上之公园观. 教育杂志(第5卷),第1期,1912年.

从红军长征的宣传内容看长征精神的思想内涵

王欣媛

摘　要:红军长征的胜利,除了中国共产党在遵义会议后实行了正确的战略战术外,另一个重要原因,就是充分运用了宣传这一锐利的武器。党和红军的宣传工作不仅统一了全党和全军的思想,促进了官兵团结和军民团结,降低了敌军的斗志,而且激发了广大指战员不畏艰险、勇往直前的革命精神。不仅如此,红军长征的宣传内容也体现了伟大的长征精神,其思想内涵主要表现在:爱国团结、乐观勇敢、实事求是、信念坚定。正是因为有了这样的精神动力,红军才能百折不挠,自强不息,最终获得长征的胜利。

关键词:长征;宣传;长征精神;红军;中国共产党

1934 年 10 月,中央主力红军(红一方面军)开始长征。其间经过了福建、江西、广西、广东、湖南、贵州、云南、四川、甘肃、宁夏、陕西 11 个省份,行程约二万五千里,于 1935 年 10 月到达陕北,同陕北红军胜利会师。之后,红二方面军和红四方面军也先后进行了长征。1936 年 10 月,红军三大主力在甘肃会宁胜利会师,结束长征,完成北上抗日的战略部署。

在条件极其艰苦的长征中,中国共产党仍把宣传工作作为增强红军战斗力的重要武器。在宣传形式方面,党和红军采取出版报刊、开会演讲、座谈走访、张贴布告、印发传单、书写标语、宣传队演出等灵活多样的宣传方法,大力宣传党的方针政策,宣传红军的性质和任务,宣传红军长征精神,使沿途的群众深入了解共产党和红军,拥护支援党和红军,为胜利完成二万五千里长征提供了巨大的精神动力。

一、坚定理想信念，勇于克服困难的革命乐观主义精神

（一）粉碎国民党的欺骗宣传，使红军指战员尽快走出低落情绪

第五次反"围剿"的失败标志着红军长征的开始。长征开始后，如何扫除自第五次反"围剿"以来红军接连失败的低落情绪，如何使红军战士从固定区域的作战转变为适应长途跋涉的流动战争，成为党对红军宣传工作的重要任务。中国共产党对红军官兵的宣传工作主要由红军的各级政治部负责实施。政治部深入部队，为战士们宣讲党的路线和方针政策，宣讲红军的性质和任务，使每个战士明确自己是在为解放劳动群众、拯救中国而战。

红军撤退出中央革命根据地后，国民党花费了大量气力来宣传其"剿匪"的胜利，内容包括"剿匪胜利是人心的归向"，"红军已经消灭"，"赤匪已经荡平"，还诅咒"红军也会重蹈历史的覆辙，像太平天国名将石达开那样葬身于大渡河"。这种欺骗性宣传对动摇军心、降低红军的作战意志有着非常消极的影响。对此，《红星报》针对敌人的欺骗宣传，接连发表文章，如《突破敌人封锁线，争取反攻敌人的初步胜利》《我们的胜利》《我们在反攻中的胜利》《以坚决勇敢的战斗消灭当前的敌人》（社论），这些文章号召"每个红军战士在革命战争转变的紧急关头，都要坚信党的力量，坚信自己的力量"，要看到光明，要看到有利条件，"要最高度的发扬攻击的精神，来消灭当前的敌人！"[1]

（二）行军过程中遇到挫折仍保持积极的心态，坚持乐观行军

1935 年 6 月，红一、红四方面军在川西懋功地区胜利会师后，兵分两路穿越草地北上。经历过长征的人都知道，过草地是红军长征途中一次极端艰苦的历程。红四方面军进草地时正值 9 月天气，部队穿着单衣，经受着暴风、饥饿、疲劳和疾病的折磨以及敌人骑兵的偷袭。在这种极端艰苦的日子里，广大红军指战员却充满了胜利的信心和乐观情绪。宣传队的成员更是积极活跃，他们在路上不辞辛苦地唱着激昂的歌曲。当时，张国焘提出南下打回成都，活捉四川军阀刘湘，建立川西革命根据地。由于广大的红四方面军士兵不知道南下是张国焘分裂红军的阴谋活动，特别是很多出生于巴蜀一代的士兵都想见识一下省会成都的样子。于是红四方面军遂决定南下二过草地。虽然疲劳，但是宣传队围绕着新的任务，积极展开歌曲创作和宣传动员，如在队伍里歌唱《南下歌》，歌词是："红军哪南下行哪，拉索米索要打成都城哪，积极进攻敌人哪，要解放川西穷苦人哪，多来多拉索多拉米索。"[2]歌曲给南下部队带来了极大的鼓舞。

到了距离成都不远的地方，红四方面军部队进行了"活捉刘湘"的战前宣传动

员,唱起了鼓舞斗志的《打刘湘歌》,歌词是:"莫打鼓儿莫敲锣,听我唱歌作战歌,摆开队伍打刘湘,一个要打他五个。"[3] 在行军和宿营地,国民党的骑兵警察常常袭击红四方面军的队伍。对此,宣传队创作了《打骑兵歌》,并让每个战士学着唱出来,克服对骑兵的心理恐惧,歌词是:"指挥员和战斗员们,努力学习打骑兵啊,四个基本的原则,一条一条记在心哪,第一基本原则沉着冷静,勇敢坚定,确实相信手中武器,一分一秒不要放松,准备战斗打骑兵。"[4] 过草地的时候,由于干粮十分缺乏,军队不得不一边行军,一边寻找野菜充饥。有时候营里打到一头野牛,给各连分了牛肉、牛骨和牛皮。每个战士都分到一小块牛肉,大家舍不得吃,就带在身边做干粮。各排把分到的牛骨集中起来熬汤,把牛皮烧熟,与野菜、青稞煮在一起,全排在一起吃了一顿牛骨、牛皮汤熬野菜。大家边吃边高兴地唱起了《吃牛肉歌》,歌词是:"牛肉本是好东西罗喂,不会错呀!吃了补养人身体呀,咳当真!牛骨拿来熬汤喝罗喂,不会错呀!牛皮还能做鞋穿呀,咳当真!"[5] 就这样,宣传队的歌声给艰苦行军的战士们送来了温暖和斗志,促使他们能够积极乐观行军作战。

在过夹金山时,战士们迎着风雪,向队伍高唱着"我们的队伍滚滚向前永不停"。翻过夹金山后,一、四方面军举行了会师联欢大会,两支部队的剧团在会上演出了精彩的节目,一首庆祝两军会师的歌曲以高昂的曲调唱道:"万岁万岁,我们的会合,轰动了全国全中国。日本狗强盗,送葬的送葬。粉碎强盗侵略,抗日的战歌是我伟大雄壮的会合。"[6] 这首歌曲充分传达了两军全体指战员的心声,战士们听着都流下了热泪。大家精神为之振奋,都跟着唱起来。

1936 年红四方面军三过草地的时候,掉队的人越来越多。有的战士甚至边走边说泄气的话,如"走了十多天还不见人烟,什么时候才能走出这个鬼地方"[7] 之类的话,极大地降低了部队的战斗情绪。于是宣传队立即创作了《慰问伤病员歌》,极大地鼓舞了伤员,也使泄气的战士转变了思想,迎着歌声走下去,歌词是:"一劝伤病员,同志们罗喂,你们在前方杀敌人罗,你们作战最勇敢罗喂,光荣负伤为人民罗。亲爱的同志呀,光荣负伤为人民罗。"[8]

在长征途中,敌人构筑了碉堡,配备了机枪、步枪,设置了几道封锁线,对红军进行火力封锁;后边敌人的大部队紧紧追逼。天上,敌机狂轰滥炸。在这种险恶形势下,宣传队临危不惧,尤其是女宣传员廖赤健。她的大无畏气概,鼓舞着全团战士。她经常唱着:"鼓声咚咚,红旗飘呀,战士们好英勇,我们这里立正敬礼唱歌来欢送,祝你们到前方去,勇敢杀敌人。炮火连天响,战号频吹,决战在今朝。我们英勇武装上前线,用我们的刺刀、枪炮、头颅和热血,坚决与敌决死战。"[9] 每到驻地,宣传队根据行军和战斗的情况,编演小型文娱节目,慰问战士们,给他们加油鼓劲。

（三）报道长征期间胜利的喜讯，极大鼓舞红军的士气

在国民党军队围追堵截的长征路上，如果能听到胜利的喜讯，那将是对红军莫大的鼓舞。为了鼓舞作战士气，提高红军指战员的信心，红军的各个报刊都积极刊发红军取胜的文章，及时报道红军的战况。例如，《红星》报仅 1934 年 11 月 25 日这一天就刊登了《打下飞机一架》《中央苏区红军大胜利将敌一旅全部击溃消灭大部两个团长一个打死一个活捉》《湘赣红军摧毁敌军堡垒百余座》等多篇系列捷报，还有《红军占领桐梓城》《军委奖励乌江战斗中的英雄》之类的鼓舞人心的宣传文章接连不断地在《红星报》上刊载。其他报纸如《战士》报道了 17 名英雄强渡大渡河成功的事迹。三个醒目的小标题分别为："120 里的夜袭""17 个强渡的英雄""模范的特等射手"，称赞 17 个勇士把生死置于度外，不怕敌人火力猛烈，不顾水急的危险，高度表现了他们不怕牺牲的崇高精神，进一步鼓舞了红军战士争取全部胜利渡过大渡河的斗志。9 月 19 日腊子口战斗胜利结束，《战士》快报发表了舒同的简短通讯，指出腊子口战斗的重大意义在于"是战略上的伟大胜利"，鼓舞红军乘胜前进，大量歼敌，为创造新的根据地而继续奋战。

二、紧紧依靠人民群众，团结一切力量的革命互助精神

（一）大力宣传动员人民群众，为人民群众谋福利

人民群众是党和红军的重要支持者。只有获得了人民群众的支持与拥护，党和红军才能战无不胜，取得长征的胜利。因此，大力宣传和动员人民群众，为人民群众谋福利是党和红军的一项重要任务。1934 年 11 月 4 日，《红星》报发表《关于目前地方居民中的工作》一文指出，党对长征途中所经区域的群众的宣传，"必须首先从群众切身的利益开始，然后逐步进入到苏维埃基本主张的宣传，必须以最通俗的语言，极大的耐心，同群众接近，来启发他们的斗争。"[10]对那些畏惧逃跑的群众，红军战士及政治工作人员必须到附近山上去进行耐心的宣传解释工作，使他们回来，同我们亲近。

1935 年 1 月 7 日，红军占领遵义后立即召开 100 多人参加的群众代表会议。会上，党和红军的领导干部讲了共产党的政策和建立苏维埃政府的意见，号召各行各业劳动群众组织起来，向地主豪绅开展斗争。会上散发了《中华苏维埃共和国宪法大纲》《中共中央告民众书》《出路在哪里》等文件。经过深入的政治宣传与鼓动，红军得到群众热烈的欢迎与拥护，在短短的几天工作中，他们认识了红军是工农和一切革命分子自己的军队，人民群众积极响应党和红军的号召，很快掀

起了全城群众的斗争热情,要求打土豪分田地等。在宣传发动群众的基础上,毛泽东等人做了鼓舞人心的演讲,他们都以最清楚而通俗的言辞,阐明了苏维埃红军的主张,揭露了反革命的罪恶与欺骗,他们的话使人民群众认识到只有苏维埃才能救中国,只有苏维埃才能解放自己。通过宣传工作,党和红军把人民都充分动员起来,为长征胜利提供了巨大的动力。

(二)严格遵守革命纪律,主动改善同少数民族的关系

由于国民党反动派长期的欺骗宣传和造谣污蔑,红军长征所经之地大多都是少数民族聚居或杂居地区。这些少数民族同胞对红军普遍存在着怀疑、恐惧,有些听闻红军来了而逃避到深山,有的甚至对红军存在着敌对情绪。当红军长征经过藏族、彝族、苗族等少数民族聚居地区的时候,正确宣传党的民族政策,动员少数民族的人民群众支持和参加红军就成为党和红军宣传工作的一项重要而艰巨的任务。

长征开始时,红军总政治部就主张汉民同少数民族平等,给少数民族彻底的自决权。在此基础上,党和红军还在精神上与物质上给少数民族以实际的帮助,争取少数民族同情并拥护红军,做到汉族同胞和少数民族同胞对国民党的协同作战。在长征中,红军总政治部指出,必须宣传汉族和少数民族的共同敌人是国民党、军阀、官僚、豪绅地主、资本家,只有各民族的人民联合起来,同心协力,推翻帝国主义和国民党在中国的统治,少数民族才能得到彻底的解放。同时必须坚决反对在中国劳苦群众中的大汉族主义倾向,批评在少数民众中存在的狭隘的民族主义。红军不能与少数民族群众发生冲突,相反应该处处给少数民族以看得见的利益。例如,红军在贵州黎平时,政治部还通告各部队,要求各红军指战员在少数民族区域中必须绝对遵守纪律,不许乱拿少数民族群众的东西。由于党和红军的宣传工作做得好,当地的少数民族群众对红军非常欢迎,为红军顺利通过少数民族地区奠定了坚实的基础。

此外,红军还通过艺术宣传改善与少数民族的紧张关系。由于多年来国民党实行大汉族主义,使很多少数民族同胞对红军有着误会和仇视。为拉近红军同少数民族同胞之间的距离、消除少数民族同胞的顾虑,红四方面军宣传队想出了同少数民族妇女举行联欢、唱歌跳舞演出节目的主意。这样一来,四方面军和少数民族之间的关系逐渐密切起来。少数民族同胞经常邀请宣传队的同志们到家里做客,用最好的奶酪、奶茶招待战士们。1936 年 4 月中旬,红四方面军政治部为加强文化娱乐活动,成立了红场委员会。红场上同少数民族举行军民联欢大会。社长李伯钊和剧团战士教藏民跳海军舞、乌克兰舞;藏民教剧团战士跳藏族锅庄舞。

可见,这不仅丰富了红四方面军的文化生活,而且促进了军民之间的沟通与交流,更为红军长征顺利通过少数民族地区提供了便利。

三、不唯书,不唯上,坚持一切从实际出发的求实精神

（一）积极宣传遵义会议精神,坚持独立自主的原则

遵义会议是中国共产党在长征途中第一次独立自主召开的重要会议。遵义会议召开后,中国共产党除了加紧宣传红军的性质和任务以及党的方针政策,还积极宣传遵义会议精神。遵义会议的精神可以概括为以下几个内容:实事求是、独立自主、敢于创新、民主统一。为配合遵义会议精神的宣传贯彻,党和红军的一些高级领导干部还纷纷撰写文章,分析作战的情况,如《红色战场》刊载了朱德的《绥崇丹懋战役中我左支队二十七师两河口、抚边、达维、夹金山、日隆关、巴郎山一带战斗经过及模范教训》,这些文章及时分析了红军正确的战略战术,批判了王明的军事教条主义错误。在正确的战略战术的指导下,红军接连取得了战斗的胜利,这也大大提高了指战员的军事素养和胜利的信心。

（二）以理服人,用事实证明红军北上抗日的正确决策,统一全党思想

1935年6月12日,红一、四方面军在四川懋功地区会师。中共中央随即分析了当时的复杂形势,制定了继续北上建立川陕甘根据地的战略方针。在《中央关于一、四方面军会合的政治形势与任务的决议》里,中共中央要求红军立即在一、四方面军中进行宣传鼓动,提高部队的战斗情绪、胜利信心与吃苦耐劳的精神,准备大量消灭当前敌人,取得北进战略中各个战役的完全胜利,以实现党中央的战略方针。

红军北上进驻哈达铺后,由于从敌人报纸上获得了关于陕北红军和陕北根据地的具体情况,中共中央政治局决定以陕北作为抗日的根据地和领导中国革命的大本营。政治局会议结束后,召开了连以上干部会议,毛泽东、彭德怀、洛甫等在会上讲了话。毛泽东在报告中说:"我们要到陕甘革命根据地去,我们要到抗日前线上去! 现在还有一个关口,就是在平原、平凉的一条封锁线。这将是我们长征的最后一个关口,为着民族,为着使中国人不作亡国奴,奋勇向前! 红军无坚不摧的力量,已经表示给全中国,全世界的人们看了! 让我们再来表示一次吧!"[11] 毛泽东的演讲,宣传了到陕北抗日前线的伟大意义,鼓舞和激励红军指战员去为之奋斗。大会传达贯彻中央指示精神,使党把长征的落脚点放在陕北的正确决策为全体指战员所理解和接受。

四、联合国民党官兵共同抗日，弘扬伟大的爱国主义民族精神

国难当头，中国共产党坚持以大局为重，把民族独立放在一切工作的首位。长征期间正是日本帝国主义发动华北事变，加紧侵略中国的时候。在中华民族面临危亡的关头，中国国民党政府不顾民族危亡，不仅坚持实行对日本侵略的"不抵抗政策"，相反对红军加紧围攻。因此，"抗日反蒋"这一宣传内容在党和红军的宣传工作中越来越占有重要地位。1935年12月9日，北平爆发了"一二·九"运动。之后，中国共产党召开了瓦窑堡会议，提出建立抗日民族统一战线，确立了"抗日反蒋"的新策略。在此背景下，红军的各个部队也把宣传工作的重点转移到了"抗日反蒋"及建立民族统一战线方面。

在党和红军的宣传工作中，对国民党士兵的宣传显得尤为重要。国民党的绝大多数士兵都是穷苦的百姓，很多人为了生存才加入了国民党军队。如果能够有效地争取国民党士兵加入红军，不仅可以壮大红军的力量，而且可以推动战局向着有利于红军的方面进行。为了响应中国共产党北上抗日的号召，1935年6月12日，中华苏维埃人民共和国中央政府中国人民红军革命军事委员会指出："一切不愿做亡国奴的中国人民应该要求蒋介石立即实现全国人民'停止内战一致抗日'的口号，北上抗日，打倒日本帝国主义。"[12]同年6月15日，中华苏维埃共和国中央政府和中国工农红军革命军事委员会发布了《为反对日本并吞华北和蒋介石卖国宣言》，再次号召国民党官兵"与红军携手共同北上抗日"，宣布"凡过去被蒙蔽的白军弟兄，只要现在觉悟过来实行反蒋，都是我们的朋友。"

为了结合全国抗日的有利形势，红军在长征期间对国民党士兵宣传的精神即团结一致、爱国抗日，表现在"中国人不打中国人""白军士兵联合红军一起将日本侵略者赶出中国"等内容。具体包括："东北四省华北五省沦陷了！弟兄们！北上抗日收复失地，救中国去！不愿当亡国奴的任何武装联合起来，组织抗日联军！白军弟兄：让日本占领了中国，你我都是亡国奴，联合红军打日本，莫替日本打红军！日本帝国主义正在加紧侵略中国，白军弟兄不要干卖国的事情，领土完整，才是弟兄们救国救自己的出路。"[13]为了揭露国民党政府向日本侵略者出卖国家利益的嘴脸，红军长征进入贵州黎平后，在国民党县政府门口的墙壁上曾描绘了两幅宣传壁画："一幅是蒋介石奴颜婢膝地拉着日本侵略者朝山海关走去；另一幅是蒋介石将地球仪上的中国地图切成多块，将其中一块拱手送给日本侵略者。"[14]图上写着"出卖祖国"四个字，号召人民群众和白军士兵抗日反蒋。

在对国民党士兵的宣传中，"日本帝国主义正在加紧侵略中国，白军弟兄不要干卖国的事情,领土完整,才是弟兄们救国救自己的出路"[15]的话语经常回荡在国军士兵的耳边。根据红四方面军剧团吹笛子的罗忠回忆,1935 年 4 月,红四方面军长征经过中坝三合场时,与敌人相持十多天,久攻不克。剧团的部分工作人员奉命到前沿阵地向白军喊话,唱《劝郎回头》等歌曲。其中有一段歌词是这样唱的:"拉吧小胡琴,唱给白兵听,日本侵占东三省。兄弟们,我们都是穷苦人,你们不要打我们,掉转枪口打日本。白兵兄弟们,你们要知情,你是为谁卖命啊? 弟兄们,拖过枪来投红军,一起北上抗日,才是好男儿啊!"[16]当宣传队员唱完《劝郎回头》的歌曲后,国民党士兵不仅不放枪,而且隔着河喊道:"红军弟兄,你们唱的是啥? 我们还想听,你们再唱一遍要不要得?"[17]可以看出,红军的歌曲成功瓦解了国民党士兵的斗志,震撼了他们的心灵,更重要的是激发了他们的爱国情怀,有助于团结抗日。

四、余　论

正如毛泽东所言,"长征是宣言书,长征是宣传队,长征是播种机"。红军在中国共产党的领导下,冒着国民党的围追堵截,四渡赤水,巧夺金沙江,飞夺泸定桥,翻越大雪山,走过无人的沼泽草地,最终到达陕北,宣告了长征的胜利。党和红军在艰难的长征中宣传了伟大的长征精神,坚定了中国人民对革命必胜的信念,鼓舞了广大军民的革命斗志,发扬了一切从实际出发的求实精神,培养了全国人民乐观积极的人生态度,弘扬了强烈的爱国主义民族精神。简言之,长征精神的思想内涵就是爱国团结、乐观勇敢、实事求是、信念坚定;是一种不怕吃苦、不怕牺牲的崇高境界;是中华民族前赴后继、坚忍不拔的精神;是中国共产党人政治本色的集中体现。

时至今日,长征精神依然没有过时,相反,长征精神是不可多得、魅力无穷的一笔宝贵的财富。今天,在践行社会主义核心价值观、实现中华民族伟大复兴的道路上,我们更要继续弘扬长征精神,在全面建成小康社会的道路上为国家的繁荣富强增加巨大的精神动力。

（作者单位:北京信息科技大学马克思主义学院）

参考文献:

[1]《红星》报,1934 年 10 月 20 日,第 1 期,第 1 版。

[2][3][4][5][7][8]中国人民解放军文艺史料编辑部编 . 中国人民解放

军文艺史料选编(红军时期)[M]上册．解放军出版社,1986:374、375、375、375、376、376.

[6][9]中国人民解放军文艺史料编辑部编．中国人民解放军文艺史料选编(红军时期)[M]下册．解放军出版社,1986:403、425.

[10]《红星》报,1934年11月11日,第3期,第1~2版。

[11]郑广谨、方十可编著．中国红军长征记[M].河南人民出版社,1987:648-649.

[12]中央档案馆编．中共中央文件选集[M](第11册).中共中央党校出版社,1991:24~26.

[13][15][16][17]中共四川省委党史工作委员会《红军长征在四川》编写组．红军长征在四川[M].四川省社会科学院出版社,1986:399、398、400、406.

[14]李安葆著．长征与文化[M].党建读物出版社,2002:53.

04

思想政治教育研究

当前高校思想政治理论课现状管窥*

——基于浙江省三所高校的调研

胡　飒

摘　要:高校思想政治理论课"05"方案实施以来,浙江省的这三所高校积极进行思想政治理论课教育教学改革,取得了很好的经验和成绩。具体为:课程教学模式多样化;教学管理强调过程管理和过程考核;网络互动教学渐成气候;实践教学特色鲜明。

关键词:高校;思想政治理论课;教学

2015 年 1 月,中共中央办公厅、国务院办公厅印发《关于进一步加强和改进新形势下高校宣传思想工作的意见》。提出要加强和改进高校宣传思想工作是一项重大而紧迫的战略任务;要切实推动中国特色社会主义理论体系进教材进课堂进头脑;要大力提高高校教师队伍思想政治素质。2015 年 8 月,中央宣传部、教育部印发《关于普通高校思想政治理论课建设体系创新计划的通知》。通知对高校思想政治理论课的统编教材编写使用、专职教师队伍整体素质、教学方法和教学艺术、马克思主义理论学科规范化建设等方面的创新提出了全面详细的要求和指导。在这种全面进行教育教学改革的氛围下,兄弟院校的经验和做法是我们提高和发展自己非常有益的帮助。

浙江大学、浙江理工大学和浙江工业大学,这三所高校的思政课教学各有特色,并且拥有一支结构合理、素质过硬、专兼职相结合的教师队伍。浙江大学马克

* 教育部人文社科专项:大数据时代高校思想政治教育协同创新研究(编号 17JD710009)
　校级教改课题:2017JGYB54 中华优秀传统文化融入思想政治理论课教学研究——以《马克思主义基本原理》为例。

思主义学院实力雄厚,它拥有马克思主义理论一级学科博士点,马克思主义理论博士后流动站;拥有马克思主义基本原理、马克思主义中国化研究、思想政治教育、国际政治、中国近现代史基本问题研究、国际共产主义运动与科学社会主义等硕士点;马克思主义理论一级学科为"十二五"浙江省高校重点学科。教师中博士学位比例占59%,45岁以下中青年教师比例占45%。目前在校全日制硕士研究生46人,博士研究生60人。拥有众多学术获奖和重大研究项目。浙江理工大学优势明显,它有专职教师30余人,其中教授7人、副教授16人、博士12人;教师们拥有众多学术荣誉和学术头衔,承担了多项科研项目,发表了多篇学术论文。拥有马克思主义理论一级学科硕士学位授予权。还值得一提的是,学院设有由中共浙江省委党史研究室主管的浙江现代革命历史文化研究基地,与桐庐县新合乡合作的"杭州红色文化研究中心",还牵头设立了浙江省生态哲学研究会。浙江工业大学在砥砺前行中彰显不平凡,它有专兼职教师65人,其中专职教师54人,教授6人,副教授21人,讲师27人,具有博士和硕士学位的教师52人。拥有马克思主义中国化研究、思想政治教育、科学技术哲学3个硕士学位点。学院下设6个教研室和3个研究机构;还有浙江省舆情研究中心(与省委宣传部共建)、浙江省马克思主义理论教育与研究中心、马克思主义大众化和大学生发展研究中心3个教育与研究平台。近五年有众多科研立项和学术作品的发表和出版。

高校思想政治理论课"05"方案实施以来,各高校积极进行思想政治理论课教育教学改革,取得了很好的经验和成绩。

一、课程教学模式多样化

(一)集体备课模式

集体备课模式能够凝聚集体智慧,对提高教师教学水平和教学效果非常有意义。一直以来,很多高校都在坚持这样做,包括浙江的这三所高校,教学效果不错。

尺有所短寸有所长。基于历史的原因,马克思主义学院每个教研部教师的学科背景比较复杂,比如哲学教研部,教师的学科背景就有:马克思主义理论、哲学(包括马克思主义哲学、西方哲学和中国传统哲学)、政治经济学、思想政治教育、科学社会主义、政治学、宗教学,等等。教师对自己的专业领域比较熟悉和有研究,而对于专业之外的领域则是生疏和疏离的。而《马克思主义基本原理概论》课程内容包括马克思主义哲学、马克思主义政治经济学和科学社会主义三个部分,内容丰富且深奥。有很多教师的专业知识储备难以覆盖马克思主义基本原理的所有内容,这对于教学来讲就存在短板。而集体备课模式则能最大限度弥补这样的短板。在充分研读教材的前提下,集体备课主要解决这样几个问题:一是解决重点和难点问题。由教研部的骨干教师,或者是教研部具有相关专业背景的教师组织说课活动,梳理一遍重点和难点。二是资源共享。每个教师在教学过程中都有自己的亮点,或者长于说理、或者长于案例教学、或者长于组织课堂讨论,不一而足。每个人都把自己最优秀的部分贡献出来,大家共享。比如把各自优秀的PPT、教学案例、视频或者音频资料等集聚起来,做成资料库,随时备用。这样大家手里攥着的就不只是自己的一个苹果,而是好多个苹果了。三是及时交流和反馈学生的情况。学生的反馈是教师改进教学的一个重要依据,集体备课过程中针对学生反馈的问题,教师们或者从学术角度、或者从教学管理角度各抒己见,可以进行深入的有针对性的备课,保障了教学效果。

当然集体备课,需要保持一定的频率,各校的做法不一,一般一个星期一次是比较合适的。其次,集体备课也要警惕部分教师的"等、靠"心理的产生。有的教师习惯了等"集体备课"提供一个现成的教案,从而慢慢丧失了自己深度钻研的兴趣和热情,这种等和靠的心理无疑会扼杀教师的创造性,也会使得教学效果大折扣。

(二)大班上课,小班讨论

大班上课,一直以来是高校思想政治理论课的上课模式。比如浙江大学的思政课课堂,一般是150人,这样的大课堂,以教师的讲授为主,学生处于被动接受的状态,教师与学生的互动较少,或者说很难有高效的互动。这样的课堂养成了学生静默和懒惰的心理。有留学生认为在国外的学习中最不适应的,就是国外课堂上密集的交流、提问、倾听、支持、反驳、讨论等,以及为了参与讨论而在图书馆中所做的大量准备工作,这是他们在国内课堂所缺乏的,也是他们在国外收获最大的地方。2015年教育部印发《高等学校思想政治理论课建设标准》的通知要求课堂规模一般不超过100人,推行中班教学,倡导中班上课,小班研学讨论的教学模式。但是基于各方面的原因,中、小班教学短期内还是存在不少问题。比如生师比,国外很多大学实行小班教学,他们的生师比低,如普林斯顿大学为5∶1,哈佛大学为8∶1,耶鲁大学为5∶1,斯坦福大学为6∶1;哥伦比亚大学为7∶1;其次是班级规模小,一般小于20人的班级占70%,而大于50人的班级不到10%。[1] 而在国内,2015年教育部印发《高等学校思想政治理论课建设标准》的通知要求本科和专科院校分别严格按照1∶350~400和1∶550~600的师生比配足配强专职教师。这样的师生比使很多高校的大班教学就成为常态了。小班讨论的教学模式能够一定程度上弥补大班教学的不足,最大限度提高课堂的互动和学生的学习主动性。浙江大学马克思主义学院对150人的课堂分成三个小课堂同时进行研讨,事先布置选题,同时配备助教,取得了很好的教学效果。

(三)领导干部进课堂

2015年7月,中组部、中宣部、教育部印发《关于领导干部上讲台开展思想政治教育的意见》,对领导干部进高校上讲台相关工作做出安排部署,要求以省级为主的领导干部上讲台,为高校学生开展思想政治教育,每个领导干部每学期至少上一次讲台,保证每所高校的学生每学期至少听一次地市级以上领导干部的报告或形势与政策课。这是加强高校党建和思想政治工作的重要举措,推动了领导干部上讲台实现制度化和常态化。2015年9月教育部印发《高等学校思想政治理论课建设标准》的通知要求,学校党政主要负责人每学期至少讲授1次思想政治理论课,学校分管领导每学期到堂听课2次以上。除了贯彻实施学校党政领导讲授思政课的政策,浙江大学马克思主义学院每个学期请一两位市长、县长进思政课堂与大学生进行面对面的交流。浙江是我国经济最活跃的省份之一,民营经济的发展非常有特色。至2013年人均居民可支配收入连续21年位居中国第一,实际已达到中等发达国家水平。浙江涌现出了一大批非常优秀的党政官员,既有理论水平也有非常丰富的实际经验。请他们讲授大学生思政课,能够实现理论和实际的结合,回答困惑大学生的一些重大理论问题和现实问题,从而提高思政课的实效性。

二、强调过程管理和过程考核

无论是浙江大学、浙江工业大学还是浙江理工大学,三校都非常注重对学生的过程管理和过程考核,不再由一张试卷决定学生的成绩,一次考试决定学生的成绩,而是全方面地调动学生的积极性。比如浙江工业大学,有的教研室实行三七开,课堂占70%,包括考勤、平常发言、作业。最后的考试只占30%,统一考卷(开卷),统一阅卷,优秀有比例限制。设计了免试环节,要求前12周的教学活动中发言、作业、出勤都很优秀的学生,再写一篇课程小论文,在第14周时教研室开会推荐免试,数量控制在15%左右。有的教研室考核为五五开,平时成绩包括三次大作业35分,考勤10分,发言5分。期末集体流水阅卷。浙江大学马克思主义学院,有教研室实行平时成绩60%,期末成绩40%。有小组展示,读书报告,课程论文(为了提高学术含量,要求写学术史回顾,也就是文献综述,引导学生提出问题),口试。小组读一本书,课堂上抽查。也有教研室按期末成绩30%,平时成绩70%的比例。学生进行分组管理,由组长给组员打分。可以看出,在考核的环节,期末考试所占的比例在减少,平时考核所占的比例在增加,考核的项目也在增加。

这需要教师对各个项目所占的分值进行科学的测算。免试环节的设计提高了学生的积极性。学生分成小组进行学习和讨论是一种很好的办法,也是高校思政课教师普遍采用的办法,只是组长给组员打分的做法没有办法避免搭便车、人情分等不公平现象的出现。强调过程考核是发展的趋势,可是怎样在这个过程中看到一个学生真实的学习状态是一个问题。

三、网络互动教学渐成气候

近年来,随着互联网技术的迅猛发展,网站、微博、微信群、微信公众号、QQ、慕课、移动终端 APP 微课堂等先后进入和影响高校思想政治理论课课堂。《高校马克思主义理论学科发展报告(2015)》指出,更多的高校马克思主义理论学科积极利用各种新媒体、自媒体手段加大宣传力度,通过学院和教师个人建立网站、微博、微信和博客等,占领舆论阵地,自媒体数量快速增长,影响覆盖面进一步加大。调查数据显示,当前高校一共有自建媒体 8159 个,其中院系团体自建 973 个,教师个人自建 7186 个。可以看出,无论是院系团体、自建媒体还是教师个人自建媒体都保持比较快的发展势头,尤其是教师个人自建媒体增长速度很快,且成为一个趋势。教师个人自建媒体中微博和微信是最主要方式,微博总占比 27.8%,微信总占比 54.7%,充分体现了这两种方式尤其是微信作为自媒体宣传的便捷和普及性。相比于早几年高校"无手机课堂"的提议,试图通过屏蔽信号来营造"无手机课堂"的做法,现在高校和教师更愿意采用梳理和引导的做法来解决智能手机对课堂的冲击。越来越多的教师开始在课堂上利用互联网进行教学,加强与学生的即时互动,取得了不错的效果。

2015 年 6 月浙江理工大学王艳娟老师的思政课上也创造性地采用了"弹幕"的形式,利用新媒体服务教学,引起了很大的反响,学生好评如潮。《钱江晚报》《浙江日报》《浙江教育报》都有报道,王老师认为"长时间坐在课堂上,学生也会疲劳,偶尔出现一两条幽默的评论活跃一下气氛,无伤大雅"。每次上课王艳娟都做足准备:课堂上,她总会抓住那些有讨论价值的"弹幕"评论说上一二,让"弹幕"成为跟踪学生思想的媒介。在她看来,"弹幕"进课堂是把更多的自主权交给学生,但这不是一种无序,而是老师要告别自说自话,随时接收学生的信息并及时予以引导。

浙江大学马克思主义学院教师尤云弟通过 APP 微课堂进行教学,多样的形式、丰富的教学内容、即时的答疑解惑,尤云弟也取得了很好的教学效果。她的课题"基于交互式移动终端 APP 微课堂的高校思政课教学改革研究与应用"获得了

2016 年度浙江省教育技术研究规划重点课题的立项。

互联网的迅猛发展,智能手机的普及,高校课堂注定被裹挟在其中,也符合年轻人求新求异的心理,不过也有几个问题值得注意:一是警惕形式大过内容。花哨的形式,容易造成乱花渐欲迷人眼的局面,容易造成本末倒置,所以我们必须谨记,内容为王,尤其是高校思政课课堂,是我国意识形态教育的主阵地,不能因为课堂上的热闹和花哨而忘了我们的初心!二是警惕学生的课后学习流于形式。无论是 APP 微课堂、慕课平台,还是微信公众号等方式,都会有教师推送的各种资料。有比较多的视频资料需要观看,有一些练习题需要完成,有一些讨论需要发声。但是缺乏有效监督,不知道学生到底有没有观看视频,到底是不是学生本人完成的习题,发了帖子,很大程度上依靠学生的自觉和自律,这当然有利于大学生的自我学习能力和自我管理能力的形成和提高。但是如果长期缺乏有效监督,显然课后通过网络的各种学习容易流于形式。三是教师的现代技术知识不足。各种互联网 + 的教学模式都对教师的素质提出了更高的要求。教师在具有深厚的专业知识的同时,要具备熟练的现代技术素养,尽管教师们也会学习和使用一些互联网技术,但是要熟练运用在教学中还远远不够,尤其是一些年龄偏大的教师,这方面的困难比较大,所以教育主管部门应该加强这方面的培训力度。

四、实践教学特色鲜明

实践教学向来是高校思想政治理论课教学的重要组成部分。教育部相关文件对实践教学的学时、学分和人均经费都有明确规定。2015 年《普通高校思想政治理论课建设体系创新计划》强调要努力强化实践教学,建设与课堂教学相互促进的思想政治理论课第二课堂教学体系。积极争取社会各方面支持,整合实践教学资源,拓展实践教学形式,建设一批相对稳定的实践教学基地。

浙江理工大学马克思主义学院的实践教学特色鲜明,亮点频出。2015 年 11月 23 日,《浙江教育报》第 3 版头条以"红色文化'闪耀'新时代——浙江理工大学马克思主义学院开展红色文化教学侧记"为题,报道了浙江理工大学马克思主义学院开展红色文化教学的新做法、新成绩。依托"浙江现代革命历史文化研究基地""杭州市萧山区航民村浙江理工大学思政课实践教学基地""浙江省高校思政课省级实践教学基地""浙南红色文化研究中心"及首批 50 家"全国高校实践育人创新创业基地",形成了浙江理工大学马克思主义学院红色文化实践教学基地群落。除了定期选派本科生、研究生前往实践基地进行社会考察、现场教学和实地调研,思政课教师也定期前往红色文化实践基地,寻找并落实新的学术增长点,为当地经济社会发展把脉,并通过调研,提供相关的思路、建议,服务当地政府。学院鼓励学生在学习研究基础上参与网络正面信息引导;发掘浙江抗战图片资源作为全校新生入学教育材料;立足浙江红色文化资源参与"红船精神"构建阐述等。

从浙江理工大学马克思主义学院的实践教学可以看出,注重资源的整合是实践教学效果突出的一个重要因素。他们依托红色文化实践基地,师生联动、校地合作,打造多方共赢的大学生实践育人机制,推动红色文化进课堂、进教材、进头脑。首先,整合高校四门思政课的实践教学,避免简单的重复,合力突出实践教学的特色。二是整合学校不同部门、单位的各级各类教育实践活动。与学校宣传部、学工部、团委、各二级学院(系)组织开展的大学生社会实践活动和创业就业活动有机融合,引领大学生依托自身优势,有的放矢地开展思政课实践教学活动,从而取得实践教学效益的最大化。三是积极激发和利用社会资源。像浙江理工大学马克思主义学院一样,激发、构建和阐述"红船精神",同时借助地方政府的权力,推动高校思政课实践教学的开展。

(作者单位:北京信息科技大学马克思主义学院)

参考文献:

[1]朱艳敏、陈超."大班授课,小班讨论"合作性教学的问题及建议[J].中国电力教育,2011(23):62.

大学生思想政治理论课程满意度的
人口统计学变量差异性分析[*]

——以北京、四川两地高校大学生为例

杜吟滔

摘 要:作为高校思想政治理论课教学评估的一项重要指标,大学生思想政治理论课程满意度为高校思想政治教育工作的顺利开展提供了客观依据。调查研究发现,北京及四川两地高校大学生在思想政治理论课程满意度方面略高于中等水平。其中,性别、受教育程度、所属专业、政治面貌、院校级别均对大学生思想政治理论课程满意度产生了较为显著的影响。但其满意度会随着学历、政治面貌及院校级别的提升而降低的事实,也说明了当前高校思想政治教育工作仍存在不少问题,高校应结合自身实际,在了解当代大学生对思政课程认知和诉求基础上,探索有效提升高校思想政治理论课程学生满意度的政策及措施。

关键词:大学生;思想政治理论课程满意度;人口统计学变量差异性分析

以往关于思想政治理论课程满意度研究成果,各学者结合自身研究实际,给出了不同角度的界定,但提出其明确定义者并不多,不过总体上均包含"大学生对思想政治教育理论课程实际的教育效果与自己原来的期望进行对比的结果"[1]的内涵。因此,笔者在总结前人研究的基础上,将高校思想政治理论课程学生满意度界定为大学生在接受思想政治理论课程教学过程中呈现的实际课堂感受与课程期望之间的比值,即思想政治理论课教学能够在多大程度上满足学生的心理诉求。

作为高校思想政治理论课教学评估的一项重要指标,大学生思想政治理论课

* 本文系北京市系北京信息科技大学大学生科技创新项目的研究成果之一。

程满意度为高校思想政治教育工作的顺利开展提供了客观引导和依据。在测量工具方面,围绕"满意度"这一重要指标的特性,各高校学者设计了形形色色具有一定代表性的满意度测评体系,并在高校思想政治教育理论课程评估工作中得到较为广泛的运用,如淮北师范大学的杨烨[2]以及广西大学的陈洪涛[3]等。在这些学者的测评体系中,不难发现其均将学生的性别、学历、家庭条件、政治面貌、所学专业、就读院校级别作为人口统计学变量并用于差异性分析。结合上述实际,在笔者的调查研究中,上述指标也构成了自身调查量表重要内容。

2014 年下半年开始,课题组在北京及四川两地六所不同层次的高校进行了大规模的问卷调研,调研对象涉及不同学历和专业。共回收有效问卷 544 份,此次调查,覆盖面广,数据客观。从实际调查结果上看,北京、四川两地大学生思想政治理论课程满意度状况及其在人口统计学变量方面的差异性特征主要包含以下几个方面。

一、大学生思想政治理论课程满意度略高于中等水平

此次研究赋予大学生思想政治理论课程满意度量表每个小题同样的权重,加权平均得到大学生思想政治课程满意度均值,研究数据表明,被试样本的思想政治课程满意度均值为 3.54(满分为 5),标准差为 0.54;被试大学生思想政治课程满意度略高于中等水平。

表1　北京、四川两地大学生思想政治理论课程满意度情况

	N	极小值	极大值	均值	标准差
工作满意度均值	544	1.00	5.00	3.5376	0.89032
有效的 N(列表状态)	544				

之所以出现上述结果,笔者认为首先是由于思想政治理论课程其自身教学的关注重点在于大学生思想层面,相较于其他理工类课程,所学知识无法充分满足今后工作实际的需要,进而使大学生产生了"政治课程无用论"的认知偏差,因此,导致思政课程不能充分调动学生的学习兴趣,造成课程满意度较低的现象。另一方面,由于现今的高校教学普遍存在理论性与实践性结合较差的矛盾,教学内容往往脱离实际。因此,大学生对高校教育成果未来的有效性存在较大的疑惑,正是大学生对现有课程教学成果的疑惑与对未来发展的不可预知性的矛盾,导致了大学生思政课程满意度普遍不高的情况。

二、大学生思想政治理论课程满意度在受教育程度上的差异分析

对大学生思想政治教育课程满意度与学历进行 ANOVA 检验,具体结果如下表:

表2 大学思想政治理论课程满意度与学历的 ANOVA 方差检验

		平方和	df	均方	F	显著性
思政满意度均值	组间	39.600	2	19.800	25.443	0.000
	组内	392.992	505	0.778		
	总数	432.591	507			

由表2可知,不同学历对大学生思想政治理论课程满意度的显著性 P 值小于0.05。因此,学历会对大学生思想政治理论课程满意度造成显著影响。

由表3可以发现,受教育程度与大学生思想政治课程满意度呈负相关,即随着学历的提升,大学对思想政治课程的满意度会随之下降。

笔者认为,由于思想政治理论是一门贯穿了高校教育各个阶段和层次的课程,因此,随着大学生学历的提升,其接受思想政治理论教育的时间也会随之提升,这就导致了两个问题。首先,大学生对思政课程教学质量的期望和评价标准会随着自身思想政治理论知识的丰富而逐渐提升。其次,随着大学生年龄和知识储备的增长,大学生的道德观、价值观的评价能力也在提升。因此,大学生对问题的认识和批判也会随着大学生学历的提高而不断加深,而作为高等教育重要分支的思想政治教育也必将受到大学生越来越严苛的评价。这就导致了大学生思政课程满意度会随着学历的提升而降低的现象。

表3 不同学历大学生思想政治理论课程满意度状况

受教育程度		思政满意度均值
大专以下	均值	3.7128
	N	232
	标准差	0.78730
本科	均值	3.6887
	N	152
	标准差	0.89171

受教育程度		思政满意度均值
研究生及以上	均值	3.1401
	N	160
	标准差	0.92421
总计	均值	3.5376
	N	544
	标准差	0.89346
	标准差	0.89346

三、大学生思想政治理论课程满意度在不同专业上的差异分析

笔者对大学生思想政治教育课程满意度与所属专业进行 ANOVA 检验,具体结果如下表:

表4　大学生思想政治理论课程满意度与所学专业的 ANOVA 方差检验

		平方和	df	均方	F	显著性
思政满意度均值	组间	16.055	2	8.028	10.141	0.000
	组内	315.045	398	0.792		
	总数	331.100	400			

通过表4不难发现,不同专业大学生思想政治理论课程满意度显著性 P 值小于 0.05,因此可以判定,所学专业对大学生思政课程满意度是产生显著影响的。

表5　不同专业大学生思想政治理论课程满意度状况

		N	均值	标准差	标准误	均值的95%置信区间	
						下限	上限
思政满意度均值	文科	185	3.8969	0.86797	0.06381	3.3535	3.6053
	理科	90	3.4416	0.91566	0.09652	3.2498	3.6333
	工科	126	3.4794	0.90245	0.08040	3.7378	4.0560
	总数	401	3.6021	0.90981	0.04543	3.5128	3.6914

另外,通过调查研究发现,大学文科专业学生(3.90)的整体满意度要高于理科(3.44)和工科学生(3.48)。(详见表5)

　　文科学生在思想政治理论课程上的满意度之所以会高于理工科学生,笔者认为这是由于文科生相较于理工科学生对于思想政治教育领域具有更深刻的认知。而在思想政治教学过程中,文科生接受相关理论知识的兴趣和能力也会高于理工科学生。

四、大学生思想政治理论课程满意度在政治面貌上的差异分析

　　对大学生思想政治理论课程满意度与被测者政治面貌进行 ANOVA 检验,具体结果如下表:

表6　大学生思想政治理论课程满意度与政治面貌的 ANOVA 方差检验

		平方和	df	均方	F	显著性
思政满意度均值	组间	14. 295	2	7. 147	9. 430	0. 000
	组内	466. 888	616	0. 758		
	总数	481. 183	618			

　　通过表6发现,不同政治面貌大学生思想政治教育满意度的显著性 P 值均小于 0.05,因此可以判定,大学生政治面貌对大学生思想政治教育课程满意度具有显著影响。

表7　不同政治面貌大学生思想政治理论课程满意度状况

		N	均值	标准差	标准误	均值的95%置信区间	
						下限	上限
思政满意度均值	党员	58	3. 3562	0. 82857	0. 10880	3. 1383	3. 5741
	预备党员或积极分子	162	3. 3965	1. 01180	0. 07949	3. 2396	3. 5535
	其他	399	3. 7026	0. 81280	0. 04069	3. 6226	3. 7826
	总数	619	3. 5901	0. 88239	0. 03547	3. 5204	3. 6597

　　政治面貌与大学生思政课程满意度水平呈负相关关系。也就是说,大学生政治身份越接近党员,其对思政课程的满意度就会随之下降。(详见表7)

　　与大学生思想政治理论课程满意度在学历上的差异类似,笔者认为,之所以大学生政治面貌越靠近党员,其思政课程满意度越低,是由于随着大学生政治身份的提升,直接提升了其对政治理论学习和认知方面的评价标准,在更高标准和诉求面前,现有的思想政治理论课程无法满足其诉求的变化,因此导致大学生政治面貌与其思想政治理论课程满意度呈负相关。

五、大学生思想政治理论课程满意度在院校级别方面的差异分析

对大学生思想政治理论课程满意度与被测者所在院校级别进行了 ANOVA 检验,得出不同院校学生在思政课程满意度方面显著性 P 值小于 0.05,因此院校级别会对大学生思想政治理论课程满意度产生显著影响。(见表 8)

表8　大学生思想政治理论课程满意度与院校级别的 ANOVA 方差检验

		平方和	df	均方	F	显著性
思政满意度均值	组间	21.882	2	10.941	15.734	0.000
	组内	380.376	547	0.695		
	总数	402.258	549			

表9　不同院校大学生思想政治理论课程满意度状况

		N	均值	标准差	标准误	均值的95%置信区间	
						下限	上限
思政满意度均值	985或211院校	99	3.3532	0.95826	0.09631	3.1621	3.5444
	普通高校	136	3.4156	0.90561	0.07766	3.2620	3.5692
	高等职业院校	315	3.7905	0.75644	0.04262	3.7066	3.8743
	总数	550	3.6191	0.85599	0.03650	3.5474	3.6908

由调查可知,大学生所在院校级别(普通高校、211 院校、985 院校)对大学生思想政治教育课程满意度具有显著影响,其中,院校级别与大学生思政课程满意度水平呈负相关,即大学生所在院校级别越高,其思政课程的满意度就会随之下降。(如表9 所示)

导致上述现象的原因,笔者认为,主要是由于更高级别的院校学生相较于普通院校,在生源学术基础、教学条件和校园文化上均具有较强的优势,所以在一般情况下,在更高级别院校就读的学生具有更高的学习能力、学术基础和价值评判能力,对于其所在院校教学质量的评价,往往具有更高的标准,也更善于表达对课程的看法和诉求。一旦学校现有教学条件无法满足学生更高的教学需求,就会直接降低学生对课程本身的评价。

六、基于思想政治理论课程满意度调查视角下的高校思想政治教育存在的问题及对策

（一）我国高校在思想政治理论教学方面存在问题

高校思想政治理论课在为国家培养出优秀的下一代做着不懈努力,也发挥着不可替代的作用,特别是在为国家培养出有理想、有道德、有文化、有纪律的"四有"新人方面,取得了显著成绩。这说明目前我国高校思想政治理论课教学整体上处于良好的状况,通过此次实证调查可知,大学生思想政治教育课程满意度均值为3.53,略高于一般水平,从数据上也肯定了我国高校在思想政治教育方面所取得的成绩。但是由于一些因素的作用,影响了大学生对思政课程的满意度。结合前文研究分析,笔者认为,目前高校思想政治理论课程教学主要存在如下几个方面的问题:

1. 教学内容与实践脱节

高校思想政治理论课程教学过度重视其政治功能,忽视其育人功能和人文功能,"以学生为中心"的教学理念未能得到充分贯彻,未能将理论教学与大学生成长成才的规律相结合,脱离大学生的实际生活,使许多大学生产生了思想政治课程"无用论"的错误认识,影响了大学生思政理论课程的教学效果。

2. 单一乏味的教学方式

教学离不开师生双方的持续互动,但现有的大学生思政教育大部分采用灌输的方法,大学生仅仅是作为老师传播知识的被动接收人,教学过程侧重说教而非启发,强调学生对政治理论的服从,而非发挥学生的主观能动作用,这些现象最终都会导致大学生在整个教学过程中出现参与度不够,积极性不高的问题。单一教学的直接后果就是思想政治教育课程在大学生心中的地位与价值大大降低,对思想政治理论课程的有效性产生了负面影响。

3. 教学内容不能与时俱进

尽管现今我国高校使用的教材都是教育部统编的教材,教材质量很高也相对成熟。但思想政治理论是一门与时事联系紧密的课程,在教材编写的过程中,如何平衡思政理论的科学性和时效性的矛盾,紧跟时代发展步伐,及时在教材中体现新的政治内容,也是我国思想政治教育教学工作面临的一大挑战。

4. 难以"走出"教室的学生思想政治素质培养

随着我国社会市场化和信息化的不断深入,现今大学生所处的社会环境越发复杂多变。在多变的社会环境中,大学生将要面对更多的诱惑和更大压力。但物质生活的提升所带来的大学生对自身政治素质培养的忽视,对当今以课堂教学为主体的高校思想政治教育工作提出了新的挑战。如何在全球化和互联网经济蓬勃发展的今天,解决大学生对国内国际时事变化关注度不够、参与度不高、警惕性不强的问题,让思想政治教育走出课堂,融入校园生活之中,这也是当今高校做好思想政治教育铺垫工作的必要前提。

总之,我们应该看到高校思想政治理论课程教学总体上是好的,但是受到一些因素的影响,也存在一定的问题,这在一定程度上影响了大学生对思政课程的评价。因此,我们应当对这些问题加以重视,不断地进行改革、完善和发展,使大学生思政课程满意度得到进一步的提升。

(二)关于提升大学生思想政治理论课程满意度的几点建议

针对当前高校大学生思想政治理论课程的主要问题,笔者在借鉴所掌握资料的基础上,提出如下几点建议:

1. 以氛围带动大学生学习思想政治理论课的积极性

高校教学管理部门应与任课教师密切配合,从大学生踏入高校校园起,采用多种多样的形式,营造思想政治教育教学的良好氛围,通过环境带动学生积极性,让广大学生在进入思政课堂前就充分认识学习思想政治理论课程的价值所在。

2. 加强高校思想政治理论课程教学的统筹与规划

首先,在宣传工作方面,要制定切实可行的高校思想政治理论课程的宣传计划,善于利用网络社交软件(微信、QQ、网络视频宣传)等新媒体加大高校思想政治理论课程的推广力度,做好外围工作,将思想政治宣传工作真正渗透到每一个高校学生的学习生活中。

其次,在制订教学计划方面,应将国家意识形态工作需要与高校思想政治文化建设有机结合起来,建立一套不仅科学完备而且能够真正融入高校自身文化建设发展中的思想政治理论课程的教学管理制度。要顺应时代发展需要,不断充实和完善制度内容,与时俱进,保持制度本身的自发性与活力,避免为应付国家政策需要而被动调整教学管理制度的现象。

再次,在建立思想政治理论课程领导体制方面,需要学校领导的重视和关怀,充分调动高校资源,建立政治理论课教学部门与其他部门的协同机制,共担责任,发挥整体性优势。

3. 均衡发挥思想政治理论课程的政治教育功能和道德教育功能

高校思想政治理论课程的特殊性在于其兼具政治功能与育人功能,我国高校思政工作往往在发挥高校思政教育的政治功能方面投入较大的精力而忽视其育人功能。因此,在汲取国内外思想政治教育先进经验的基础上,高校应通过思政课程加强大学生的道德素质的培养,将学生培育成真正符合中国特色社会主义建设发展需要的储备人才。

4. 结合国情、时政开展思想政治理论课教育

与时事联系紧密是思想政治理论课程教育教学的一大特色,但面对信息爆炸的当今社会,时政变化瞬息万变,传统教材的更新,必然无法囊括这类最新资讯,这就对高校思政教育工作者提出了新的要求。理论与实践相结合,是思想政治教育工作必须坚持的基本原则,为应对上述问题,高校思想政治理论课程应尽可能采取教材教学与课题研讨相结合的教学方式,丰富思想政治理论课程的教学手段。一方面,通过教材教学夯实学生思想政治理论基础;另一方面,开展各种形式的思想政治学术研讨活动,使广大学生能够通过研讨方式,把握国家大政方针最新动态,将学生的思想政治教育与国情、校情有机结合起来。

5. 用新媒体推进当代高校思想政治教育方法与手段的实践创新

网络社会的蓬勃发展带来的首先是人与人之间社交途径的多样化,其次是人生活方式的多样化。面对日益丰富的社交方式,高校思想政治教育首先应始终坚持以马克思主义理论教学为核心的教育方向。其次要善于运用微信、QQ、微博等"新媒介"来推动高校思想政治教育工作。面对大学生日益丰富的日常生活,高校思想政治教育应当更加注重教学成果向实践成果的转化,通过开展一系列的社会实践活动,让大学生在实际生活中加深对思政理论的理解与认识。

(作者单位:北京信息科技大学马克思主义学院)

参考文献:

[1]华正学. 提升大学生思想政治理论课满意度的思路与对策[J]. 文教资料,2010(6).

[2]杨烨. 学生满意度:高校思想政治理论课测评指标体系构建[J]. 淮北师范大学学报. 2012(2):33.

[3]陆伟华、张社强、陈洪涛. 高校思想政治理论课教学学生满意度调查测评体系的构建[J]. 文教资料,2007(5月号上旬刊)。

"老虎咬人"事件对大学生思想教育的启示

庞淑萍

摘　要：最近北京延庆和宁波发生"老虎咬人"事件引发了社会的广泛关注，在网络上出现了对受害人、老虎和动物园三方责任的不同看法。本文从具体阐述两起"老虎咬人"事件及其社会不同观点出发，依据我国现有法律体系从理论角度分析了受害人和动物园的责任认定，并分析"老虎咬人"事件中社会反映的对规则和道德的认识。最后提出了进一步加强高校学生法律体系教育，提高法律意识；加强学生诚信教育，提高学生道德水平；加强学生价值观教育，提升学生独立思考能力的建议。

关键词："老虎咬人"事件；法律责任；规则；思想教育

一、"老虎咬人"事件及其社会争论

根据央广网记者杜金明报道，"2017 年 1 月 29 日下午两点多，一名成年男子在宁波雅戈尔野生动物园观看老虎时，被老虎咬伤。受伤游客被送往宁波鄞州区第二医院抢救。对于受伤游客是否有生命危险，动物园方面没有回应"[1]。该新闻报道以后，国内各大新闻网站如中国网、搜狐网、腾讯网、网易、凤凰网、青网等进行了快速转载。此后不久，宁波东钱湖旅游度假区管委会的微博发了一条消息说：宁波雅戈尔动物园发生老虎伤人事件致一人死亡，并称"根据死者张某同行人员李某某陈述并现场指认，当日下午 2 时许，张某及妻子和两个孩子、李某某夫妇一行 6 人到雅戈尔动物园北门，张某妻子和两个孩子以及李某某妻子购票入园后，张某、李某某未买票，从动物园北门西侧翻越 3 米高的动物园外围墙，又无视警示标识钻过铁丝网，再爬上老虎散放区 3 米高的围墙（围墙外侧有明显的警示标识，顶部装有 70 厘米宽网格状铁栅栏）。张某进入老虎散放区"[2]。这一消息发布以后，"老虎咬人"事件立即引起了社会舆论的广泛关注。尤其是继 2016 年 7

月 23 日下午在北京延庆八达岭野生动物园内自驾游中女游客赵某在猛兽区下车后,被老虎袭击造成 1 死 1 伤这样严重事件发生后[3],又一起类似惨剧的发生令人十分痛心。

　　惨剧发生后政府迅速开展了事故原因调查,调查组对这两起惨剧的原因分别做出如下认定:造成八达岭事件的原因一是重伤者赵某未遵守八达岭野生动物世界猛兽区严禁下车的规定,对园区相关管理人员和其他游客的警示未予理会,擅自下车,导致其被虎攻击受伤。二是周某见女儿被虎拖走后,救女心切,未遵守八达岭野生动物世界猛兽区严禁下车规定,施救措施不当,导致其被虎攻击死亡[3]。宁波惨剧的遇难者张某是未购门票,从动物园北门西侧翻越外围墙,又无视警示标识钻过铁丝网后再爬上老虎散放区围墙违规入内的。两起事件都有违规行为而导致惨剧的发生。[2]

　　这两起惨剧的发生引起社会舆论广泛的热议,并就游人、老虎和动物园三方的责任认定提出了不同的看法,归纳起来有以下几类:有人为游客喊冤,认为人命关天,死者为大,认为那些持有"死得好"和"该死的是人,不是虎"的观点的人有违人道,毫无同情之心;有人为老虎叫屈,认为人类剥夺老虎的自由在先,现又逃票翻墙,擅闯领地,如此无视规则与秩序,被咬死也是咎由自取;有人谴责动物园的不义,认为压榨同类,门票吸髓,事主雅戈尔动物园占用国有土地,却对全民收取天价门票;有人质疑动物园服务低劣,漏洞百出,圈中既养食人猛虎,围墙当用监狱级别,内防逃逸,外防翻越,安防不到位,救援不及时,动物园管理部门应当担责。

二、"老虎咬人"事件背后的理论分析

　　"老虎咬人"事件后社会对游人、老虎和动物园三方责任的看法差异很大,这个事件涉及什么样的法律和规则问题? 涉及什么样的社会伦理与道德价值? 本文从我国现行法律体系和道德范畴两个方面进行深入分析。

　　(一)"老虎咬人"事件责任的法律分析

　　我国已经建立了防范饲养动物造成他人伤害的最基本的法律体系。首先,《民法通则》第 127 条规定:"饲养的动物造成他人损害的,动物饲养人或者管理人应当承担民事责任;由于受害人的过错造成损害的,动物饲养人或者管理人不承担民事责任;由于第三人的过错造成损害的,第三人应当承担民事责任。"[4]其次,第十一届全国人民代表大会常务委员会第十二次会议通过并自 2010 年 7 月 1 日起施的《侵权责任法》,明确了饲养动物侵权的民事法律责任。《侵权责任法》第

78 条规定了饲养动物侵权责任的一般原则,即"饲养的动物造成他人损害的,动物饲养人或者管理人应当承担侵权责任,但能够证明损害是因被侵权人故意或者重大过失造成的,可以不承担或者减轻责任"。第 81 条规定动物园动物侵权责任的特殊情况,即"动物园的动物造成他人损害的,动物园应当承担侵权责任,但能够证明尽到管理职责的,不承担责任"[5]。另外,我国住建部令第 105 号颁布的《建设部关于修改〈城市动物园管理规定〉的决定》已于 2001 年 8 月实施,第 21 条规定:"动物园管理机构应当完善各项安全设施,加强安全管理,确保游人、管理人员和动物的安全。"[6]这些法律体系目的是构建完整的预防饲养动物伤人与受害人救济体系。

实际上,《民法通则》第 127 条规定了受害人过错的法定免责条件。但没有规定因受害人的过错而引起损害的全部或主要原因时,动物饲养人或者管理人才能免责。因为在不同的案件中受害人过错并不完全相同。如受害人故意投打、挑逗或无视警戒标志、管理人员的劝阻而跨越隔离设施接近他人饲养的动物,均可认为受害人的过错为引起损害的全部或主要原因,得免除动物的饲养人或管理人的赔偿责任。若受害人的过错只引起损害的部分原因或次要原因,则不能免除动物饲养人或管理人的赔偿责任。《侵权责任法》为动物饲养人或者管理人规定了相对较轻的侵权法律责任,《侵权责任法》第 78 条为普通动物饲养人设定了部分的"无过错责任",理论上即使被侵权者自己有一定的过失,也可以要求饲养人、管理人承担部分法律责任。《侵权责任法》第 81 条对动物园设定相对较轻的"过错推定责任",动物园只要证明自己尽到了管理职责就不承担责任。目前"老虎咬人"事件的责任判定方面有了结论,即八达岭野生动物世界在事发前检票人员口头陆续告知了包括赵某一家在内的自驾车游客进入猛兽区严禁下车、严禁投喂食物等相关注意事项,发放了"六严禁"告知单(严禁开窗,严禁下车,严禁投喂食物,严禁携带宠物,严禁一切野外用火,严禁酒后、心脏病者驾驶),赵某还与八达岭野生动物世界签订了《自驾车入园游览车损责任协议书》,该协议载有"严禁下车"等相关内容。猛兽区游览沿途设置了明显的警示牌和指示牌,事发后工作开展有序,及时进行了现场处置和救援。结合原因分析,调查组认定"7·23"八达岭东北虎致游客伤亡事件不属于生产安全责任事故。[3]从举证责任的角度来看,《侵权责任法》第 78 条要求普通饲养人举证证明被侵权人具有故意或重大过失,但第 81 条规定动物园只需要证明自己尽到了管理职责,动物园的举证责任明显小于一般动物饲养人。由于目前我国有很多野生动物园或动物园散养大量野生动物,每逢节假日需要接待大量的各种具有民事行为能力的游客参观,动物园已经成为野生动物侵害游客高风险场地,所以饲养野生动物的动物园在侵权责任方面,不能像《侵权责任法》第81条规定的那样,动物园的举证责任反而明显小于一般动物饲养人。因此,应提高动物园的这一高风险场所防护标准,加强风险预防机制与措施,避免因游客过错引发的重大伤害后果。

(二)"老虎咬人"事件的规则与道德分析

除了对"老虎咬人"事件的法律责任分析,公众对"老虎咬人"事件还在规则和道德两个方面出现两种截然不同的观点。这两次的"老虎咬人"事件,游人确实是违反了动物园的规定,这两次事件都是因为蔑视规则、挑战规则引发的惨剧!而且这两起老虎吃人事件之间仅仅还不到半年!尤其是宁波事件中受害者应该也很清楚翻墙而入这种做法违反规定,而且还存在风险。规则是指规定出来供大家共同遵守的制度或章程。规则具有制约性,社会由种种规则维持着秩序,不管这种规则是人为设定的还是客观存在的,只要是规则,便具有制约性。人的行为是一种在一定的范围内才可以得到许可的,才是可行的行为,不是一种完全的无拘无束的行为。宁波动物园负责人回应说,受害人攀爬的围墙有三米多高,并写了"内有猛兽,请勿攀爬"的警示语,所以再严密的安防措施、再高的围墙、再密的铁丝网,也拦不住不守规矩的人。所以有网上有评论说比老虎更可怕的,是人对规则的蔑视。

同时,对宁波"老虎咬人"事件也有完全相反的看法,因为宁波老虎咬人事件的受害人不富裕,新年里为了满足孩子愿望来到动物园,却依然想着能再省下一点门票钱。有人认为受害人翻墙进动物园是因为门票太贵,动物园应该把门票降价才对。所以持人命关天死者为大观点的人,担心长此以往,世间毫无悲悯同情之心。所以有人认为受害人即便再不对,毕竟是死在你动物园的,孤儿寡母的不容易,动物园家大业大不差那几个钱,理应赔偿。实际上这种同情违背了公平原则,一定会导致更多的人因为你的同情心受到更大的伤害,如彭宇案的"人道主义赔偿"让中国大陆的道德倒退了50年。目前存在的对秩序不被尊重和对人命不被重视两种社会焦虑,其本质是规则和道德两个方面的问题,社会中践踏规则的现象比比皆是,为蝇头小利置他人生死于不顾的行为随处可见,所以公众渴望建立公正且深入人心的社会规则体系。

三、"老虎咬人"事件后对大学生思想教育的再思考

从"老虎咬人"事件发生后在网络上引发的广泛讨论来看,社会舆论就游人、老虎和动物园三方责任的认定上存在较大的分歧,其中很多具有一定知识水准和

社会阅历的人所持的观点,存在普遍对法律和规则的认知盲区,而这一现象又进一步引起了焦虑,因为"老虎咬人"案件虽然简单,但责任认定的结果将对社会产生深远的影响。所以,作为高校思想教育工作者来说,我们需要从这两起"老虎咬人"事件中,思考如何更有针对性地进一步加强大学生的思想教育。

(一)加强高校学生的法律教育与规则意识的培养

"老虎咬人"事件的受害人由于违反规则而引发了饲养动物伤人惨剧的发生,实际上我国每年因不遵守交通规则而殒命的人数以十万计,而且即使在每一条道路上有各种警示牌,但每时每刻都在上演着各种违规现象。排队插队现象、中国式的过马路现象和听歌靠下载现象,在这个害怕守规则会吃亏的年代,呈现出民众对遵守规则意识的淡薄,从而使每个人都面临极大的不确定性和各种意想不到的风险。所以,对于即将走向社会的学生来说,高校需加强对学生遵守规则意识的培养和教育,从"老虎咬人"悲剧事件引以为戒,促进社会对法律和规则的尊重。法律是立法机关依照法定程序制定、修改并颁布,并由国家强制力保证实施的规范性文件的总称,我国已经形成了一个立足中国国情和实际、适应改革开放和社会主义现代化建设需要、集中体现党和人民意志的,以宪法为统率,以宪法相关法、民法商法等多个法律部门的法律为主干,由法律、行政法规、地方性法规与自治条例、单行条例三个层次的法律规范构成的中国特色社会主义法律体系。这表明中国已在根本上实现从无法可依到有法可依的历史性转变,各项事业发展步入法制化轨道。这一法律体系是我国社会主义的法制根基,作为新时代的高校学生,将要承担国家复兴和实现中国梦的重担,所以加强高校学生的法律体系教育,培养学生的法律意识,对于促进学生遵法守则具有十分重要的理论与实践指导意义。

(二)加强高校学生的诚信与道德教育

虽然我国目前已经建立了具有中国特色的社会主义法律体系,但法律是对人的行为的外界约束,而且这种作用还有边际性,法律也有盲区,所以社会还需要人们建立诚信这一内在的约束,自觉遵守各种法律、法规和规则,维持社会的基本秩序。"老虎咬人"事件中的受害者如果尊重规则就不会有惨剧的发生。但在没有执法者处处警示的前提下,只能依靠每个人的诚信来约束。诚信是道德情操,属道德的范畴,也需要道德的约束。我国自古以来就强调修身养性的文化传承,但当今社会即便在高校也表现出普遍的诚信缺失。所以,高校教育中需要切实加强诚信与道德教育,提升学生们公平、公正的道德理念水平,更好地维护规则、程序以保障道德的实现。

（三）加强高校学生价值观教育

宁波"老虎咬人"事件中受害人虽然不富裕，但还是给家人买了门票，自己想省下一点门票钱而采取的翻墙方式酿成悲剧，这原本是一个典型的选择个人利益而不遵守规则酿成悲剧的事件。但是受害人这种行为却引来很多网友的同情，甚至有人把他视为英雄，视为爱妻子、爱孩子、爱家庭的真男人。受害人这种选择超出自己经济承受能力的消费方式，而酿成无法挽回的悲剧，很值得我们深思。我们如何正确地爱护家庭，如何树立正确的消费观，这是十分容易被忽视但又十分重要的问题，对成长中的大学生来说尤为重要。

实际上价值观是指人们对于某类事物价值的基本看法和观念，对于高校学生来说价值观是学生内心深处的一种信念、信仰甚至是理想。随着社会的发展，尤其是网络媒体技术的进步，社会上的各种诱惑和负面因素对大学生的影响很大，导致大学生的价值取向以个人利益为主，不顾他人和集体，经常从事违反规则和法律的行为，比如考试打小抄、上课旷课、做作业抄袭等现象非常普遍，形成了以个人利益为中心和蔑视规则的习惯。这些看似是小问题，如果不防微杜渐，久而久之，必然会积恶成疾，也许就是下一个"被咬之人"。因此，在大学生走入社会之前，切实加强高校学生的价值观教育，对于维护社会稳定和长效发展都具有重要的历史意义。

（作者单位：北京信息科技大学马克思主义学院）

参考文献：

[1]杜金明. 宁波老虎咬人动物园明天闭园事故原因正在调查. 中国新闻网,社会新闻,2017 年 1 月 29 日,http://www. chinanews. com/sh/2017/01 - 29/8137684. shtml.

[2]宁波东钱湖旅游度假区管委会. 雅戈尔动物园发生老虎伤人事件. 微博,2017 年 1 月 29 日,http://weibo. com/u/2588129760? is_hot = 1#_loginLayer _1487309218723.

[3]"7·23"东北虎致游客伤亡事故调查组. 北京延庆. 2016 年 8 月 24 日,http://www. bjyq. gov. cn/sy/gsgg/dd5ceb04_b8b5_4688_83ae_ef16e1234047. html.

[4]中华人民共和国民法通则. 中国人大网,2000 年 12 月 6 日,http://www. npc. gov. cn/wxzl/wxzl/2000 - 12/06/content_4470. htm.

[5]中华人民共和国侵权责任法. 中国政府网,2009 年 12 月 26 日,http://www. gov. cn/flfg/2009 - 12/26/content_1497435. htm.

[6]城市动物园管理规定. 中华人民共和国建设部令第 105 号,2001 年 9 月 7 日,http://www. gov. cn/gongbao/content/2002/content_61582. htm.

论大学生的心理挫折及应对策略

曹 霞

摘 要:论文阐述了挫折及其积极意义和消极影响,分析了大学生常见的挫折类型,从要以积极的心态对待挫折;要树立自信心,设定恰当的抱负水平;要改变不合理的观念;正确分析挫折原因;合理运用心理防卫机制五个方面提出了大学生应对挫折的策略。

关键词:大学生;心理挫折;应对策略

在竞争日趋激烈的当今社会,大学生面对学习压力、人际交往压力、经济压力和就业压力等多重挑战,难免会产生心理挫折。挫折对于大学生的影响具有两重性。如何使大学生正确面对挫折,提高心理挫折的承受能力,是值得深思和亟待解决的现实问题。

一、挫折及其积极意义和消极影响

从心理学的角度来看,挫折是指个人在实现行为目标的过程中遇到障碍或受到干扰,致使行动受阻、目标不能实现、需要不能满足时的情绪状态。包括阻碍目标实现、需要满足的情境和事物以及目标受阻、需要得不到满足时的情绪体验两个方面。

法国大文豪巴尔扎克形象地把挫折比做一块石头。对于强者它可以作为垫脚石,让人站得更高看得更远;对于弱者它可以成为绊脚石,使人跌倒,让人灰心丧气、不知所措、一蹶不振。因此,挫折是一把双刃剑,它既具有积极意义也会带来消极影响。它既可以造就人才,也可以使人受伤害被毁灭。挫折可以是人生的一笔财富。挫折引起的紧张焦虑情绪、产生的压力可以激发人们的进取精神和昂扬的斗志,可以增强人们克服困难的勇气和力量,可以使人们吸取经验教训,思考解决问题的有效方法,提高解决问题、适应环境的能力,可以磨炼人的意志,使人变得更加成熟更加坚强,心理更加健康,人格更加健全,可以增长人们的聪明才智,促使人们实现目标、成就自己的事业。"自古雄才多磨难,从来纨绔少伟男。"孔子在失意的痛苦中写出了《春秋》,屈原在流放的痛苦中赋出了《离骚》,司马迁遭宫刑写《史记》,曹雪芹穷困潦倒著《红楼梦》……当然,挫折也有可能是一个万丈深渊。挫折会带来心理上的烦恼和痛苦,使人们丧失自信心,造成人们情绪的不稳定,使人们的行为和活动能力失常,挫折引起的强烈的负面情绪若长期郁结于心,往往会引起生理和心理上的不平衡,引发一系列的心理障碍,严重的会导致各种生理心理疾病,甚至会出现自杀和危害社会的行为。

二、大学生面临的主要挫折

大学生在追求社会理想和个人抱负的过程中,由于主客观因素的影响和制约,也不可避免地会遇到各种挫折。主要有以下表现:一是学业受挫。如对所学专业不满意,又无法改变现状而感到无奈,学习不如意,缺乏学习兴趣,学习热情和学习动力不足,对学习产生厌倦心理,常常处于被动学习的状态。不适应大学老师的授课方式,未找到适合自己的大学的学习方法,缺乏自学能力,不会合理利用安排时间,造成学习困难,导致学习成绩差,考试不及格,留级,甚至面临退学。学业的压力导致紧张焦虑的情绪反应,有的学生甚至否定自我,感到前途渺茫。二是人际交往受挫。有的学生认为自己不如别人,感到别人瞧不起自己,由于羞怯、紧张、自卑、恐惧等原因而不敢与人交往。有的学生认为别人不如自己,看不起别人,自命不凡,自恃清高,对他人有很强的戒备心,不敞开心扉,独来独往,自我封闭而不愿与人交往。还有的学生由于不了解与人交往的知识和技巧,而不善于与人交往,导致人际交往困难,与人产生摩擦,不被群体接受,如与同学发生矛盾,受到同学的排挤、讽刺,交不到知心朋友,等等。无法与他人和睦相处,人际关系紧张使一些大学生产生孤独、焦虑等不良情绪。三是自尊受挫。如得不到老师和同学的赞扬,常常感到被别人轻视,自认为自己表现都很好,却没有评上先进,没被选上干部,因自身生理有缺陷而被人讥笑。四是情感受挫。如看到周围的同学纷纷谈恋爱而自惭形秽,有的学生陷入单相思、失恋的痛苦之中,有的学生因没有处理好恋爱关系,受到沉重的打击,万念俱灰,对生活失去信心。五是求职择业受挫。由于就业竞争激烈,人才市场的不规范运作,就业机制的不健全,求职择业经验欠缺,自身的能力素质达不到用人单位的要求等原因,在求职择业过程中遇到种种困难,受到不公平的对待,屡遭失败,找不到理想的工作而引起苦闷、焦虑、怨恨等负面情绪。

三、大学生应对挫折的策略

怎样才能在挫折面前不气馁,不畏缩,尽快走出消极的旋涡,在逆境中奋起,走向成功呢?

第一,要以积极的心态对待挫折。所谓积极的心态,就是要以积极乐观及辩证的观点和态度看待事物,善于从眼前不利的事态中看到未来光明的前景,从失败挫折中看到成功。要看到挫折具有两面性,它会给人以打击,带来损失,使人失望、痛苦、忧郁、不安,但也可以使人奋起、成熟,从中得到锻炼。某门课程考试不及格,这当然是学习过程中的一大挫折。如果因此而灰心丧气,对自己失去了信心,就是更加可悲的事情。而若能以积极的心态去对待这一挫折,并认真地从中总结经验教训,就不但能发现自己的问题和弱点,而且还可能发现自己另一方面的长处,从而调整学习的目标和策略,使学习不断进步。世界上一切事物都是发展变化的。不论是对待学习、人际交往、恋爱中的挫折,还是对待其他困难,只要我们保持积极的心态,努力促进事物的发展,任何事物都可以向积极的、有利于我们的方面转化。积极的心态是我们对付挫折的重要条件。

第二,要树立自信心,设定恰当的抱负水平。自信心直接影响一个人的思想和行为,每个人只有对自己的能力有信心,相信自己能达到目标,才会积极开动脑筋,想尽一切办法,努力去实现目标。在现实中我们可以看到,一个缺乏自信的人,往往并不是没有能力克服困难、战胜挫折、取得成功,而是不相信自己的努力会取得成功,因而面对一时的失败会感到大祸临头,惊慌失措,一蹶不振。实际上,一个人的生活目标越高,上进心越强,就越容易敏锐地感受到挫折。例如,甲和乙都考上了普通大学,甲垂头丧气,认为自己失败了,因为他的目标是想考个重点大学;而乙欢天喜地,认为自己取得了成功,因为他的目标是只要考上大学就万幸了。所以,我们的抱负水平要和自己的实际水平接近,这样才不会总处于挫折的感受之中,自信心也不会屡次被打击。

第三,要改变不合理的观念。挫折对人的影响并不取决于挫折本身,而是取决于个人对挫折的评价和态度。一些大学生因挫折而陷入心理困境,很大程度上是因为存在不合理的观念。例如,他们认为大学生活应该是丰富多彩的、令人愉快的,人际关系应该是和谐的、互助的。一旦生活中出现不顺利,学习交往中遇到挫折与失败,诸如竞选学生会落选,学习成绩下降,评不上奖学金,同学之间发生矛盾、冲突,好友负心等事件就认为不应该发生,因而变得心烦意乱、不知所措、痛苦不堪、丧失自信心;有些大学生看问题比较片面,以偏概全。一次考试成绩不理想,就认为自己不是读书的材料。和某个同学发生争执,就得出结论自己人缘不好或缺乏交际能力等,从而导致自责自怨、自卑自弃的心理而焦虑、抑郁;还有的大学生遇到小小的挫折,就把后果想象得非常可怕、糟糕透顶。夸大事情的不利后果使人越想越消沉,情绪越来越低落,最后难以自拔。某些大学生的自杀行为,正是这种夸大后果的结果。其实,许多事情并不像想象的那么可怕,在很多情况下,是他们在自己吓唬自己。只有改变以上不合理的认知方式,纠正错误的思想观念,调整对挫折的看法和态度,才能实事求是评价挫折带来的后果,使自己尽快从恶劣的情绪中解脱出来。

第四,正确分析挫折原因。要对造成挫折的原因进行实事求是的认识和分析,弄清挫折的原因到底是外部的还是内部的,或是内外交织的。一般来说,内归因比外归因更容易促使我们主观、能动地解决问题。例如,当大学生在学习上受到挫折后,把失败归因于运气不好,没能猜中题目,或埋怨老师,而不是把失败归于自身对知识的掌握不够全面,努力的程度不够,那么,下次考试他仍然会遭遇同样的挫折,再次陷入消极的情绪之中。

第五,合理运用心理防卫机制。当面对挫折时,可以运用升华、补偿、文饰作用、转移、合理宣泄、幽默等积极的心理防卫机制,化解困境,缓冲心理危机,减轻焦虑和紧张情绪,维护个人自尊,保持心理的相对平衡。

总之,挫折是普遍存在、难以避免的,是人生的伴侣,是一种人人都会有的心理体验。挫折具有两面性,正如罗威尔所说,人生不幸犹如一把刀,它可以为我所用,也可以使我们被割伤,这要看究竟我们是抓着刀刃,还是握住了刀柄。大学生应注重自身良好心理素质的培养,勇敢地面对挫折,学习并掌握合理的应对挫折的策略,发挥挫折的积极作用,克服挫折的消极影响,成为身心健康、全面发展的人。

(作者单位:北京信息科技大学马克思主义学院)

参考文献:

[1]刘昌建.大学生挫折心理成因及应对策略分析[J].兰州教育学院学报,2014(9).

[2]樊富珉.大学生心理素质教程[M].北京出版社,2000.

网络文化建设和网络思想政治教育创新研究

舍娜莉

摘　要:互联网信息技术的迅猛发展,使文化建设与思想政治教育的网络化逐渐成为当前社会发展的重要议题。在网络文化的"双重效应"影响下,网络思想政治教育取得了一系列发展成就,但仍然存在问题。通过对网络文化与网络思想政治教育之间共生关系的剖析,探讨促进网络文化建设与网络思想政治教育创新的具体途径。

关键词:网络文化;网络信息技术;网络思想政治教育;创新

众所周知,网络信息技术的快速发展使"互联网+"理念被运用到了社会生活的方方面面,文化建设与思想政治教育也向网络化发展。网络文化是网络思想政治教育的主要阵地与载体,网络思想政治教育又可以促进网络文化的进一步建设,二者互动共生。但网络文化作为互联网信息技术发展进步的产物,同样具备虚拟性等特点,对网络思想政治教育具有正面与负面并存的"双重效应",使得网络思想政治教育创新工作在取得成效的同时也面临一些困境与挑战。因此,促进网络文化建设与网络思想政治教育创新的互动共生成为当前的重要议题。

一、问题的提出

随着现代科学技术的日新月异,网络已成为当前社会发展进步的有效平台,被广泛运用于社会生活的方方面面。在社会文化发展与思想政治教育大背景下,网络文化作为文化领域的新型态势,得到了社会各界的重点关注,尤其注重网络文化建设与网络思想政治教育创新之间的内在逻辑。众所周知,网络文化是网络思想政治教育创新的重要载体,网络思想政治教育创新推动网络文化的建设,二者相辅相成,互动共生。[1]

　　网络文化作为现实传统文化发展的产物,是一种全新的、多元的文化,不仅是文化形式上的创新,更是文化内涵与功能上的飞跃。目前我国学界对网络文化的研究非常丰富,学者们从不同角度对网络文化进行了深入的分析,但综合来看,主要从网络文化的载体、功能、形式等角度进行分析。一般按照内在构成从四个方面来分析网络文化的内涵:形成方面,是以计算机和互联网科学技术为载体而存在;表现方面,网络文化的全部运行均以网络语言而得以表现;制度方面,需要相关法律法规进行明确规范网络文化的运行与应用,同时也需要道德辅以约束;精神文化方面,在网络理念、网络精神等的引领下,开展网络文化建设。综合而言,网络文化是以互联网现代科学技术为载体,以网络语言为表现形式,在相关法律法规及道德体系的约束与保障下,创造的与网络精神、网络理念等相融合的精神产品。

　　网络文化是传统文化在信息科技时代的发展产物,是互联网在文化领域的成功应用,属于一种新型文化状态,具有虚拟性、扁平性与后喻性。[2] 而网络思想政治教育作为传统思想政治教育的新方式,是"互联网 +"理念与思想政治教育相融合的表现,同样具有虚拟性、扁平性与后喻性,两者关系密切。同时,网络思想政治教育已成为当前思想政治教育的重要途径,这不仅是网络文化建设的要求,也是互联网时代的必然要求,更是思想政治教育发展的新阶段。

　　网络文化与网络思想政治教育两者互动共生,网络文化是网络思想政治教育的有效载体,是对传统思想政治教育的突破,不仅能增强受教育者的积极性,还能提高教育效能。但网络文化具有正面和负面的"双重效应"。那么,如何推进网络文化建设与网络思想政治教育创新的共同发展,已成为当前学界的重要议题。基于此,本文拟通过阐释网络文化与网络思想政治教育的内涵,分析网络文化对网络思想政治教育的"双重影响",探讨如何在网络文化建设过程中促进网络思想政治教育的创新,从而实现两者的共同发展。

二、"双重效应":网络文化对网络思想政治教育的影响分析

　　网络文化,是互联网在文化领域得以应用的体现,具有网络本身的特质,对网络思想政治教育具有一定的正外部效应。但同时"双刃剑"特点也使其在一定程度上对网络思想政治教育具有负外部效应。

　　(一)网络文化的正外部效应

　　虽然网络文化作为一种新兴文化形态,还处于逐步成长之中,但其对于网络思想政治教育具有积极的影响不容忽视。网络文化作为一种人际交往的方式,可

以使人们克服时间和空间等方面的障碍,实现平等自由的交流。网络文化具有虚拟性,这使得人们通过网络平台进行文化交流时,冲破年龄、身份、性别、社会地位等外在因素的限制,实现了网络文化交流的平等。网络文化摒弃了传统交流的时间和空间的限制,赋予人们更广阔的交流深度与广度,实现了人们进行文化交流的"零距离"。网络资源的丰富性与共享性,使人们在学习中不断增强交流的范围,同时平等使用网络平台上的网络信息,真正促进资源共享的实现。

网络文化丰富思想政治教育的形式,实现教育渠道多样化。网络不仅渗入人们的工作与学习之中,还深刻引导着人们的业余生活,影响人们的兴趣方向、知识结构及获得知识的途径。在思想政治教育领域,网络文化的逐渐成长有利于推动网络思想政治教育的常态化,真正形成"互联网+"思想政治教育模式。

网络文化有利于加强人们终身学习意识,转变学习方式。人们传统的学习方式为单向灌输型,强调知识的传授者对吸收者的"教",而网络文化注重教与学的方式的灵活性,更加容易调动人们学习的积极主动性,这是一种质的飞跃。同时,网络信息时代是一个信息"爆炸"的时代,具有信息丰富、资源共享的特点,人们可以通过互联网平台获取各种信息,使学习方式从单一的灌输式向以网络技术为依托的多样化方式转变,从而在实际工作生活中切实做到终身学习。

(二)网络文化的负外部效应

网络文化作为网络发展的新产物,具有双重效应,也是一把"双刃剑",在促进网络思想政治教育的同时,也会产生一些负面影响,从而阻碍网络思想政治教育的进步与发展。网络信息繁杂,易误导人们的思想与行为,干扰人们的辨别力。"网络时代的文化产业借助网络的复制不仅极大地提高了文化生产力,而且还极大地提高了文化产品的传播能力,使得空间和时间不再成为阻隔人类文化交流的障碍。"[3]由于网络的虚拟性,使得海量信息涌入网络之中,成为网络文化中的一部分,且各种交流网站成为人们之间交流的平台与途径,大大缩短了人与人之间的距离。但存在一些难辨真伪的信息,容易误导人们的思想与行为,并影响人们的判断力与辨别力。

网络文化会对人们的价值观念造成冲突,不利于人们形成并坚定科学的价值观。网络文化与传统文化之间重要的区别是无国界的、超越民族之间的多元文化的传播、碰撞与融合,具有不同的价值评判。人们在进行网络文化交流时不可避免地会受到各种价值理念的冲击,在缺乏坚强的意志力与理性的判断力的情况下,极易被西方等价值理念误导,不利于人们树立科学的价值观。价值观是人们走向社会的重要精神力量,关系着人们的思想与行为,不正确的价值观会误导人们的思想政治意识,对思想政治教育也造成一定的冲击。

网络文化会对人们的人际关系与交往方式产生不良影响。人们传统人际交往方式多为面对面式,但网络技术的兴起与快速发展,使得人们的交往方式产生巨大的变化,人们越来越趋向于网络交往。"人们终日与电脑终端打交道,缺乏有感情的人际交往,必然会影响和改变人们的生活方式,产生新的人际障碍,致使行为冷漠,人际关系淡漠,人际距离疏远,进而使人产生孤独、苦闷、焦虑、压抑,甚至情绪低落、消沉、精神不振等情绪。"[4]人际交往方式转变的实质是人们之间的关系逐渐趋于冷漠,长此以往,难以建立真实可信的人际关系,不利于人们的人际交往。

三、网络思想政治教育创新面临的困境与挑战

随着网络信息技术的进步与思想政治教育的深入发展,网络思想政治教育创新工作取得了显著成效,但网络化的思想政治教育也面临一些困境与挑战,值得深思。

网络思想政治教育平台未得到充分利用,且各种平台之间并未形成合力,这是网络思想政治教育创新面临的首要问题。在高校或其他单位均会建立一些网络思想政治教育平台,以网络信息技术为依托实现思想政治教育的网络化,但仅仅是传播相关图片、新闻等,并未把平台充分利用起来。且各平台之间缺乏有效的互动机制,未形成良性合力,从而导致各类网络的力量分散,无法形成"1 + 1 > 2"的效应。

网络信息在丰富思想政治教育发展的同时,也带来了一些不良内容,给网络思想政治教育造成了一定阻碍。网络的虚拟性使网络思想政治教育处于一个非真实的大环境之中,面临纷繁复杂的"爆炸式"信息。人们通过网络平台,接触到各种各样的网络信息,难免会有一些不良信息的入侵,这会误导人们的思想与行为,易对人们的判断力与辨识力产生消极影响,侵蚀人们的价值观,这就对网络思想政治教育的创新造成了阻碍。

网络新技术、新平台使网络思想政治教育信息监管面临困难。手机、电脑等网络时代的产物逐渐为人们所普遍运用,传统相对封闭的社会环境已被打破,迎接人们的是新的、开阔的、自由的社会环境和各种各样的信息。这对传统的管理模式也提出了更高要求,迫切要求不断更新管理理念,构建符合网络时代要求的管理模式。"人们利用手机在各大交流网站上发布消息,非常有利于消息的快速传播,而当一个消息被证实为虚假之后,却无法通过同样的渠道消

除其影响。"[5]由此可见,网络思想政治教育创新工作面临建立健全信息监管机制的挑战。

人才是各行各业发展的不可或缺的要素,同样也是网络思想政治教育得以创新的重要因素,但目前我国思想政治教育人员队伍不健全,成为网络思想政治教育创新面临的重要问题。网络思想政治教育创新需要相关工作人员队伍的支持,但随着网络信息技术发展的日新月异,工作人员队伍的素质与相关能力无法满足网络信息技术的发展要求,影响了网络思想政治教育的实效性。同时,也存在网络思想政治教育人员队伍不稳定,人员或者岗位的流动易造成教育队伍的思想不稳定,从而导致网络思想政治教育创新工作任重而道远。

四、网络文化建设背景下网络思想政治教育的创新路径

网络文化是网络思想政治教育的主要阵地与载体,网络思想政治教育又可以促进网络文化的进一步建设,二者互动共生。通过对网络文化的效应分析,可以看出,网络文化作为互联网时代的产物,具有双重效应。因此,在推动网络思想政治教育创新过程中,要注重对网络文化进行扬长避短,充分发挥网络文化对网络思想政治教育的积极作用,从而通过网络文化的建设推动网络思想政治教育的创新发展。

(一)搭建网络文化建设平台,构建网络思想政治教育载体

网络文化是对传统文化的超越,是互联网与文化相融合的产物,是网络信息时代的新型文化形态。随着互联网在思想政治教育领域与文化领域的应用,网络文化与网络思想政治教育逐渐走向共生发展。因此要想促进网络思想政治教育的创新发展,就必须注重搭建网络文化建设平台,加强网络文化建设,以此为契机,推动网络思想政治教育的进步与创新。基于此,可以根据文化的类型、内容与特点,对文化进行科学分类,有针对性地建设不同种类的文化主题交流网站,在此基础上深入开展思想政治教育更具有针对性,也较易于接受思想政治教育的内容。同时可以利用网络媒体,对主流文化与经典文化进行适度的宣传,通过一系列宣传平台,使思想政治教育渗入人们日常生活的方方面面,真正推动网络文化成为网络思想政治教育的有效阵地。

(二)强化社会主义核心价值观建设,引领网络思想政治教育创新

无论是网络文化的建设,还是网络思想政治教育的发展与创新,都是建立在社会主义核心价值观的引领基础之上。因此,加强社会主义核心价值观建设是网络文化建设与网络思想政治教育创新的时代课题。社会主义核心价值观关系着

网络文化的性质与建设方向,是网络思想政治教育的指导思想。只有加强社会主义核心价值观建设,才能确保网络思想政治教育的先进性、科学性与持久生命力,才能立足于中国特色社会主义实践,进而赋予人们社会主义精神,实现网络文化的建设与网络思想政治教育的创新。

(三)加强网络信息科学性监控,引导网络思想政治教育态势

由于网络的虚拟性,使得网络文化也处于虚拟环境之中。虚拟性与信息的"爆炸性"导致一些不良信息会深入网络文化之中,对网络思想政治教育具有一定的冲击力。要想保持网络文化的纯洁性与科学性,确保网络思想政治教育的正确态势,就必须加强网络信息的科学性监控,对不良信息进行严格管理。健全的法律法规是监控网络信息的首要路径,不仅规范网络信息的准入和运行行为,还确保合理信息的正常流动,有利于科学引导网络思想政治教育的正确方向。同时,还应注重发挥道德作用,道德作为非正式制度,是法律法规的补充。通过法律法规与公共道德的共同作用,促进网络信息健康有序地运行,从而确保网络文化的科学性,实现网络思想政治教育的创新。

(四)建立健全相关人才队伍建设,提高网络思想政治教育人员素养

在当前网络思想政治教育创新过程中,面对网络文化的逐步渗透,需要建立一批高素质与精业务的思想政治教育人才队伍。"强烈的政治责任感、政治敏锐性和政治鉴别力是思想政治教育人员队伍所需具备的基本素质",这是开展网络思想政治教育的必备要素。同时,网络思想政治教育工作者必须努力学习网络知识,熟练掌握网络相关技能,对受教育者的心理动态也要有一定的分析与掌握。因此,只有加强相关人才队伍建设,才能确保网络文化的建设进程,进而实现网络思想政治教育的创新与发展。

(作者单位:北京信息科技大学马克思主义学院)

参考文献:

[1]孙兰英. 网络文化建设和管理思想与高校思想政治教育的创新[J]. 思想理论教育导刊,2012(2):98.

[2]李大新. 浅析网络文化对高校思想政治教育的影响[J]. 教育论丛,2010(7):153.

[3]孙兰英. 网络文化建设和管理思想与高校思想政治教育的创新[J]. 思想理论教育导刊,2012(2):97.

[4]邢瑞煜.网络文化背景下高校思想政治教育的创新[J].山东省青年管理干部学院学报,2004(1):121.

[5]袁利民、沈文华,王小燕.网络文化环境下校园网络思想政治教育平台建设探析[J].思想理论教育,2012(12):57.

微时代的高校德育创新对策研究*

吴慧芳

　　摘　要:随着网络技术的不断进步和微时代的来临,高校德育工作正面临着新的挑战。分析了微时代的特点和微时代高校德育工作面临的问题,剖析了微时代高校德育创新的必要性,并着重从当前微时代高校德育工作面临的挑战出发,提出微时代的高校德育创新对策,即积极构建微时代背景下的高校德育载体,创新微时代思想政治教育工作的方法,以及完善舆情监测机制,发挥话语引导作用,以期对新形势下的高校德育工作有所启迪和帮助。

　　关键词:微时代;微博;微信;德育创新;舆情监测

　　"微"字成为当今社会使用频率最高的汉字。"微某某"成为热门造词格式,例如"微博""微信""微生活""微访谈""微电影""微招聘"等。由此,"微时代"已向我们走来。生活在"微时代"的人们正经历着由"微"所引发的生活方式、社交方式、话语方式的"微革命"。"微时代"的到来降低了新闻业的从业门槛,引领了人人永远在现场、人人都有麦克风、人人都是发言人的"自媒体"时代的到来。在"微时代"的舆论生态影响下,当下中国的社会生态也在一步一步地发生改变,它给人们提供了自由、开放、便捷的话语权表达平台,拓宽了公众获取信息、参与公共事务的渠道,对公众话语权的提升产生了革命性的影响。[1]

　　随着"微时代"的到来,各种新媒体所传播的内容影响着大学生的生活、学习以及价值观念。微博、微信等网络社交媒体以信息的开放性、传播的快捷性以及交流的平等性等各种特点受到学生的喜欢,并且在很大程度上对高校德育工作的

　　* 基金项目:北京信息科技大学思政课题(2014szzd01),北京信息科技大学高教课题(2013gjyb06)。

渠道以及空间进行了拓展。[2]然而,新媒体所具有的虚拟性与开放性的特征,造成了信息监管的困难。所以,"微时代"高校德育工作机遇与挑战并存。

一、"微时代"的界定与特点

当今,随着科学技术带动信息技术的高度发展,一个高度信息化的时代已经来临,而一系列以"微"为标志的文化传递媒体如微信、微博、微小说、微电影、微公益等更为现代生活开启了一个全新的时代——"微时代"。同时,苹果、安卓等智能手机的广泛应用,更是时刻改变着人们的思想、意识和生活方式,这些智能手机作为基本平台成为了"微时代"的主角。"微时代"是指以微博、微信等新媒介为主要代表,以传播短小精悍的内容为特征的时代。

微时代具有信息的迷你性、传播的流动性、沟通的交互性等特点。[3]现代人生活压力大,很少有人能够用大段的时间来交流和学习,如果能够利用平时小段的闲暇时间来消遣和交流,那是最好不过了。而"微时代"信息的迷你性,正好是人们所青睐的"快餐式"文化消费。"微博"内容短小碎片化,"微信"一句语音对话的传播,一张图片的发送,"微公益"的一个小小的转发,这些碎片化信息都很好地体现了"微时代"传播信息的迷你性。在"微时代"背景下以智能手机为代表的信息传播载体可以使人们的传播活动范围大大拓展,突破时空的限制,使信息的传播更加具有流动性。4G 网络、无限 Wi-Fi 的开通,极大地提高了手机网络的传输速度。以智能手机作为信息交流平台,人们可以随时随地沟通交流、浏览新闻、接收发邮件;登录 QQ、微博、微信、网站等手机客户端,发表言说、浏览时事新闻、交流信息、转发评论;还可以通过手机短信、手机钱包、手机支付宝等形式进行小数额的公益捐款。同时,"微时代"背景下人们的传播活动具有及时交互性,关注的交互性,群组的交互性。每一个社会事件的发生,每一条微博、微信的转发,都能够引起受众的广泛关注,人们不仅是关注者,还是参与者,以各种方式汇聚网络舆情力量,并形成重要的社会舆论。在"微时代",因为信息的传播成网状结构展开,并瞬间形成海量的信息,信息沟通还能及时得到反馈,所以人们之间的沟通呈现交互性。

二、微时代高校德育工作面临的问题

"微时代"的到来,为高校德育提供了更加丰富的教育方法、形式和途径。微阅读、微语录对大学生思想的影响更快速、更直接;微博、微信汇聚起一个个的社会焦点事件,引发了大学生对道德的追问;4G 手机平台的广泛使用,手机 QQ、飞信、微信等即时通信工具的兴起,使得人与人之间可以随时随地进行信息的交流与互动;微公益事业的蓬勃发展,让人人都有机会做感动中国的"微尘"。这些新的交流形式和平台,打破了过去完全"输入型"的德育模式。[4]

在微时代,每个人都可以发布大量的信息,这可能会削弱守门人的角色,可以很容易地导致信息污染和不良信息的泛滥。特别是落后腐朽思想文化和反社会主义、反马克思主义的负面效应和拜金享乐主义甚至是黄色的图片和暴力的视频也很容易乘虚而入,充斥其中,毒害学生的思维并腐蚀他们的灵魂。由于学生自身经验不足和辨识能力较弱,极容易丧失自身的理想和信仰,给他们带来极坏的影响。当代大学生所处的特殊年龄层次,决定了他们具有热衷于发表各种言论,以新颖的发散能力筛选信息的真实性的强烈愿望。一旦缺乏指导,很容易被别有用心的人利用,不知不觉中成为群体性事件生长和传播的主体,对高校思想政治教育产生较大的负面影响。[5]微博、微信在各大主流网站和智能手机的应用程序使每个人都可以申请自己的微账号,建立人际关系网络。这样,不可避免地使一些学生沉迷于网络交流平台而忽视现实世界中的人际沟通,使教师和学生在孤立的沟通空间中混淆了真实的个性和虚拟人格,从而产生现实交际能力不足和人格异化,影响正常的社会交往。如果缺乏思想政治教育的有效形式,不能做到不断更新思想政治教育的内容,学生很容易通过微媒体平台迷失方向。

"微时代"引领了有言即出、有感而发的"草根话语时代"的到来。高校思想政治教育的教育者和受教者初享了话语权释放所带来的满足和快乐,但是,事物的发展具有两面性。对于尚处在发展时期的微博、微信及微话语权来说,利弊共存。微话语权的开放性和隐匿性导致了话语权滥用、话语暴力、网络谣言、娱乐、商业话语的大量存在,影响了高校思想政治教育话语权实现的效度。传统高校德育载体常常要受到时间和空间的限制,如课堂、主题活动、谈话等都需要在规定的时间内,教育者与受教育者共同在场才进行,时空的有限性容易使双方产生心理上的抵触,从而影响教育效果。传统的课堂灌输式德育教育模式由于缺乏交互性,忽视了学生的主体性,使学生难以接受。同时,由于教育者话语传播的缺失,受教者行使话语权缺乏引导,高校思想政治教育话语权的实现效果被削弱。

三、"微时代"高校德育创新的必要性

"微时代"的高速发展,顺应了时代的潮流,以其信息传播方便快捷、信息交流互动性强等优势受到了大学生的喜爱。在新的形势下,对大学生思想政治教育工

作进行创新研究可以丰富思想政治教育理论教学,有助于大学生的健康成才发展。大学生富有朝气和活力,接受新鲜事物的能力较强。当前,"微时代"对大学生的健康发展、成长成才的影响越发突出。在"微时代"环境下,大学生享有很大的话语权,可以自由地发表个人看法,自主意识日益增强,崇尚个性自由发展等表现,需要高校及时更新思想政治教育工作理念,充分利用好"微时代"的相关应用,探索思想政治教育工作的新内容、新方法,掌握话语的主动权,用先进的文化观念帮助大学生树立正确的人生观、世界观和价值观。[6]

高校德育工作者需要结合实际问题,加强对"微时代"信息传播的认识,发挥优势,加强对思想政治教育工作的理念、原则、方法、内容的研究,不断完善微时代高校思想政治教育理论体系,进而指导实践。"微时代"信息交流的互动性、开放性、即时性等特点,有利于高校德育工作者准确、及时地把握大学生的思想动态,可以在第一时间内进行互动、引导。而在"微时代"中,信息的大量传播可以满足大学生对信息多样化的需求,也调动了大学生主动学习的积极性。在"微时代"中,信息的传播不再局限于以往传统的书本、课堂上教学,需要通过网络发布形式多样的文字、图片、视频、音频等资源信息,通过丰富的内容和多样化的教育形式来提高高校思想政治教育的效果。

四、微时代的高校德育创新对策

(一)积极构建"微时代"背景下的高校德育载体

在"微时代"背景下,高校德育内容得到很好的丰富,其涉及面已大大超出过去思想政治教育的覆盖范围,传统的高校德育载体已经越来越跟不上微时代的步伐。这就要求,"微时代"背景下的高校德育工作者必须紧跟时代步伐,与时俱进,在内心深处树立微文化理念,并掌握微时代的思想政治教育方法,积极开通微博、微信,并有效地利用好微博、微信,建立与大学生双向互动、共同驱动的模式,实现微教育与课堂教育的无缝对接和有机融合。现在,全国90%多的普通大学均已推出了自己的官方微博、微信。这些微博、微信的开通,受到了来自大学生"粉丝"的热情围观,尤其是校长微博、微信,人气可谓是持续增长,甚至爆棚。高校德育工作者要借助微博、微信这些开放透明的信息空间,搭建与大学生信息交流、资源共享、思想沟通的互动平台,这样能极大地减少信息不对称,还能促进大学生与高校德育工作者的相互认知了解,对推动"微时代"背景下高校德育工作有着极为重要的实践意义。结合网络热门事件、社会热点焦点问题、校园时事等学生普遍关注的话题,利用微博、微信适时地上传信息材料,使得主流价值观、社会主义核心价值体系、正确的政治思想、"中国梦"等在微博、微信中渗透,并内化为大学生自我的认识,达到"润物细无声"的效果,潜移默化地对大学生进行政治引导和思想政治教育。

（二）创新"微时代"思想政治教育工作的方法

人们的思想意识容易受到主观因素和外部客观环境的影响,又在社会实践的过程中不断丰富和发展。方法的正确与否直接关系到思想政治教育工作的效果。微时代思想政治教育工作方法的创新是社会实践发展的重要组成部分,也是适应时代发展和大学生全面发展的必然要求。"微时代"的来临使得思想政治教育工作方法从经验走向了科学,从平面走向了立体,从静态走向了动态。

当前,微博、微信等网络新平台日新月异,使大学生的思想动态在网络平台上得到了真实的显现,新时代的网络平台俨然成为大学生相互交流、表达想法的主要工具。在多元环境的背景下,信息传播的内容参差不齐,动摇了大学生的思想观念。因此,如何开展行之有效的思想政治教育工作是高校德育工作者所面临的重要课题。改进和加强大学生思想政治教育工作,就要贴近大学生的日常生活,密切关注并及时掌握大学生的思想、学习和生活动态,关心和切实帮助他们解决在学习、生活中遇到的各种困难。高校目前普遍重视对大学生进行传统的思想理论教育,忽视了与大学生在情感上的交流互动和内容上的与时俱进。针对这一现象,高校德育工作者应重视对大学生的情感教育,发挥情感渗透教育的积极作用。情感渗透指的是在思想政治教育的过程中,通过情感来传达理念,将理念赋予情感的工作方法。情感渗透教育的关键就是注重"以大学生为本",在情感渗透的过程中要时刻关注大学生的思想态度、情感变化等,一切以大学生自身的健康发展为目的。通过情感渗透,培养大学生积极健康的心态,提升辨别真伪和是非的能力,树立正确的思想观念,促进大学生个体以及社会的健康发展。师生之间有了深厚的情感才能给大学生以温暖和力量,进而赢得大学生的信任,便于大学生更好地接受教诲。高校德育工作者在进行情感教育时要做到以理服人、以情动人。在"微时代"的相关平台中,微博、微信的使用塑造了一个平等轻松的环境氛围,这有利于每个人的情感得到充分的表达。因此,高校德育工作者应把握新时代下大学生情感渗透教育的内容,将情感和理念有机结合起来,进行行之有效的情感渗透,做到情中有理、理中有情,情理相互渗透,在吸引大学生的基础上进行说服教育工作,确保大学生思想水平的进一步提升,增强情感渗透教育在大学生思想政治教育工作中的实效性。

(三)完善舆情监测机制,发挥话语引导作用

要加强网上思想舆论阵地建设,掌握网上舆论主导权,提高网上引导水平,讲求引导艺术,积极运用新技术,加大正面宣传力度,形成积极向上的主流舆论。舆情是"舆论情况"的简称,舆情监测就是对"舆论情况"的监视和预测。"微时代"的舆情,是微用户群在微博、微信等微媒体空间内对自身关注的社会热点事件所表达出的态度、意见、观点和情绪的总和。高校思想政治教育所要面对的舆情监测主要是指德育工作者以关注微媒体的舆论走向为基础,通过对微媒体舆情的传播内容和规律的分析,及时关注并发现大学生在面对突发事件时思想和行为所呈现出的变化与主张。"微时代"只有完善舆情监测机制才能充分发挥高校思想政治教育话语权的引导力。首先,加强舆情监测工作队伍建设,健全舆情引导机制。加强舆情监测工作队伍的建设,是健全舆情引导机制的重要组织保障。"微时代"高校应该着重建立一支由高校的思想政治教育工作者和学生干部组成的政治理论素养较高、掌握思想政治工作方法,运用新媒体技术的能力较强,熟悉信息传播规律,能够正确引导舆论导向的舆情监测工作队伍。在日常的教学过程中提高对舆情的准确预测和应急处理能力,及时关注事件发展的动态,发挥主流言论的导向作用,对敏感的热点话题和极端不真实的言论,进行正确引导和澄清。其次,加强信息管理,时时监测舆情。高校应该以微博为主要平台,借助于微信这一载体,及时捕获最新、最全面的教育信息,传播正面信息,提高高校思想政治教育话语传播的数量和质量,正确引导舆论走向。

总之,在信息技术迅猛发展的今天,微媒体所具有的功能优势对于改进和创新当前高校德育工作具有重要的作用。德育工作者应不断地开拓创新,为高校德育工作的有效开展提供智力支持。

(作者单位:北京信息科技大学马克思主义学院)

参考文献:

[1]胡玮."微时代"高校思想政治教育话语权研究[D].广西:广西大学,2014.

[2]张谦.微博时代高校德育工作面临的挑战、机遇及其对策[J].南方论刊,2015(7):68~69.

[3]唐淑玲.微时代背景下大学生思想政治教育载体应用研究[D].重庆:重庆工商大学,2014.

[4]姚福清、辛东亮."微时代"高校德育工作面临的机遇、挑战与对策分

析[J]．中国电力教育,2013(25):200~201.

　　[5]陈炯勇．微时代下大学生思想政治教育问题及对策研究[D]．安徽:安徽农业大学,2013.

　　[6]徐曼．"微时代"大学生思想政治教育工作研究[D]．辽宁:沈阳师范大学,2014.

北京市中小学优秀传统文化教育现状调查与思考*

赵爱玲　吴　茜

摘　要：十八届三中全会《关于全面深化改革若干重大问题的决定》明确提出，要"完善中华优秀传统文化教育"。教育部《完善中华优秀传统文化教育指导纲要》对在中小学开展中华优秀传统文化教育提出了明确的要求。北京各中小学校通过各种途径开展丰富多彩的优秀传统文化教育活动，明确传统文化教育的定位，探索开展传统文化教育的方式方法，促进传统文化教育在学校落地生根，取得了良好的效果，积累了宝贵的实践经验。针对在调研中发现的问题和不足，笔者认为，在中小学校开展中华优秀传统文化教育，必须坚持正确导向，使优秀传统文化教育与中小学校校园文化建设、学生思想政治教育相适应；应充分发挥学校的主阵地作用，营造传统文化教育的良好环境；应推动构建多维协同的教育机制，努力打造"家庭—学校—社会—网络"共同参与的教育合力。

关键词：北京中小学；优秀传统文化教育；立德树人

一、前言

党和国家高度重视中华民族优秀传统文化的弘扬和传承。2011 年党的十七届六中全会提出建设中华优秀传统文化的传承体系。2013 年党的十八届三中全会《中共中央关于全面深化改革若干重大问题的决定》强调："全面贯彻党的教育方针，坚持立德树人，加强社会主义核心价值体系教育，完善中华优秀传统文化教育。"2014 年 4 月，教育部印发《完善中华优秀传统文化教育指导纲要》，指出"加

＊ 北京市社会科学基金项目"十六届六中全会以来社会主义核心价值观领域若干前沿问题研究（15KDB024）"、教育部人文社会科学研究一般项目"当代大学生价值观自信教育与引导"（15YJA710039）。

强对青少年学生的中华优秀传统文化教育,对于培养中华优秀传统文化的继承者和弘扬者,推动文化传承创新,建设社会主义先进文化具有基础作用。"为新形势下加强中华优秀传统文化教育指明了方向。为贯彻落实党的十八届三中全会关于完善中华优秀传统文化教育的精神,落实立德树人根本任务,为做好新形势下中小学中华优秀传统文化教育提供建议参考,笔者对北京部分中小学开展中华优秀传统文化教育的情况进行了调研。

(一)调查背景及目的

加强中华优秀传统文化教育,是深化中国特色社会主义教育和中国梦宣传教育的重要组成部分,是构建中华优秀传统文化传承体系,推动文化传承创新的重要途径,也是培育和践行社会主义核心价值观,落实立德树人根本任务的重要基础。改革开放以来特别是新世纪以来,中华优秀传统文化教育不断加强,取得了显著成效,对于培养学生良好思想品德和行为习惯,培育和弘扬爱国主义精神,增强文化自觉自信等方面发挥了积极作用。但是,面对新形势、新要求,中华优秀传统文化教育还存在不少突出问题。

本文力求通过对北京地区中小学校开展中华优秀传统文化教育现状的实证调查,总结经验和成果,分析存在的问题和原因,为有针对性地加强和提高中小学优秀传统文化教育的实效性提出建议和参考。

(二)调查方法及对象

本调查采用问卷调查和访谈调查相结合的调查方法。

问卷调查的对象为北京地区部分在校中小学生,包括北京力学小学、北京陈经纶中学、北京 171 中学、北京八中大兴分校等 10 余所学校。发放问卷共计 1000 份,收回有效问卷 995 份。访谈调查的对象主要为在校学生和老师,共计 43 名。(见表 1)

表 1　基本信息统计表

性别	A. 男生 495 人	B. 女生 500 人	
学校分布	A. 城区 507 人	B. 郊区 488 人	
所在年级	A. 小学 343 人	B. 初中 320 人	C. 高中 332 人

二、北京市中小学开展优秀传统文化教育的现状

(一)认知状况

1. 中小学生对开展优秀传统文化教育态度积极

调查显示(见图 1),绝大多数学生认为开展优秀传统文化教育意义重大,对开展传统文化教育持认同态度,占比 69.5%。

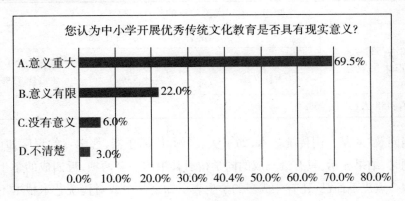

图1 传统文化现实意义调查

当问及"您是否愿意学习优秀传统文化"这一问题时,超过七成的学生表示非常愿意和愿意,非别占 46.3% 和 24.7%(见图 2)。由此可以看出,绝大多数学生对优秀传统文化持有积极乐观的学习态度,认为优秀传统文化应该得到继承和发扬,但在问及相关传统文化知识时,却有些不尽如人意。

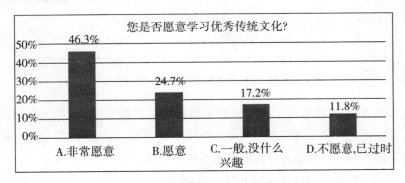

图2 传统文化学习态度调查

2. 中小学生对优秀传统文化知识的了解和掌握不足

当问及"您知道中国三大国粹指的是什么吗"这一问题时,3 项全部答对的学生仅有 277 人,占比 28%(见表 2);答对京剧和国画 2 项的比例较高,答对中医的学生较少。还有近五成的学生表示不知道三大国粹的内容。由此可见,中小学生对中国传统文化知识的了解和认知存在很大的不足,知识底蕴也相对欠缺。

表2　三大国粹认知调查统计表

您知道中国三大国粹指的是什么吗?			
知道:537 人 (占比 54%)	全部答对:277 人(占比 28%)		
	京剧:388 人 (占比 72%)	中医:283 人 (占比 53%)	国画:379 人 (占比 71%)
不知道:458 人(占比 46%)			

当问及"对某一门传统艺术,如书法、国画、民族乐器,您学习的程度如何"这一问题时,结果显示,只有近三成的同学精通其中的一至两项,近四成的学生表示仅掌握一点皮毛而已,还有三成多的学生表示知之甚少或对传统艺术根本不感兴趣(见图3)。

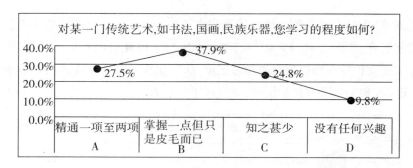

图3　传统艺术知识掌握程度调查

综上所述,当前北京市中小学生对中国传统文化的态度,在观念和行动上表现出不一致性。虽然多数同学能意识到传统文化教育的重要性,但对学习和掌握传统文化缺乏浓厚的兴趣和认真的学习态度与行为。

(二)中小学校开展优秀传统文化教育的现状

1. 中小学校对开展优秀传统文化教育比较重视

通过调查,无论是城区还是郊区,各学校对优秀传统文化教育的开展都比较重视(见图4)。近1/2 的被访学生感受到学校非常重视传统文化教育的开展,仅有17%的学生认为不重视。通过进一步的数据统计分析,课题组发现,城区学校的重视程度略高于郊区;小学的重视程度均高于中学。

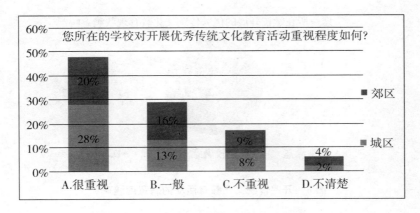

图4　开展传统文化教育的重视程度调查

通过访谈我们得知,各学校开展的传统文化教育活动内容丰富、形式多样,既有根据学校办学理念开展的特色活动,也有根据学制特点开展的系列活动,营造了浓厚的学习氛围。其中,有73.4%的被访学生认为学校开展传统文化教育的氛围浓厚(见图5)。

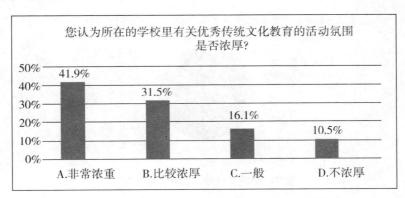

图5　开展传统文化教育活动的氛围调查

2. 中小学校对优秀传统文化教育效果满意度低

对于传统文化教育活动开展后,学生们的收获怎样、感受如何,调查显示,满意率仅占50%,还有近一半的同学认为一般和不满意(见图6)。由此可以看出,学生对学校开展传统文化教育期望值较高,而实际效果还有待提升。

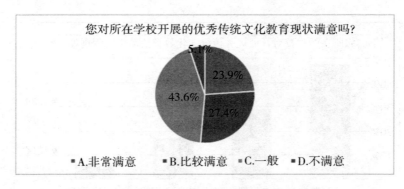

图 6   开展传统文化教育活动的满意度调查

三、存在的问题及原因

(一)学生对优秀传统文化知识的学习缺乏主动性

调查发现,经常主动学习传统文化的中小学生仅占 28%,有 42% 和 30% 的被访学生表示很少主动学习传统文化或是处于被动学习和接受传统文化(见图 7)。

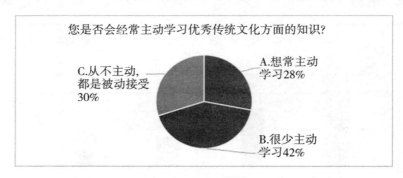

图 7   传统文化学习的主动性调查

1. 升学和课业压力制约了部分学生学习传统文化的热情

学生是学习的主体,当问及"您认为学习优秀传统文化存在的困难有哪些"时,"升学压力大、课业负担重"占比最高,为 78.5%。随着我国教育体制的改革和逐渐完善,北京市部分地区的小学取消了考试,采用阶段性闯关的方式考查学生的学习情况,这在一定程度上减轻了学生的考试压力。但多数学生依然面临升学和课业的巨大压力,在有条件的中小学开设的书法、绘画、传统工艺等课程被视为"副科",学生们将大部分时间都用在语文、数学、英语等考试科目的学习中,而忽略或没有时间和机会学习人文和哲学社会科学方面的相关知识。排在第二和第三的分别是"家长不支持,认为浪费时间"和"社团等校园活动门槛高",占比分别为 54.0%、47.0%(见图 8)。这些极大地降低了学生学习传统文化知识的主动与热情。

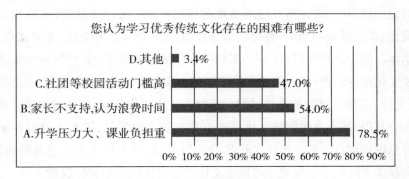

图 8　学习传统文化遇到的困难调查

在调查学生学习传统文化的主要途径中我们发现,学校教育仍然是学生学习传统文化的主要途径,占比为 48.9%(见图 9)。

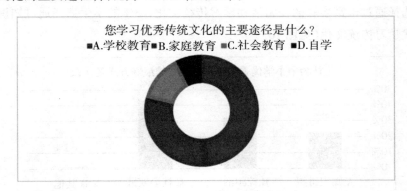

图 9　学习传统文化的途径调查

访谈发现,多数学生表示对传统文化的学习是通过语文课程习得的。随着教材的编写和改革,中小学课本通过精选古代经典作品,深入挖掘经典名篇来开展中华优秀传统文化的教育和普及工作。从《诗经》到清代的诗文,从古风、民歌、律诗、绝句到词曲,从诸子散文到历史散文,从两汉论文到唐宋古文、明清小品,均有收录。在升学考试的试题中,对优秀传统文化知识点考察的比重明显增加。但很多学生纯粹是为了应付考试,加之授课教师沉闷、枯燥的讲解,实际上学生是在被动地接受和学习传统文化,这在一定程度上也降低了学生学习的主动性与热情。

2. 家长认可度不高降低了学习传统文化的效果

家庭影响和教育是学生学习传统文化的重要途径之一。家庭是孩子形成最初认知和品行习惯的地方,家长是孩子的第一任启蒙老师,孩子同父母朝夕相处,父母对他们的影响、教育随时随地发挥着作用。在平时的生活中,家庭成员起着潜移默化、耳濡目染的熏陶、感化和示范作用,家长的观念和态度,会直接传递、影响着学生。问卷调查发现,有54.0%(见图8)的家长认为,学生学习中华民族优秀传统文化是在浪费时间,因而在孩子学习中华民族优秀传统文化方面选择不重视、不支持,也没有创造条件和氛围。通过访谈进一步发现,家长对传统文化的认可度十分有限,其自身的传统文化修养也存在较大的不足,因而也没有在家庭生活中有意识地创设有利于传统文化学习的氛围,给学生传统文化方面的熏陶,这在一定程度上降低了学生对学习传统文化的认知认同度和实际效果。

3. 采取的教学方式忽略了学生的自主选择性

在对"您认为中小学优秀传统文化教育的最好方式是什么"问题的调查中得知,有43%的被访学生喜欢通过亲身参加社会实践的方式学习传统文化,32%的同学选择通过丰富多彩的校园活动学习传统文化,23%的学生选择通过知识讲授的方式学习传统文化(见图10)。

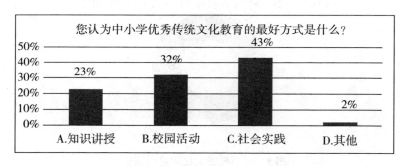

图10　学生喜欢的传统文化学习方式调查

由此看出,七成多的学生更加注重实践体验,也更加愿意通过参与实践和情景体验的方式学习传统文化知识,提高传统文化素养。

然而,学校在开展传统文化活动中恰恰忽略了学生的这一特点。调查发现(见图11),通过经典诵读和专题讲座开展传统文化活动的占比相对较高,占比分别为77.0%和67.6%,接近于被访学校的七成;其次是知识竞赛和媒体宣传,占比分别为58.3%和52.1%,超过了被访学校的半数以上。只有少部分学校通过社会实践和戏剧表演的方式开展传统文化活动,占比分别为被访学校的45.3%和

39.4%,这反映出多数学校在传统文化的教育教学方式上还有待于从结合学生特点和需求的角度进行策划和安排。

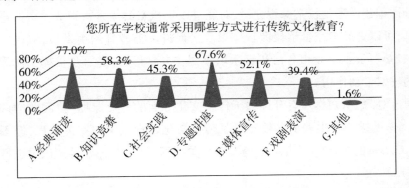

图11 学校经常采用的传统文化教育方式调查

(二)资源未有效整合,教育教学缺乏整体性

1. 教材的选择和使用不统一

教材是老师教育教学和学生学习的依据,在开展传统文化教育中发挥着重要作用。一方面,教材能够为学校开展教育教学提供科学、系统的范本;另一方面,教师可以根据教育教学内容合理地规划教学活动,开展专业的课程建设,设计实践环节。通过对学校开展优秀传统文化教育中使用的专用教材或书籍等问题的调查得知,69.2%的被访学生表示学校配备了专业书籍(见图12)。但通过进一步访谈发现,被访学校中存在教材选择不一致的问题。如有的学校使用的是北京师范大学出版社出版的国学经典教材,有的学校使用的是中国国学文化艺术中心编写的系列教材。另外,在授课过程中,也存在随意性,未能充分有效地整合学校现有资源,发挥合力作用。

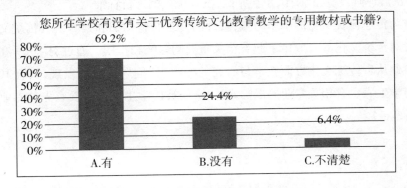

图12 传统文化教育的教材使用情况调查

（四）课程建设体系不够完善

构建课程体系是学校整合课程资源的体现,也是提高育人质量的需要。无论是基础课程建设还是校本课程建设,对经过逐年积累的优秀教育成果资源进行广泛分享,可以更好地完善学校课程体系。为促进义务教育均衡发展,解决中小学生"择校热"问题,北京市各区积极采取集团化办学形式,进一步发挥了优质教育资源的辐射带动作用。

通过对"您所在学校有开设关于传统文化方面的专业课程吗"问题的调查发现,49.5%的被访学生表示学校开设了传统文化教育教学的有关课程,但不成体系;有32.6%的被访学生表示学校没有相关课程,只是在各学科知识中进行渗透（见图13）。

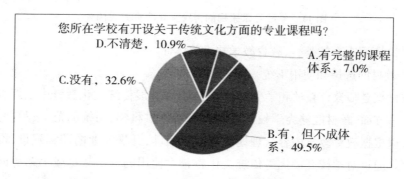

您所在学校有开设关于传统文化方面的专业课程吗?
D.不清楚,10.9%
C.没有,32.6%
A.有完整的课程体系,7.0%
B.有,但不成体系,49.5%

图13　传统文化教育的课程体系调查

由此可以看出,目前北京中小学校在中华民族优秀传统文化教育教学中,在教材的选择和使用、课程体系建设方面还不够完善。现阶段,只有部分学校开设了书法、戏曲、国画等课程。

（五）教师传统文化知识和素养低,没有统一的评价标准

作为传递传统文化的中坚力量,教师的传统文化知识和素养及其传统文化教育观念对传统文化的有效传承起着至关重要的影响和作用。通过对"您所在的学校有专业从事传统文化方面教学与研究的教师吗"问题的调查发现,只有10.6%的被访学生表示有相关专业的老师,73.9%的被访学生则表示没有先关专业的老师（见图14）。

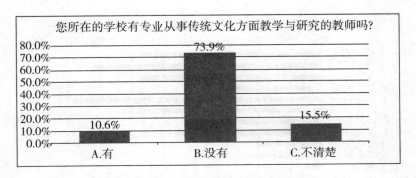

图14　传统文化教育的教师专业性调查

在对教师进行的深入访谈中发现,目前北京市中小学中,专门从事国学教育和研究的教师极度缺乏。一方面,多数教师自身的传统文化知识和素养积累不足,教育评价没有统一的标准。除此之外,还存在"传统文化课程讲授应是语文、历史等文科类教师的责任"这一认识误区。事实上,用中国传统文化教书育人是每一位教师的责任。无论什么学科的教师,都可以也应该成为中华优秀传统文化的传播者、践行者、带动者。

除此之外,现阶段还存在对在职教师缺乏如何教授传统文化的有针对性的专门培训和集体教研,以及教师精力不够支撑开展传统文化的教学任务等现象,针对北京一些中小学校有效开展传统文化教育教学活动造成了一定限制。

（六）教学的创新性与实践性不够

通过对"您所在学校开展传统文化教育涉及的内容主要包括哪些"问题的调查,我们发现,内容多集中于古诗词曲、琴棋书画、诸子百家、传统节日等,占比均在50%以上(见图15)。在前面的调查分析中我们得知,中小学生更倾向于京剧戏曲、民间工艺等实践类课程方面的内容,而实际上学校更侧重于理论类方面的内容,内容包括诸子百家,以及历代优秀的诗、词、文、曲、赋等,在学习方式上大多通过经典的诵读来学习传统文化,表面上能熟读成诵,实际上却未能深刻理解这些传统文化中蕴含的精神要求,很难做到内化于心、外化于行。

通过进一步的访谈得知,有些学校的传统文化教育还仅仅局限于课堂教学,大大限制了学生获取传统文化知识、提高传统文化素养的空间,导致青少年传统文化知识的普遍匮乏。还有些学校以应试教育为导向,偏重对学生进行知识点的灌输,单纯地让学生记忆特定的传统文化知识,缺少对传统文化蕴含的民族精神、道德情操、人文涵养的深入挖掘和传导。

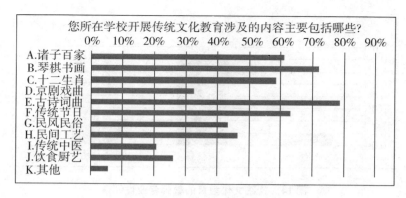

图15　传统文化教育的内容调查

四、对策与建议

（一）充分发挥学校的主阵地作用，营造传统文化教育的良好环境

1. 把传统文化学习教育融入校园文化建设中，积极营造传统文化学习的健康氛围

学校是培养学生成长的主要场所，良好的校园文化能够对学生产生潜移默化的影响。将优秀传统文化知识与校园文化建设相结合，在丰富多彩的校园文化生活中普及优秀传统文化知识，对提高中小学生优秀传统文化素养会产生重要的影响和启迪作用。

学校一要在基础设施建设中融入传统文化的元素，让学生在校园里处处感受到传统文化的感染与熏陶。这些元素最好用学生的作品，这样更能激发学生学习传统文化的兴趣与热情。例如，可以结合学校的书法或绘画课程，在楼道等活动场所进行优秀作品展示，内容既可以是名言警句，也可以是绘画等；也可以在校园的角落中摆放一些诗词歌赋等名人名家雕像，既可以美化校园，又可以传递学校的优良传统和精神，有利于陶冶学生的高尚情操，激发学生对优秀传统文化的学习、理解、继承、传播和弘扬。

二要通过开展丰富多彩的专题和主题校园文化活动，让学生在参与中体验，在体验中有所收获。学校社团要适当降低进入的门槛，让大多数同学，即使没有任何基础和特长的学生也能参与其中。有传统文化特长的同学可以争当小导师。让学生自己组织设计、组织开展与传统文化相关的校园活动，增强学生的参与感，关注学生的体验感受。学校应给予充分的展示平台和鼓励，营造一种文明、健康、向上的文化氛围与学习氛围。

2. 充分发挥课堂教学的主导作用,加强传统文化教育课程建设

课堂教学是优秀传统文化知识传承的主渠道,也是对中小学生开展优秀传统文化教育的主要形式。

首先,要对传统文化课程有一个全面、整体的认识。传统文化教育课程是跨学科的涉及多课程领域的综合教育课程,涉及学生的个性发展、能力发展和全面发展。要全面、健康、科学、持续地建设和实施好这门课程,必须确立其在整个中小学教育,尤其是在立德树人教育目标中的基础性、战略性地位,比如可以制定独立的课程方案,并一以贯之。

其次,课程内容的梳理和课程资源的整合要有层次、有特色、有创新。辩证唯物主义认为,物质世界处在永恒的运动、变化和发展中,任何一种文化和思想的形成都是特定时代、特定历史条件下的必然产物,对传统文化也应该根据时代发展有所创新。要结合社会和时代特点,根据不同学习阶段的特点设置课程内容,按照小学、中学、高中设置难易程度,也要在集团校或者是所在学区内根据学生的需要开发校本课程,凸显学校教育特色。

最后,注重在思想品德课、社会课中增加传统文化内容,促进中小学德育与中华优秀传统文化教育的紧密结合,发挥传统文化的德育功能,引导中小学生不断增强文化自信和价值观自信,真正把中华优秀传统文化的精华内化为中小学生基本的价值理念和行为标准,培养中小学生良好的道德品质。

3. 大力加强学校师资队伍建设,提高教师传统文化素养

教师是人类灵魂的工程师,教师传统文化素养的高低,决定了教学的实效性。优质的师资力量在很大程度上决定着中小学生传统文化素养提升的效果与质量。

首先,要开展在校教师的专业培训。可以通过集体教研、参加学术交流研讨活动、继续教育学习等方式,提升中小学校教师的传统文化知识和素养,培养一批传统文化教育的青年学术骨干。通过这些教师,把优秀传统文化知识融入课堂教育教学中,向学生分析和解读中华优秀传统文化,用中华优秀传统文化所蕴含的先进思想、有效方法推进教育教学研究。

其次,要在中小学教师中不断强化优秀传统文化教育人人有责的意识和理念。中小学校传统文化教育教学活动的开展是每一位教师的责任,要走出以文科教师为主,语文课、社会课教师才是主角的认识误区,包括数学、地理等自然科学在内的授课教师,都要积极担负起中华优秀传统文化教育教学的任务。同时,要加强彼此的交流与分享,帮助学生从不同学科角度学习传统文化知识。

此外,还可以整合教师队伍资源,不求所有,但求所用。传统文化课程的师资

选择可以不局限于本校教师,还可以在全区、全市范围内征集文化志愿者,特别是非遗传承人或者大学教授等来校讲课、参与相关活动。他们不仅有着深厚的传统文化底蕴,还热衷于传统文化的传播,充分利用和挖掘一切社会资源,努力形成开展中小学传统文化教育教学的合力。

(二)推动构建多维协同的教育机制,努力打造"家庭—学校—社会—网络"共同参与的教育合力

中华优秀文化的传承不应只是学校的任务,应形成全社会共同参与的教育合力。家庭、学校、社会等,都要承担起传播和传递优秀传统文化和道德精神的重要责任,共同营造健康向上的学习氛围。

1. 积极推动"家校协同",共同促进传统文化教育的知行转化

习近平总书记指出:"一种价值观要真正发挥作用,必须融入社会生活,让人们在实践中感知它、领悟它。要注意把我们所提倡的与人们日常生活紧密联系起来,在落细、落小、落实上下功夫。"中小学优秀传统文化教育的开展,必须与中小学生的生活实践统一起来,让传统文化知识内化于心,外化于行。要达到这一目标,除了学校教育之外,家庭教育也同样重要,要实现"家校协同",共同促进传统文化教育的知行转化。"家校协同",是指学校和家庭要互相配合、彼此支持开展学生的中华优秀传统文化的教育工作,形成一个良性的互动机制。一方面,学校要及时将开展的传统文化活动与精神向家长进行传达;另一方面,家长也要主动利用学校举办相关活动的契机,在家庭生活中有意识地进行相关内容的引导和教育,积极营造学习和弘扬中华优秀传统文化的良好家庭氛围,逐渐在全社会形成以家庭为载体的传统文化传承渠道。广大家长既要注重用传统道德准则和行为规范去引导孩子的言行,也要重视家风、家训对孩子学习和弘扬传统文化的影响和教育作用,同时要时时、处处以身作则,坚决让自己成为子女的榜样。

2. 发挥首都教育文化资源优势,加强优秀传统文化教育的社会实践

前文调查发现,中小学生最喜欢的传统文化学习方式是实践体验。社会实践活动是课堂教学的延伸和拓展,有助于巩固学生课堂所学、增加社会体验。首都北京作为全国政治、文化中心,具有丰富的历史、人文、地域等传统文化教育资源,应充分利用这一教育文化资源的优势,将传统文化教育同中小学生的社会实践相结合,积极开展形式多样的社会实践活动。在亲身接触中了解民族的悠久历史和灿烂文化,挖掘民族文化的丰富内涵,增强民族自信心和自豪感。

一要充分利用辖区范围内的丰富社会资源开展传统文化实践教育。调查中发现,部分学校结合北京市中小学生社会大课堂项目开展了一系列社会实践活

动,辖区内也有很多爱国主义教育基地、博物馆、展览馆等丰富的传统文化资源单位,但学生参加活动的频率和积极性较低。为此,各级政府及教育部门通过增加对相关项目的资金支持,或是呼吁、协调这些单位面向中小学生实行免费开放政策,协力把辖区范围内的丰富社会资源用好用活,将中华优秀传统文化教育与学生社会实践相结合,有效地开展中华优秀传统文化教育。

二要积极鼓励学生参与传统文化教育。积极组织开展传统文化体验、主题教育实践活动、志愿者服务和公益性活动,鼓励中小学生利用自己的课余时间,做传统文化的宣传者、保护者,在实践中感悟中华优秀传统美德,弘扬中华优秀传统文化。

3. 开展网络教育,拓宽优秀传统文化教育的学习途径

调查发现,当前社会条件下,除了传统媒体的使用,网络平台也成为中小学生学习的主要途径之一。随着互联网技术的飞速发展,越来越多的中小学生接触到网络。应充分利用网络这一现代化教育的技术手段,开展网络传统文化教育,拓宽优秀传统文化教育的学习途径,让更多的学生方便快捷、形象有趣地接触和学习中华优秀传统文化。

一要加强网络内容的监管,营造健康的网络环境。要增强中华优秀传统文化的交往性和互动性,使教育形式更加直观、生动,内容更加新颖和具有适用性。

二要开设特色栏目频道和精品课程。要充分利用《百家讲坛》、汉字听写大会等视听资源和经典著作等文字资源,传播精彩纷呈的传统文化,供学生选择学习和使用。

三要开展形式活泼、内容丰富的传统文化在线学习。要根据中小学生的兴趣和爱好,充分利用学校校园网或是开设的官方公众号等媒体渠道,开展形式活泼、内容丰富的传统文化在线学习,让优秀传统文化占领互联网络传播主阵地。

(作者单位:北京信息科技大学党委宣传部;北京第二实验小学语文教研组)

参考文献:

[1]郝佳彤. 崔月英. 朱红. 中小学实施中华优秀传统文化教育的探索[J]. 教育探索,2015(1):107～109.

[2]谭红樱. 田穗. 中小学开展中华传统文化教育的研究综述[J]. 重庆第二师范学院学报,2016(1):152～155.

[3]姚炜. 中小学传统文化教育如何走得更远[J]. 教育教学,2016(3):

15～18.

[4]朱旭、闫正艳. 中小学传统文化教育中的问题与对策[J]. 拾贝者,2016 (7):189.

[5]施春晓. 浅析农村小学中华优秀传统文化教育的现状及对策[J]. 教育理论研究,2016(2):5～6.

[7]于向辉. 承德市中小学传统文化教育现状分析[J]. 学科教育,2016(3): 240－241.

[8]殷翔. 中小学优秀传统文化教育的特质与策略研究[D]. 广州:广州大学,2009.

[9]马士峰. 中学生传统文化教育研究[D]. 辽宁:辽宁师范大学,2011.

[10]张媛磊. 中学生传统文化教育问题研究[D]. 河南:河南大学,2013.

论毛泽东的青年思想政治教育思想

孙　盼

　　摘　要：毛泽东的青年思想政治教育思想是时代背景下的产物,既有对我国优秀传统思想政治教育的科学继承,同时也是马克思主义与我国革命和建设的具体实践相结合的产物,有着深刻的理论基础和现实要求。毛泽东特别注重加强青年的思想政治教育,他的这一思想中蕴含着丰富的内容,并通过多种方式来实现对青年的思想政治教育。这一理论在我国进行社会主义现代化建设的今天,仍有着十分重要的启示意义。

　　关键词：毛泽东；青年思想政治教育；启示

　　青年是祖国的未来、民族的希望。毛泽东在马克思主义青年思想的基础之上,结合我国的具体实际,形成了他的青年思想政治教育思想。例如,他强调促进青年德智体全面发展,倡导青年要永久奋斗,主张青年要与工农群众相结合等。本文将立足于毛泽东青年思想政治思想产生的理论基础与现实要求,主要分析毛泽东青年思想政治教育思想的主要内容及主要实现方式,最后落脚于这一思想为我们社会主义现代化建设的启示。

一、毛泽东青年思想政治教育思想产生的背景

　　毛泽东的青年思想政治教育思想是时代背景下的产物,既有对我国优秀传统思想政治教育的继承,同时也是马克思主义与我国革命和建设的具体实践相结合的产物,有着深刻的理论基础和现实要求。

　　(一)理论基础

　　首先,毛泽东关于青年思想政治教育的理论是与我国的优秀传统文化分不开的,他的青年思想政治教育观是根植于中国传统文化这块沃土之上的。毛泽东自

幼喜欢研读我国古代的经典,因此他的一些讲话和著作中包含着传统文化的思想。在《青年团的工作要照顾青年的特点》中,毛泽东举了一个生动的例子。他说:"在三国时代,曹操带领大军下江南,攻打东吴。那时,周瑜是个'青年团员',当东吴的统帅,程普等老将不服,后来说服了,还是由他当,结果打了胜仗。"他以此来说明"青年人不比我们弱,老年人有经验,当然强,但生理机能在逐渐退化,眼睛耳朵不那么灵了,手脚也不如青年敏捷"[1]。因此,他提出要坚定地相信青年,大胆地任用青年,并主张尽可能地为青年充分发挥其聪明才智创造有利的条件。1957年9月5日,毛泽东在武汉东湖甲舍与湖北省委秘书长梅白谈起领导干部子女的教育问题时,把干部子女比作"汉献帝",并引用曹操评汉献帝的一句话"生于深宫之中,长于妇人之手",娇生惯养,吃不得苦,是温室里的花朵。还说道:"孩子们相互之间比坐的是什么汽车来的,爸爸干什么,看谁的官大。这样不是从小培养一批贵族少爷吗? 这使我很担心呀!"[2]由此看来,毛泽东深受传统文化影响,引经据典,以此说明青年思想政治教育的重要性。

其次,毛泽东的青年思想政治教育思想是马克思主义与中国具体实际相结合的产物。毛泽东是伟大的马克思主义者,他既吸收了马克思主义经典作家的优秀思想,又同中国革命和建设的具体实际相结合。马克思曾指出:"人的本质并不是单个人所固有的抽象物,在其现实性上,它是一切社会关系的总和。""如果这个人的生活条件使他只牺牲一切特性的材料和时间,那么这个人就不能超出单方面的、畸形的发展。"[3]列宁也说过:"教育、训练和培养出全面发展的、受到全面训练的人,即会做一切工作的人。"在社会主义时期,毛泽东完整地确定了各级各类学校的总目标是培养德智体几方面都得到发展的,有社会主义觉悟的有文化的劳动者。可以说这一思想是马克思主义关于人的全面发展的学说的具体运用和发挥。此外,毛泽东关于青年要与工农群众相结合,理论联系实际的思想,也是马克思主义与我国青年思想政治教育实践相结合的产物,马克思曾说过"人的社会生活在本质上是实践的"。列宁也明确指出:"学习、教育和训练如果只限于学校以内,而与沸腾的实际生活脱离,那我们是不会信赖的。"斯大林也认为:"青年只凭自己的力量是不能进行这个巨大的斗争的,他们软弱无力的手臂擎不住这面沉重的旗帜。要擎得住这面旗帜,就需要更强有力的手臂,而在当前条件下,只有工人群众联合的力量才是这样的力量。"[4]由此可见,毛泽东青年思想政治教育思想离不开马克思主义经典作家的科学启迪。

(二)现实要求

毛泽东在1939年的《青年运动的方向》中强调:"'五四'以来,中国青年们起了什么作用呢？起了某种先锋队作用……就是带头作用，就是站在革命队伍的前头。中国反帝反封建的人民队伍中，有由中国知识青年们和学生青年们组成的一支军队。"[5]毛泽东还认为："全国的青年和文化界对于民主革命和抗日战争负有重大的责任。我希望他们认识中国革命的性质和动力，把自己的工作和工农民众结合起来，到工农民众中去，变为工农民众的组织者和宣传者。全国民众奋起之日，就是抗日战争胜利之时。全国青年们，努力啊！"[6]因此，为了适应革命的需要，为了发挥青年的先锋队作用，从而取得反帝反封建的胜利，当时毛泽东提出一系列的青年思想政治教育思想是有必要的。

毛泽东特别欣赏青年人的锐气，他说："青年是整个社会力量中的一部分最积极最有生气的力量。他们最肯学习，最少保守思想……世界是你们的，也是我们的，但归根结底是你们的。你们青年人朝气蓬勃，正在兴旺时期，好像早晨八、九点钟的太阳……世界是属于你们的，中国的前途是属于你们的。"[7]因此，在毛泽东看来，青年乃是国家之精华，民族之至宝，是革命事业的未来和希望。

但是正因为如此，青年人也是各股政治力量争夺的对象，"不少青年人正是由于缺少政治经验和社会生活经验，因而在大是大非面前就缺乏辨别是非的能力，就很容易地受资产阶级的欺骗而被争夺过去。"[8]在一些人眼中，包括青年，"好像什么政治，什么祖国的前途，人类的理想，都没有关心的必要。好像马克思主义兴时了一阵，现在就不那么兴时了。"[9]因而，如何对青年进行思想政治教育，使其坚定正确的政治方向，从而适应中国革命和建设的需要，并成为无产阶级革命事业的接班人至关重要。1957年，他针对当时在知识分子和青年学生中间出现了减弱思想政治工作的偏向，特别提出并强调要对青年加强思想政治工作。他认为："不论是知识分子，还是青年学生，都应该努力学习。除了学习专业之外，在思想上更要进步，政治上也要有所进步，这就需要学习马克思主义，学习时事政治。没有正确的政治观点，就等于没有灵魂。"[10]

1962年后，面对一场尖锐的党内斗争，毛泽东极为关心的是，要让他的教育思想尽可能广泛地传播，以便动员年轻人支持他的政策。后来，由于毛泽东对党内出现的修正主义迹象日益担忧，使他把自己的希望寄托在青年身上，而青年人的思想保证，被看成是保障革命成功的关键。此外，青年人的特点决定了他们的创造性活力，但是毛泽东认为："人世间'生力旺盛'的青年人的创造性活力却一再受到老气横秋的老年人的压抑……丧失生命活力的老年人总是倾向于保守，倾向于压抑青年人的创新实践。"[11]因此，正是基于这些需要，为毛泽东的青年思想政治教育思想提供了现实基础。

二、毛泽东青年思想政治教育思想的主要内容及主要实现方式

（一）毛泽东青年思想政治教育思想的主要内容

1. 坚定正确的政治方向

在社会主义建设时期，为了培养社会主义的建设者和接班人，毛泽东指出："我们的教育方针，应该使受教育者在德育、智育、体育几方面都得到发展，成为有社会主义觉悟的，有文化的劳动者。"[12] 其中，受教育者中潜在包含了广大青年，因此可以说，为了建设社会主义的建设者和接班人，毛泽东主张青年在德育、智育、体育三方面都得到全面发展。首先应该把德育放在第一位，毛泽东主张儿童和广大青年都要发展共产主义的情操、风格和集体英雄主义的气概。

毛泽东高度分析了青年的特点，针对青年缺乏社会经验和政治经验，缺乏辨别是非的能力，他非常重视青年要坚定正确的政治方向，他在 1939 年提出："学校的一切工作都是为了转变学生的思想。政治教育是中心的一环。"[13] 他认为："没有正确的政治观点，就等于没有灵魂。"所以，要想使思想和政治上都取得进步，青年学生就必须学习马克思主义，学习时事政治。毛泽东曾重点讲到政治方向："其他方面要做模范的是非常多的，例如，在政治上要有一个正确的方向，但是光有这个正确的政治方向是不够的，过了三年五年，就把它丢了，那还不是枉然？所以，有了正确的政治方向后，还要坚定，就是说，要有'坚定正确的政治方向'。这个方向是不能动摇的，要有'富贵不能淫，贫贱不能移，威武不能屈'的骨气来坚持这个方向。这样的青年，才是真正的模范青年。这样的道德，才算是真正的道德。"他在《青年运动的方向》的讲演中，高度评价了当时延安青年运动政治方向的正确性："延安的青年运动是全国青年运动的模范。延安青年运动的方向，就是全国的青年运动的方向。为什么？因为他们的政治方向是正确的，工作方法也是正确的。"[14] 由此，他号召全国青年都向延安学习，将坚定的政治方向放在第一位，为共产主义事业贡献自己的力量。

2. 坚持爱国主义教育

毛泽东是伟大的爱国主义者，他特别倡导青年要热爱祖国，拥有强烈的爱国主义情怀。早在延安时期，毛泽东就站在民族的立场上，号召每一个青年"都应该是襟怀坦白，忠实，积极，以革命利益为第一生命，以个人利益服从革命利益；无论何时何地，坚持正确的原则，同一切不正确的思想和行为作不疲倦的斗争"[15]。他还采用榜样示范的方法，用白求恩、张思德等人的高尚道德情操激发广大青年的爱国情怀。在新中国成立后，毛泽东把爱国主义精神的具体要求明确概括为

"爱祖国、爱人民、爱劳动、爱科学、爱公共财产",要求广大青少年遵循"五爱"的道德原则来严格要求自己,这其中就包含了爱国主义精神和全心全意为人民服务的宗旨。在社会主义时期,毛泽东始终不忘对青年进行爱国主义教育,他说:"青年是社会主义建设的接班人,在社会主义社会里,每个人进学校,学技术,学文化,首先应该是为了建设社会主义社会,为了工业化,为了为人民服务,为了集体利益,而不是为了高工资。"[16]此外,毛泽东还经常开展爱国主义教育实践活动,为青年爱国主义精神的培养不断注入新的内涵。

3. 要有艰苦奋斗、勤俭节约的优良作风

1939 年 5 月 30 日,毛泽东在《永久奋斗》中谈到他对青年的热切期望:"什么是模范青年?就是要有永久奋斗这一条。奋斗到什么程度呢?要奋斗到五年,十年,四十年,五十年,甚至到六十年,七十年,总之一句话,要奋斗到死,没有死就还没有达到永久奋斗的目标。"[17]

此外,毛泽东还提倡青年要勤俭建国,他说:"要使全体青年们懂得,我们的国家现在还是一个很穷的国家,并且不可能在短时间内根本改变这种状态,全靠青年和全体人民在几十年时间内,团结奋斗,用自己的双手创造出一个富强的国家。社会主义制度的建立给我们开辟了一天到达理想境界的道路,而理想境界的实现还要靠我们的辛勤劳动。有些青年人以为到了社会主义社会就应当什么都好了,就可以不费力气享受现成的幸福生活了,这是一种不切实际的想法。"[19]

4. 青年要有发明创造精神

毛泽东鼓励青年人要勇于发明创造,他在 1953 年的一次讲话中,谈到了鲁迅的一篇名为《从孩子的照相说起》的文章,"在有些地方要让我们的后代学我们;但有些地方就决不要后代再学我们,再学我们就糟",这说明对孩子的独立思考能力和求异思辨能力的培养,往往是十分重要的。他特别担心青年人过早地僵化,因此提倡青年人"要懂得人在幼年、青年的时候,正是性格、品质慢慢形成的时候,如果在这方面不会教育他们,将来的损失就很大"。可以说,毛泽东的思想是极有见地的,当代相当的中国青年缺乏创新和创造,正是我们教育的缺失。[20]

毛泽东认为青年人最肯学习,最少有保守思想,"真正有创造的人是那些年轻的,思想尚未受到空洞言词纷扰的人"。[21]他还引经据典,用取得过卓越成就的人来说明青年人具有创新精神的重要性,"从古以来,创新思想、新学派的人,都是些学问不足的青年人。孔子开始提出他的体系时只有 23 岁,释迦牟尼也只有 19 岁,搞发明的英雄们总是年轻的,马克思撰写《共产党宣言》,时年不过 30 岁左右。"[22]

20世纪50年代末,毛泽东在读初唐四杰之一王勃所写的《秋日楚州郝司户宅钱崔使君序》一文时心有感慨,写下了大段的批语:"青年人比老年人强,贫人、贱人、被人们看不起的人、地位低的人,大部分发明创造,占百分之七十以上,都是他们干的。百分之三十的中老年而有干劲的,也有发明创造。这种三七开的比例为什么如此,值得大家深深地想一想。结论就是因为贫贱低微,生力旺盛,迷信较少,顾虑少,天不怕,地不怕,敢想敢干。如果党再对他们加以鼓励,不怕失败,不泼冷水,承认世界主要是他们的,那就会有很多的发明创造。"[23]毛泽东十分强调应当"重视培养学生的创造精神,不要使他们像温室里的花朵一样"[24]。

(二)毛泽东青年思想政治教育思想的主要实现方式

1. 青年与工农群众相结合

1939年5月4日,五四运动20周年纪念日,毛泽东在延安青年群众大会上发表讲演:"青年们一定要知道,只有动员占全国90%的工农大众,才能战胜帝国主义,才能战胜封建主义。"他给青年们深刻分析了中国革命的经验教训,"中国的知识青年们和学生青年们,一定要到工农群众中去,把占全国人口90%的工农大众,动员起来,组织起来。没有工农这个主力军,单靠知识青年和学生青年这支军队,要达到反帝反封建的胜利,是做不到的。"[25]同时他还特别号召:"全国知识青年和学生青年一定要和广大的工农群众结合在一块,和他们变成一体。""看一个青年是不是革命的,拿什么做标准呢?拿什么去辨别他呢?只有一个标准,这就是看他愿意不愿意、并且实行不实行和广大的工农群众结合在一块。愿意并且实行和工农群众结合的,是革命的,否则就是不革命的,或者是反革命的。"[26]此外,他还特别谈到延安的青年运动,认为是全国青年运动的模范,"延安的青年们不但本身团结,而且和工农群众相结合,这一点更加是全国的模范。"[27]毛泽东还曾提到:"青年学生和工农结合,参加生产劳动,是改造世界观和学到实际技术知识的重要途径。"[28]因此可以看出,注重与工农结合是改造青年世界观,加强青年思想政治工作的重要实现方式。

2. 理论与实践相结合

1950年1月毛泽东访苏期间,去看望在莫斯科大学学习的中国留学生时曾微笑地走到青年们面前,和蔼地说:"学以致用,学到的知识必须在实践中运用、考验,使之起到应有的作用;学而无用或学而不用,这种事情虽然很少,但在实际生活中是有过的。我们国家希望有真才实学的人,希望你们今后能在实际工作中为国家建设多做贡献。"[29]在1964年8月29日毛泽东接见尼泊尔教育代表团时谈道:"学生读了课本还是课本,学了概念还是概念,别的什么也不知道。四体不勤,五谷不分。"1965 年 11 月中旬,毛泽东视察安徽、南京、上海时对战备、生产、教育等做了一系列指示,讲到教育制度时说:"现在学生连鸡犬豕、马牛羊都不认识,怎么不出修正主义。"[30]因此,他认为"中学生应当有政治课。政治课要联系实际,不要教条式的,要使中学生知道一些为人在世的道理"[31]。由此可见,毛泽东特别鼓励青年学生要把书本知识与课外实践结合起来,从实际生活中汲取养料,增长才干。

3. 宣传教育与先进示范相结合

毛泽东深刻认识到宣传教育在青年思想政治教育中的重要作用,深刻认识到"榜样的力量是无穷的"。因此,他在宣传教育中以先进人物的先进事迹为例,以此来引起青年思想上的共鸣,号召广大青少年提高政治素养,树立正确的人生观和价值观。毛泽东曾说过:"我看最近开劳动模范、劳动英雄与模范工作者大会、劳动英雄与战斗英雄大会,就是一种好的工作方法,劳动英雄与模范工作者是群众中的典范。"[32]早在革命战争年代,毛泽东就推出了"毫无自私自利之心"的白求恩,"为人民利益而死,就比泰山还重"的张思德,"下定决心,不怕牺牲,排除万难,去争取胜利"的愚公等。[33]在 1963 年,毛泽东在全国范围内开展的"向雷锋同志学习"的活动引起了全国广大青年的学习热潮。可以看出,毛泽东正是想通过这些先进人物的辉煌事迹来进行宣传教育,由此宣传教育与先进示范相结合,使青年获得心灵上的感悟,从他们身上汲取政治营养和精神力量,树立正确的人生观和价值观,最终为社会主义贡献无限的热情和力量。

三、毛泽东青年思想政治教育思想的启示

毛泽东的青年思想政治教育思想是马克思主义与我国具体实际相结合的产物,虽然它是在当时的特殊历史条件下形成的,但是这一思想蕴含着丰富的内容,时至今日,对于我们建设有中国特色的社会主义思想政治工作体系仍有着十分重要的启示意义。

(一)要坚定正确的政治方向

毛泽东特别主张青年要坚定正确的政治方向,他强调青年要学习马克思主义,学习时事政治,要坚定共产主义道德和理想,可以说毛泽东的这一思想在我们建设有中国特色社会主义的今天,仍然发挥着重要作用。随着经济全球化的发展,西方一些发达国家企图用本国的意识形态来对我国进行渗透,而青年是我国社会主义事业的建设者和接班人,因此用马克思主义理论和共产主义道德武装青年的头脑,教育青年坚定正确的政治方向,是十分有必要的。

此外,毛泽东关于青年思想政治教育中的爱国主义教育也对我们现在有着深刻的启迪,当今在我国周边领土上发生的领土争端,如钓鱼岛、黄岩岛事件,面对这些问题的侵袭,我们青年尤其是要加强爱国主义教育和国史党史教育,对待这些问题应该采取理智的态度,并且努力学习科学文化知识,为社会主义现代化建设贡献力量。同时,坚持正确的政治方向还意味着青年要坚持中华民族精神,除了有爱国情操,还要拥有艰苦奋斗、勤俭节约的优良作风,以及创新精神。毛泽东的青年思想政治教育观中提倡要永久奋斗,勤俭建国,这对于我们现在一些青年沉迷网络、不思进取甚至荒废学业,具有重要的现实意义。其中,当今在大学餐厅里的"光盘行动"与毛泽东的勤俭节约思想不谋而合。此外,创新是一个民族的灵魂,是一个民族兴旺发达的不竭动力,而且当今科技的竞争归根到底是人才的竞争,因此,毛泽东主张提高青年的创新精神,对当今建设创新型国家是有必要的。

(二)德育、智育、体育全面发展

毛泽东关于德育、智育、体育三方面都得到发展的思想,是马克思主义关于人的全面发展学说的具体运用。他的青年思想政治教育思想的目标,就是要把青少年培养成为又红又专,德智体全面发展的社会主义建设者和接班人。毛泽东强调要把德育放在第一位,加强青年的共产主义情操。对于智育,毛泽东告诫青年"人人都要努力学习。有条件的,要努力学技术,学业务,学理论"[34]。并强调"只有科学是真学问,将来用处无穷"[35]。在对待体育问题上,他在1951年针对解放初对学生健康重视不够的偏向,提出了"健康第一,学习第二"的口号,他说:"两头都要抓紧,学习工作要抓紧,睡眠休息娱乐也要抓紧。过去只抓了一头,另一头抓不紧或者没有抓。现在要搞些娱乐,要有时间,有设备,这一头也要来个抓紧。"[36]在1953年他又向全国青年发出"身体好、学习好、工作号"的号召,进一步阐明三育并重的观点。

可以说,这对于我们现在对青年的思想政治教育有重要启迪意义,目前我们提倡青年要"德智体美劳"共同发展,其中要以"德智体"为重点和依托。但是,在目前我国由应试教育向素质教育转变的途中,应试教育似乎还占据着主导地位,无论是青年学生,还是家长,都秉承着"分数决定命运"这样的思维方式,因此导致重视智育,而德智体三方面得不到协调发展。而毛泽东这个青年思想政治教育观为我们敲响了警钟,青年的"学习和工作的负担都不能过重。尤其是十四岁到十八岁的青年,劳动强度不能同成年人一样。青年人就是要多玩点,要蹦蹦跳跳,不然他们就不高兴。以后还要谈恋爱、结婚,这些都和成年人不同。"[37]因此在青年思想政治工作中不仅要注重提高他们的思想道德素质和科学文化素质,同时也要增强身体素质,重视体育的基础地位,促进广大青年全面健康地成长。

(三)理论要与实践相结合

毛泽东多次强调青年要与工农群众相结合,教育要与劳动相结合,理论要与实践相结合。他着重指出一些青年只读课本,四体不勤,五谷不分的现象,特别鼓励青年要把书本知识与课外实践结合起来,从实际生活中汲取养料,增长才干。毛泽东指出:"如果有了正确的理论,只是把它空谈一阵,束之高阁,并不实行,那么,这种理论再好也是没有意义的。"[38]毛泽东主张青年要读"无字之书",学以致用,成为有真才实学的人。当前我们强调青年要坚持理论与实践相结合,可以说是对毛泽东这一思想的科学继承。在社会竞争日益激烈的时代,科技的竞争归根到底是人才的竞争。但是,社会所需要的,不仅仅是只埋头读书的高知识、高学历型人才,更是一种擅长实践、有社会经验的高能力型人才。因此,我们可以深刻地了解到理论与实践相结合的重要性。所以,用毛泽东的一句话说:"我劝那些只有书本知识但还没有接触实际的人,或者实际经验尚少的人,应该明白自己的缺点,将自己的态度放谦虚一些。"[39]毛泽东青年思想政治教育思想带给我们的又一启示,就是青年要坚持理论与实践相结合,在大风大浪中锻炼,在实际生活中汲取养料,增长才干。

综上而言,毛泽东青年思想政治教育思想具有十分重要的时代价值,不仅丰富和发展了马克思主义青年教育思想,而且为当代青年的全面健康成长指明了方向,有利于提高青年思想政治教育的实效性。

(作者单位:北京信息科技大学马克思主义学院)

参考文献:

[1][8][13][34]吕星斗.毛泽东和他的事业(下)[M].北京:中共党史出版社,1992:960-961、960、917、918.

[2][9][10][14][17][19][20][25][29][30][37]龙剑宇.毛泽东青春启示录[M].北京:中央文献出版社,2012:272、271、267~268、266、271-272、269、265、269、276、269.

[3][4][16][38]王艳.毛泽东青年培养思想研究[D].河南:河南科技大学硕士论文,2011:8、9、18、44.

[5][6][15][26][27]毛泽东.毛泽东选集(第2卷)[M].北京:人民出版社,1991:565、560、361、566、568.

［7］萧延中．外国学者评毛泽东：从奠基到"红太阳"［M］．北京：中国工人出版社，1997：235～236．

［11］［23］何显明．超越与回归：毛泽东的心路历程［M］．上海：学林出版社，2002：117、117．

［12］［18］［24］［28］［31］［35］［36］沙健孙．毛泽东思想通论［M］．北京：人民出版社，2013：592、593、593、594、593、593、593．

［22］萧延中．外国学者评毛泽东：在历史的天平上［M］．北京：中国工人出版社，1997：50、51．

［32］毛泽东．毛泽东文集（第3卷）［M］．北京：人民出版社，1999：97．

［33］汪沂．毛泽东青年思想政治教育方法对当代大学生思想政治教育的启示［J］．新疆：克拉玛依学刊，2014年2月．

［39］毛泽东．毛泽东选集（第3卷）［M］．北京：人民出版社，1991：816．

新时期青年思想政治教育的目标与任务

丁　壮

摘　要:新时期青年思想政治教育的目标是提高青年的思想觉悟和对世界的认识与改造的能力。青年思想政治教育的根本目的,是由我们党的根本目的决定的。我们党的根本目的是领导全体党员和全国人民建设社会主义,实现共产主义。要很好地改造客观世界,必须认真地改造主观世界。青年思想教育的直接目的,就是帮助青年自觉地改造主观世界。青年思想政治教育的任务,主要是用马克思列宁主义、毛泽东思想、邓小平理论、"三个代表"重要思想以及科学发展观做指导,适应社会主义现代化建设的需要,培养有理想、有道德、有文化、有纪律的社会主义青年,确保我国社会主义现代化建设的正确方向。

关键词:思想觉悟;现代化建设;思想政治教育;现代化强国

我们党历来十分重视青年思想政治教育工作。十八大以来,以习近平同志为核心的党的新领导集体,把青年的思想政治教育工作摆在了更为突出、重要的地位。站在新的时代起点上,中国特色社会主义事业的兴旺发达与青年息息相关,两个一百年中国梦奋斗目标的实现离不开当代青年的开拓进取和艰苦奋斗。因为重要,所以重视。加强习近平青年思想政治教育思想研究,对新时期青年思想政治教育的理论与实践工作意义重大。

一、青年思想政治教育的目标

(一)思想政治教育的目的是提高青年认识世界和改造世界的能力

青年思想政治教育的目的,是由我们党在新时期的总任务所决定的。领导全体党员和全国人民,建设具有中国特色的社会主义现代化强国,是中国共产党在新时期改造世界的总目标。为了实现这个总目标,我们需要做许多工作,其中一项工作,就是党对青年的思想政治教育,通过这项工作,使广大青年都自觉自愿地投入火热的社会主义的四个现代化建设中去。然而,要很好地改造客观世界,必须认真地改造主观世界。青年思想政治教育的直接目的,就是要教育引导广大青年自觉地改造主观世界。改造主观世界,有两个方面的基本内容:一是思想意识的改造;二是思想方法的改造;前一个属于提高青年的思想觉悟问题,后一个属于提高青年的认识能力问题。[1]这两个提高,就是我们青年思想政治教育的根本目的。

从事社会主义现代化建设,必须要求每个青年具有较高的思想政治觉悟。所谓较高的思想政治觉悟,主要表现在具有坚定的革命信念、崇高的革命理想、高尚的道德品质、严格的组织纪律、饱满的革命热情,坚强的革命毅力,旺盛的革命斗志,强烈的爱国热情,这是青年改造世界的动力。党的青年思想政治教育的一个直接目的,就是要启发和提高青年的革命觉悟。具体来说,就是要教育引导青年树立崇高的革命理想,并把这种理想和信念化为自己为祖国社会主义现代化建设而努力奋斗的具体行动。教育引导青年提高思想政治觉悟,是一项艰辛复杂的工作。青年正处在世界观、人生观的形成时期,这一时期青年思想的特点是敏感性高,选择性差;吸收力强,消化力弱。所以,自改革开放以来,面对西方社会各种思潮的强烈冲击和资产阶级自由化的严重泛滥,许多青年,特别是部分青年学生的思想处在混乱迷惘之中,他们往往盲目认同,被错误的思想所左右,并且很容易把一种错误思潮轻率地转化为错误行动。卷入 1989 年春夏之交的那场政治风波中的那些青年就是一个很好的说明。至于说青年人头脑里不同程度地存在的一些消极落后的思想意识,那就较为普遍了。他们头脑里的这些消极落后思想,妨碍着青年们改造客观世界,也妨碍着他们改造自己的主观世界。我们对青年的思想政治教育工作,就是要帮助他们清除这些消极落后思想。在帮助青年消除错误思想意识的斗争中,最顽固的一个思想敌人,就是形形色色的个人主义,个人主义是万恶之源。青年人思想上有了严重的个人主义,就不可能树立坚定的革命信念,就不可能以饱满的革命热情,坚强的革命毅力和旺盛的革命斗志抵制资本主义腐朽思想的侵蚀,以致被糖衣炮弹击中,丧失革命立场,不要国格和人格,对国家和人民的事业造成严重危害。

青年思想政治教育还有一个重要目的,就是通过反复的教育和实践,不断提高青年认识世界和改造世界的能力。[2]所谓教育引导青年提高认识能力,主要是指提高青年观察问题的能力,分析问题的能力和分辨是非的能力。

（二）提高青年观察问题和分析问题的能力

世界上的事物是复杂多变的。在社会主义初级阶段的全过程中,资产阶级自由化思想的产生和存在将是一个长期的社会现象。在改革开放的历史大变革时期,广大青年要从复杂的千变万化的事物中,透过现象,认识到它的本质,就必须具有一定的观察能力。观察能力的强弱,主要表现在对复杂事物的敏锐感,对各种现象的鉴别力。观察能力强的人,往往有以下两个特点:一是勤于观察,时时处处留心,因而能随时发现问题,提出问题;二是善于观察,能够迅速而锐利地注意到事物的细节和特点,探索出事物的内在秘密。观察能力强的人,目光锐利、政治嗅觉灵敏,能够透过现象看到本质,不容易被一些表面假象所迷惑。而观察能力弱的人,目光迟钝,政治嗅觉不灵,往往被一些表面现象所迷惑,因而看不到事物的本质。[3]比如,前一个时期,有的青年人看到西方资本主义社会一些表面上的繁荣,看到我们一些暂时的困难,就被这些表面上的现象所迷惑因而得出了"资本主义制度优于社会主义制度"的错误结论。之所以产生这种错误观点,其中一个重要原因,就是没有全面地、历史地、辩证地看问题,没有透过资本主义表面繁荣的现象看到它腐朽的本质,没有从我国暂时的、局部的困难中看到自己国家的优越性和发展前途。

看不到问题的本质,就可能造成思想上的偏激,信念上的动摇,行动上的轻率。为了培养提高青年观察问题的能力,首先,必须教育引导他们精密地全面地观察问题。所谓精密,就是指观察问题要细致深入,注意事物的每一个细节和特征,毛泽东同志生前常常倡导"全面地看问题"。一个事物,往往有很多方面的属性和表象,又有好多方面的联系和环节,我们要正确认识这个事物,就必须全面地观察它,不仅要看到它的正面,而且要看到它的反面;不仅要看到矛盾的主要方面,而且还要看到这一矛盾同其他有关矛盾的总体联系。只有全面地观察问题,才能正确地认识事物。提高观察问题的能力,还必须注意从发展变化中观察事物,不能孤立、静止地去观察。因为任何事物都处在不断的"自己运动"中,不是静止和固定不变的。历史和现实告诉我们,从运动、发展、变化中观察事物,就容易认识事物的本质和规律性;孤立、静止、固定不变地观察事物,就不能认识事物的本质和规律性。对一个人的观察也是如此。一个人先进,就认为他永远先进,一个人落后,就认为他永远落后,这种静止地、固定不变地观察人的思想方法,是不能正确认识一个人的本质的,是做不好人的思想工作的。[4]

事物的本质,就是事物本身固有的规律。它常常被复杂的表象掩盖着,人们看不见,摸不着,听不到。那么人们能不能认识事物的本质和规律呢? 马克思主义认为,任何事物的本质和规律都是可以认识的。这就靠人们的分析能力,人们的分析能力是与他的观察能力密切联系在一起的。人们的分析能力,从广义上讲,包括分析与综合两个方面,是分析与综合的辩证统一。

人们观察事物,首先看到事物的表面现象。人们要从混沌的表象中把那些非本质的东西弃掉,抽象出必然的、本质的东西,得到一个理性的认识。这种工作,就是分析工作。只有把具体的东西解剖开,分成若干组成部分,认真地分析构成事物的各种因素,才能深刻地了解这个事物的内部秘密。比如,如果不通过分析去找出资本主义的各种因素——商品、价值、价格、剩余价值等,我们就不能深刻认识资本主义社会的本质。马克思研究资本主义社会,就是从构成资本主义社会的细胞——商品开始的。分析可以使我们对事物的某一个侧面有深刻的认识,但还不能使我们对事物的整体有一个完整的认识。因此,还必须把分析后得出的结果,也就是构成事物的各种因素,再联成一个整体,使我们对事物的本质有一个完整的认识。这种工作,就是综合工作。分析和综合工作是统一的。这种善于把分析与综合密切相结合的思维方法,就是我们所说的提高人们的分析能力问题。根据辩证唯物主义的观点,我们要认识事物的本质和规律,必须注意观察和分析那些反复出现的"现象"和"偶然性",以便在反复出现的这些"偶然性"的背后,迅速捕捉它的必然性,从而认识事物的规律性。深入实际,亲身实践,调查研究,则正是透过现象发现和认识事物本质和规律性的重要途径。

(三)提高青年分辨是非的能力

提高了青年观察问题和分析问题的能力,也就意味着提高了青年分辨是非的能力。因为观察能力和分析能力强,就容易分辨出正确与错误、真理与谬误,也就是我们一般说的容易分辨"是"和"非"。

在现实生活中,要分辨是非是很复杂的。既有大是大非,又有小是小非,既有政治上的是非,又有生活上的是非。在社会生活中,除了政治上的大是大非以外,还有伦理道德、学术理论、组织纪律、文学艺术等方面的是非问题。我们要提高青年分辨是非的能力,除了要提高观察能力和分析能力外,还要掌握是与非的标准。比如说,在改革开放中,党中央提出要坚持四项基本原则,教育必须坚持社会主义方向,就是我们分辨大是大非的政治标准。又比如说,在社会伦理道德方面,我们提出的社会主义伦理道德规范,包括"爱祖国、爱人民、爱劳动、爱科学、爱护公共财物"的五爱原则以及"大公无私,先公后私,公而忘私"的共产主义品德原则等,这些都是我们在社会伦理道德方面分辨是非的标准。各行各业,各个科学领域,都有自己的是非标准。青年人要想提高自己分辨是非的能力,就必须学会认识和掌握这些标准。

分辨是非的能力问题,不单是一个思想方法问题,它与一个人的思想觉悟、政治立场、道德品质有极密切的关系。有的人虽然观察能力和分析能力较强,是非标准也掌握得较好,但思想意识不健康,或者政治立场不稳,在现实生活中,仍不能正确地分辨是非,甚至颠倒黑白,混淆是非,制造出一些混乱来。所以,提高分辨是非的能力问题,最根本的一条,还是提高思想政治觉悟的问题。只有把提高认识能力与提高思想觉悟紧密结合起来,才能有效地分辨是非,才会在大是大非面前不糊涂、不动摇,才会成为一个坚定的、清醒的革命者和建设者。

我们教育引导青年提高思想觉悟和认识能力,都属于改造世界观的问题。我们教育引导青年改造主观世界的目的,就是为了动员、激励广大青年自觉地、积极地投身到振兴中华、建设有中国特色的社会主义现代化建设的伟大实践中去,更好地改造客观世界。如果只停留在认识世界,而不去参加改造世界的实践活动,那就是讲空话了。所以,青年的思想政治工作,一定要始终不忘帮助他们改造主观世界和改造客观世界这一根本目的。

二、青年思想政治教育的任务

(一)青年思想教育的根本任务

明确了青年思想政治教育的目的,也就是明确了做这项工作的方向和目标。然而,在实现这一目标的进程中,就要运用到青年思想政治教育的任务来指导这一目标的实现。

青年思想政治教育的根本任务,就是用马克思列宁主义、毛泽东思想培育"有理想、有道德、有文化、有纪律"的社会主义事业的建设者和共产主义新人。[5]就是用革命理想和革命精神,用共产主义思想,用马列主义的基本理论,用马列主义的普遍原理同中国革命和建设的具体实践相结合的毛泽东思想,教育青年,启发青年改造客观世界和改造自己主观世界的自觉性,帮助青年在认识世界、改造世界的过程中随时纠正错误的认识、错误的立场和错误的方法,使青年确立正确的立场、观点,掌握正确的思想方法和工作方法,并通过反复实践,使青年的认识不断地深化,改造世界的能力不断提高。为什么必须且只有用马克思列宁主义、毛泽东思想才能培育出"有理想、有道德、有文化、有纪律"的社会主义事业的建设者和接班人呢? 首先,马克思列宁主义、毛泽东思想是人们提高思想觉悟的指南针,是人们提高认识能力的锐利武器。

我们对青年的思想政治教育是社会主义的教育,这种教育的特点之一,就是要有马克思列宁主义、毛泽东思想为指导的社会主义的教育。因为只有以马克思列宁主义为指导,青年思想政治教育才有方向,才有精神支柱,才能给广大青年提供观察分析各种社会现象并且自觉抵制不良倾向的科学工具,才能使广大青年具有社会主义觉悟,把所学的科学文化知识用于社会主义现代化建设事业。

我们的社会主义是以公有制为基础,把社会的、全体人民的利益放在第一位的。这就要求青年学会科学地分析社会各种现象,认清社会发展趋势,自觉地去推动社会主义现代化建设和改革的前进;正确地处理个人与社会的关系,自觉地把个人利益、追求和价值与社会的发展、国家和民族的振兴结合起来,而要做到这一点,必须用马克思列宁主义、毛泽东思想来培育广大青年。可惜的是,这些年来,这种教育一直没有得到应有的重视,没有放到应有的位置。可以说,在一个以马克思列宁主义、毛泽东思想为指导原则的社会主义国家里,马克思列宁主义、毛泽东思想教育已经降到不能再低的地位。这种状况,已经在青年,特别是青年学生思想上,产生了严重的后果。因此,我们认为,总结青年思想政治教育失误的经验教训,必须进一步明确用马克思列宁主义、毛泽东思想培育广大青年,是我们从事青年思想教育的根本任务。

(二)新时期青年思想政治教育的具体任务

新时期青年思想政治教育的中心任务,就是用一个中心(经济建设为中心)、两个基本点(坚持四项基本原则,坚持改革开放)的基本路线培育青年。当前青年思想教育的任务,就是要根据党的十三届六中全会精神和江泽民等党中央负责同志的讲话精神,抓好精神文明建设,为稳定大局,为治理整顿创造好的政治、经济环境,保证"四化"建设顺利进行。[6]为什么新时期必须用一个中心、两个基本点才能培育社会主义现代化事业的建设者和接班人呢?

首先,一个中心、两个基本点是马列主义基本原理与中国实践相结合的重大发展,是提高人们思想政治觉悟的理论武器。在新时期,广大青年建设具有中国特色的社会主义现代化强国的思想意识,不能自发地产生,必须靠我们向广大青年宣传灌输党在新时期的基本路线。十一届三中全会以来,我们党领导着全国各族人民,总结了我们30多年在社会主义建设中的正反两方面经验,特别是近几年的实践,使我们对中国社会主义社会发展的客观规律的认识一步步地深化了、全面了、系统了。在这个基础上形成了以一个中心、两个基本点为主要内容的科学理论。一个中心、两个基本点是对中国社会主义发展的本质和规律的正确反映,是当前中国社会主义社会基本矛盾运动规律的科学的、系统的、全面的反映。所以,我们必须坚持用一个中心、两个基本点教育党员、干部和群众,特别是教育广大的青年,不断地提高他们的思想政治觉悟,这是培育社会主义事业的建设者和接班人的迫切需要。

其次,坚持用一个中心、两个基本点培育青年,是我们反对和防止国内外一切反动势力对社会主义中国进行颠覆、渗透和"和平演变"的需要。1989年春夏之交的那场政治风波,就是国内外敌对势力对中国进行"和平演变"和颠覆破坏活动的一次丑恶表演。尽管他们以失败告终,但足以使我们警觉,使我们清醒。

我们的改革开放和现代化建设是在复杂的国际环境中进行的。如果我们对国内外敌对势力"和平演变"的图谋和行为掉以轻心,听任资产阶级自由化思潮泛滥,我们就一定会吃大亏,中国共产党人用几千万人的鲜血换来的事业将会毁于一旦。而国际敌对势力是把"和平演变"的希望寄托在青年人身上。因此,只有使广大青年逐步认清资本主义仇视社会主义制度的本质,才能有效地抵制国外反动势力对我们进行政治、经济、文化等方面的渗透,成长为一代能承上启下,担当革命重任的新人。[7]

我国处在社会主义的初级阶段,这是我们国家最基本的国情。我们党从这个基本国情出发,总结历史经验,制定了党在初级阶段的基本路线。这是因为:第一,由于我国不是脱胎于发达资本主义社会,也不是脱胎于俄国那样资本主义有了相当发展的社会,而是脱胎于半封建半殖民地社会,经济文化十分落后,因此必须坚持以经济建设为中心,搞社会主义现代化,集中力量发展生产力。第二,我国从50年代中期已由过渡时期进入社会主义社会,我们已经取得了举世公认的伟大成就,我们只能在社会主义道路上继续前进,而绝不能退回去搞资本主义。特别是在初级阶段,社会主义高于资本主义的优越性未充分显示之前,资产阶级自由化思潮将长期存在,所以必须旗帜鲜明地坚持四项基本原则。而"四项基本原则的核心,就是社会主义制度和党的领导,这是我们立国和团结全国人民奋斗的根本"。第三,在初级阶段,为了实现社会主义现代化,尽快地发展生产力,并使社会主义制度逐步完善起来,就必须实行改革开放政策。把上面三点总括起来,一个中心、两个基本点",就是我党在社会主义初级阶段基本路线的主要内容。

必须认清,初级阶段党的路线的两个基本点是相互贯通、相互依存的。四项基本原则是立国之本,改革开放是强国之路,这已经成为全党同志,全国各族人民的共同认识。四项基本原则,从来是我们的立国之本,是不可须臾离开的东西。离开它,改革开放就没有方向,没有保证。改革开放的总方针,是十一届三中全会以来党的路线的新发展,离开它,就不可能迅速发展生产力和逐步完善社会主义制度。二者统一于建设中国特色社会主义的实践,邓小平同志指出:初级阶段党的路线的"两个基本点,概括得很好。搞社会主义现代化建设是基本路线。要搞现代化建设使中国兴旺发达起来,第一,必须实行改革开放政策,第二,必须坚持四项基本原则,主要是坚持党的领导,坚持社会主义道路,反对资产阶级自由化,反对走资本主义道路。这两个基本点是相互依存的。

发展生产力是社会主义社会的中心任务,这是由社会主义的本质所要求、所决定的。那么,怎样实现这个根本任务?中国不是没搞过资本主义,明、清是资本主义萌芽,孙中山先生搞的是资产阶级革命,但历史已经证明,在中国,走资本主义道路行不通,搞资本主义只能使中国回到半殖民地社会,只有社会主义能够救中国。没有中国共产党的领导,没有人民民主专政,没有马克思主义的指导,在中国就实行不了社会主义。因此,只有在坚持四项基本原则的基础上建立起社会主义制度才能发展生产力,才能发展中国的经济,我们搞的四个现代化是社会主义的现代化,没有了社会主义,也就没有了现代化。坚持四项基本原则是由社会主义社会的中心任务,发展生产力的要求决定的。

30多年的实践经验,特别是十一届三中全会以来的实践证明,只有坚持四项基本原则,坚持改革、开放这两个基本点,才能使我国的生产力蓬勃地发展。反之,对这两个基本点的任何偏离,社会生产力的发展就会出现曲折,甚至停滞、倒退。不坚持四项基本原则,就不可能正确地进行改革、开放;没有改革开放,四项基本原则也不会真正得到坚持。两者的任何偏颇,都不能实现社会主义社会的中心任务。但是,许多事实告诉我们,在改革开放的问题上,实际上存在着两种截然不同的主张。一种是党中央和邓小平同志一贯主张的坚持社会主义道路,坚持人民民主专政,坚持共产党的领导,坚持马列主义、毛泽东思想的改革开放,即作为社会主义制度自我完善的改革开放。另一种是坚持资产阶级自由化立场,要求中国全盘西化的人所主张的同四项基本原则相割裂、相背离、相对立的改革开放,这种所谓"改革开放"的实质,就是资本主义化,就是把中国纳入西方资本主义体系。我们必须明确划清两者的根本界限。

三、思想政治教育要发挥党团员的模范作用

(一)党团员是青年思想政治教育的主力军

党的十三大正确地制定了我党在社会主义初级阶段的基本路线。长期的实践证明,正确的政治路线确定之后,党团员的先锋模范作用十分重要,它直接关系着党的思想政治领导能否实现,直接关系着党的政治任务能否完成。为了贯彻党的路线和政策,完成确定的政治任务,每个党员、团员必须在人民群众中起带头示

范和引导作用,以感召广大青年,吸引广大青年,组织广大青年,达到充分调动青年建设具有中国特色的社会主义现代化强国的积极性的目的。

广大青年是最讲实际的,他们往往是通过党团员的实际行动和日常生活的表现来判断我们的党和团组织,接受其教育。回顾我党的历史,我们党开始创建时,人数很少,也没有掌握政权,并且处在被屠杀、被围剿的地位,在这种情况下,党为什么能实现对群众的领导呢? 主要是因为我们党代表了人民群众的根本利益,制定了正确的路线,我们的广大党团员和干部在长期艰苦卓绝的斗争中充分发挥了先锋模范作用。在战场上,他们冲锋在前,退却在后,富于自我牺牲精神;在工作上,他们废寝忘食,艰苦奋斗,具有忘我献身精神;在生活上,他们吃苦在前,享受在后。广大党员、团员、干部以自己的模范行动吸引和教育了群众,使他们认识到我们的党是伟大、光荣、正确的党,从而自觉自愿接受我们党的领导,甘心情愿地跟着共产党走。

在新时期,党中央号召我们要尽早地使我们国家实现社会主义的四个现代化,就要求我们的党团员在建设"四化",振兴中华的过程中充分发挥先锋模范作用。首先是起到带头作用。就是说党团员要在维护国家稳定和生产、工作、学习等一切社会生活中,处处走在前头,成为广大青年的表率和榜样;其次是起骨干作用。就是说党团员要在"四化"建设过程中吃大苦、耐大劳,顶大梁、挑重担,在任何情况下不动摇、不转向,成为广大青年的中坚,第三是起桥梁作用。这就是要及时把党的路线、方针、政策向广大青年进行宣传解释,并及时把青年们的意见和要求向党团组织反映,使自己成为党团组织与广大青年密切联系的纽带。[8]如果我们每个党团员都能不懈地努力,在建设四化、振兴中华的实践中真正起到带头作用、骨干作用和桥梁作用,自觉地成为各项工作的模范,处处成为青年的表率和榜样,那么我们对青年的思想政治教育必将会收到满意的效果。

(二)发挥青年积极作用,做到自我教育

在社会主义社会里,每个青年既是受教育者,又是教育者。广大青年这种主人翁地位,决定了青年思想政治教育必须充分发挥青年自身的积极作用,必须坚持青年自我教育与互相教育相结合的方法。青年中蕴藏有极大的社会主义积极性,青年在整个社会中最活跃,最富有进取精神,他们敏感而富有热情,是国家民族的未来和希望,他们有一定辨别是非能力等,这些都是青年同志们能够接受教育和钟行自我教育的基本条件。我们对青年思想政治教育的责任之一,就是在马克思主义和党的路线方针指导下,不断发掘青年同志们在实践中涌现的先进思想、先进经验,帮助他们加以总结、概括,使之系统化、科学化,同时利用各种形式进行宣传、推广。用青年们创造的先进思想、先进经验来教育青年的方法,也就是从群众中来,到群众中去的马克思主义的工作方法。

所谓青年自己教育自己即青年自我教育,就是依靠广大青年自身思想的矛盾运动,自觉地接受先进思想和正确理论,克服错误思想和不良行为,促使自己的思想品德向良好的方向发展的方法。青年自我教育分为个人的自我教育和集体的自我教育。青年个体既是教育者又是受教育者。主要是通过自我反省、自我检查、自我评价、自我批评和自我解剖等途径来提高自己的思想政治觉悟和道德品质。但是在青年的自我教育过程中,需要积极正确地加以引导。现阶段,大部分青年强烈的优越感导致相当多的青年大学生产生自负心理。这些人表现在行为上,在与他人相处时,往往喜欢用自己的长处比人家的短处,过分地强调自己的价值,唯恐自己的价值被人忽视;在社会上,他们总认为自己天然就是"时代精英""天之骄子""社会宠儿"等。这是值得我们高度重视的。青年集体自我教育的主体是指一个青年集体内部的互帮互教,通过社会实践,通过认识他人而认识自己发现自己的优缺点,并调整自己的学习和行为,确定新的奋斗目标。

（作者单位:北京信息科技大学马克思主义学院）

参考文献:

[1]张耀灿、曹清燕. 论我国思想政治教育目的的定位——基于马克思主义人学的视角[J]. 江汉论坛,2008(01).

[2]张耀灿、曹清燕. 思想政治教育目的的人学思考[J]. 广西教育学院学报,2008(02).

[3]杜海燕. 浅析思想政治教育目的的现实意义和价值[J]. 法制与社会,2008(22).

[4]张耀灿、曹清燕. 论马克思主义人学视野中思想政治教育的目的[J]. 马克思主义与现实,2007(06).

[5]余玉花、陈洪连. 科学发展观与人的发展目的——兼论思想政治教育的目的[J]. 合肥工业大学学报(社会科学版),2006(04).

[6]杨生平. 思想政治教育目的及其实现[J]. 江汉论坛,2006(11).

[7]陈道德. 确立思想政治教育目的的意义和主要依据[J]. 武汉交通管理干部学院学报,2000(04).

[8]陈道德. 确立思想政治教育目的意义和主要依据简析[J]. 成人教育学报,1998(06).

当前我国社会公德建设的现状及其对策

杜子超

摘　要:社会公德建设是实现"两个一百年"和"中国梦"奋斗目标的重要一环,当前,我国社会公德建设取得了一定的成效,但是依然存在许多问题,如公民公德意识薄弱、社会道德失范现象时有发生、多元价值观对社会公德造成冲击,缺乏对网络社会公德的关注度等,这与我国传统文化制约、家庭教育和学校教育出现偏差以及监管机制缺失有很大的关系。因此,我们必须整治社会环境,建立健全完善的监督机制,加强对青少年的社会公德教育等对策以应对我国社会公德当前存在的问题。

关键词:社会公德;价值体系;价值观

社会公德是指人们在社会交往和公共生活中应该遵守的行为准则,是维护社会成员之间最基本的社会关系秩序,保证社会和谐稳定的最起码的道德要求。[1]其主要内容包括文明礼貌、助人为乐、爱护公物、保护环境和遵纪守法。社会公德建设是我国精神文明建设的重要方面,也是我国实现"两个一百年"和"中国梦"奋斗目标的重要一环,社会公德发展得好坏是衡量一个社会文明的标准之一,也是社会进步与否的重要指标。当前我国社会公德建设取得了一定成效,但是仍然面临许多问题,必须采取行之有效的措施加以解决。

一、加强社会公德面临的时代背景

当前国际国内形势正发生着深刻而复杂的变化,中国的发展既面临着可贵机遇,同时也面临着严峻的挑战。

（一）国际环境

从国际环境来看,虽说当今世界,和平、发展、合作、共赢是当今时代不可阻挡的潮流,但复杂的国际因素使当今世界正处于一个大发展大变革大调整的时期,是一个充满新机遇、新挑战的世界,出现了一些新的时代特征,即经济全球化深入发展;世界多极化趋势进一步加强;科学技术酝酿新的突破;信息技术特别是互联网影响深远;思想文化交流交锋呈现新特点;人类共同安全问题日益突出。这些新的特点使不同的文化、不同的价值观在更大的范围内相互交流交锋。

同时,经过几百年的现代化建设,西方发达国家的社会公德建设取得了巨大的成效,形成了较为稳定的体系,与此同时以美国为首的西方发达资本主义国家凭借其政治、经济、军事与科技优势,在全球范围内推销其价值理念,加拿大全球化研究中心主任乔苏多夫斯基曾指出,美国实际上是一个"披着民权外衣的军事集权国家"[2],而美国有些政客更是赤裸裸地提出:"这是我们国家的历史,不管是为了人民的繁荣还是国民的平等,我们对全球传递美国价值观的承诺不变。"它们把所谓的自由、民主、人权等冠以"普世价值"之名,以文化商品为载体,向社会大众渗透西方的各种价值观,因为意识形态的差异,西方对中国格外"照顾",这对当代中国文化价值观和社会公德建设带来了巨大挑战。因此,在吸收西方先进文化、追赶西方发达国家的同时,抵御西方思想文化的渗透,维护国家的意识形态尤为重要,所以,我们必须加强社会公德建设,形成自己独具特色的社会公德体系,以有效应对西方价值观的严峻挑战。

(二)国内环境

从国内环境来看,当前中国正处于社会转型时期,出现了新的社会阶层,社会结构深刻调整、经济体制深刻变革、利益格局深刻变动,加之西方思想的进入,这就致使思想领域日趋多元化,人们的思想活动的多变性、选择性与差异性不断增强,从而引发了不同价值之间的激烈冲突,出现了价值迷失、信仰危机、道德滑坡、理想失落,甚至行为失范等现象。尤其是在全球化浪潮与市场经济的冲击下,一些腐朽的、落后的思想观念如拜金主义、功利主义、享乐主义、极端个人主义等也相继出现,近来更是出现了历史虚无主义,否定历史唯物主义和历史决定论,通过扭曲历史真相,歪解英雄事迹,丑化共产党,否定马克思主义的指导地位和中国走向社会主义的历史必然性,进而否定中国共产党执政合法性,再加上当前我国正处于改革发展的关键时期,因此,必须坚持"两条腿走路"。经济、政治因素固然重要,文化因素也同样至关重要,尤其是在实现"两个一百年"伟大目标的关键时刻,必须有正确的指导思想帮助人们树立正确的价值观,引导人们为实现中华民族的伟大复兴而奋斗。

二、我国社会公德面临的现状

新中国成立后,尤其是改革开放以来,我国的社会公德建设取得了一系列的成效,整体上呈良好的发展趋势,但是随着我国逐渐进入社会转型的攻关阶段,社会环境复杂多样,思想领域日趋多元化,各种思想交流交锋更加激烈,我国的社会公德建设遭受了一系列的冲击,在建设发展过程中出现了一些偏差和问题,需要进行深刻分析和及时纠正。

(一)我国社会公德建设发展取得的成就

1840 年,英国通过第一次鸦片战争敲开了中国的大门,从此中国开始沦为半殖民地半封建社会,传统的社会公德体系开始解体,而新的社会公德体系在这一时期一直没有建立起来,新中国成立后,新政府十分重视社会公德建设,尤其是改革开放以来,我国的社会公德建设取得了一系列成效,主要表现在以下几个方面:

第一,传统的社会公德体系与体现时代要求的新道德观念相互融合,成为我国社会公德体系发展的主流,例如,提出了以马克思主义指导思想、中国特色社会主义共同理想、以爱国主义为核心的民族精神和以改革创新为核心的时代精神、社会主义荣辱观为基本内容的社会主义核心价值体系;以及以富强、民主、文明、和谐,自由、平等、公正、法治,爱国、敬业、诚信、友善为基本内容的社会主义核心价值观。

第二,鼓励和支持非政府组织的发展,建立了较为完善的民间组织体系。非政府组织大多数从事的是社会公益事业,提供的是公共物品,而且非政府组织涉及的领域非常广泛,包括环境保护、社会救济、医疗卫生、教育、文化等领域,通过鼓励和支持非政府组织的发展,培养了公民良性的社会公德意识,公民社会公德意识得到了较大的上升,例如,汶川地震发生后,大批志愿者通过非政府组织进入灾区,支援抗震救灾,并且为灾后重建奉献了自己的一份力。

第三,公民的法制意识得到了很大的提升。新中国成立之初,反右运动给我们留下了深刻的教训,因此,国家积极完善法律体系,加强法制宣传教育,公民的遵纪守法意识得到了很大的提升。

第四,公民爱护公物、保护环境的观念有所提高。改革开放以来,有一段时期我们以牺牲环境为代价换取经济的发展,国家发现问题后,积极调整政策,加强生态文明建设,通过公益广告等方式宣传生态理念,公民爱护公物和保护环境的意识有所提升,大部分公民开始注重细节,从自身做起。

（二）我国社会公德建设发展过程中存在的问题

第一，公德意识薄弱，社会公德失范现象依然大量存在。

一个国家社会公德的发展，与这个国家社会成员受教育程度和深度有密切关系，我国现阶段社会成员的公德意识发展水平远远低于西方发达国家，社会成员公德意识依然比较薄弱，在文明礼貌方面，虽然我国民众的素养提升很多，但是不文明现象依旧存在，不文明的举止随处可见，加上新思想的传播，许多人在潜意识中对传统道德体系有一种抵触情绪；在助人为乐方面，受多元价值观的冲击，利己主义、功利主义、个人主义在我国盛行，许多人在做事情时，首先考虑的是自己的利益；在爱护公物方面，受传统观念的影响，认为自己有使用公物的权利，没有爱护公物的义务，因此，经常会发生破坏公物的事情，如在文物古迹上刻字等；在保护环境方面，虽然我们的环保意识有所提高，但是破坏环境、污染环境的事依然经常发生，一些地区为了经济发展以牺牲环境为代价，而部分公民生活中未能做到保护环境；在遵纪守法方面，一部分人知法犯法，公然践踏法律的最高权威，以权谋私，贪污腐败现象时有发生，甚至出现了"裸官"现象，一部分人法制意识淡薄，法律知识不多，因此，在遇到不明真相时，容易发生违法事件。

第二，价值观多元化对社会公德带来巨大的冲击。

当前中国经过近40年的改革开放，正处于社会转型时期，出现了新的社会阶层，社会结构调整、经济体制变革、利益格局变动，加之西方思想的进入，这就使思想领域日趋多元化，人们的思想活动的多变性、选择性与差异性增强，从而引发了不同价值观之间的激烈冲突，出现了价值迷失、信仰危机、道德滑坡、理想失落，甚至行为失范等现象。尤其是在全球化浪潮与市场经济的冲击下，一些腐朽的、落后的思想观念如拜金主义、功利主义、享乐主义、极端个人主义等相继出现，社会公德建设面临巨大挑战。

第三，缺乏对网络社会公德建设的关注。

近年来，互联网迅猛发展，成为人们生活中必不可少的一部分，近日，中国互联网信息中心（CNNC）发布第38次《中国互联网络发展状况统计报告》。报告显示，截至2016年6月，中国网民达7.10亿，互联网普及率为51.7%，超过全球平均水平3.1个百分点。我国手机网民规模达6.56亿，网民中使用手机上网的人群占比提升至92.5%。同时，网络直播用户规模达到3.25亿，占网民总体的45.8%。互联网的迅猛发展使我国人民享受到了许多实惠，但是也带来许多问题，例如大量人群的参与使得网络道德与社会公德的关系越来越密切，但是网络化给传统社会公德带来巨大的冲击，而国家和公民现阶段对网络社会公德缺乏足够的重视,没有建立相配套的体系,使得网络社会公德现状不容乐观。

三、我国社会公德问题产生的原因

社会公德的建设需要一个长期的过程,现阶段我国社会公德建设过程中出现的问题,有多方面的原因,具体表现为:

（一）传统文化的制约

公元前 475 年,我国步入封建社会,虽然在 1912 年,清朝灭亡,封建皇帝制在我国结束,但是长达几千年来的封建文化一直影响着我国社会公德的建设。首先,我国在很长一段时间内的经济基础是自给自足的自然经济,加之帝王骄傲自大,闭关锁国,这使得我国的民众大部分具有"大国小民"的心态,人与人之间缺乏广泛的社会交往,缺乏基本的信任,在心理层面上造成国人保守、封闭、知足的性格。其次,我国民众深受封建传统道德礼仪的影响,形成以自我为中心由内及外的关系圈,即我—家庭—亲戚—朋友—陌生人,因此,在对待与自己关系密切的群体时,表现出极大的热情,对于陌生人,只要不涉及自己利益,表现大都冷漠。最后,封建落后的传统文化表现以新的形式继续毒害人民的精神。近年来,我国兴起学习传统文化的热潮,一些落后的传统文化披上新衣掺杂在文化建设中产生消极影响。

（二）家庭教育和学校教育出现偏差

首先,父母是孩子最好的老师,也是孩子出生到世界的第一位老师,家庭教育对于孩子的成长至关重要,如果家庭教育缺失,如父母离异、家庭不和睦、父母和邻居敌对、与亲戚朋友仇视、父母决策缺位等,都会使孩子性格、心态发生扭曲,出现冷漠、嫉妒、孤独、自卑、任性、过激、缺少同情心等状况,成为日后发生暴力倾向的心理诱因。加之,随着现在生活水平的提高,越来越多的父母过于宠溺孩子也使孩子们的价值观发生一定程度上的扭曲。

其次,自 1977 年恢复高考以来,国家越来越重视学校教育,各地的学校如雨后春笋般迅猛发展,但是全国很多地区的学校依然是应试教育体制,强调升学率,以考试成绩作为教育教学成果的标准,重成绩、轻德育建设在很多学校非常普遍,许多学习成绩不好的学生遭到老师和学习较好同学的"抛弃",失去了老师和同学们的关怀,他们容易产生错误的想法,通过暴力来获取成就感。"重智轻德"的教育成为社会公德缺失的原因之一。

（三）社会公德建设缺乏相应的监管

我国在社会公德建设过程中,一直过度依赖道德体系的约束,而忽视了其他方面的监管,"社会对社会公德行为缺乏有效的奖惩机制,注重宣扬先进,但是面对社会公德缺失现象的监督、批评以及惩罚缺乏力度。"首先,国家相关法律体系出现空白。没有充分发挥国家法律的监管作用,近年来,校园暴力事件频发,问题就在于国内校园暴力长期以来停留在道德层次,而没有上升为法律议题,这也从侧面反映出我国社会公德建设缺乏监管体系,尤其是法律的惩戒。其次,在公民中没有形成对社会公德规范的自发性舆论氛围,很多情况下,公民对于社会公德建设持一种事不关己的态度。

四、加强社会公德建设的措施

我国社会公德建设取得了一定的成效,但是存在许多问题,必须采取行之有效的措施加以解决。

第一,整治社会上的不良风气,为社会公德建设营造一个良好的社会氛围。

人是环境的产物,同样,人的行为也是环境的一部分,两者之间是一种互动的关系。1969年,美国斯坦福大学做了一个"偷车实验",以这项实验为基础,政治学家威尔逊和犯罪学家凯琳共同提出了一个"破窗效应"理论。这个理论的主要观点是:如果有人打坏了一幢建筑物的窗户玻璃,而这扇窗户又得不到及时维修,别人就可能受到某些示范而去打烂更多的窗户。久而久之,这些破窗户就给人一种无序的感觉,结果在这种公众麻木不仁的氛围中,犯罪就一时滋生、猖獗。这个实验和理论深刻说明了社会环境对人类的重要影响。

深刻分析当前社会公德缺失的原因,国家和社会主体可以进行针对性的预防和治理,如加强对网络的监管,加强对影视作品的审核力度,以减少不良倾向思想的传播;其次,加强社会主义核心价值体系和社会主义核心价值观的宣扬,形成良好的社会风尚;最后,形成良好的机制,对社会环境进行定期的整治。

第二,健全和完善相关机制和法律制度,为社会公德建设提供制度保障。

一个国家的建设不能只依靠道德约束,还必须加强制度建设,一个好的制度可以使人的坏念头受到抑制,而坏的制度会让人的好愿望四处碰壁。在社会公德建设的过程中,我们必须建立健全完善的监督和奖惩机制,一方面,将社会公德的要求通过立法的形式固定下来,对于社会上的道德模范进行奖励,宣传他们的事迹,对于违反社会公德的行为严加处理,让民众知道违法的后果;另一方面,通过完善制度建设,培育公民的社会公德意识。

第三,加强对青少年社会公德的教育。

社会公德的建设不是短时间内就可以完成,需要一个长期的过程,青少年作为祖国未来的希望,是实现"两个一百年"和"中国梦"奋斗目标的亲身见证者、全程参与者和重要推动者。因此,加强对青少年的社会公德建设具有重要意义。首先,父母以身作则为孩子健康成长树立良好的榜样。其次,学校加强德育教育,拒绝注重成绩轻视德育的教育方法。最后,国家与社会注重社会公德的宣传教育,保证青少年社会公德的发展。

社会公德建设是实现"两个一百年"和"中国梦"奋斗目标的重要一环,但是社会公德的建设并不是一朝一夕就可以完成的,需要我们这一代人甚至几代人的共同努力,我们在欢喜成就的同时,必须理清存在的问题,及时做出调整,为建设更加美好的中国而奋斗。

(作者单位:北京信息科技大学马克思主义学院)

参考文献

[1]王沪宁. 思想道德修养与法律基础[M]. 北京:高等教育出版社,2010.

[2]辛向阳. 当代资本主义政治制度的危机分析[J]. 国外社会科学. 2012
(5).

05

高校学生工作与管理研究

大学新生"成长小组"朋辈互助模式的探索*

贺　芳

摘　要:调查显示:朋友作为大学生重要的社会支持系统之一,在大学生日常心理健康调试和学习生活中起着关键性的作用。通过探索在高校中建立大学新生"成长小组"朋辈互助模式,了解"成长小组"在大学生教育管理中的介入及其作用,进而帮助大学生较好地进行角色转换和定位,使其更好地适应大学学习生活具有重要意义。

关键词:小组工作;大学生"成长小组";适应教育

苏霍姆林斯基曾说过:"促进自我教育的教育才是真正的教育。"随着高等教育规模的不断扩大,越来越多的人能够进入大学就读。面临着生活和学习方式的急剧转变,很多大学新生不能较好地适应大学学习和生活,进而出现各种适应性问题和障碍,严重影响了大学生的学习质量和高等教育的质量。但同时,许多同学对于专业的心理咨询抱有陌生感和抗拒感,或者说,他们不愿意对陌生的老师或心理医生敞开心扉。

一项针对大学生心理求助行为研究得出的结论是:大学生在试图解决心理问题时,倾向于先求诸己,后求诸人;而在必须寻求外界帮助时,首先倾向于求助朋友或家人,只有将问题诉诸情绪障碍并且较为严重时,才会向专业咨询求助。这项调查显示,有61.5%的学生选择身边知心的同学和朋友来帮助自己解决心理问题。这个时候,朋友(也即同龄的朋辈群体)——作为大学生重要的社会支持系统之一,就会在大学生日常心理健康调试中起到关键性的作用。因此,探索如何在高校中建立大学生朋辈群体"成长小组",了解"成长小组"在大学生教育中的介

* 基金项目:2011年度首都大学生思想政治教育研究课题资助(编号:BJSZ2011ZC111)。

入模式及其作用,协助大学生在转变过程中更好地完成心理适应,已成为摆在高校教育工作者面前亟待解决的问题。

一、大学生"成长小组"的由来及优势

小组工作,全称社会小组工作,又称社会团体工作(Social Group work),是社会工作的三大方法之一,在西方发达国家已有近百年的发展历史,很早就被应用于学校教育中。成长小组是小组工作的方式之一,主要指通过小组形式,在小组工作者协助下,运用以往小组经验,促进小组成员间互动与彼此成长的活动,它秉持"助人自助、平等、尊重、共同参与"的理念,把有共同需要和问题的人组织在一起,通过个人的观察、体验、感悟和组员之间的分享、分担,来达成组员情绪、行为和态度的转变、人际关系的协调和应付实际生存环境能力的提高。

大学生成长小组主要通过大学生群体老生带领新生的方式,引导新生尽快适应大学生活,在思维、心理、人际关系、行为模式方面增强适应性,提高自信,增强自我认同、自我体验,形成老生新生共同成长格局。大学生成长小组更侧重于人生阶段的转变、校园生活的适应、自身素质的提高。它一般采用情景模拟、游戏、角色互换、经验交流等灵活多样的形式,在小组工作者的指导和协助下,就成员个人内在需求与心理发展提供成长帮助。相对于一般的小组活动而言,大学生成长小组一方面由于大学生经历相似,他们会产生强烈的归属感,彼此之间很容易沟通并产生信任,这种由小组产生的动力场在帮助大学生适应新环境方面有着其他方法无法比拟的优势;另一方面,小组的工作者一般选用高年级老生,作为年龄相仿的学长,他们不是权威式地说教,不是自上而下地灌输自己的理念,而是基于平等关系上的一种朋友式的交流,更有真实性、号召力和亲和力,而且作为过来人,他们能够结合自身的经验体会现身说法,帮助解决新生困惑,收到事半功倍的效果。可见,这种同辈互助小组模式对于大学生的心理健康和综合素质提高具有重大意义。

二、"成长小组"在大学生教育管理中的应用

(一)在新生入学适应教育中的运用

从高中刚刚进入大学的新生很容易对新的学习环境、生活环境、人际环境等多方面的改变感到不适应。这时创建新生成长小组,通过"刮大风""滚雪球""同舟共济"和"信任之旅"等体验式的互动学习、体验、认知,促使新生以新的态度与行为,来改变和调整与他人的关系。这种形式不仅有利于帮助大学新生更好地认

识自我、了解自我、接纳自我,还有利于新生尽快打破人际坚冰,增强彼此的信任感,锻炼人际交往能力,增强团队协作精神,从而有效促进校园文化建设,形成和谐的校园文化氛围。

（二）在班级建设中的运用

当前大学的班集体较为普遍地存在着凝聚力、归属感缺乏和理想信念淡薄等问题,导致大学生班级的教育功能、管理功能、德育功能日益淡化。在班级教育管理中,运用成长小组的理念和技术,根据当前班级存在的问题设计相应的团体活动,让班级同学在活动中形成自尊、接纳、合群的心理品质,促进班级学生相互交流,提高班级学生的凝聚力和认同感、信任感、归属感,形成良好的健康融洽的班级气氛,促进学生个体与班级集体的共同成长。

（三）在党团组织活动中的运用

高校中的党团组织生活长期给人的感觉是形式刻板,内容单调,缺乏吸引力,在一定程度上使党团组织活动的质量大打折扣。通过借鉴新生成长小组开展"党日""团日"活动和组织生活会,让广大党团员在寓教于乐的游戏中间改变自己的思想和行为,自觉享受党团员权利,履行党团员义务,从而增强党团支部的战斗力和凝聚力,真正实现"长知识,促成长,做贡献"。

（四）在学涯规划、职业生涯规划中的运用

传统的学涯规划和职业生涯规划通常由辅导员采取单向"开会"或"上课"的形式向学生讲授就业政策和求职技巧,理论性较强,缺乏双向交流互动,学生印象不深。大学生成长小组的组建为高校学生教育管理者开展生涯规划和就业指导注入了活力。同学们通过小组活动来进行模拟面试、角色扮演、案例分析等多种形式的活动,增强了趣味性和吸引力,有助于学生尽早树立学涯、职业生涯规划意识,提高其职业素养和就业能力。

三、大学生"成长小组"朋辈互助模式的实践探索

（一）大学生"成长小组"创建过程

在建设大学生"成长小组"的过程中,主要分为三个步骤:工作团队建设、成长小组的组建和活动的开展以及小组成果的验收和经验总结。

1. 工作者团队建设

其中包括队员招募、培训等。在高年级老生当中进行一定的宣传,然后择优招募有热情、有能力和学习等各方面表现优异的同学,成为朋辈群体"成长小组"的工作者。按照每两个人一组成立工作者小组,小组可兼顾性别、年龄和专业等

各方面因素。在小组成立后,对队员进行相应的培训,如首先通过各种破冰游戏打破组员间的陌生感,并带领大家反思和总结自己在大学学习和生活适应中的各种体会和感悟,以及如何将自己的这些感悟和收获在下一阶段顺利提供给大一的新生。在帮助大家进行思考和学习之后,各组拟定自己的活动方案,并报请指导老师批准。各组可以用不同的名称或者代号进行区别,完成工作者团队建设后,就可以进入"成长小组"的组建阶段。

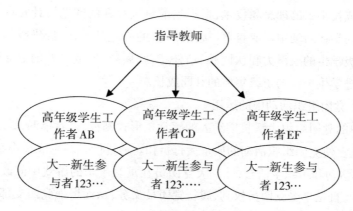

图1 大学生成长小组朋辈互助模式图

2. 大学生"成长小组"的组建和活动的开展

本阶段中,根据一定的标准将高年级老生工作者小组和大一的新生小组进行匹配,这个标准可以是班级标准、专业标准,也可以是根据新生中存在的问题的类别来进行对应和匹配,比如新生中普遍存在生活适应、学生团体组织、学习指导、心理调节、人际关系五个方面的问题,采用针对问题选拔工作者的方法,针对每一类问题选拔2名工作人员,对应每个新生班10位同学,这样,5个小组,每组12名同学,"成长小组"就初步建立起来。

第一阶段活动:适应期。目标是破冰,了解团队的重要,进行需求评估。工作者首先通过"您好""进化论"等游戏帮助组员之间互相认识和熟悉,然后与组员一起讨论建立小组规范,设计小组工作方案,方案得到指导老师的认可后正式开展活动。

第二阶段活动:探索磨合期。目标是使参与者更好地认识自己,了解人的多样性、创造性和巨大潜力,并介绍学习生活中易出现的问题。工作者可以通过我的自画像、镜中的你我等游戏激发小组成员自我认识和自我探索的能力,帮助他们更好地分析和认识自我的潜力,促进组员进行更深层次的交流,进一步增加团队的凝聚力,并提出和解决大学适应当中存在的一些实际问题,针对学习、情感、生活和职业规划等主题进行讨论和交流。高年级工作者根据自己的经验释疑解惑或引导组员之间寻求解决办法。

第三阶段活动:成就期。目标是整合并强化其几次活动的目的,了解有关学习和今后的出路,增强参与者的团队精神和班级向心力。这阶段主要偏重于组员的感悟和提高,在前两个阶段的基础上,高年级工作者通过进一步的引导和启发,让新生同学进一步地认识和了解大学的学习与生活,正视存在的各类问题,通过"十年后的你""魔镜"等游戏进行小组活动成果的巩固。

第四阶段活动:结束期。目标是进行阶段性的总结和经验分享、成果的评估、汇总和材料的整理保存等。工作者通过调查问卷和单独访谈的方法,进一步了解小组成员在活动中的收获提高,并鼓励他们自己进行阶段的总结,充分发挥自己的积极主动性和潜力,开展心灵的自我对话,鼓励他们自己通过活动得到答案。

(二)大学生"成长小组"的有益做法和经验

首先,大学生"成长小组"要依据一定的平台。比如可以通过将其纳入学校的公共选修课体系中,通过在学校设置一定的"成长小组"课程,来推广"成长小组"工作模式,这样,才能对小组活动开展的时间、场地等提供有效的保障。

其次,大学生"成长小组"在促进组员间相互认识和了解,满足其归属感和提高其人际交往能力方面效果明显,但应注意进行阶段性的总结和理论的提升。在开展小组活动时,不能为了活动而活动,大学新生参加活动的激情比较高,但持久性较差,而且总结和经验提升的能力较差,指导老师和工作者应适时地进行总结,帮助大学新生在开展活动之后能够及时获得相应的经验和收获。

再次,大学生"成长小组"工作模式应逐渐发展为一种长效机制,成长为大学生心理健康成长的有效保护机制。在这个机制中,一方面帮助新生更好地适应大学的学习和生活,同时,在和大学新生的交流中,高年级工作者本身也有提高和收获。这样一种工作模式,可以慢慢演化和发展,成长为一种心理咨询和心理治疗的有效辅助措施。

(三)大学生"成长小组"的困难和障碍

高校中开展大学生"成长小组"尚处于开始阶段。在观念上,绝大多数的学校和老师还没有认识到它存在的意义,有些人将其功能简单地等同于班委会的工作,另外一部分人则倾向于认为它是学校心理咨询中心和专业咨询机构的分支机构,这种简单化和片面化的理解对于朋辈群体"成长小组"的健康成长是不利的。

另外,由于"成长小组"成员本身也是学生,他们承担着繁重的学习任务,同时,还可能自身也正面临着某些适应性问题,在这种情况下,要让他们担当起引导新生转变角色和适应大学生活的重任,有时也不一定能够顺利地完成学校和老师交给的任务。

（作者单位:北京信息科技大学离退休工作处）

参考文献

[1]施鸿、周灵芳、朱海鹏.大学生朋辈心理互助开展形式综述[J].文教资料.2010(10).

[2]冯博雅."成长小组"与同辈互助——解决新生适应问题的学校小组工作模式探索[J].广东工业大学学报(社会科学版).2006(12)

[3]魏爽.社会工作专业学生"自我成长小组"模式初探[J].北京工业大学学报(社会科学版).2003(12).

附录:　大学生"成长小组"活动方案

小组阶段	小组目标	小组内容
适应期	破冰,了解团队的重要,进行需求评估	1. 建立小组契约与规范 2. 游戏:您好、进化论 3. 分享与交流
探索磨合期	使参与者更好地认识自己和所学专业,了解人的多样性、创造性和巨大潜力,并介绍学习生活中易出现的问题	1. 游戏:自画像、镜中的你我 2. 分享:swot分析法全面地认识自我 3. 游戏:同途殊归 4. 分享:沟通理论与技巧
成就期	整合并强化其几次活动的目的,了解有关学习和今后的出路,增强参与者的团队精神和班级向心力	1. 讲座:学涯指导 2. 游戏:我的人生彩虹、许愿天空 3. 分享:生涯规划
结束期	阶段性的总结和经验分享、成果的评估、汇总和材料的整理保存	1. 游戏:爱心永驻 2. 分享:收获与体会 3. 总结与评估,留影纪念

大学生艺术社团在高校立德树人中的作用

——以北京信息科技大学为例

郭　颖

摘　要：大学生艺术社团是促进高校立德树人的独特载体。艺术社团活动提升了大学生审美素养,推进了高校美育的发展;美育引领下的大学生艺术社团与高校立德树人工作相辅相补,目的同一;艺术社团活动是弘扬社会主义核心价值观的实践过程,使大学生自身道德理念得以进一步升华;促进了高校立德树人工作向纵深发展。

关键词：高校;艺术社团;美育;立德树人

习近平总书记在全国高校思想政治工作会议上的讲话指出,要着眼于办好社会主义大学,坚持把立德树人作为中心环节,努力开创我国高等教育事业发展新局面。当前,我国高等教育面临着一个新的发展机遇、发展条件和发展环境。如何使大学生全面健康成长成才,文化育人是重要一环。大学生艺术社团是实现高校立德树人根本任务卓有成效的形式之一。

一、艺术社团提升了大学生审美素养,是实现高校立德树人的重要载体

当前,在众多普通高校,特别是一些非艺术专业类高校中,大学生艺术社团的艺术实践活动方兴未艾。由于大学生艺术社团广泛的学生基础和独具魅力的活动特点,在高校立德树人工作中,已成为提升大学生审美素养的有效途径和必要载体。在大学生艺术社团的艺术进程中,无论是专业训练、业务讲座,还是排练演出或艺术展览等,都以艺术为中心,以美育为核心。大学生正是通过艺术社团找到了自己的艺术定位,提高了自身艺术素质,展示了艺术才华,释放了创造美、表现美的艺术潜能。

北京信息科技大学是在新形势下合并组建的理工科类全日制普通高校,其阶段性目标是建成为以工为主、多科并举,特色鲜明,国内一流、国际知名的高水平教学研究型大学。学校在《十三五事业发展规划》基本任务的"文化建设"中明确指出,要"立足大学发展规律,深入研究大学校园文化特点,丰富校园文化生活,陶冶师生员工文化情怀"[1],以达到学校立德树人之目的。近年来,学校开设了美学、现代音乐赏析、美术作品赏析、中国文化遗产与文化传播、音乐修养、器乐艺术欣赏与实践、合唱艺术欣赏与实践、舞蹈艺术欣赏与实践等 10 余门艺术选修课程。除结合学生实际特点,尝试多种艺术实践形式,加强课堂教学中的互动,设立课堂音乐会、舞蹈展示,激励学生踊跃参与外,还逐步建立、完善学生艺术社团,从原本只有一些规模较小的学生艺术社团,发展到拥有合唱团、国标舞蹈团、民族舞蹈团、话剧团、管弦乐团、钢琴团、相声社、书画社、街舞社、摄影协会等多个艺术社团。各艺术社团每年重大节日在校内外都举行多场演出。2015 年,在新大学成立七周年之际,校合唱团的同学们克服种种困难,经过数月的排练,用中、英、美、日、墨西哥等多国语言,演唱了 20 余首中外经典合唱作品,成功地举办了《金色的光——中外经典合唱作品音乐会》。2016 年,舞蹈团以古典舞、民族民间舞、拉丁舞、现代舞、当代舞等多个舞蹈种类,为"青春见证,岁月留痕"的毕业季献上了舞蹈专场。钢琴艺术团团员熟练的指法、清脆的琴声,在校园举办了仲夏音乐会和艺术沙龙。管乐团激情四溢、青春活力的演奏,EDS 街舞社娴熟且有感染力的舞步,话剧团寓意深刻的对白,吉他社队员帅气又文艺的表情等,既丰富了学校第二课堂的艺术内容,又突出展现了学校艺术教育的丰硕成果,为学校美育的深入发展奠定了基础。

大学生艺术社团在面向社会、面向全体大学生展示高校美育成果的同时,也把审美感知辐射到周围的学生,拓展了学校的艺术教育空间,扩大了美育的受众面。很多大学生不仅自己在艺术团受益匪浅,还积极参加各院系的文化艺术活动。团员们发挥自身艺术优势,在同学之间互帮互学,感染带动了身边一些同学参与艺术实践活动,使每一位学生都有了展示艺术才能、参与艺术实践的机会,使得面向众多学子的艺术教育落地开花。北京信息科技大学仅在 2015 年 10 月至春节这段时间内,就有 10 余个学院举办了冠名为"音为有你,梦想发声""艺韵年华""心仪星光""筑梦飞扬""歌尽菁华,唱响新声""歌唱青春,圆梦机电"等文化节、合唱节、十佳歌手大赛、元旦主题晚会、新年联欢会、迎新晚会等 10 多场文化艺术活动。演出形式有合唱、重唱、独唱、器乐合奏、话剧、舞蹈、相声、诗朗诵等 10 余类,参加师生达 3000 余人(次)。初步实现了高校艺术教育活动"面向全体学生,确保每个学生都能参与艺术活动"的育人宗旨。

教育部举办的全国大学生艺术展演活动,是对各高校艺术教育成果的检验。学校艺术团在历届大学生艺术展演中屡获佳绩。在 2012 年第三届和 2014 年第四届艺术展演活动中,该校的大合唱和小合唱、管乐合奏、舞蹈、艺术作品、话剧等,获得北京市大学生艺术展演 13 个一等奖,1 个二等奖和 1 个三等奖,在参赛的几十所高校中脱颖而出。在 2015 年第五届北京大学生舞蹈节中,校舞蹈团《百川东到海》获得二等奖。在刚刚闭幕的 2016 年北京大学生音乐节展演中,校合唱团参赛的合唱曲目《杨柳青》和《Water Night》荣获合唱组金奖,小合唱《little organ fugue》和人声乐团《payphone》获得银奖,管乐《火的风暴》《篝火——阿细跳月主题变奏曲》获得银奖。这些,都为大学生在艺术素质和审美能力等方面得以提升提供了实践机会,有力推动了该校美育工作的开展,为学校立德树人工作奠定了良好基础。

二、大学生艺术社团活动与高校立德树人工作的同一性

高校育人工作的最终目标,是坚持德育为先、以文化人,实现立德树人的根本任务,为党和人民事业,培养造就德智体美全面发展的社会主义建设者和可靠接班人。

高校美育是实现高校立德树人工作成效的重要保证之一。高校实现美育的主要形式有艺术课程、讲座、演出、展览、观摩等,而大学生艺术实践是高校美育实践的主要形式之一。通过这类艺术形式和手法,使大学生从音乐、舞蹈、美术、影视等具象中感受美,从艺术实践生活中发现美。"不仅能提升人的审美素养,还能潜移默化地影响人的情感、趣味、气质、胸襟,激励人的精神,温润人的心灵。"[2]通过艺术实践将"美"传递给大学生,引导大学生树立正确的审美观念、培育深厚的民族情感,以"动之以情"的艺术形式激发大学生的想象力和创新意识。

与美育异曲同工的高校思想政治教育,是从理性角度入手,树立行为规范,培养责任和义务感,使大学生建立起良好道德意识,培养高尚情操,调整人际关系,通过社会舆论和社会习惯来实现对个体言行及内在意志品质、价值观念的约束,建立社会伦理秩序等,其方式方法是"晓之以理"。

立德树人,为高校大学生艺术社团健康发展提供了思想保证,同时也指明了发展方向。二者相辅相补,目的同一。

三、大学生艺术社团促进了高校立德树人工作向纵深发展

大学生艺术社团在实践美育的同时,提高了大学生自身包括艺术才能在内的综合素质,营造了社会主义核心价值体系内涵的校园文化氛围,体现了美育与德育的融合,是实现高校立德树人目标的生动形式之一。

（一）大学生集体观念和团队精神逐步增强

高校艺术团涉及的艺术门类颇为丰富,如声乐、器乐、舞蹈、话剧、戏曲、摄影、美术等。学生在选择加入社团之初一般基于兴趣爱好,他们中的一些人有一定的艺术基础,这种兴趣爱好或艺术基础成为他们参与社团活动的动力。由于志向一致,兴趣相同,同学们情感易沟通、信息易交流,在艺术社团活动中,更有利于营造团结和谐、奋发向上的校园精神,形成集体主义观念和团结协作精神。如大学生合唱团和管弦乐团的团员,一进团就要先理解"合""谐"的重要意义。在合唱（奏）实际训练中,更要摆正好自身位置,不能随意张扬个性。只有处理好横向旋律与纵向和声的和谐关系,兼顾好其他声部,才能获取最佳的合唱（奏）效果,体现出旋律美、节奏美与和声美的高度统一。校合唱团的一位负责同学在演出获得金奖后激动地说:"能成为合唱团一分子,是我大学四年做过最有意义的事情之一。合唱取得金奖,我认为,协作精神是至关重要的,通过合唱团,使我进一步认识到了集体团结协作的重要性。"由此可见,在参与高校艺术社团的过程中,不断将兴趣爱好转化为实际能力,把增进协作关系、集体观念以及团队精神运用于社会实践,对于培养、提高大学生自身综合素质具有积极的意义。

（二）传导和践行社会主义核心价值观的实践过程

大学生艺术社团的实践过程,也是传导和践行社会主义核心价值观的过程。在每年的五四青年节、国庆节、中国共产党建党生日以及纪念"一二·九"爱国救亡运动日等重大节日,各高校大学生艺术社团都开展丰富多彩、形式多样的主题活动,寓教育于活动之中。如首都师范大学的管乐合奏《黄河》,北京交通大学的大型声乐套曲《长征组歌——红军不怕远征难》等,都是爱国主义教育活动的特色节目。展现了中华民族不屈不挠的英雄气概,在高校学子中传导和弘扬了以爱国主义为核心的时代风尚。北京信息科技大学艺术团为纪念抗日战争胜利70周年,专门创作了主题歌舞《难忘的旋律》。在演出中,校艺术团以合唱、齐唱、重唱、独唱等形式,演唱了中国革命和建设时期的《松花江上》《毕业歌》《长城谣》《保卫黄河》《毛主席话儿记心上》《歌唱祖国》等多首歌曲。激奋人心的音乐旋律加之相互协调的舞蹈语言,使大学生身临其境,体验、感受了中国革命的艰苦历程,激

发了他们热爱祖国的豪迈情怀。不少大学生激动不已,起立与台上的同学热烈互动,同声歌唱,场面感人至深。在纪念长征胜利 80 周年之际,艺术团在学校举办了《传承华夏之音》专场音乐会和《永远的长征,永恒的旋律》歌舞情景表演,受到广大师生的好评。在庆祝中国共产党建党 95 周年期间,校艺术团和学校有关学院、部门排练了 10 多个节目,举办了专场演出。演出中,校领导和师生激情满怀,同声高歌《中华人民共和国国歌》《没有共产党就没有新中国》《红梅赞》《爱我中华》等。热爱中国共产党、热爱社会主义祖国的情怀和自强不息的民族自豪感,在同学们心中油然而生。体现了高校"坚持社会主义先进文化导向,实施素质教育,促进学生健康成长"的发展方向。

（三）实现大学生自身道德理念的升华

习近平同志指出:"好的文艺作品就应该像蓝天上的阳光、春季里的清风一样,能够启迪思想、温润心灵、陶冶人生,能够扫除颓废萎靡之风。"[3]对于大学生艺术社团来说,不仅要注重培训和提高学生的艺术表演技能,还要对学生进行历史使命和社会责任的引导和教育。在艺术作品上则要树立清晰的导向意识,既具艺术性,又具丰富的思想内涵。在人生观、世界观、时代精神等方面对大学生起到引领和导向作用,体现出艺术作品的真正意义。清华大学艺术团创作演出的话剧《紫荆花开》,讴歌了我国老一代知识分子热爱祖国,不畏艰难,刻苦钻研,勇于攀登科学高峰的"两弹一星"精神;北京大学艺术团在汶川地震发生后短短的几天时间内,创作录制了抗震歌曲《天降大任》,声援灾区,共克时艰。在中国科协、教育部等部门牵头主办的"共和国的脊梁——科学大师名校宣传工程"会演活动中,清华大学等高校通过"校友演校友、学弟演学长"的方式,创作演出了话剧《大地之光》《哥德巴赫猜想》《钱学森》《马兰花开》《爱在天际》《求是魂》《茅以升》《王选之歌》和音乐剧《罗阳》等剧目。近 10 万师生和社会公众观看了演出。这些剧目展现了我国科技精英的崇高形象,用贴近青年学生的艺术形式诠释了科学大师家国天下的大爱情怀,使之内化于心、外化于行,引导、激励了广大青年学子自觉践行社会主义核心价值观,为实现中华民族伟大复兴"中国梦"而奋斗的豪情壮志。[4]

大学生艺术社团的学生们秉承"学习艺术,学会做人"的理念,不断完善着舞台上的角色和生活中的自我。北京信息科技大学话剧团创作演出了《试卷》《阳光下成长》等富有校园特色的话剧。《阳光下成长》紧贴高校校园和大学生的学习生活,围绕竞选学生会主席期间产生的种种风波,表现了部分青年学生从一开始对社会一些不正之风的模糊认识,到逐步看清其危害性,最后明确了清白做人、坦荡做事道理的转变过程。该剧荣获北京市"最具校园普法意义奖"。很多学生在观看演出后,受到了心灵的震撼。话剧团的同学也在创作、演剧的过程中,启迪了思想,荡涤了灵魂,陶冶了情操,进一步明确了自己应有的人生观和价值观。

从每次展演后收获的鲜花和掌声中,同学们欣喜、激动、感慨,深深感受到社会及广大师生对自身劳动成果的认可和肯定。正如校艺术团一位同学所说:"在这里,我有一种归属感,找到了促进我各方面成长的推动力。"艺术社团的实践,增长了大学生自我教育、自我激励、自我成长的能力,激发了艺术团团员们爱学校、爱社会、爱祖国的情怀。"蓬生麻中,不扶自正",在"随风潜入夜,润物细无声"的艺术实践过程中,同学们实现了自身道德理念的不断升华。

总之,大学生艺术社团通过艺术实践活动,把审美情感辐射到大多数学生,提高了大学生自身综合素质,培育和弘扬了社会主义核心价值观,实现了大学生道德理念的升华。促进了高校立德树人工作向纵深发展。

(作者单位:北京信息科技大学团委、艺术教育中心)

参考文献:

[1]中共北京信息科技大学委员会,北京信息科技大学. 十三五事业发展规划[EB/OL]. www. bistu. edu. cn/.

[2]国务院办公厅. 关于全面加强和改进学校美育工作的意见[EB/OL]. www. gov. cn/2015 – 09 – 15.

[3]中共中央宣传部. 习近平总书记在文艺工作座谈会上的重要讲话学习读本[M]. 北京:学习出版社,2015:26.

[4]王春法. 总结汇演经验 打磨校园经典 推动"共和国的脊梁——科学大师名校宣传工程"再上新台阶[J]. 科协论坛,2014(7):6~9.

京津冀高等教育协同发展研究初探

高 平

摘 要:京津冀协同发展重大国家战略的实施,为区域高等教育加快发展带来了难得的历史机遇,也对高校深化体制机制改革、提升内涵发展质量、加强协同合作提出了新的要求。教育部 2015 年工作重点指出要"研究制订推进京津冀教育协同发展的实施意见",这极大地鼓舞了京津冀三省(市)教育领域的合作发展热情,为三省(市)探索区域高等教育一体化协同发展提供了政策支持,对京津冀区域高等教育实现全面深化综合改革意义重大。

关键词:京津冀;高等教育;协同发展

京津冀区域是我国的政治文化中心,在国家区域化发展战略的背景下,其重要地位与作用不断凸显。2013 年该区域晋升为国家主体功能区,承担起我国经济增长第三极的重任,成为我国经济社会可持续发展的新动力。2014 年京津冀区域的一体化发展迎来了新的重大历史机遇,京津冀协同发展战略被提升到国家战略的高度,中共中央总书记习近平同志高度重视、积极推进,使京津冀区域协同发展步入实质性发展阶段。区域教育协同发展方面,教育部研究制订了推动京津冀教育协同发展的实施意见。如何构建区域人才长效供给机制,助力区域经济腾飞已成为区域高等教育亟须破解的重大课题。[1]

一、发展现状

京津冀区域拥有我国最强的高等教育资源,最高水平的科研实力,在建设高等教育强国的使命中担当着义不容辞的责任,然而京津冀区域高等教育的发展也存在着诸多挑战,如区域内优质高等教育资源差距悬殊,区域高等教育发展结构有待优化,区域经济社会协同发展对人才培养与科研成果提出了新的更高的要求,等等。在这样新的历史形式下,京津冀区域高等教育如何充分认识自身发展的优势与挑战,如何准确识别区域经济社会一体化协同发展的需求,如何在经济社会发展与自身发展之间构建更高的契合度,实现提高区域高等教育质量,建设世界一流高等教育强国的重任,是摆在三省(市)面前亟须破解的重大课题。

经济的区域化发展是市场经济进程中某个区域内的各利益主体为寻求整体利益最优化探索出的双赢策略,区域内经济综合实力水平的提升带动着区域内各利益主体的整体进步。在有限资源与发展瓶颈的制约下各利益主体选择"抱团"的方式谋求区域经济一体化是走出发展困境的有效路径之一。人才作为一种稀缺资源,其在经济发展中的重要作用已经得到了普遍共识。区域经济的高速发展要以合适的高级专门人才的长期供给为支撑,而高等教育的任务正是培养这样的高级专门人才,所以区域经济的发展离不开区域高等教育的服务与支持。区域经济一体化发展的战略也要求区域高等教育的一体化,打破行政壁垒,在大区域内对高等教育资源统筹规划,明确特色、功能与定位,是高效协调教育资源、密切人才需求与供给、有力服务区域经济发展的必行之策。同时,高等教育对所在区域的社会和文化的积极辐射作用也是保障区域经济发展顺利进行的软环境,优质高等教育资源对人才的凝集力在国内外的教育实践中也得到了证实,在吸引人才、培养人才、留住人才,让人才积极投身到区域经济建设的过程中,高等教育发挥着不可小觑的作用,因此着手区域高等教育协同发展生态系统的构建应尽快被区域政府提上议程,这是保证区域经济一体化长久发展的动力源泉。

二、研究内容

京津冀区域高等教育改革的已有研究主要关注了三个方面的问题,一是河北省如何利用北京市优质高等教育资源提升自身高等教育质量的问题,二是从经济发展的角度考虑大力发展区域高等职业教育的问题,三是对京津冀高等教育走向合作的可能性的论证。

关于河北省如何利用北京市优质高等教育资源提升自身高等教育质量的问题,有人认为河北要实行自主培养和柔性引进相结合的人才策略,要利用环北京优势加强高等院校的科技创新能力,利用非零和博弈理论与非均衡发展理论对河北省与北京市在高等教育发展方面的合作进行研究,在客观分析河北省环京、津区位优势的基础上,研究河北省利用这种优势发展自身高等教育的可能性。

关于从经济发展的角度考虑大力发展区域高等职业教育的问题,已有研究大都强调了职业教育在服务经济发展中的重要地位,认为经济一体化发展应当以职业教育一体化先行,认为发展区域高等职业教育可以从实现资源整合与共享,组建职教集团角度考虑。

关于对京津冀高等教育走向合作的可能性论证,已有研究大多肯定这种可能性,并对发展前景充满希望,指出了京津冀高等教育要走合作的道路,并从合作的理论基础、机制与内容方面加以论证,认为推进合作的重要途径是加强研究,并指出专业化、规范化、具体化与多元化是开展合作的原则,对京津冀区域高等教育的布局现状进行详细分析,并提出理想的布局结构,在对京津冀区域高等教育现状分析的基础上找出该区域高等教育一体化进程缓慢的原因。

综上所述,关于京津冀区域高等教育改革的问题,人们已认识到合作的可能性与必要性,对合作的原则与方向也做出了初步的回答。对于如何改革,不同学者的观点各有侧重,主要是以布局结构、职业教育发展与河北省高等教育质量提升为突破口。我认为已有研究还有一些不足之处与局限性:一是谈到京津冀高等教育合作只看到河北省从中获利的可能性,未能看到北京市与天津市从中获利的机会;二是对京津冀高等教育合作还停留在论证可能性的阶段,没有足够的前瞻意识去认识到京津冀高等教育要走向协同发展的必要性,关于如何协同的研究更是寥寥;三是认识到了职业教育是合作的突破口,没能意识到京津冀整体高等教育生态系统构建这种顶层设计的基础性与重要性。[2]

三、区域高校合作发展措施

(一)区域高校办学需要转型发展

要实现京津冀协同发展,京津冀区域的产业规划布局需做出调整,大力促进创新驱动发展,大力实施产业转型升级。同样,区域高校也存在着转型发展的必要,要以转型发展助推协同发展。[3]

1. 人才培养的转型发展

助推京津冀协同发展,京津冀区域要大力改造提升传统优势产业;大力发展服务经济、知识经济和绿色经济;大力发展航空航天、生物医药、节能环保等战略性新兴产业;优化发展高端装备、电子信息等先进制造业。京津冀高校尤其是我们北京高校作为该区域主要人才支撑,需要根据重点产业的发展,对人才培养的结构及布局进行适度的转型和调整,需要认真审视我们人才培养的结构布局,认真审视我们的人才培养质量,切实提升人才培养与区域经济社会发展需求的契合度。

2. 科学研究的转型发展

要实现京津冀协同发展,京津冀区域需构建区域分工合理的创新发展格局,聚集高端创新要素,联合组建一批产业技术创新战略联盟,打造产业创新中心、重点产业技术研发基地,协同突破重点领域科技创新,促进科技创新资源和成果开放共享,打造全国科技创新高地。高校作为科技资源的主要聚集地,很有必要转型科研工作的理念,聚焦区域行业发展新格局,以科技成果的实际贡献为主要导向,创新科研工作的组织管理运行模式,提升对区域产业技术升级的支撑度。

3. 服务社会的转型发展

推动京津冀协同发展,是党中央、国务院在新的历史条件下做出的重大决策部署。适应并服务于国家经济社会发展需要,是我国高等教育必须面对也必须解决好的重大问题。面对京津冀协同发展重大国家战略的实施,区域高校需要进一步转变办学理念,强化社会服务意识,提高产业技术研发的水平,提升技术成果转化的效率和效益,为协同发展提供战略决策咨询支持,以更好地服务经济社会发展,在服务中赢得社会更多的回馈和帮助。

(二)区域高校需要协同发展

从进一步提升服务京津冀经济社会发展水平的需求看,加强区域高校合作,实现区域高校协同发展,既是助推京津冀协同发展的现实需要,也是各高校深化改革、加快转型、实现又好又快发展的现实需要。[4]

1. 人才培养的协同发展

京津冀高校学科专业门类齐全,各具特色、各有所长,但也存在人才培养的学科专业结构与区域经济社会发展的需求不能完全适应的问题,还存在区域高校间合作行为不系统、合作层次不深等问题。为了更好地满足京津冀加强产业转型升级、满足《中国制造2025》行动纲领对健全多层次人才培养体系的要求,京津冀区域高校需要进一步加强合作,统筹优化学科专业和专业群建设;合作共建课程教学资源库、实训基地;开展校际师资互聘、课程互选、学分互认;实施多种形式的联合办学,积极扩大合作领域,丰富合作层次,构建校际协同的育人机制,以形成人才培养的合力。

2. 科学研究及服务社会的协同发展

京津冀高校科技资源丰富,高水平科技平台多,但也存在科技资源分散、区域间水平差异大、创新协同不够等问题。为了更好地落实创新驱动发展战略,提高产业发展的技术支撑水平,区域高校需要进一步加强合作,联合建设服务指向具体明确的高水平产业创新中心、产业技术研发基地、产业技术创新战略联盟等科技平台,提高校际协同创新的规模和水平;进一步提升校际科技创新资源和成果的开放共享程度;根据围绕产业链部署创新链的需求,进一步整合优化区域内各类科技资源。

四、结论

在京津冀高校协同发展的过程中,北京高校应根据自身实际,采取借势发展策略和主动合作心态,确立合作重点,在学校定位、招生就业、师资队伍、办学条件、学科专业、课程建设等方面优势互补,合作共赢,促进京津冀协同发展。

(作者单位:北京信息科技大学公共管理与传媒学院)

参考文献

[1]展永.加强区域高校合作,助推京津冀协同发展[J].河北工业大学学报(社会科学版)2015(12):1~3.

[2]胡晓颖.京津冀主体功能区视域下河北省高等教育结构优化研究[D].河北:河北科技大学,2011.

[3]高兵.京津冀高等教育空间布局与区域发展:关系、特点与构想[J].河北经贸大学学报,2013(3):106~111.

[4]李小亭、高新文.利用环京、津区位优势大力发展河北高等教育[J].河北省社会主义学院学报,2014(1):66~68.

地方高校科研工作创新性研究

王　珊

摘　要:科学研究作为高校工作的三大职能之一,对于高校自身以及社会经济的发展建设起着至关重要的作用。本文通过分析地方高校科研工作现状,对地方高校科研工作的特点进行创新性研究。针对出现的问题给出相应的发展建议,这对于改善地方高校科研工作发展现状,促进高校自身发展以及社会科技进步具有重要意义。

关键词:科研工作;创新性研究

从国家的管理体制角度进行划分,可以将中国高校划分为中央部委直属高校和地方政府所属高校。从这个角度来看,地方政府所属高校可以具体分为两层含义:一是地方政府所属高校是以地方财政拨款作为兴办高校资金的主要来源,高校管理权是归地方政府所有。二是地方政府所属高校主要就是为了适应地方经济发展需要,解决地方经济发展过程中出现的问题而兴办的,其主要任务就是服务于地方经济和社会发展。而中央部委直属高校接受的是中央财政部直接拨款,并且有着"211、985"高校的各种政策支持,主要是为了部属高校在教学、科研以及服务社会方面发挥模范作用。现阶段,地方高校不论是规模上还是数量上都得到了飞速发展。截至 2003 年,我国 1552 所普通高等院校中,中央部委直属高校仅有111 所,其余的 1268 所高校全部是由地方政府投资兴办。[1] 由此可以看出地方高校在数量上就远远多于中央部属院校。因此,地方高校科研工作发展水平直接影响着中国教育体系的完善与发展。

一、地方高校的界定

新中国成立后,我国高等教育一直实行中央和省市两级办学体制,地方高校如雨后春笋般地涌现了出来。20世纪80年代,改革开放使得中国社会焕发了新的活力,地方政府纷纷致力于通过各种方式扩大地方教育的规模。一些地市(州)纷纷建立了一大批地方性、职业性为特色的职业院校,从而形成了中央、省市和地市(州)三级办学体制。20世纪末,国家对高等教育体制进行改革,一方面,大批中央部委高校和教育部直属院校划归省市管理或与省市共建;另一方面,在高校合并过程中,不少原归地方管理的高校参与了部委高校的扩建、合并,转为部属高校;同时,原有地方高校之间也展开合作,组建新的大学或学院,与此同时,各地新建立的以工科为主、工管文相结合的多科性的高等专科学校通过专升本以及合并等方式升格为本专科院校,由此基本形成了新的高等院校办学格局。该文章讨论的地方高校是指20世纪末高等教育体制改革后新格局下的由省市及地市(州)管理的高等院校。[2]

二、地方高校科研工作特点

"科学技术是第一生产力",这句话足以证明,科学技术的创新与提升对于一个国家、一个民族的发展都起着至关重要的作用,而高校也已经成为了国家科技创新中的中坚力量。对于高校而言,科学研究则是对知识进行创新性的研究,在履行高校的三大使命的过程中,科研工作起着转化与纽带的作用。地方高校由于受到外部环境和自身条件的影响,除了具有高校在科研工作中的一般特点,比如科研任务多重性、科研队伍多层性,还拥有地方院校自身的特点。这些特点一方面体现出地方高校科研工作的发展优势,另一方面也反映出了地方高校现阶段科研工作的局限性。

(一)地域性

首先,就地理位置而言,地方高校不同于部属高校,地方高校大部分位于非省会城市。非省会城市就经济水平而言,远不如省会或者直辖市发达。落户于非省会城市的企业大部分为中小型企业,中小企业由于自身的发展水平,需要地方院校为其提供人才以及技术支持。因此,地方院校受到地理位置的影响,能够更好地了解当地发展现状,制订相应的科研工作发展计划。其次,优越的地理位置,使得地方院校拥有各种不同类型的人文地理、风土人情以及特有资源。在开展科研工作的同时,地方高校可以将地方特有的天然优势投入工作之中,并且以此为基础,建立具有独特地域性文化的研究中心。地方高校可以围绕本地区所特有的产业,整合地区的优势资源、根据特色产业构建科研团队,以此来提高本地区的经济实力,同时也为地方高校提高自身的竞争力提供了可行的途径。最后,地方高校作为由地方政府和教育部门管理的高等学校,在其发展规划上必然会受到当地诸多因素的影响。不仅担负着为地方经济发展提供充足的人力、智力与技术支持的重要任务,而且应该将科研工作的重点放到当地的经济发展建设上。同时,高校除了通过争取地方政府在科研项目与经费上的支持,还可以近距离地了解和分析当地的市场,迎合市场并且迅速抓住与企业合作的机会,在技术方面通过主动研发一些企业需要的技术,来满足企业的需求。

(二)实用性

以实用性研究为主导的科研目标的确定不仅符合我国现阶段经济社会的发展状况,也符合地方院校自身发展的科研条件。当前阶段,我国正在大力进行产业结构调整,由于我国的大中型企业技术的开发与创新能力不足、关键的核心技术与装备主要依赖于国外,使得我国的科研成果转化为实际生产力的能力比较低,速度比较慢。地方院校作为我国新兴的科技创新力量,应该以多种形式进行实用性的技术开发研究。虽说基础性研究是进行科技创新的理论基础,但是基础性研究实际效益见效慢,并且作为一个需要巨大经费投入的研究领域,它不仅需要政府大量的资金投入,还需要强大的团队来完成科研工作。因此,就现阶段地方高校的科研现状而言,应以实用性的研究为主,不应该把大量的精力放在理论研究上。

(三)封闭性

地方高校在科学研究和学术交流方面远不如部属高校活跃。在学术交流方面,地方高校每年参加国家学术会议的人次远低于部属高校,并且举办国际学术会议的次数也是屈指可数。地方高校的科研人员参加国内学术交流的机会比较少,直接导致了高校科研工作不能及时掌握现阶段的学术动态以及科研发展方向,进一步限制了科研方向的选择。二是就科学研究方面来说,地方高校对外开展合作研究的外派人员数量以及外派次数与部属高校相比也存在很大差距。封闭性这一特点的产生一是由于地方政府的财政投入力度不够大,使得地方院校在科研条件、师资力量等方面与部属高校有很大差距。二是由于地方院校的科研意识比较缺乏,科研人员缺乏良好的团队合作精神,科研人员仅限于内部人员组合,人员组合的局限性使得地方高校在科研工作上的交流缺乏创新与活力,不利于课题的深入开展;在科研设施方面缺乏很好的合作共享,不能很好地利用先进科研人员或者单位的科研设备进行研究。三是由于地方院校不善于利用地区优势,不能很好地与地方企业进行科研交流与合作。企业拥有着地方院校所不具备的经费以及科研设备,跟企业建立长期合作机制,不仅可以加快地方院校的科研步伐,科研成果转化还可以为地方高校科研提供新的科研经费。

三、地方高校科研工作存在的问题

(一)科研经费不足

科研经费的投入对于科研人员或是对于更新维修实验设备都具有重要作用。部属院校接受的是中央财政部直接拨款,国家对部属院校在政策上给予明显的偏移。因此,部属院校不论在办学还是科研方面都有着丰厚的资金经费,充足的科研经费就为高校开展科研工作奠定了坚实的物质基础。而地方高校科研工作的起步比较晚,再加上国家早期对地方院校重视度不够,将一些经费以及重大科研课题都投入重点或者部属高校,使得不同层次高校之间科研实力的差距不断增大。科研经费的不足直接影响到地方高校科研平台的建设工作,地方高校只能将主要的科研经费投入大规模基础设施的建设之中。科研经费的不合理投入不仅会浪费一部分科研资源,资源配置无法合理化,还会影响到科研团队的健康发展,人才外流也会进一步影响科研交流平台的建设工作。因此,我们说离开充足的科研经费投入,平台建设的各个方面无法得到最优运转。

(二)师资力量薄弱

师资力量的强弱直接关系到科研队伍水平的高低。对于高校而言,人才的培养与建设工作一直都是高校建设与发展的重要职责与使命。地方高校师资力量相对薄弱,一是由于国家政策方面,部属高校本身就以培养"高、精、尖"的研究型人才为主要发展方向,所以在人才结构方面与地方院校相比就有着显著差异,任职工作人员大部分都属于毕业于国内"211、985"院校的高素质人才,并且国家层面给予部属院校优越的科研条件,能够保证学术与科研方面的自由与创新能力,在政策方面也吸引着高端人才。二是在人才引进方面,部属高校以自身学校的知名度、广阔的社会资源以及发展空间等优势,吸引着国内外一流的科研人才、团队以及优秀企业不断与之合作,不知不觉中壮大了部属高校的科研实力。三是由于就个人发展方向来讲,部属院校主要培养高端的科研人才,而地方院校主要培养服务于地方的应用型人才。这一定位不同,导致一部分人员毕业之后直接投入社会当中,就高等院校而言,也会造成人才的流失,不利于地方高校加强师资力量。

(三)优势学科较少并且交叉程度低

地方高校优势学科相对匮乏,使得地方高校无法集中资源优势进行科学研究。该问题会造成地方高校科研资源的浪费、难以形成专业化程度高的科研成果,最终导致高校在学术或者科研方面发表的文章或者技术成果虽然数量多,但是缺乏精准度,在重点领域以及学科方面的优秀成果严重缺乏。优势学科相对较少,也会造成科研方向的分散,科研工作无法集中在一个领域顺利开展,无法形成一个强有力的科研环境,不利于在科研领域内进行科研攻关。

(四)科技成果转化效率低

在国家和地方对科研平台建设的高度重视下,高校的学术水平和科研能力在短时间内得到了大幅度的提升,并且创新能力也在不断加强,在搞好科研工作的同时,也取得了一系列具有独立知识产权的科研成果。但由于地方院校自身科研成果转化体系还不成熟,导致了一部分具有市场发展潜力的科研成果无法进行转化,造成了巨大的资源浪费。另一部分已经转化的科研成果也由于缺乏创新活力,无法深入研究,有待进一步的规范。

(五)科技资源整合和共享机制尚不完善

平台建设与运作离不开完善的制度体系。首先,地方高校的科技资源相对来说比较分散,资源的整合度和部属高校相比本身就存在很大差距。因此,地方高校科研平台建设大多也比较分散,使得关于科研设备的重复购买率比较高,并且对外的开放度也不够,导致资源的利用率也不高,使得本身就有限的科技资源遭到了大量的浪费。其次,教师以及学院之间由于缺乏有效的管理机制,大型的科研项目难以展开,地方教师参与的具有高水平的科研项目也受到了条件的制约,使得科研成果的转化工作受到了阻碍,科研成果无法满足市场需求且不具有产生巨大经济效益的能力。因此,地方高校力图通过对科研平台和科研机制体系的不断完善,实现学科、部门之间的协作,形成更加规范的管理模式,从而推动科研平台的发展。

(六)管理体系不完善,管理制度不健全

地方高校的平台管理体系缺乏整体的规划与布局,导致地方高校科研平台的管理机制本身就存在着管理人员工作分配不合理,工作出现交叉重复等众多问题。由于地方高校盲目模仿其他高校的平台建设,使得部分平台建设出现结构紊乱,以及资源性浪费等问题。由于管理机制本身存在的问题,也使得教师之间以及院级之间不能很好地进行科研工作的合作,关于科研项目的重大课题难以深度地开展。因此,地方高校进行科研平台建设,离不开对管理制度的不断完善。只有科研平台的正常运行,才能保证科研项目的顺利进行,通过各个部门的相互配合与协作,减少科研工作中不必要的过程,从而研发出高水平的科研成果。

四、关于地方高校科研工作的思考

(一)加强科研平台建设

高校科研平台建设不仅担负着高校科研工作的重要使命,是高校进行学科创新以及培育创新型人才的重要载体,同时也是实现科技创新的重要源头。它是高校提高科研创新水平和办学实力的重要保障。在技术研究、人才培养以及科技成果转化中发挥着越来越重要的作用。[3]因此,科研平台的建设工作对于地方高校来说,日益凸显其重要作用。对于地方高校来说一是通过加强学科间的合作与交流,形成学科群体,共同致力于社会与经济建设中出现的关键问题、实验场及相应的实验设备,设备的不断更新共享,让地方高校的学科建设更好地交叉,最终得以在共享交流中提高高校的科研水平。二是加强科技创新能力。科技创新能力可以说是影响高校学术与科研水平的决定性因素,同时也是体现高校综合办学实力的核心指标,是促进高校职能得以充分发挥和高校可持续发展的关键环节[4],是高水平大学建设的灵魂。[5]

(二)加强人才培养

我国高等教育的大环境决定了我国高校的人才培养必须在一定科学研究的基础上完成。科技人才是我国提高自主创新能力的关键所在。[6]因此,高校科研工作能否顺利开展以及高校在社会中的地位与发挥作用的大小取决于是否拥有一支高水平的科研队伍。对于地方高校来说,只有通过科学研究的方式来培养人才才是一种更为务实的选择。因为就一项科研项目的开发来说,它必须拥有科研项目的领头者或者负责人,而这些参与者除了应该具备较高的学术水平,还需要具有较高谈判技巧并且在项目开发中具有较高素质的科研带头人。通过科研带头人来提高科研者的整体水平,从而进一步提高高校师资队伍的整体水平。其次在科学研究的过程中,可以不断磨炼大学生们的意志,提高他们独立思考的能力,激发他们的创新思维,通过加强团队合作,使他们能够通过不断的交流与沟通来碰撞出更多的学术火花。在提高他们专业素养的同时,注重训练广大青年的动手能力,将专业知识应用于实践,为他们更好地服务于社会打下基础。而这些人才的培养,也为将来学校与社会经济的发展储备了充足的发展资源。

(三)建立协同创新的产学研合作

地方高校在本身办学经费不足的情况下,应该加快科研成果转化率,使其产生的一部分效益可以再投入科研项目中。因此,为了更加充分地发挥科研平台的功能,地方高校在保证自身科研平台建设工作的同时,也需要加强与企业、科研机构的联系与合作。通过搭建高校与企业之间的桥梁、拓展地方高校科研平台资源的获取方式、实现产学研相结合的方式,新形势下,地方高校只有走"产学研"一体化的路径,才能实现科研平台的建设与发展的良性运行,只有面向地方市场以及企业进行科学研究,才能避免不必要的科研浪费与资源消耗,最终加大科研成果的转化率。加强对外合作交流,在提高自身科研水平的同时,也可以与其他的研究机构或者企业进行长期性的科研合作。高校为科研机构、企业提供人才,科研机构、企业也可以为高校提供先进的科研设备、技术和资金扶持。

(四)建立科学、高效的管理模式与运行机制

科学、高效的管理模式与运行机制不仅是实现科研平台综合管理目标与效益的重要前提,也是提高科研平台整体水平的重要保障。首先,我们要树立正确的思想观念,认识到科研平台的管理是一个不断探索的过程。其次,不断完善管理制度,建立新的管理体系,实行"开放、流动、联合、竞争"的运行机制。最后,在人事制度建设上,实行绩效管理,组建一支专业技能强,结构合理并且热爱本职工作的实验室人才队伍。只有加强人才队伍的建设力度,才能不断推进科研平台发展,从而更好地为地方经济建设与社会发展服务。具体表现在:一是建立开放共享的实验室平台与仪器设备共享平台。二是建立与平台匹配的人才队伍,为科研项目提供智力保障,例如管理队伍、科研队伍以及实验室队伍的建设工作。三是加强国内外的合作交流,充分利用资源。四是建立起科学合理的评价体系和激励机制,等等。

(作者单位:北京信息科技大学马克思主义学院)

参考文献:

[1]陈列著.市场经济与高等教育——一个世界性的课题(第1版)[M].北京:人民教育出版社,1999.

[2]单连良、傅正华、栾忠权.地方高校技术转移优势劣势分析及战略选择[J].中国科技成果,2010(11).

[3]王彩丽、方正武.省属高校在科研平台建设中的问题与建议[J].科技视界,2012(11):83~84.

[4]殷海成.高校科技创新能力构成要素、作用与提升对策研究[J].中国电力教育,2010(1):1~3.

[5]周济.创新是高水平大学建设的灵魂[J].中国高等教育,2006(3/4).特稿.

[6]国务院.国家中长期科学和技术发展规划纲要(2006—2020年)[R].2006(02):09,国发[2005]第044号,1.

对大学生评教现状的思考

——以北京信息科技大学为例

张　敏

摘　要:大学生评教的本意在提高教学质量,但在实际的操作中这种作用却没有得以充分发挥。本文认为评教中的问题并不仅在于评教制度本身,还有对评教解读偏差和粗放式的使用。本文主要从大学生评教系统运行的角度,分析大学生评教过程中各个环节、各个要素之间的联系及其对评教结果的影响,强调大学生评教的系统性、整体性。

关键词:大学生评教;系统;系统性;整体性

2004 年教育部颁布了《普通高等学校本科教学工作水平评估方案(试行)》文件,其中明确提出了"形成教学质量保证与监控体系,积极开展学生评教"。这是教育部以正式文件的形式将"大学生评教"纳入普通高等学校本科教学工作水平评估中。国内很多高校都开展了大学生评教活动,并把学生评教作为教师评价的重要组成部分,但大学生评教在中国高校实践效果却不尽如人意,到底是什么原因让大学生评教在中国信度、效度不佳? 笔者以北京信息科技大学为基础,分析影响大学生评教质量的因素,并提出提高大学生评教质量的校正措施,以实现大学生评教的目的,达到提高教学质量的效果。

一、大学生评教的作用

大学生评教是指"在校本科生根据学校制定的本科课程教学质量评价指标体系,通过评教系统对任课教师的课堂教学的质量和效果予以评价并给出不同等级的分数的一种动态历程"[1]。大学生评教是高等教育改革中的重要部分,也是高校教学管理体系中的重要环节,在推动现代教育改革、促进学生的全面发展、改进教师的教学水平、提高高校的教育质量等方面发挥积极作用。

（一）大学生评教有利于满足现代社会教育发展的需要

教育是民族振兴、社会进步的基石，党的十八大以来，习近平总书记多次对教育工作做出重要指示，提出了许多富有创见的新思想、新观点、新要求，指明了我国教育改革发展的目标与方向，揭示了中国特色社会主义教育的本质和发展规律，加快推进教育现代化，努力为全体人民提供更好的教育。完善大学生评教是我国高等教育改革中的重要组成部分，是提高大学整体教育质量的重要举措。大学生评教是现代社会教育的鲜明特征，通过不断改革创新、与时俱进促进大学生的全面发展，释放大学生的潜能，满足现代社会教育发展的需要。

（二）大学生评教有利于大学生发挥主体作用

大学生评教有利于增强学生的主体意识，在现代教育理念中越来越强调以学生为本，注重对学生权利与责任意识的培养。一方面，大学生评教制度尊重学生的主体地位，赋予他们更多参与决策的权利，充分调动他们的主动性和积极性。另一方面，大学生评教制度关注学生的实际利益和需求，谋求和促进他们的发展。[2] 大学生评教使学生参加到教学管理的过程中去，培养学生参与社会事务的权利意识、责任意识和选择能力、判断能力；大学生评教构建了学生与教师交流的平台，利于激发学生参与促进教学质量改革的积极性与主动性，以达到教学相长的目地。

（三）大学生评教有利于教师提升教学水平

大学生评教为教师提供了一个了解学生的学习效果和自己教学质量的渠道。由于教师与学生的立场不同，看待问题的角度不同，导致教师与学生在对教学内容、教学效果、教学方法等方面的认识上存在差异。教师通过学生评教能了解自己在教学过程中未能发觉的问题，这些问题如果单靠教师自我评估很难被发现。发现和了解教学中的问题要建立在教师与学生之间有充分的沟通之上，大学生评教是教师与学生之间的一个教学互动，在这个过程中增加教师与学生之间的沟通，不但能激发学生参与教学管理的积极性也能增强教师改进教学的意愿。

（四）大学生评教有利于教学管理者提高学校整体教学质量

大学生评教有利于教学管理者加强对学校教育质量的管理，提高学校的教学水平。对于教学管理者而言，大学生评教相比于同行之间的评教、校领导评教更能全面地掌握教师教学的状况，教学管理部门通过大学生评教的结果能了解到教师在教学过程中的常态，通过对评教结果的分析和对评教结果的反馈，督促教师改进教学，提高学校的整体教学质量。

二、大学生评教中存在的问题

大学生评教在促进教学改革方面的积极作用是毋庸置疑的,但从大学生评教实践中也可以发现,在此过程中存在一些问题,值得我们去探索。

(一)大学生对评教的认识存在偏差

首先,绝大多数大学都施行了学分制,学分制要求大学生有很强的自主性,能够参与到教学管理活动中去,发挥促进教学水平提升的作用。但对于缺乏大学评教经验和参与社会事务活动经验的大学生来说,他们往往主体意识不强,认识会出现一定程度上的迷茫,缺乏积极参与的意愿,即便参与其中也不知道评教与自己的利害关系,因此对评教的目的、评教作用、评教意义、评教结果等持有一种无所谓的态度,将会严重影响评教结果的可信度。其次,大多数同学在中学参加过评教,有一定的评教经验,但是中学在课程设置、教学目标、教学方法等方面与大学存在显著差异,中学评教问卷就像平时的作业一样,答案需要老师满意,中学的评教经验成为一种思维上的惯性,在一定程度上会造成部分大学生对大学评教认识的偏差。

(二)评教指标设计不科学

首先,在制定过程中,缺少学生主体的参加。评教不仅仅是简单的学生对教师的评价,如果想要评教达到一种教学互动的效果,起到提高教学质量的作用,就需要充分考虑作为教学的亲身体验者学生的意见。但大多数大学的评教指标是教学管理部门制定出来的,这个过程缺少学生们的参与。学生作为教学过程中最能直接观察、体验教师教学行为特征的感受者,缺少学生的参与难以保障评教指标的科学性。其次,评教指标没有考虑到学科差异性和评教指标的构建不完整。教学管理部门在考核教师时,因为不同的学科在教学方法、教学内容安排上有一定的差异性,因此在评教指标的设定上应当体现出差异性。但现在大多数学校考核都是用一张问卷考核所有的老师,并没有考虑到教师在学科上的差异性。现在大学生评教指标主要包括"教学方法""教学态度""教学效果""总体形象"这四个方面,缺乏完整性。评教指标仅仅围绕教师在课堂上的表现,没有体现教师在课堂之外对学生实践能力及综合素质提升的指导作用。此外,评教指标没有体现教师对学生身心成长的帮助等问题。

(三)评教时间与方式安排不合理

首先,大多学校评教时间安排存在不合理之处。一般学生评教的时间和选课的时间都安排在期末,并且学生在选课和查询期末成绩之前都必须在教学管理的网络系统中完成对本学期任课老师的评教,所以学生会在查询期末考试成绩或选课前评教。将评教安排在期末,一方面可以避免学生对评教结果影响自己期末成绩的顾虑;但另一方面也会降低评教的效果,学生的评教热情、认真程度会有所削减。从教学管理的角度,学生希望教师在某一方面有所改进,但评教安排在课程都已经结束的期末,对有参与评教的学生来说其意义并不大。同时在选课前进行评教也存在不合理之处,选课对于学生来说是一个抢时间、比速度的事情。所以评教出现在选课前难免成了一个"一分钟游戏",其效度和信度令人担忧。其次,大学生评教方式单一。随着信息技术的发展,网络评教已经渐渐成为各大高校评教的主要方式,甚至是某些大学的唯一评教方式。作为一种评价和改善教学的重要手段,网络评教虽然具有管理方便、统计高效的优点,但也容易出现对学生评教时间、评教状态不易于监管的问题。另外过于依赖网络评教,不与其他评教方式相结合,容易导致评教结果失真。

（四）评教结果运用不充分

在大学生评教结束后评教结果会反馈给教师,但一般评教结果不会向学生反馈,这会严重地削弱学生参加评教的热情。从教学管理者的角度看,评教结果出于客观性的不确定性和涉及老师部分隐私的问题不便向学生公开。但这种完全的不透明也会影响学生评教的积极性和认真程度,最终这些都会反映到结果上来,造成一个恶性循环。学生评教虽然是为了改进教师的教学质量,但教学是需要互动的,在评教上也一样,学生作为评教的一方主体,也需要对结果有所了解。如果没有反馈,那么对于学生来说,在评教过程中只是填写了一张没有任何结果的问卷,自然而然评教只是流于形式的印象会生根在学生脑中,评教的可信度自然不会高。

三、大学生评教中问题的解决办法

一个不完整的评教体系,一个忽略组织战略的系统,内部存在着不一致、不完善、不协调的评估系统,最终这些方面都会在评教结果中反映出来。[3]大学生评教是一个系统性的工作,不是一个孤立的事件,要想使评教真正起作用,就需要注意评教系统中各个环节的运行与各个环节之间的联系,不断完善系统的各个组成部分,形成一个良性的评教系统。

（一）加强对大学生评教的培训工作

针对大学生对评教的认知存在偏差、评教经验不足、权利和责任意识淡薄等问题,教学主管部门需要在评教前加强对大学生评教的培训工作,从评教能力、评教态度、评教目的、评教方法四个方面对大学生进行培训。首先,为了提高学生评教工作的热情,增强学生在评教过程中的权利与责任意识,就需要在评教前进行动员,对学生的评教态度和评教目的进行培训;其次,通过培训使参与评教的同学熟悉评教系统、理解各项评教指标,掌握评教方法和提高学生的评教能力。

(二)提高评教指标设计的科学性

评教指标是学生对教师的教学行为进行评价的主要依据,评教指标设计的科学性直接影响到学生评教结果的可信度。学生评教指标的科学性需要体现在评教体系的相对完备性与指标权重分配及评价标准的合理性上。首先,评教指标的设计应由各个相关多方主体共同参与,不仅要管理者和教师、专家参与到设计当中去,学生也应该参与其中。各方主体参与其中,从各个角度、各方面来衡量指标,提高指标的完备性。其次,问卷指标的设计要体现学科性质的差异,不能用完全一样的指标来对不同学科的老师进行评价。同时平时评教、期中评教和期末评教的指标侧重点应当有所区别。要运用科学的权重确定法,按照影响程度的差异确定各要素的权重,最终形成科学的评教指标。最后,要构建完整的评教指标。不仅仅要包括教学方法、教学效果、教学态度等方面,还要增加对教学实效性和教学服务性的评教指标。考查学生是否真的掌握了该课程相关的知识理论和实践技能,并对教师是否关注学生身心健康,指导学生处理学业以外的有关问题进行评教。

(三)完善评教时间和评教方法的合理性

仅有期末的一次性评教,会严重影响评教的可信度和效度,所以应当分阶段、分步骤合理安排评教的时间,增加平时评教和期中评教。平时评教应当安排在开学初期。学期刚开始学生的学习兴趣较高,且学生和教师的接触进入一个磨合期,学生对教师的教学行为有了一定的了解,此时进行评教可以有效地促进教师教学水平的提升,使教师完善自己的教学方法使之适应学生的学习。期中评教应当在学期中组织一次,期中评教是对教师初次评教结果的进一步检验,也为进一步提高教师的教学质量提供参考。期末评教安排在学期末,但期末评教的时间应当避免与学校选课的时间相重合,评教工作和评教结果公布最好安排在选课之前。

除了使用常用的网络评教方式外,还应增加纸质问卷的评教方式并创新评教形式。笔者认为可以通过组织学生和老师座谈会的形式来针对教师的教学质量进行面对面的讨论。因为座谈会评教方式具有及时、有效、可信度高的特点;同时座谈会评教方式有针对性,老师可以清楚地知道自己在哪一方面需要改进,哪一方面需要保持;最后座谈会评教方式是教师与学生之间直接的互动交流,有利于教师改进教学质量。

(四)增强对大学生评教结果反馈

评教结果的反馈,不是仅仅将老师被评教的分数反馈给学生,而是将结果进行分析和提炼,为学生提供对实际学习有帮助的结果。将评教结果反馈给学生,一方面可以提高学生评教的积极性,另一方面也是让评教结果作为一个选课依据对学生在实际学习中有所帮助。对于学生来说,选课的经验大多数都来自学长学姐。固然前人的经验可以对个人的成长有所帮助,但每一个个体都存在差异性,学长学姐的经验中也会有个人的喜好、偏见。如果评教结果为学生提供选课的数据,那学生得到的经验就不是一个人或几个人的经验,而是绝大多数人的意见,那么学生就能根据客观数据和自身情况自主选课。

总之,以上建议是相辅相成的,要将评教当作一个系统来看,将系统中各个环节中的问题认真分析,将评教系统从恶性循环转变为一个促进教学发展的良性循环。本文的调查数据是通过调查问卷和访谈的形式所得。调查问卷分别对北京信息科技大学公管学院、机电学院和光电学院的在校本科生发放,一共发放90份问卷,有效问卷90份。访谈是针对北京信息科技大学的部分教师,通过与老师交流,获得了很多关于北京信息科技大学大学生评教体系的信息。虽然本文是基于北京信息科技大学一所大学的调查研究,但由于大学生群体的相似性,高校教学管理制度存在相同处,高校评教中的问题存在一定的共性。对高校中的大学生评教问题的分析这仅仅是一个基础,在未来还需要更深入的研究。

(作者单位:北京信息科技大学公共管理与传媒学院)

参考文献:

[1]孟凡. 利益相关者视角下的大学学生评教制度研究[D]. 华中科技大学,2010.

[2]张俭民、董泽芳. 大学生评教如何从失真到归真——基于巴纳德社会系统理论的视角[J]. 教育发展研究,2014,19:26 – 31.

[3]黄桂. 分数膨胀与等级膨胀:评教系统双重失效原因探析——基于某部属重点高校大学生评教的视角[J]. 高教探索,2011,06:95～103、127.

06

政治法律思考

议事规则的建设与人民政协的发展

何深思　杨文龙

摘　要:优质的议事规则,是实现程序正义、兑现实质正义的基础。我国的人民政协,虽然不是国家权力机关,但其议事能力和水平,在国家政治生活中起着重要作用;而且,正是这种优质的议事能力和水平,才奠定了人民政协的政治分量和存在价值。68 年前,为了开好第一次政协会议,人民政协制定了自己的议事规则;经历半个多世纪,至今没有新的规则出台,也未对其做过修改。60 多年来,政协议事在规则不变的前提下,其议政潜能和水平远没有充分释放。本文试图回顾议事规则的发展历程,探讨议事规则建构的逻辑价值,分析政协议事规则建设的独特作用,提出人民政协议事规则建设的规范和要求。

关键词:议事规则　人民政协　程序正义

一、会议决策与议事"宪法"(规则)

会议决策的质量,取决于会议的议事质量;而议事质量的基础,正是优质的议事规则。会议的议事规则实际上就是会议行为的"宪法",是由参会各方共同制定、同意共守的行为规范。对内,议事规则以其公正的程序保证每位议事参与者充分表达、平等协商,最终达成各方都能接受的决议;对外,议事规则以其公开的程序向社会宣示其正义价值、树立会议声望,最大限度地使会议决策在社会治理中获得响应。由此,基于优质议事规则基础上的会议决策,已然成为现代国家治理模式重要组成。足见,会议决策与议事"宪法"(规则)的关系无法分割。

自从人类出现会议行为以后,人们就意识到,把控好一个会议过程,可能就把握住了决策结果。

议事规则的雏形,最早起源于 13 世纪的英国。18 世纪末,这些基本议事规则传入英属各殖民地。不朽的《独立宣言》及第一部美国宪法正是凭借这些议事的基本规则,起草、通过并有力地推动了历史的发展。

此后,对议事规则重要性和有效性的认识迅速升温,逐渐遍及世界各地,其中,最有代表性的规则蓝本,是1876年美国将军亨利·罗伯特起草整理的《罗伯特议事规则》。

孙中山先生当属我国最早引入议事规则的先锋,其1917年完成的《民权初步》大量参考了早期版本的《罗伯特议事规则》。中国共产党成立之后,也在党内不同的会议中设立了不同的会议规则。

我国议事规则意识的真正觉醒,是在改革开放以后。1987年六届全国人大常委会第23次会议,通过了《全国人民代表大会常务委员会议事规则(草案)》,邓小平同志在南巡讲话中特别提到"要抓一下会议问题"。此后,全国各级人大、政府机构、党组织乃至一般企事业单位,纷纷出台、完善或激活了本机构的议事规则。与此同时,政界、学界也开始对会议行为及议事规则重新审视和研究。

二、议事规则建设的内在逻辑和价值追求

(一)议事规则建设的内在逻辑

议事规则建设的内在逻辑是程序正义。

公平正义是当代社会制度的首要价值追求,它强调的是平权精神、共守精神和去人治化精神。程序正义在社会生活中是由法律、制度而非某些人"愿望"决定的。议事规则的构建,正是彰显程序正义的典范之举。

同实质正义相比,程序正义有着前者无法替代的两个特点:首先,在有正义标准的时候,正义是由程序保证和推出的。其次,在没有正义标准的时候,正义是由程序选择和建立的。

与实质正义不同,程序正义的着眼点并非每个正义的具体内容或诉求,而是获得正义结果的连续性、稳定性和普遍性。简而言之,程序要保证的是程序中所有结果的正义性。

(二)议事规则建设的价值追求

议事规则建设的价值追求是民主、效率和权利保障。

民主,是议事规则的内生价值。议事规则是一种共守规则,不承认超越规则的特权,剔除参会者仅以"智囊"身份为主导人提供参考性意见的现象,用规则保障会议的平权和民主的价值属性。

效率,体现了议事规则对效能的追求。开会的目的是为了形成决议,只强调民主却缺乏效率必然会影响会议的效能。议事规则的价值在于,使民主的理想与

效率有机地融合在一起。

权利保障,蕴含着议事规则对所有人群的尊重。参会者的实质权利无法替代程序权利,议事规则需要承担起保障参会者完整权利之责,必须体现对所有参会者平等保护的理念,尤其是要确保少数方的权利,弥补受损方利益,以程序正义杜绝单纯"多数决"的不足,使议事规则能够始终坚持追求正义的目的。

三、人民政协议事规则建设的特殊意义

中国人民政治协商会议(以下简称人民政协、政协会议或政协)及各级省市政协会议,是我国基本政治制度的重要组成,同样也是影响国家政治生活的重要会议。环视世界,人民政协是一种其他国家没有的独特政治设计;在中国,政协会议又承担着独特的政治责任。因此,人民政协议事规则的建设在我国还具有非常特殊的意义。

1. 搭建公共议事平台　提供各方充分表达的机会

公共议事平台,是各国处理国家事务不可缺少的条件。通过这样的议事平台,吸纳各方意见、平衡各种关系,凝聚多方力量、达成政治共识。而优质的公共议事平台,必须有优质的议事规则作为保障。实际上,真正达成国家的政治共识,难度极大。每个国家为取得这种共识,都会付出不同的代价:有的诉诸武力,有的依靠选举。武力伴随血腥,选举仅体现阶段性权利。中国试图建立一个常设会议形式,以政协配套优质的议事规则,使达成共识的道路远离武力血腥和断续性权利,实现权利的和平化与常态化。从而降低政治共识形成的风险和成本,跨越这一立国的难题。更进一步讲,这是最理想的达成共识的过程,议事者自己议决自己的问题,可以实现最高效的社会自治。其中,优质的政协议事规则起着重要作用。

2. 提高议事质量和水平　以能力赢得政协的影响力

1954 年以后,人民政协不再是国家权力机关。自此,政协之政治存在从根本上只能靠其参政议政的质量和水平。提高议事质量和水平,就要有优质的议事规则才能做到。优秀的委员队伍、扎实的充分辩论、严格的特权排除,是提高议事质量和水平的基础,此外没有捷径可走。在此基础上,人民政协政治存在必要性也才不证自明。

3. 创建礼让政治环境　用和平协商替代言行戾气

回顾历史,中国社会的政治进程一向是由武力解决问题的。当下,中国仍需要政治进步,但必须学会用和平协商方法跨越进步难题,这对我们是个重大考验。

和平协商方法以规则为基础,包括以文明方式表达、以宽容方式倾听、以理性思考妥协,以共赢方式接受,等等。这其中渗透着议事规则对公平的维护和坚守。会议上的礼让政治,还会辐射到会议以外的整个社会,使全社会走向更高的政治文明。

4. 坚持审慎的多数决原则　使民主决策同时富有效率

审慎的多数决原则,是保障会议效率的基础。当今公共事务的决策,比以往任何时代都困难得多。社会结构的复杂性、公众诉求的多样性、各方利益的差异性和价值认同的分散性,使所有决策异常艰难。没有充分的民主讨论,影响的是决策的质量和公正;总是议而不决、争论不休,又影响着决策的成本和效率。优质的议事规则,正是用来解决这一矛盾的有力工具。议事规则以平衡各方又保证效率为目的,既坚持多数决原则,又以保护少数意见的表达空间和充分关切为前提,在规则的梳理下,复杂的利益冲突也能获得良好的秩序并形成决策。

四、现存政协议事规则的分析及重建

(一)政协现存议事规则的分析

现有政协议事规则是全国政协第一次全体会议制定并通过的,至 2017 年已有 68 年历史。1949 版议事规则总共有 16 条,其中不乏一些亮点,但也有许多明显不足。

1949 版政协议事规则的亮点,最为突出的有两处:表现在第十条、第十一条和第五条的内容中。第十条、第十一条对讨论发言的秩序做了规定,具体到发言的时限、次数、排序,等等。第五条对表决的秩序做了规定,除举手等一般性表决之外,对重大或争议问题,由主席决定举行起立表决。这两点在现今我国其他议事规则中,十分少见,但却很有意义。前者表明:规则中十分尊重每个发言人的机会权利和平等权利;后者表明,规则对重大议案或争议甚多事件的表决持非常谨慎态度。

1949 版政协议事规则存在不足。其中,最主要的是缺少现代会议规则的一些基本元素。这些元素包括:参会委员代表的普遍性、议政能力及力量均衡;会议的法定程序和议事程序的比重及空间;议题的选择、备议、辩论、表决规则;决议的落实、推送、检查、绩效;等等。实际上,人民政协需要的是一整套完善的议事规则。而令人惊异的事实倒是:议事规则 60 多年没有过修改,政协会议照常进行。这种不符合现实逻辑的存在已说明,在规则之外,淡漠规则意识的问题很值得反思。

（二）政协议事规则的重建

政协议事规则的建设，核心方向是使人民政协成为能够提出高质量决议、平衡各种力量、树立协商范式、凝聚社会共识的政治会议。这样的人民政协，即使没有政治权力，仍能够有效地参政议政、议决国是，在国家政治生活中起到重要作用。

1. 推进会议的动议主体多元化

动议主体的多元化，是开好会议的第一步。动议主体的多元化，可以使会议主题的选择科学合理、切中需要、不偏不倚，避免被人为把持和操控。动议主体多元化，可以满足"按需议事"的客观要求，是民主议事、科学议事的重要先决条件。因此，在新修订的议事规则中，要体现动议权主体的广泛性和动议确定的合理性。用程序保证参会人员平等拥有动议权，确保议题筛选经过多方意见参与。严禁议题由少数人拍板，保证参会人员政治协商的积极性。

2. 增添专门的会议主持人规则

会议主持人是会议规则实施的主要"执法者"，对掌控会议进度，维持会议秩序；对发言有序、辩论充分、投票公正、防止换题等现场问题，负有重要职责。与此同时，会议主持人又享有巨大的会议"控制"权力；与其他参会人相比，会议主持人位置优越、责权特殊。如果会议主题与主持人个人的利害相关，理论和实践上都存在会议主持人影响和操纵会议的可能。所以，规范的议事规则，必须设有约束主持人权力的条款。在我国，会议主持者普遍都是领导人，约束主持人权力的条款可能会遇到较大阻力。但是，这是议事规则的重要原则，必须得到充分尊重。设计规则时，可以考虑逐步推进的办法，如试行主持人最后发言制度、主持人中立制度、各项制度从基层会议向高层会议逐步过度的步骤，等等。待条件成熟后，实现主持人完全中立制度，即主持人不得参与任何与议题有关的发言和辩论，甚至不享有表决权。这样，使权力的影子在会议中消失，使讨论结果更符合公义，更信服于民，从而也使政协会议更有影响力。

3. 为表达和辩论制定公正与精细规则

发言和辩论是会议的主要环节。其细节设计得精密与否，直接关乎会议开得是否民主和公正，并影响到决策的效率和合法性。因而应加紧出台公正和细化规定，如会议日期议程的提前告知时段，参会人员资料准备及信息获取的均衡；席位摆放及现场压力；开场规则、议程公告的清晰；坚持一事一议，防止随意转换议题，议题合并须经表决；发言获准权规定及意见不同者优先；发言与辩论的基本礼仪，发言时间和发言次数的定量控制；就事论事，禁止人身、动机、背景等转移性攻击；

会议主持人的权责及制约;表决方式的适用,公开计票标准及宣布;不同类型决议的最低通过票数;已形成的决议继续再讨论的限制;等等。尽量扫清一切障碍,使表达和辩论能畅所欲言。

4. 建立配套的违纪审查和问责机制

规则即是纪律,规则一旦不受保障,本身就会对规则的权威性和有效性构成极大的损害。一旦违反议事规则的行为出现,理应受到相应惩处。议事规则的有效施行,必然离不开违纪审查和问责机制的及时跟进。当前出台的其他议事规则,普遍存在的一大漏洞恰恰正在于此。因而,应明确规定,一切会议只要出现规定禁止的违纪行为,一经查实,会议及其形成的决议均告无效。同时应建立配套的违纪问责机制,对各类会议违纪行为的处分力度应依据其违纪程度做具体量化。对违纪审查和问责机制的责任人,应有明确授权。对审查和问责行为与结果尽可能公开。只有这样,才能加大各种违纪成本,为在开会议事层面的民主建设提供制度化的保障。

5. 制定设计规则的规则,保障规则合理供给

规则的权威和有效性离不开规则本身的科学和稳定。议事规则作为一种用于开会的操作型规范,一经制定,必然不能轻易修改或废除。但随着经济社会的发展,各种议事的过程中也会不断遇到一些新情况,面临一些新问题。这对议事规则的制定提出了新的要求。因而,如何兼顾民主议事的公正和效率,使其持续处在一种动态的平衡之中,将是未来一段时期议事规则构建过程中一个必须考虑的问题。这就要求,对议事规则的修改和变动做出程序和规范化设计。如规则修正案的动议主体须达到多少人数方可动议;规则中具体内容的修改或废止以及新增规则须经何种比例多数的同意;否决规则修正案所需要的票数比例下限等。只有这样,民主建设尤其是决策民主建设才能在会议层面得到源源不断的制度供给,同时又不会因为议事规则的频繁变动,导致规则权威被动摇,会议越来越背离议事规则建设的初衷。

总之,人民政协议事规则的建设问题已急迫地摆在我们面前。其不但涉及规则本身的完善和更新,还涉及政协制度的政治存在和进一步发展。所以,认真研究人民政协议事规则的建设,是政协理论探索的重要问题。为此,我们必须不断努力。

参考文献

[1]亨利·罗伯特. 罗伯特议事规则[M]. 王宏昌译. 商务印书馆,第1版,

2010 - 10 - 10.

　　[2]寇延丁、袁天鹏．可操作的民主——罗伯特议事规则下乡全记录[M]．浙江大学出版社,2012 - 04 - 01．

　　[3]汪闻生．罗伯特议事规则[D]．上海人大月刊,2010(2)．

　　[4]虞崇盛．罗伯特议事规则与全国人大常委会议事规则的完善[D]．新视野,2009(6)．

　　[5]全国政协网:http://www.cppcc.gov.cn．

关于修改《社区矫正法(征求意见稿)》的几点建议

唐　彦

摘　要：国务院法制办于 2016 年公布了《社区矫正法(征求意见稿)》，公开向全社会征求意见。本文对《社区矫正法(征求意见稿)》提出了三点修改建议，即《社区矫正法》法条规定不宜过于粗疏笼统；应当明确体现社区矫正的刑罚执行性质；应当对目前最困扰社区矫正实务操作的机构人员问题提出解决方案。在立法的社会条件不成熟的背景下，不宜急于出台新法。

关键词：《社区矫正法(征求意见稿)》；修改建议

社区矫正作为体现我国宽严相济刑事政策的一项重要的非监禁刑罚执行方式，自 2003 年开始在北京、上海、江苏等省市试点以来，至今已经经过了十三年的发展历程。作为一项刑罚执行制度，社区矫正必须有完善科学的法律制度作为制度保障。一直以来，我国推行社区矫正工作的法律文件依据主要是最高人民法院、最高人民检察院、司法部与公安部联合颁布的 2003 年《关于开展社区矫正试点工作的通知》，2005 年《关于扩大社区矫正试点范围的通知》，2009 年《关于在全国试行社区矫正工作的意见》，2011 年《关于对判处管制、宣告缓刑的犯罪分子适用禁止令有关问题的规定(试行)的通知》，2012 年《社区矫正实施办法》。此外，刑法、刑诉法的修改标志着我国社区矫正制度的初步确立，2011 年《刑法修正案(八)》正式在法律中确认了社区矫正制度，2012 年修订《刑事诉讼法》再次确认了"对判处管制、宣告缓刑、假释或者暂予监外执行的罪犯，依法试行社区矫正，由社区矫正机构负责执行"。在 2012 年《社区矫正实施办法》出台以后，各地司法行政机关根据《社区矫正实施办法》出台了实施细则，细化了社区矫正各项工作的规定，规范了社区矫正的工作流程。但是，作为一项刑罚执行制度，只有上述法律的规定远远不能满足社区矫正实际工作的需要，也不符合我国《立法法》关于犯罪和刑罚只能制定法律的规定。

在此背景下,社区矫正法的立法工作列入了十二届全国人大常委会五年立法规划和国务院 2014 年立法工作的计划,在推进了两年多的立法工作后,国务院法制办于 2016 年公布了《社区矫正法(征求意见稿)》,公开向全社会征求意见。《社区矫正法(征求意见稿)》共五章,分别为第一章总则,第二章实施社区矫正的程序,第三章监督管理,第四章教育帮扶,第五章附则,总共有三十六条法律条文。《社区矫正法(征求意见稿)》公布后,社区矫正理论界与司法实务部门均表达了不同的意见。根据笔者对该征求意见稿的研读,认为有如下问题需要进一步探讨和完善。

一、《社区矫正法征求意见稿》法律规定不够具体细化,过于粗疏笼统

2014 年司法部起草的《社区矫正法草案送审稿》原来有六章,主要内容包括第一章总则,第二章社区矫正机构,第三章刑罚执行,第四章监督管理,第五章教育帮扶,第六章附则,共六十三条法律条文。而学者专家们起草的《社区矫正法建议稿》内容就更加具体细化,如中国政法大学王平教授等人提出的专家建议稿包括九章,涵盖了总则、社区矫正工作队伍、社区服刑人员权利、社区刑罚执行程序、监督管理、矫正治疗、帮助保护、考核奖惩、附则等内容,共八十八条。北京师范大学吴宗宪教授等专家提出的建议稿包括十二章内容,具体为总则、机构与人员、社区服刑人员、基本程序、监督管理、教育矫正、考核与奖惩、特殊社区服刑人员的矫正、保障与促进、监督机制、法律责任、附则等,共一百一十八条。

专家学者们提出的建议稿也许具有理想化和前瞻性的特点,但是一部涉及刑法中非监禁刑罚执行的法律仅仅只有三十六条,对社区服刑人员的奖惩考核、特殊社区服刑人员、监督与责任等内容一笔带过,实在显得过于粗疏与笼统。这难免让人想起了多年来饱受诟病的《监狱法》,《监狱法》在 1994 年出台之时就被指出粗疏笼统,缺乏可操作性。面对《监狱法》的缺陷,学界与实务界一直寄希望于未来会出台的《监狱法实施细则》或《监狱法实施条例》。按照我国立法实践,为了维护重要法律的稳定性,往往该法律的条文规定内容相对精练与概括,通过司法解释或相关法律文件将其具体细化,以方便司法实务工作者操作。可是,《监狱法》颁布生效以来除了在 2012 年为顺应《刑法修正案(八)》和《刑事诉讼法》修改而做了七个条文的小修小改,二十二年来一直没用出台相应的《监狱法实施细则》或《监狱法实施条例》等相关法律文件。这种状况严重影响了我国监狱法制的发展。如果社区矫正法再重蹈《监狱法》的覆辙,这将是我国刑事执行法治进程中的一大缺憾。

二、《社区矫正法(征求意见稿)》没有明确体现社区矫正的刑罚执行性质

长久以来,在社区矫正实践工作中难以实现刑罚执行的严肃性与权威性,一直是困扰社区矫正一线工作人员的主要问题。而《社区矫正法(征求意见稿)》不但没有对司法实践中亟待解决的问题予以回应,反而进一步弱化了社区矫正的刑罚执行性质。具体而言有如下一些体现:

(一)社区矫正定性不清

在征求意见稿中,未以法律的形式明确规定社区矫正非监禁刑罚执行制度的性质。该法第二条规定:"被判处管制、宣告缓刑、假释或者暂予监外执行的罪犯(以下统称社区矫正人员)实行监督管理、教育帮扶的社区矫正活动适用本法。"这一表述未能明确体现社区矫正的执行非监禁刑罚的刑罚执行性质。早在2003年两高两部联合颁发的《关于开展社区矫正试点工作的通知》就对社区矫正做了"非监禁刑罚执行活动"的定性,十几年来也受到学界和实务界的认可与肯定。笔者认为,在《社区矫正法》这一重要法律中不以条文的形式明确厘清社区矫正的性质,将从根本点上影响整部法律的性质定位与价值取向。《社区矫正法》是一部与《监狱法》地位并列的刑罚执行法律,而非对部分犯罪人实行社会管教、教育帮扶的普通法律。

(二)"社区矫正人员"称谓不当

在社区服刑的罪犯的法定称谓一直以来在理论界和实务界都较为混乱。2012年两高两部颁发的《社区矫正实施办法》开始对社区被矫正人员使用"社区矫正人员"这一称谓。早在《社区矫正实施办法》出台之时,就有学者指出对社区服刑的罪犯使用"社区矫正人员"刻意模糊社区服刑人员罪犯身份会带来诸多负面的影响[1][2]。在各版本的学者建议稿以及司法部《社区矫正送审稿》中基本使用了"社区服刑人员"的称谓。2016年8月30日,最高人民法院、最高人民检察院、司法部与公安部出台《关于进一步加强社区矫正工作衔接配合管理的意见》明确使用"社区服刑人员"这一称谓,从政府层面将之前称谓混乱的情况统一起来,认可了学界的意见。然而,《社区矫正法(征求意见稿)》又再次采用了"社区矫正人员"这一引发争议的称谓。

在《社区矫正法》中对在社区服刑的罪犯采用"社区矫正人员"称谓会带来如下负面影响:第一,"社区矫正人员"不能明确表明其刑事罪犯的身份,从而淡化了《社区矫正法》的刑罚执行性质。《社区矫正法》与《监狱法》是并立的刑事执行法,惩罚与矫正的都是刑事罪犯,既然在监狱法中采用"罪犯"的称谓,在监狱改造管理工作中采用"服刑人员"的称谓,那么在《社区矫正法》中使用"社区服刑人员"是比较合理与科学的。第二,"社区矫正人员"容易与"社区矫正工作人员"引起混淆,从而在实务工作中造成误解与混乱。社区矫正工作人员是社区刑罚的执行主体,而社区矫正人员是社区刑罚的执行对象,两个称谓用词过于接近的确容易引发诸多问题。

(三)《社区矫正法(征求意见稿)》偏重教育帮扶

《社区矫正法》是一部规范非监禁刑罚执行制度的法律。征求意见稿一共五章内容,除去第五章附则仅一条规定的生效日期,应当说只有四章规定实体内容。四章内容中教育帮扶占了一章,而三十六条法律条文教育帮扶内容的条文一共有十条。因此,无论从章节设置上,还是从内容比例上,都足以反映《社区矫正法(征求意见稿)》偏重教育帮扶,弱化刑罚执行的倾向。司法部《社区矫正法(送审稿)》以及各版本专家建议稿中予以专章规定的刑罚执行内容显然未得到国务院法制办的重视和认可。

此外《社区矫正法(征求意见稿)》个别条文也过于注重对社区服刑人员的帮扶与维稳,例如该法第三十五条"社区矫正人员可以按照国家有关规定向有关部门申请社会救助、社会保险、法律援助,社区矫正机构应当给予必要的协助"。此条中的"应当"这一规定将协助社区服刑人员办理社会救助、社会保险和法律援助作为司法所的法定义务。而将此法定义务强制赋予司法所其实并无严格法理依据,不属于司法所应承担的九大职能内容。矫正机构不能因为矫正人员的特殊身份就为其办理社保福利等开通"绿色通道",这是对普通公众的不公平,更会使得部分矫正人员利用自己的身份要挟社区矫正机构为其办理社保或社会援助。因此,建议将该条中的"应当"改为"可以"。

社区矫正法与监狱法同属刑罚执行的法律,《社区矫正法(征求意见稿)》第一条规定了立法目的,即为了规范社区矫正工作,正确执行刑罚,帮助社区矫正人员顺利回归社会,预防和减少犯罪,制定本法。在这一立法目的中,正确执行刑罚显然是基础和前提。对服刑人员进行教育帮扶尽管也是帮助其回归社会的重要手段,但是如果刑罚不能得到有效执行,让罪犯感受到犯罪则应当付出代价,应当受到惩戒,教育帮扶就是无根之水,无本之木。

(四)公益劳动变为"可以"实施

《社区矫正法(征求意见稿)》第三十四条规定:"社区矫正机构可以组织社区矫正人员参加社区公益活动,服务社区群众,修复社会关系,培养其社会责任感。"对强制公益劳动要求的变化,也反映出该法的立法主导思想不够重视社区矫正的刑罚惩罚性。而2012年两高两部出台的《社区矫正实施办法》第十六条规定:"有劳动能力的社区矫正人员应当参加社区服务,修复社会关系,培养社会责任感、集体观念和纪律意识。社区矫正人员每月参加社区服务时间不少于八小时。"《社区矫正实施办法》采用"社区服务"替代之前的"公益劳动"一词已经受到学界和实务界的普遍认可,"公益劳动"不具有刑罚惩罚性质,容易让社会大众误解为志愿行为或慈善行为。《社区矫正法(征求意见稿)》此番重新采用已经被学界和实务界弃用的术语,难免让人费解。而社区服务对犯罪人而言也不是一种可参加可不参加的社会公益活动,它具有惩罚、恢复社区关系、替代赔偿、矫正教育罪犯的一系列功能,对于犯罪人、被害人及被害社区而言都有重要意义。从社区矫正的国际通行做法来看,英美德法等西方国家也将符合条件的犯罪人参加强制性社区服务作为社区矫正的重要惩戒措施与教育手段。

目前从我国司法实践来看,部分地区开展社区服刑人员参加社区服务受到诸多客观条件的限制,例如服刑人员在社区内没有合适的社区服务项目可以从事,组织外出社区服务的交通费用难以解决,社区服刑人员没有意外保险导致在劳动中可能出现伤害等意外情况司法所难以承担责任等。但是,随着我国社会的发展,社区服刑人员承担社区服务的社会条件会逐渐成熟。在此问题上,立法应当具有一定前瞻性,不能因为司法实践中难以开展社区服刑人员参加社区服务的工作,就将具有刑罚惩戒性的社区服务变为可有可无的"社区公益活动"。

三、《社区矫正法(征求意见稿)》回避了社区矫正队伍的建设问题

《社区矫正法(征求意见稿)》对社区矫正工作一线人员迫切希望立法解决的机构人员问题也未予足够重视。这样不但会打击社区矫正工作人员的积极性,也会严重影响社区矫正工作在我国的进一步发展。

笔者曾经调研过北京市朝阳区与东城区的部分司法所,司法助理员在履行社区矫正职责中的身份一直比较尴尬,尽管他们承担刑事法律执行的工作,却没有法律明确认可的执法权、没有执法证、没有制服或执法标志,对社区服刑人员不遵守社区矫正相关规定的违法行为没有有效惩戒的执法措施等。司法所内能够依法行使执法权并有效体现刑罚权威的工作人员是从北京市各区县抽调的监狱干警或前劳教干警,但是这些干警长期处于借调状态,不是司法所内正式编制人员,他们没有正式的社区矫正人员身份,因而由抽调民警组成的矫正小组由此也让人觉得具有临时性,不够严肃与稳定。

诚然,部分学者提出的让所有从事社区矫正的司法助理员转警的设想过于理

想化,而在社区矫正机构中不配备一定数量的警察,又会让很多矫正工作无法有效开展。目前,在各地社区矫正工作实践中,抽调监狱民警、原劳教民警、戒毒民警吸收到社区矫正工作队伍中之后,极大地推动了当地社区矫正工作的开展,在这些社区矫正工作有民警参与的地方,社区矫正工作取得了显著成效,所以,社区矫正队伍中配备一定比例的人民警察对于当前社区矫正工作发展十分必要,这一点应当在《社区矫正法》中得到立法认可。

此外,由于司法所承担调解工作、开展街道基层政府法律服务工作、组织开展法制宣传教育工作、对刑释解教人员的安置帮教工作、社区矫正工作、为基层政府机构提供法律意见和建议、协助本级人民政府处理社会矛盾纠纷、参与社会治安综合治理工作、维护社会稳定九大职能,使得司法所一般没有条件设置专职人员负责社区矫正工作。以朝阳区部分司法所为例,各司法所一般都聘用社区矫正专职工作者协助司法助理员从事社区矫正部分工作。由于待遇低,没有明确的法律地位、职业上升空间狭窄等问题使得社区矫正专职工作者人员流动性非常大。如果不能在立法中找到解决问题的路径,就难以吸引与留住人才,实现社区矫正队伍的职业化,提升社区矫正的工作水平。

总的来说,一个法治国家的立法应当注重质量而非速度。目前,《社区矫正法(征求意见稿)》仍处在征求意见阶段,立法机构应该在充分征求各方意见的基础上对社区矫正法进行再调整与平衡,应当让学界与司法实务界等各方有效参与和监督立法,尽量让各方都把矛盾、问题、意见摆出来,多方征求意见,集思广益,让社区矫正的最终立法成果具有客观性与科学性。如果立法的社会条件还不够成熟,则不宜匆忙出台法律。制定一部法律如同设计一件日常穿着的衣服,设计师在设计衣服的时候不能只考虑在 T 型台上走秀,反映国际流行趋势,更应该考虑的是这件衣服在日常生活中的可穿性。因此,我们期待一部符合我国社会发展规律,符合我国国情,且具有效性、可行性、可操作性的社区矫正法能够早日出台。

(作者单位:北京信息科技大学马克思主义学院)

参考文献:

[1]赵秉志主编.社区矫正法(专家建议稿)[M].中国法制出版社,2013:18.

[2]王平等.理想主义的社区矫正法:学者建议稿及说明[M].中国政法大学,2012.

城市社区公共权力:理论框架、
实践分析与路径选择*

刘娴静

摘 要:城市社区公共权力是指参与社区治理的各权力主体,以利益相关性为基础,为达成资源分配的共同目标而建立起来的权力关系。论文对西方城市社区公共权力研究的理论分析,反观我国城市社区治理中公共权力的实践,提出了完善我国城市社区治理的权力结构及权力运作方式。

关键词:公共权力;社区;路径

社区是指居住在一定地域范围内的人们所组成的社会共同体。社区公共权力是指存在于社区内的各种社会权力。社区公共权力研究是社区研究的核心与动力。随着我国社区管理体制改革和社区发展的推进,分析社区公共权力的实践,探讨社区公共权力的划分与配置,追寻社区公共权力运行的制度化路径是当代中国城市社区建设中非常重要的理论与现实课题。

一、反观与检讨:已有理论框架下的社区公共权力

社区公共权力是社会权力的重要组成部分,对社区公共权力的研究和界定,理论界一般认为是从 20 世纪 20 年代美国著名的芝加哥学派开展的对城市社区中的邻里关系和权力的研究开始的,"二战"以后一度成为社会学和政治研究的热点和焦点,并把社区公共权力结构作为研究的中心,随后形成了一些较有影响的理论或流派。

---

* 本文为作者主持的北京市社科基金项目"北京市社区社会组织的培育与发展"(项目编号 15JGB127)研究成果之一。

（一）精英论的理论与方法

精英论认为,城市社区的政治权力掌握在少数社会名手中,地方的重大政治方案通常由这些精英起决定作用,而地方各级官员将相互依赖这些精英来实现少数人的意志。具体来讲,精英论主要包括以下观点:

1. 上层少数人构成单一的"权力精英";
2. 该"权力精英"阶层统治地方社区的生活;
3. 政治与民间领导人物是该阶层的执行者;
4. 该阶层与下层人民存在社会冲突;
5. 地方精英与国家精英之间存在着千丝万缕的联系。

有的通过在公共团体任职直接行使社区权力,而有的则通过他人行使权力,其活动和影响一般不为常人所知。

精英论主要包括亨特的"声望"分析和米尔斯的"职位"分析两种理论。亨特是最有影响的社区权力研究者之一,他以亚特兰大市为研究对象运用"声望法"调查分析了该社区的权力的结构,分析了其深层的层级和权力运用的过程。亨特得出了以下结论:

1. 亚特兰大的权力结构由两部分构成——改革制定者和改革执行者。前者居于亚特兰大权力结构的最高层,多数为实业界的领袖,他们在幕后操纵着社区的未来;后者处于权力的第二层,多为政府官员和民间领导人,作为政策的执行者,他们需要经常抛头露面,以便积极有效地推行这些政策。

2. 公众只是政策的接受者,政策的制定过程和有关社区重大事务的决定过程很少公布于众。

米尔斯则在其名著《权力精英》一书中第一次提出了包括主要的经济、社会、军事群体领袖的统治阶级,控制着另一个阶级所有重要人物的决策过程。他的"职位"分析的重点则是首先找出主要的政治、经济、军事社会联盟或机构,然后分析这些群众的成员凝聚力和影响。由此可见,"职位"分析最重要的是分析那些社区领导（通常不仅仅是财富方面的领导）与其所属阶级其他成员共享的成员关系。显然,这种研究方法试图提供一幅由富有的统治阶级和那些在国家和地方决策过程中握有大权、占据高位的个人组成的一幅图景。

（二）多元论的理论和方法

多元论者认为,社区政治权力分散在多个团体或个人的集合体中,各个群体都有自己的权力中心,地方官员也有自己的独立地位;官员要向选民负责,所以选民也有权力,只不过这种权力是间接性的,他们以投票来控制政治学。

多元论主要是达尔以及他的两个研究助手波尔斯比、沃芬格的决策法理论。

1961 年达尔出版了《谁统治:美国城市中的民主权力》一书。他采取"决策法",以美国城市为研究对象,对城市建设、政治任务和公共权力政策这三个对于地方政府来讲最主要领域的决策进行分析。他通过对社区内决策过程的分析后以为,在各种少数人团体的相互影响下,选举产生的行政长官在美国城市社区的关系中起核心作用。美国城市社区内阶层存在单一的权力结构,而且存在着多元民主。具体观点是:

1. 社会冲突建构在有组织的社会团体上而不是社会阶层上;

2. 权力资源不均衡地分布于各团体中,故有些团体拥有的权力资源比其他团体多;

3. 尽管各团体权力资源不同,但每个团体都可设法争取某些权力资源;

4. 选举出来的官员在政治上有其独立性;

5. 选民通过投票来间接影响地方政策从政者不得不尊重选民的意志。

(三)其他权力模式的理论和方法

在社区公共权力的其他研究中,以罗斯、戈里奈和斯明森为代表。

罗斯把社区的公共权力模式区分为四种:一是金字塔型,权力倾向于最终掌握在一个人或一撮人手中;二是委员会型,权力倾向于掌握在政府数量不等的一群人手里;三是多元颁布型;四是完整型。

戈里奈和斯明森认为,权力结构的分类主要应该考虑两个变量:一是政治权力在市民间分布的广度;二是社区领导的思维方式和意识形态的集中与冲突的程度。戈里奈在研究了美国社区后得出的结论是:在一个社区中,如果大家都共有一种理念,个别政治权力就是共谋的,但政治领导人认为在某个政府决策上论点妥协,对他们所代表的人群来说是不可接受的,那么他们就会冲突,为争取自己的利益形成竞争。

精英论和多元论因各自的局限分别受到批评,二者大都未能为社区公共权力提供一种准确无误的局面。研究者的分歧主要存在两个方面:

1. 权力模式:一些人主张精英模式,一些人主张多元分布或更复杂的模式。

2. 公共部门官员和自愿组织的角色。

综上所述,美国学者对权力结构的探讨,从不同的方面揭示了社区权力研究的特点和意义。

1. 美国学者对社区权力的研究反映了经济研究的情况即通过实证方法实现学术思维的科学性、准确性。这种学术思维的科学性或准确性具体体现为技术手段缺乏性和研究结果的可验证性或可推论性。

2. 声望方法、决策方法和职位方法分别是研究社区权力结构的特定方法之一,各有其侧重点。如声望方法测量了人们所体会到的权力资源的大小,而不是实际权力资源。同样,决策方法研究内容,有益于说明社区权力结构的重要内容,如正式政治领导人的作用。同时,被控制的事物和"非决策"的可能性也是对这种技术的一个重要限制,社区权力结构研究需要通过综合方法来测量权力分布。

3. 美国学者无论选择何种方法,都一致认为权力的重要性,承认权力在社区中影响力,经济资源地位和决策权力的不平衡分布。

二、探索与缕析:理论比较下的实践困境

自从社区制建设在我国城市开展以来,关于社区公共权力配置和运行问题一直困扰和制约着社区健康有序的发展,虽然政府为此不断地创新,进行了多种形式实践,也取得了一定的成效,但城市社区公共权力配置与运行上仍存在很大的问题:

第一,城市社区公共权力的配置在政治层面上表现为互动性不足,权力过分集于国家组织,社区的权力结构不尽合理。目前我国城市社区公共权力结构的不合理性表现为:权力过分集中于党组织和国家组织(如行政组织)手中;街道党工委和社区党支部处于整个社区权力的核心,行使领导和决策权力;处于街道党工委和社区党支部领导下的社区居民委员会实际上成为各自的执行机构,社区居委会成员性质和居委会趋于行政化配置。总之,我国社区体制内的党、政府和社区三者的权力关系仍然处于待建状态之中。

第二,社区组织缺乏自主性,社会公共权力配置不完整,运行缺乏有效渠道。我国社区公共权力配置中的问题,根源在于体制性因素,社区公共权力的整合基础比较薄弱,表现为经济的"街道制"与社区的自治体制的权力冲突。社会组织的模糊,与政府直接关系被切断。社会组织的自主权受到一定的制约和影响,行政化倾向和对政府组织的依赖性严重。社会组织成为政府的附属物而丧失其独立意识,与国家组织之间边界模糊。

第三,权力运行机制不健全、不科学。社区公共权力无论是在体制的安排还是在其运作过程中,其制度化和规范化程度却是界定偏低的,突出表现为社区管理的规章制度不健全,社区组织的职权责任规范性不明确,体现在对社区公共权力主体的培育上是我国尚未形成规范互动的多元主体格局。社区决策未能体现出整合社区居民意志的特征,社区居民的意志执行在社区执行权力中很少得到体现,社区监管制约权力机制因其监管制约力量的薄弱几度空白。

第四,社区公共权力运行缺乏民意基础,社区居民参与意识淡薄。目前我国城市社区多数居民大多是动员性参与,居民参与社区建设程度性不高,他们并不关心有必要有权力参与社区治理。人们参与意识淡漠的状况,不仅使社区政治活动失去生气,而且也为社区权力结构的分化创造了社会条件。

三、回应与路径:重构城市社区权力的路径选择

为了提供社区公共权力运行机制的发展,达到社区的有效治理,实现社区"善治",必须创新社区公共权力的配置及运行机制,调整国家组织与社会组织之间的关系,增强社区的民主机制,吸引社区居民参与社区活动,以便使社区公共权力协调运转。

第一,建立健全社区自治民主机制。社区事务由社区成员自我管理,并实现自我服务。政府应退出社区具体事务的管理,集中精力抓好规划、引导、协调。为此,要以法律制度的形式保障社区居民所享有的民主权利,保障这些权利的正常行使,从而提高社区居民的民主意识和民主能力。

第二,打破权力配置的直线职能制,创新社区治理新模式。一是确定社区权力主体的多元化。政府组织、社区居民会议、社区居民代表会议、社区居委会、社区组织合理地保持社区权力的分配并分清职权,各尽其责。二是正确定位政府与社区的关系,党同社区的权力关系,实现权力在国家和社会之间的合理配置。三是保证社区自治的性能和自治权力,充分发挥社区组织在管理社会中的作用,做到社区的事情由社区自己去办。

第三,增强社区民主机能,确保社区居民参与国家和社区事务的管理。一是加强和完善社区居民代表大会和协商议事会制度,确保社区居民代表的选举、监督和罢免的权力。二是开拓社区居民参与社区管理的各种渠道,建立社区协商政治制度,发挥社区各种组织参与社区建设的作用。

第四,确立街道办事处在社区治理中的协调权。一是协调社区内的居民及社区组织间的关系。二是向区政府反映居民的意见和要求,协调政府与居民的关系。三是动员社区居民和区内单位等各方面的社区力量,开发社区资源,开展社区服务,促进社区全面发展。

(作者单位:北京信息科技大学公共管理与传媒学院公共管理系)

参考文献：

[1]康晓光．权力的转移——1978—1998年中国权力格局的变迁[J]．中国社会科学季刊,2000年夏季号．

[2]石之瑜．权力概念研究方法：资源、需要、关系、论述及整合[J]．中国社会科学季刊,2000年冬季号．

[3]朱健刚．国家权力与街区空间——当代中国街区权力研究导论（上）（下）[J]．中国社会科学季刊,1999年夏季号（总第26期）．

[4]陈伟东．政府与社区：共生、互补、双赢[J]．华中师范大学学报,2001（3）．

[5]李雪萍、陈伟东:近年来中国城市社区民主发展报告[R]．中国基层民主发展报告(2000—2001)．东方出版社,2002.

[6]丁超．全能主义架构中的城市社区与单位[J]．中国方域,2001(3).

[7][英]罗素.权力论[M]．靳建国译.东方出版社,1988.

[8][美]加尔布雷思.权力的分析[M].陶远华,苏世军译.河北人民出版社,1988.

《慈善法》价值的四重解析

伊 强

摘 要:2016 年 3 月 16 日第十二届全国人大四次会议审议通过了《中华人民共和国慈善法》,这是我国历史上首部专门规制慈善关系的基本法法律。该法的诞生,必将对我国慈善事业的发展产生重要影响。本文结合《慈善法》的基本内容,从不同作用单元对慈善法实施后可能对社会带来的影响进行了分析,便于我们深入地认识和理解《慈善法》的价值。

关键词:慈善事业;慈善法;社会影响

慈善指数应当是反映一个社会发展程度的重要标志之一。尽管我们不能清晰地对中国慈善指数做出准确计算,但总的感受是我国慈善事业的发展相对还是比较落后的。影响慈善事业发展的因素是多样的,《中华人民共和国慈善法》的诞生无疑对今后推动我国慈善事业进步具有相当重要的意义。《慈善法》也开宗明义地把自身的价值定位在"发展慈善事业,弘扬慈善文化,规范慈善活动,保护慈善组织、捐赠人、志愿者、受益人等慈善活动参与者的合法权益,促进社会进步"。下面,笔者结合《慈善法》的具体规定,来分析几个值得我们特别关注的亮点。

一、取消业务主管单位,自然人、非法人慈善组织的法律地位亦获承认

十二届全国人大四次会议通过的《慈善法》第 10 条明确规定,设立慈善组织应当向县级以上人民政府民政部门申请登记,民政部门应当自受理申请之日起 30 日内做出处理决定。可以说,这一规定是对慈善组织传统双重管理制度的重大改革。《慈善法》关于实施慈善组织直接登记的规定,必将在以下几个方面发挥作用:

一是可以降低慈善组织的准入门槛,促进慈善组织发展。一直以来,我国的社会组织实行的是业务主管单位和登记管理机关双重管理体制，就是社会组织在民政部门注册前，必须得找到一个政府部门作为业务主管单位，并进行前置审批。作为社会组织类别之一的慈善组织，同样需要先找到业务主管单位，再让民政部门作为登记管理机构。这种登记管理模式，造成慈善组织进入社会的门槛过高，致使一些有志于推动慈善事业的机构和组织因为找不到业务主管单位而无法设立，这严重阻碍了我国慈善事业的发展。与此同时，对于那些找到业务主管单位并在其管理之下的慈善组织，也常常因为无法摆脱对主管部门的依赖而难以真正独立履行职能，其自身的发展受到严重束缚。国务院办公厅曾经在2013年3月发布过关于实施《国务院机构改革和职能转变方案》，明确指出行业协会商会类、科技类、公益慈善类、城乡社区服务类社会组织实行民政部门直接登记管理。《慈善法》再次将慈善组织直接登记列入法律规定，这也就意味着今后将彻底简化慈善组织的登记程序，使得慈善组织无须通过业务主管机关即可直接在民政部门登记，这不仅意味着慈善组织得以从双重管理制度中解放出来，而且能够促进更多的社会力量快捷地通过建立慈善组织来推行慈善，这无疑会推动我国慈善事业快速发展。

二是加快慈善组织与政府部门脱钩，有利于慈善组织依法自治。在传统的管理体制中，慈善组织的成立大多是应其业务主管单位的要求成立的，是行政机关的附属单位，很多政府部门把慈善组织当作内部的科室来管理，特别是人、财、物等方面，政府部门直接进行干预，慈善组织的活动往往也是依靠行政机关的职能才能开展。而实施直接登记后没有了所谓业务主管单位，慈善组织将是适应社会的需要而设立的，其开展活动不再受业务主管单位的行政干预，慈善组织有了更大的活动空间，可以独立自主为社会提供服务。特别是人、财、物等方面与政府部门脱钩以后，有利于慈善组织完善法人治理结构，依法自治。

三是扩大了慈善事业的参与主体。《慈善法》第二条规定，自然人、法人和其他组织开展慈善活动以及与慈善有关的活动，适用本法。接着第五条又进一步规定，国家鼓励和支持自然人、法人和其他组织践行社会主义核心价值观，弘扬中华民族传统美德，依法开展慈善活动。通过这些规定我们清晰地看到，国家鼓励慈善组织以外的社会力量参与慈善事业发展，尤其把自然人纳入慈善事业发展的基本主体范畴，具有特殊的意义，也是慈善主体的本质回归。针对慈善组织，《慈善法》也进一步规定其可以采取基金会、社会团体、社会服务机构等多种组织形式，使慈善组织的构成类型也得以多样化、规范化。这将彻底改变过去大量民间社会力量处于"非法行善"的尴尬境地，必将大大增强民间公益的活力。

二、放开慈善组织的公募权限,公益信托激活慈善资产

英国慈善救助基金会每年会向国际社会发布一个"世界捐助指数"的国际排名,逐渐引起国际社会的关注。捐助指数是反映一个国家国民整体"助人为乐"水平的标志,指数的创立者把"帮助陌生人""捐钱""做义工"作为衡量一国国民救助他人和进行慈善活动水平的三个基本判断维度。2015年"世界捐助指数"发布信息显示,中国在所有受调查国家中排在倒数第二。由于该指数反映各国民众的慷慨程度,因此引起国内大众一片哗然。那么,是什么锁住了中国人的行善之心?这需要我们全方位对这个问题进行诊断。

慈善事业的发展和慈善活动的实施都离不开善款的支撑。慈善捐赠是指自然人、法人和其他组织基于慈善目的,自愿、无偿赠予财产的活动。而慈善募捐则是指慈善组织出于人道主义动机进行募捐以资助慈善事业而开展的社会活动,一般包括面向社会公众的公开募捐和面向特定对象的定向募捐。善款的来源,既离不开社会的捐赠,也离不开慈善组织的募捐。为进一步推动善款的筹集,我国《慈善法》规定,慈善组织自登记之日起就可以开展定向募捐。对于公开募捐,一般要求依法登记满两年、运作规范的慈善组织,才可以向登记的民政部门申请公开募捐资格证书。同时还规定,不具有公开募捐资格的组织或者个人基于慈善目的,可以与具有公开募捐资格的慈善组织合作,由该慈善组织开展公开募捐并管理募得款物。这些规定表明,国家实际上是依法开放了公募权。摒弃了过去只有公募基金会享有公开募捐资格的做法,将公开募捐的权利平等地授予给慈善组织,这将使慈善组织进入良性竞争的环境之中,促进慈善资源的合理分配,也必将对善款的募集发挥巨大推动作用。诚然,放开公募权并非没有约束。《慈善法》规定,慈善组织不得从事、资助危害国家安全和社会公共利益的活动,不得接受附加违反法律法规和违背社会公德条件的捐赠,不得对受益人附加违反法律法规和违背社会公德的条件。

为了更广泛地发动社会慈善力量,《慈善法》还专门规定了慈善信托。相较于基金会设立对主体资格、治理结构和资金使用的严格要求,慈善信托的设立和管理都更为灵活,是家族、企业家等参与公益慈善事业的重要方式。同时设立慈善信托有利于打通金融服务慈善的通道,使慈善事业可以运用金融杠杆可持续发展,是慈善事业发展的另一重要路径。2001年的《信托法》曾设专章对公益信托进行规定,明确国家鼓励发展公益信托。但其颁布实行多年,公益信托并没能被激活。关键在于当时关于公益信托的审批机构和公益事业管理机构的界定含糊

不清。《信托法》规定,公益信托的设立和确立其信托人,应当经有关公益事业的管理机构批准。但这个"管理机构"并没有法律上的明确规定,依据公益信托的目的,有可能涉及若干部门,这就带来了实际上审批的难题,最终导致其无法真正落实。而《慈善法》明确指出,慈善信托属于公益信托,是指委托人基于慈善目的,依法将其财产委托给受托人,由受托人按照委托人意愿以受托人名义进行管理和处分,开展慈善活动的行为。慈善信托的受托人应当根据信托文件和委托人的要求,及时向委托人报告信托事务处理情况、信托财产管理使用情况。慈善信托的受托人应当每年至少一次将信托事务处理情况及财务状况向其备案的民政部门报告,并向社会公开。《慈善法》明确规定慈善信托实施民政部门备案制,这就解决了困扰公益信托多年的管理机构审批问题,使慈善信托有望被真正激活和调动起来,为事慈善事业的发展开辟了新途径。

三、行政派捐被禁止,使慈善事业回归到本原

在过往慈善事业发展的进程中,行政摊派募捐的现象时有出现,这与我国社会主义初级阶段的社会发展水平有一定的关系,也是特定历史时期为实现某些社会发展目标的特定做法,也可能对解决一些具体问题发挥过一定的积极作用。这些行政派捐的表现形式也多种多样,包括从个人工资中"垫付扣除""与子女入学、晋职晋级等相关权利挂钩"等,这种"行政摊派募捐"的对象,多发生在老师、公务员等群体中。因为这些职业是"铁饭碗",面对这种"行政命令"也不敢反抗,甚至习以为常。以至于一有大灾大难时,"行政派捐"就会如约而至,这就是典型的"慈善行政化"产物。分析"行政派捐"产生和存在的深层次原因,既有政府财政能力不足、社会慈善机制不成熟等客观原因,也有认为募捐总归是好事,是帮助有困难的人,在道义上是值得大家支持的主观原因,以至于使得"行政派捐"大行其道。

然而,我们必须要申明的是:慈善本来是一种自愿行为,是一种源自道德良知和社会责任而迸发出来的自觉感悟。[2]从本质上说,慈善捐赠是一份善念,是一份爱心,它应当源自每一个人心灵深处的初衷。慈善捐赠的基本原则就是自愿和量力而行,它本应与强行摊派水火不容。因此,募捐行为应该尊重个体的自由选择,每一个体应享有捐款和不捐款的权利,其他任何组织或个人都不能对捐款行为进行强制。如果通过外力强制手段募捐,虽然募款指标可能上去了,但人们对慈善的看法却扭曲了,甚至产生了逆反。因此,"行政派捐"在完成了对弱者帮扶的同时,换来的可能是社会对政府的不满和对慈善募捐的内心抵触,其更深层次的后果是对慈善事业本身的伤害。任何事情都应当遵循一定的程序正义,不能只追求

结果;更不能因为结果良好就罔顾和践踏程序正义。慈善募捐同样如此,只有过程和结果都完美,才是慈善的原初和本质。

为此,《慈善法》第 32 条明确规定,开展募捐活动,不得摊派或者变相摊派,不得妨碍公共秩序、企业生产经营和居民生活。对于"向单位或者个人摊派或者变相摊派的"有关组织或者个人,将受到民政部门的警告,并责令停止募捐活动,对违法募集的财产应当退还捐赠人,还要面临被处以 2 万元以上 20 万元以下罚款。对于县级以上人民政府民政部门和其他有关部门及其工作人员摊派或者变相摊派捐赠任务,强行指定志愿者、慈善组织提供服务的,由上级机关或者监察机关责令改正;依法应当给予处分的,由任免机关或者监察机关对直接负责的主管人员和其他直接责任人员给予处分。这一法律规定一出,即迎来了舆论和公众的好评,由此可见民意所在。其背后的原因昭然若揭,那就是这一制度规定充分尊重了个体的自由选择,回归了募捐本身的原义。

四、鼓励互联网募捐,"互联网 + "慈善时代到来

互联网科技已经深刻地变革着我们社会生活的方方面面,同样也对慈善事业的发展产生了深远的影响。网络作为互动性程度最强的平台与工具,越来越成为慈善事业发展和慈善活动实施的重要手段。网络平台不仅带来了公众捐赠的便利,也降低了公益慈善组织的筹资成本,更推动了慈善事业的规范与透明。它打开了公众参与的枷锁,使慈善募捐变得直接、便捷,也深刻推动着互联网时代慈善事业的发展和创新。

任何事物都有其两面性,网络同样如此,它既能带动社会发展和创新,也可能成为违法犯罪分子利用的工具。近些年来,由互联网引发的社会问题也层出不穷。因此,如何利用好互联网推动慈善事业健康发展,自然成为《慈善法》立法中的一个关键环节。为了避免"慈善欺诈"等行为给公众带来损害,也为了便于公众对互联网慈善进行识别,我国《慈善法》第 23 条明确规定,慈善组织通过互联网开展公开募捐的,应当在国务院民政部门统一或者指定的慈善信息平台发布募捐信息,并可以同时在其网站发布募捐信息。同时也要求,网络服务提供者和电信运营商应当对利用其平台开展公开募捐的慈善组织的登记证书、公开募捐资格证书进行验证。这些规定看起来有些"保守",甚至有人认为如果经由民政部门指定慈善信息平台发布信息,必定存在"渠道删减"或"信息滞后"等问题,将会严重影响受众面,可能会大大减损和降低公众关注与参与慈善的兴趣和热情,募捐效果亦必定大打折扣。从某种意义上说,这些担忧不无道理。如何利用好互联网发展慈

善事业,不可能一蹴而就,需要我们在未来的实践中不断总结不断完善,逐渐使慈善事业插上互联网的翅膀而飞跃翱翔。

总而言之,《慈善法》的诞生是我国慈善公益事业发展史上的里程碑事件,它的内容贯彻和体现了习总书记倡导的"创新、协调、绿色、开放、共享"的五大发展理念,重心在于构建一个人人心存善念、行为善举的美好社会。它对于弘扬我国人民乐善好施、守望相助的优良传统,引领社会团结友爱、无私奉献的志愿精神,规制我国慈善事业健康有序、积极向上地发展必将发挥重要的作用。

(作者单位:北京信息科技大学公共管理与传媒学院)

参考文献:
[1]李劲强. 摊派募捐指标凸显行政化隐忧[N]. 法制日报,2014 – 04 – 14.

浅析我国对公民私有财产权的宪法保护

王　淳

摘　要:私有财产权在实质意义上是公民的基本权利之一,具有一定的制度保证,是公民对抗公权力的一种权利。2004 年《中华人民共和国宪法修正案》,直接将"私有财产权"正式写入宪法,确定了其在宪法中的理论地位,具有不可估量的作用。但是,要真正做到保护私有财产权,我们任重而道远。本文以我国 2010 年江西"宜黄"房屋拆迁事件为背景,以宪法对公民私有财产权保护为核心,对私有财产权的宪法保护问题做了一些探讨,并提出一些可行性对策来完善我国私有财产权的宪法保护现状,为我国私有财产权实施营造一个和谐的法制、社会环境。

关键词:宜黄事件;私有财产权;完善

随着市场经济体制的建立和民主法治进程的发展,在普通公民私有财产中,房屋成为最重要的私有财产之一,也是保障个人生存和社会发展的基础条件。但是,近年来因城市房屋拆迁而引发的社会矛盾日益严重,强制拆迁已经成为影响社会和谐稳定的主要原因之一。下面从私有财产权在宪法上的内涵和特点与民法中的财产权规定做对比,提出一些可行性完善建议。

一、私有财产权的宪法规定

（一）私有财产权的宪法内涵

"私有财产权是指以财产利益为内容,直接体现财产利益的民事权力。财产权是可以以金钱计算价值的,一般具有可让与性,受到侵害时需以财产方式予以救济。财产权既包括物权、债权、继承权,也包括知识产权中的财产权利。"[1] 私有财产权不仅指公民对个人财产的所有权,也指公民个人对私有财产享有的合法使用权。"宪法意义上的私有财产权是一种复合型的权利,它在私人之间,私人与私人之间建构起双重的社会关系。"[2]我国宪法虽然未将财产权规定在公民的基本权利之中,但是财产权在其本质意义上是公民所享有的基本权利。私有财产权不仅是宪法意义上的公民的基本权利,也是民法所调整的重要内容,但两者内涵存在一定的差异。宪法作为我国的根本大法,规定国家生活和社会生活中最重要、最根本的问题,规定公民的基本权利和义务。私有财产权作为一项公民的基本权利,属于人权的范畴,因此宪法上的财产权属于人权意义上的财产权。宪法是国家根本法的地位决定了宪法财产权具有强制性,因此公民可以对自己的财产享有完整的占有、使用、收益、处分的权利,不容他人侵犯和干涉。民法作为我国基本法律是国家法律体系中的一个独立法律部门,是一部体现和维护宪法内容的具体法律,决定了民法上的财产权是以宪法意义上的财产权为基础和本源的。

此外,宪法财产权是公民对抗公权力的一种基本权利,义务主体主要是国家。宪法作为国家的根本法,其内容主要是国家权力的设置和对公民权利的保护,它调整的是公民和国家之间的关系,通过避免国家权力的滥用来保护公民权利,所以,宪法财产权是公民针对国家公权力特别是行政权力恶意侵犯的一种权利。然而民法上的财产权是私人对抗私人的一种权利,是平等主体之间的财产关系。政府强制拆迁公民的房屋,严重侵犯了公民的私有财产权,违反了2004年《宪法》修正案总纲第13条"公民的合法的私有财产不受侵犯,国家依照法律规定保护公民的私有财产和继承权"的规定。从文本上来看,以1982年的宪法及其修正案为起点,在保护社会主义公有制的基础上,不断加大了对公民私有财产权的保护,但从2010年"宜黄"事件可以看出现行宪法在保护和不侵犯公民的私有财产方面不够全面。

(二)私有财产权的宪法特点

2004年《宪法》修正案正式确定公民的私有财产纳入宪法的保护范围以来,私有财产权具有了宪法意义上的特点。首先,私有财产权是公民所有权利之中最基本也是最重要的权利之一。私有财产权是受教育权、生存权等权利存在的物质基础,是不可被剥夺也不可转让的。所以"宜黄"事件中的房屋是受害者的合法私有财产,是不可随便被剥夺的,不受公权力的侵犯。宪法上的财产权和民法上的财产权内涵不同,所以我们不能只重视在民法上对财产权的保护,而忽视了更为重要的宪法上对财产权的保护。宪法的根本法地位决定了我们首先应该重视从宪法角度加强对财产权的保障,完善宪法对财产权保障的规定。

其次,私有财产权具有制度保障的性质。2004年《宪法》修正案正式确定私有财产权保护原则。其与民法意义上的特点不同:宪法上的公民私有财产权是公民基本人权的重要组成部分,是不可以被分割、转让、侵犯的。更明确地说宪法上的财产权是宪法这一根本法赋予公民可以获取并拥有财产的一种资格,它是公民生存权、健康权、生命权等基本权利的前提和基础。而民法上的财产权是具有物质内容或者直接体现经济利益的权利,它指向的是具体的利益,并且可以被分割、转让甚至是剥夺,比如买卖契约、国家依法征收征用公民财产、行政处罚中的罚款或没收财物等。

最后,私有财产权是对公权力的一种防御性的权利。宪法规定公民私有财产权在公权力一定的范围内才保护公权力,抵御公权力的滥用。虽然有观点表示宪法意义上的财产权是一种复合性权利,它首先体现的是私人与国家间的关系,此外还体现私人与私人之间的关系。就前一种关系而言,私有财产权意指,国家赋予权利主体财产所有权,国家不能任意地侵犯私有财产权,并负有保护的义务和职责。就后一种关系而言,它表现为财产权人可以自由处分自己的各项财产权利,不受他人干涉,私有财产权作为一项宪法权利,同时具有对抗公权和私权的双重属性。虽然宪法在保护私有制方面有一定的规定,但是类似"宜黄"事件的强拆房屋事件还是不少。

二、宪法保障私有财产权的不全面

(一)宪法中没有凸显私有财产权的地位

1982 年至今的《宪法》一直将私人财产的相关规定仅仅放在《宪法》第一章的"总纲",而不是放在《宪法》第二章"公民的基本权利和义务"中,可见这是我国宪法在对于私有财产权方面的疏忽。宪法中将私有财产权排除在公民的基本权利和义务一章,必然出现宪法基本权利体系的不完整,不利于宪法对公民基本权利的保障。我国 1982 年的《宪法》中,对于私有财产的宪法地位有一些规定。如:宪法总纲第 13 条第 2 款规定:"国家依照法律规定保护公民的私有财产的继承权。"上面规定我们仅仅看出国家有义务保护公民的私有财产,公民有权利要求国家保护自己的私有财产。显然,我国并没有将私有财产权定位于公民的宪法权利进行保护,仅仅在制定上由不承认到承认私有财产权的转变。1982 年《宪法》就私人财产方面只规定了私有财产权仅是一种被国家所认可的合法权益和实现政府经济发展目标的手段和工具,而不是作为一种对国家的权利而存在。"宜黄"事件中,房屋是公民的私有财产,但是由于宪法疏忽了私有财产权的宪法地位,出现私有财产与公共财产的不平等对待,导致私有财产的拥有者缺乏安全感。

（二）宪法中征收、征用补偿条款缺少正当程序规定

从宪法规范结构来说，现代财产权宪法保障制度的规范内容主要蕴含了三重结构：不可侵犯条款、制约条款和征用补偿条款。[3] 现行《宪法》第四次修正案增加了现《宪法》第 13 条第 3 款规定："国家为了公共利益的需要，可以按照法律规定对公民的私有财产实行征收或者征用并给予补偿。"这个补偿没有规定明确的限度。宪法没有规定补偿的标准，所以国家在征收、征用私有财产时没有一定的标准。目前关于征收、征用补偿原则有全额补偿学说、适当补偿学说、公平补偿学说。个人认为适当补偿学说更具有说服力。我国正处于社会主义初级阶段，全额补偿耗费太大，在我国还是行不通的。至于公平补偿中"公平"这个词还没有一定的界限，每个人眼里的公平界限都是不一样的。适当补偿是结合了个人利益和国家利益，补偿被征收财产的受益价值而不是补偿市场价值。可以成立一个统一的房屋补偿机构，利用公共利益，对拆迁房进行补偿评估。不管哪一种补偿，宪法应该明确规定，这样就不会出现类似"宜黄"事件由于双方对于征收、征用补偿方面协商出现漏洞，导致惨案发生。

（三）宪法中"公共利益"范围界定模糊

宪法中出现"公共利益"，但是宪法没有对公共利益做出明确的界定，这就为政府征收、征用土地行为和开发商开发土地行为的混乱不清提供了可能。"在现代社会，由于私有财产权广泛延伸到社会公共生活，影响公共利益，为了保护社会秩序和公共利益，就有必要对其进行公权力上的调整，也有必要为其设定公权力干预的法律限度。"[4] 公共利益界定不清，让只考虑自身利益和政府利益的人钻了空子。"宜黄"事件中出面的政府和背后的其他部门标榜着公共利益的幌子，其实是谋取自身利益。这种政府处理事件是公共利益的歪曲。还有一种就是政府与开发商为了谋取共同的利益，以公共利益为保护伞，从中谋取大量的钱财。这种以公共利益为借口来暴力拆房，会造成更多类似"宜黄"事件惨案。所以，宪法中公共利益的界定不清，使公民在保护私有财产权上出现了很大的漏洞，让地方政府、开发商有机可乘。"宜黄"事件只是众多房屋强行拆迁中的一例。也就是说，这种违反私有财产权的现象屡屡存在，笔者认为可以从以下三方面来减少这类事件的发生。

三、完善私有财产权宪法保障制度的建议

（一）明确私有财产权的宪法地位

私有财产权在宪法中有一定的规定，相应地也得到了一定的保护，但没有上

升到公有财产权同等地位,容易造成财产性质之间的不平等,违背了社会主义核心价值观的"公平""平等"原则。建议将私有财产权归于公民的基本权利和义务之中,所以在宪法中应将私有财产权的有关规定放在公民基本权利一章或者公民的基本权利都在大纲中规定,确保私有财产权和公民的基本权利地位一致。"由于我国是以公有制经济制度为主体,这就必然使宪法规范体系中关于公民私有财产权的规定仅仅处于从属于公有财产权的地位。这与财产权作为基本人权在人权价值体系中所具有的地位是不相称的。"[5]在宪法中明确界定国家和公民的权利界限,有力地防止了公权力的不断膨胀,保障了公民的基本权利,是宪法的基本保障。此外,宪法在规定私有财产权的同时也要规定私有财产的义务。公民在享有宪法保障私有财产的同时,也要履行作为我国公民的基本义务。为了公共利益,公民有这个义务,就不会出现不配合国家的行动,这样有利于解决类似私有财产引起惨案的问题,以免出现主客体不平等的情况。

(二)明确确立征收、征用的正当程序原则

正当法律程序原则作为一项重要的宪法原则,是保障公民私有财产权的程序要求。这一原则有两个基本作用:一是防止公权力滥用,降低了腐败出现的概率。二是保障人权,保护公民、法人和其他组织的合法权益不受政府肆意的侵犯。在宪法保护的基础上建立完善的违宪审查制度,有利于保障宪法的实施、维护宪法的权威、保障公民权利和自由。违宪审查制度主要审查公民私有财产相关规定、政府征收征用的目的及行为等是否合宪性的问题,帮助公民认识、了解公权力,减少公权力私用引起的问题。此外,在征收、征用过程中,国家实行公民参与制度以及公民权益保障制度,保障了公民的参与权、知情权和监督权。在政府对土地进行征收、征用的过程中,公民可以行使自己的合法权利来捍卫私有财产权,抵制和制衡公权力的不合理行为,这样公民和政府积极互动,减少分歧出现,减少类似"宜黄"惨案的发生。

(三)明确宪法中"公共利益"界定

宪法规定"公共利益"存在着一定的主观性,"依法"的范围比较广,应该将其理论界定转移到制度建设方面,这样更具有公平合法性。"宜黄"事件主要涉及的房屋问题,其中对于公益性和商业性拆迁要有一定的界定。公益性拆迁是以公共利益为准绳,而商业性拆迁主要追求个人利益。公益性拆迁和商业性拆迁主要区别在于拆迁有无在双方合法权益下进行。政府相关部门,不能打着公益性的幌子,压迫百姓。如果公民在不了解的情况下,可以采取相对柔和的方式进行协商,不要暴力行事,更不能以公权力干涉,将政府利益和政府个人利益当成公共利益,从中谋取私利。不要由于政府考核制度所带来的压力和招商引资所带来的动力，在资源缺乏的情况下，随便征用老百姓的房屋。一定要首先考虑公民的利益，先安置后拆迁。不要像"宜黄"事件那样，政府私自动用公权力"对付"老百姓，基本上出现强制情况。为了强拆一户人家动用 11 个单位 185 人，"后方"还有支援的政府官员，造成惨状。从条文规定到制度方面，让全国和地方人大就私有财产权方面起到实质性的作用，减少"官本位"的现象，"人本位"才能得到拥护和发展。

我国正处于社会主义经济市场化阶段，每个人在追求自身利益的同时也增进了社会的利益。保护公民私有财产权，公民能自由地开发自己的潜力，尽自己的最大能力带动经济的发展，从而带动社会的快速发展。同时，有利于财产性质的透明化，推进廉洁政治的建立，在这种背景下，我们的政治将更加廉洁，政府和公民共铸命运共同体。宪法的规定和保护是公民私有财产权的基本保障。一切行为在这个保障下才能发挥作用，类似"宜黄"事件引发的社会矛盾和利益冲突也将得到相当的缓解。

（作者单位：北京信息科技大学马克思主义学院）

参考文献：

［1］百度百科. http：//baike. baidu. com/view/9549479. htm？ fr = aladdin.

［2］黄竹胜. 论私有财产权［M］. 北京大学出版社，2004：86.

［3］许崇德. 宪法［M］. 中国人民大学出版社，2011：196～197.

［4］黄竹胜. 论私有财产权［M］. 北京大学出版社，2004：86～87.

［5］中国法学会宪法学研究会. 宪法研究（第一卷）［M］. 法律出版社，2002：531.

党在长征时期的民族政策

郭腾宇

　　摘　要：正确处理民族宗教问题是当年中国工农红军完成空前规模的战略大转移的重要环节。因此，党在红军长征时期的民族宗教政策，是长征研究中的一个重要课题。研究红军长征时期党的民族政策，总结其历史经验，是继承和发扬红军长征精神的重要方面，但人们对长征阶段关于民族政策的具体实施过程却缺乏了解，本文主要对红军长征时期民族政策的制定、实践以及作用进行了阐述。

　　关键词：长征；民族；政策

　　红军长征历经两年时间，转战十几个省，经过了西南、西北少数民族聚居区包括苗、壮、布依、土家、侗、彝、仡佬、纳西、白、傈僳、藏、羌、回、蒙古等十几个少数民族，通过这些频繁的接触，中国共产党赢得了少数民族的拥护和支持。但与此同时也产生了很多民族问题，正是这些问题使我党在新民主主义革命早期制定的民族纲领政策和民族工作得到了许多实践经验，也为长征胜利打下了必不可少的基础。近年来，长征途中民族宗教问题的研究也取得了不少新成果，如周瑞海的《论少数民族在红军长征中的地位和作用》，指出红军长征有三分之一甚至更多的时间在少数民族地区前进。在纪念红军长征胜利 80 周年之际，本文对民族政策的制定、实践、作用等一系列问题进行了回顾和梳理，以期对当代民族政策进一步创新发展有所借鉴。

一、制定并坚持民族政策的必要性

　　红军长征以前，由于历代反动统治者及国民党政府实行歧视和压迫少数民族的反动民族政策，使少数民族在政治上毫无地位，经济上没有保障。少数民族问题上既有剥削压迫劳动人民的一面，也有受中外反动势力压迫的一面，导致少数民族与汉族之间的对立和仇恨,这就限制了少数民族地区与汉族地区之间的经济文化交流,使少数民族地区长期以来十分落后和闭塞。尤其是居住在西康大凉山地区的彝族还处于奴隶制阶段,四川、西康、云南、甘肃一带的藏民二三十户人家为一寨,不少寨子筑在山顶上,每家每户自给自足,几乎与世隔绝。这种落后的状况不仅给经过该地区的红军部队带来了给养补充等方面的困难,更为严重的是,由于国民党政府利用民族矛盾进行大量的反共宣传,如红军"杀人放火""抢劫财产""共产共妻"等,使少数民族群众不了解中国共产党的民族政策,从而对红军产生恐惧、戒备甚至敌视的心理。这就给长征中的红军提出了一个复杂而紧迫的新问题,即如何加强民族工作,打破民族隔阂,团结各族人民,共同战胜国民党军的围追堵截,顺利完成战略转移任务。

二、红军长征中党的民族政策的具体实践

1935 年 1 月 16 日,针对西南地区多民族的特点,总政治部发出了《关于瑶苗民族中工作的原则》的通令,指出:红军反对一切汉族的压迫与剥削,主张汉民与苗瑶民的民族平等,给苗瑶民彻底的民族自决权。为贯彻这一指示精神,总政治部又发布了《关于对苗瑶民的口号》共 13 条,主张"实行民族平等,在经济上、政治上苗人与汉人有同等的权利"。由于苗族、瑶族的经济文化极端落后,以及土司、管事在群众中还有极大的权威,因此中国共产党一方面不拒绝而且欢迎与苗族、瑶族的上层代表接触,另一方面又欢迎下层群众参加红军,共同反抗国民党反动派的压迫和屠杀。贵州东部各县的苗族群众甚多,向来受汉族统治者欺侮,加之苗族群众普遍听得懂汉语,所以中央红军经过贵州时,以民族平等和反对贵州军阀压迫苗家来号召,鼓动苗族群众到区公所长等人的家里没收财物谷子,取得了他们的普遍拥护。红军部队有时缴获了民团的枪支,也发给少数民族群众,将其武装起来。因此,瑶族同胞黄孟矮 1935 年春在才喜界石壁上刻写下这样的诗句:"朱毛过瑶山,官恨吾心欢。甲戌孟冬月,瑶胞把家还。"

由于历来受帝国主义和汉族统治阶级的压迫剥削,少数民族同胞长期以来非常渴望民族平等,实现民族自治。中国共产党认识到少数民族的这种需求后,提出了少数民族自己管理自己事情的构想。1935 年 5 月,为争取彝族人民的支持,使中央红军顺利通过大凉山彝族聚居区,红军总司令朱德发布了《中国工农红军布告》,向彝族群众宣传中国共产党的民族政策和红军的纪律,指出:"设立彝人政府,彝族管理彝族;真正平等自由,再不受人欺辱。"红军各部队认真执行中国共产党的民族政策,开展了广泛的争取彝族群众的工作。先遣支队司令员刘伯承依照彝族的习俗,与沽鸡族首领小叶丹歃血为盟,结为兄弟,帮助他成立了中国工农红军彝民沽鸡支队,并使老伍族中立,对受国民党反动派利用与红军对立的罗洪族则耐心说明中国共产党的民族政策。这些措施使中央红军取得了彝族同胞的信任和支持,仅用两天时间便顺利地通过了大凉山区。红四方面军在长征途中,建立了中共大金省委,省委驻绥靖城,以领导在大金川流域建立根据地的各项工作,支援前线红军作战。在中共大金省委的具体组织下,1935 年 11 月 8 日,格勒得沙共和国在绥靖县宣告成立。它接受中共大金省委的直接领导,隶属于西北联邦政府,是藏族历史上第一个人民革命政权。格勒得沙共和国是中国革命史上第一个省级少数民族革命政权,也是党在民族地区成立的第一个民族自治地方政权,为后来的民族区域自治政策的制定、实施、发展和完善,提供了宝贵经验。1936 年 5 月 1 日至 5 日,在甘孜县城召开了波巴第一次全国代表大会,5 月 5 日,大会通过《波巴第一次全国代表大会宣言》,宣告波巴人民共和国中央政府成立,隶属于中华苏维埃西北联邦政府。在党和红军的帮助下,波巴政府作为一个临时的民族自治政权,对红四方面军乃至后来的红二方面军提供了很大的帮助。长征中,中国共产党在红军所经过的少数民族聚居地区,根据当地不同的社会形态、民族习俗、宗教信仰等,帮助各族群众建立了形式各样的民族革命政权,保障了少数民族自己当家做主,自己管理自己事务的权利,找到了一条适合各地实际情况的民族解放之路。

　　尊重少数民族的风俗习惯、语言文字和宗教信仰,是长征中红军团结和争取少数民族群众,共同进行革命斗争的重要措施。中国的少数民族大都有自己的宗教信仰,尤其是伊斯兰教和喇嘛教在回族和藏族中具有相当广泛的群众基础。红军针对这种情况,提出并实行宗教信仰自由政策。1935 年 9 月,中央红军进入甘肃境内的回族聚居地区时,总政治部在《关于回民工作的指示》中规定:"遵守回民风俗习惯,不准乱用回民器具。"随后又颁布了对回民的"三大禁条"和"四大注意",分别是禁止驻扎清真寺、禁止吃大荤、禁止破坏回文经典和注意清洁卫生、注意不乱拿东西、注意尊重回族宗教、注意风俗习惯。此外,红军还明确提出要"保护回文,发展回民的文化教育,举办回民的报纸,提高回民政治文化的水平"。为了表示对少数民族的尊重,红军纠正了用"犭"旁书写少数民族族名的习惯,如将"狪、猓猓"等字一律改用"亻"旁,作"侗,倮倮"。因为经堂是回族群众心目中神圣不可侵犯的地方,因此红军各部队严格规定:"保护回民信教自由,不得擅自入清真寺,不得损坏回民经典。"红军经过西康藏区时明确规定:"不准进经堂,不准用经书当手纸,不要毁坏喇嘛寺、经书和神像,不要伤害番人的宗教感情。"红六军团途经云南中甸县城时,军团长贺龙热情接见喇嘛寺的代表,并做了一个大佛锦幛,亲笔题写了"兴盛番族"四个大字,赠给归化寺主持。

红一军团政治部在长征途中曾下发《关于争取少数民族工作的训令》,指出:"努力争取少数民族加入红军,在最初的时期即使个别的亦是宝贵的,政治部对于这些分子在生活上、政治教育上都应加特别注意,在人数较多时应成立某个少数民族单独的连队并特别注意培养他们自己的干部。"1935 年 5 月中央红军路过大凉山区时,动员了一批彝族青年参加红军,成立了一个彝族连。据不完全统计,在长征途中,仅中央红军和红二、红六军团在云、贵、川三省就扩大红军近两万人,仅黔北地区参加红军者就达 5000 人以上,其中相当一部分是少数民族群众。[1]与此同时,红军长征途经少数民族聚居地区时,还建立革命武装、苏维埃政权和民族自治政权,使一批少数民族干部在对敌斗争的实践中逐步锻炼成长起来。此外,红军还在甘孜举办了藏族干部学校,培养了一批从事翻译、宣传、后勤和群众工作的藏族干部。

三、红军长征中党的民族政策作用

红军长征后,从到达黔桂边区进入少数民族地区起,中国共产党为谋求新的正确解决中国民族问题的基本政策,从红军经过的少数民族地区实际出发,进行了艰苦的实践及相应的理论、政策的探讨和创新,使红军顺利通过少数民族地区,达到了前所未有的民族大团结。由于红军正确执行了党制定的民族政策,受到少数民族群众的拥护和爱戴。少数民族地区群众纷纷消除了对党和红军的疑虑与戒心,在以下三个方面帮助红军顺利通过少数民族地区,取得北上抗日的胜利。

第一,在长征途中,红军的粮食及各种物资极为困难,有许多战士常常因为饥饿倒在前进的路上,所以粮食问题成为红军长征途中的头等大事。在党的民族政策的感召下,许多地区的群众纷纷起来为红军筹粮。

1934 年冬,红军经过贵州省剑河县时,有 40 多个红军因故掉了队。苗族群众多方帮助他们筹集粮食,并为他们带路直至帮他们找到了大部队。1935 年 4 月,当红二六军团到达丽江石鼓渡口时,当地各族人民为红军提供了宝贵的羊皮和红糖、辣椒等。更难忘的是,当地的各族人民,不分男女,身背肩扛,从远地赶来,执意要把最好的糯米粑粑,最新榨出来的红糖,一筐筐地送给红军。1935 年 11 月,红二方面军到达甘孜地区时,白利寺藏民在格达活佛的带领下,不仅帮助红军张贴布告、探听敌情,而且捐助粮食支援红军。据统计,当时白利寺所属僧侣群众"半年交纳的拥护红军粮就有 143 石青稞,22 石豌豆,15 匹马,19 头牦牛"。为此,红四方面军总政委陈昌浩特为该寺颁发布告"查白利喇嘛寺联合红军共同兴番灭蒋予以保护,任何部队,不得侵犯,切切此布",以示表彰和感谢。在川康藏区,红军粮食严重困难,不少藏民宁肯自己吃野菜,也把口粮节省下来支援红军。丹巴县巴底乡贫苦藏民格达一先,把家中仅有的玉米馍和留作种子的 15 公斤季豆都毫无保留地送给了红军。又用自己家的存麻织了 15 双鞋送给红军。据 1935 年有关资料统计,当年红军过阿坝地区前后 16 个月中,在当地格勒德沙革命政权的领导下,各族人民帮助红军筹集粮食 1000 万斤,牛马羊猪等牲畜约 20 万头,还为红军筹集了大批畜皮、牛羊毛及盐麻等物资。[2]此外,少数民族妇女也积极行动起来,帮助红军缝军衣、做军鞋……这些无私的帮助如雪中送炭,使红军在艰难险恶的征途中得到源源不断的给养补充,得以生存发展。少数民族的支持是红军渡过难关胜利完成长征的重要保证。

第二,红军在少数民族地区辗转征战,除必须克服恶劣的自然环境带来的困难外,还遇到诸如民族隔阂、语言障碍、宗教习俗各异等困难。因此,向导、翻译在协助红军战胜种种困难的过程中具有特殊重要作用。1935 年 6 月,中央红军先头部队翻越长征中第一座大雪山——夹金山时,藏族青年不顾危险,毅然为红军带路,使红军顺利通过"鸟儿飞不过,人们不可攀"的夹金山。征服雪山后,红军又来到了一望无际的茫茫草地,这里根本没有道路,只有大片的沼泽,可供作路标的树木也极少,稍有不慎就会迷失方向或者身陷泥潭,被沼泽吞没。1935 年 8 月,党中央率领右路军离开毛儿盖准备过草地时,请到了当地藏民毛儿盖寺庙喇嘛为向导,为红军带路,他们克服重重困难走出草地顺利到达班佑,确保了党中央的安全。中央红军在渡乌江时,当地群众为红军修建了 6 只木船,仅靠 36 名汉、彝、傣族船工,经过 7 天 7 夜,将几万将士迅速地渡过天堑,未伤一人一马。可想而知,红军长征途中遇到的种种困难,没有少数民族群众的大力支持,无法完成这一壮举。

第三,红军所经地区,经过广大指战员的宣传动员,各族儿女积极参加红军。据不完全统计,在整个长征中,有近 2 万少数民族青年加入了红军队伍。在中央红军经过黔西北时,就有苗、彝、回、瑶等各族青年五六千人参加了红军。进入云南后,汉回苗族加入红军者五六千人,震动全滇,当经过昆明官渡时,又有几十回民加入红军。[3]加入红军之后,红军为他们单独成立了回民队伍。红二六军团开始长征时许多土家、苗、白、回等民族青年毅然随军长征。在川康藏区,也有成批藏民参军,仅阿坝地区就有 2000 多人参加了红军。在冕宁、越西有 1400 多名各族青年加入红军。其中彝族奴隶有 100 人还单独编成一个连,称为"倮倮连"。[4]在甘肃,有上千回族青年参军,其中还有一些阿訇等爱国宗教人士,也在中国革命的危急关头,毅然走上了革命道路。各族青年踊跃参加红军,使红军在战斗减员的情况下及时得到补充,从而为红军长征的胜利提供了源源不断的兵源保证。

四、长征中党的民族政策的历史意义

红军长征时期党的民族政策制定和贯彻执行,为团结各少数民族上层人士及广大群众,确保红军顺利通过民族地区、实现战略大转移以及推动民族地区革命运动的发展,都起到了十分重要的作用。没有正确的民族政策,就没有红军长征的胜利。那么,从红军长征时期党的民族政策的实践中,我们可以得到什么借鉴和启示呢?

第一,民族问题是革命问题,也是社会发展总问题的一部分,要切实加强党对民族工作的领导。回顾红军长征的光辉历程,我们可以看到,党和红军自始至终将民族问题放在最重要的地位。1935年,红军总政治部在《关于争取少数民族工作的指示》中明确提出:"野战军今后的机动和战斗,都密切地关联着争取少数民族的问题,这个问题之解决对于实现我们的战略任务有决定意义,因之各军团政治部,必须立即把这个问题提到最重要的地位。"1935年7月,党和红军又进一步要求:"我们部队中地方工作的中心应该以全力放在争取少数民族的上面,每个红色指战员都要自动地来参加这个工作。"1935年8月,在毛儿盖召开的中央政治局会议上,党对民族问题的认识又有深化,认为:"争取少数民族在中国共产党与中国苏维埃政府领导之下,对于中国革命胜利前途有决定的意义。"同时提出全党要认真学习马克思、列宁、斯大林关于民族问题的理论和方法,运用这一武器来解决民族问题。由此可见,高度重视民族问题,切实加强党对民族工作的领导,是长征时期党的民族政策得以实行并取得胜利的根本原因。

在社会主义建设的今天,民族问题作为社会发展总问题的一部分,是一个关系到国家命运的重大问题。借鉴红军长征时期党的民族政策的成功经验,在建设社会主义现代化建设中,我们要充分认识到民族问题的重要性,切实加强党对民族工作的领导,坚持民族团结、民族平等的基本政策,巩固"平等、互助、共同繁荣"的新型民族关系,大力加强马列主义民族观、党的民族政策和爱国主义的教育,使"汉族离不开少数民族,少数民族离不开汉族"的观念牢牢扎根于各族人民心中,增强民族凝聚力,并采取各种措施帮助和促进民族地区经济文化的发展和社会的进步。

第二,民族区域自治制度是马克思主义基本原理同中国民族的实际相结合的

产物,是适合我国情况、正确解决民族问题的基本制度,坚持与完善这一制度,是新时期民族工作的根本任务。党对解决民族问题具体方式的探索,经历了一个较长的过程,长征时期民族自治主张的提出及实践,是其中的重要阶段。建党初期,在1922年7月的"二大"宣言中,党提出以联邦制解决民族问题,建立中华联邦共和国的政治主张。1923年党的"三大"通过的《党纲草案》仍主张用联邦制解决民族问题。长征开始后,随着革命的不断发展,民族工作的现实感和紧迫感使我党对解决民族问题的思考和探索不断深化和成熟,认识到建立联邦制,以民族共和国的形式来解决民族问题并不适合我国历来是一个统一多民族国家的历史传统以及各民族大杂居、小聚居的实际情况,因而放弃了联邦制方式而主张以民族自治方式来解决民族问题,并在1936年10月12日宁夏南部地区成立了第一个少数民族自治政府——豫海县回民自治政府。抗战时期,陕甘宁边区政府在1941年颁布的《陕甘宁边区施政纲领》和1946年制定的《陕甘宁边区宪法原则》中进一步从理论上丰富和发展了党的民族自治的主张,并于1947年建立起我国第一个省级少数民族自治区——内蒙古自治区。1949年中国人民政治协商会议所通过的《共同纲领》明确规定:"各少数民族聚居的地区,应实行民族的区域自治,按照民族聚居的人口多少和区域大小,分别建立各种民族自治机关。"民族区域自治制度最终以国家根本大法的形式确定下来,成为我国解决民族问题的基本制度。

邓小平指出:"解决民族问题,中国采取的不是民族共和国联邦的制度,而是民族区域自治的制度。"[5]当前,我们应把民族区域自治制度建设与民族地区的改革开放实践结合起来,进一步完善民族区域自治的各项制度和各项法规,有效地促进民族地区经济、文化、教育等各项事业的发展。

第三,认真贯彻党的宗教、统战政策,妥善地处理民族地区的宗教问题,是正确解决我国民族问题的重要保证。宗教问题往往与民族问题交织在一起,长征时期,党和红军根据各少数民族的具体情况,尊重少数民族的风俗习惯、语言文字,实行宗教信仰自由政策,与少数民族首领、代表人物和宗教上层人士建立起广泛的民族统一战线。历史证明,这是红军长征取得胜利的一个宝贵经验。在社会主义社会,宗教仍然具有长期性、复杂性、群众性和民族性,同时,在坚持爱国主义、社会主义的基础上,宗教所提倡的某些思想行为规范,可以适应社会主义的要求。借鉴红军长征的成功经验,我们在解决新时期的民族问题时,要坚持党的宗教信仰自由政策,进一步巩固民族统一战线,并尊重和发扬与宗教有关的有积极意义的传统道德文化,把它与社会主义精神文明建设结合起来,为全面建设小康社会服务。

第四,造就一支强大的、高素质的少数民族干部队伍,是民族政策得以贯彻落实的关键。少数民族干部的培养是红军长征取得胜利的另一宝贵经验。1935 年8 月,中央政治局在毛儿盖会议上《中央关于一、四方面军会合后的政治形势与任务的决议》中提出,必须挑选一部分优秀少数民族群众,"给予阶级的与民族的教育,以造成他们自己的干部"。1936 年 5 月,总政治部在对回族工作的指示中也十分强调培养和提拔回族干部,以"造成为强有力的回民的领袖干部"。总之,长征时期,党和红军培养了一大批少数民族干部,对宣传和执行党的各项方针、政策,促进民族地区革命斗争的发展,都起了巨大的作用。

少数民族干部队伍的建设在社会主义现代化建设事业中占有重要地位。少数民族干部最了解本民族的特点及本民族群众的愿望和要求,通晓本民族的语言文字,熟悉本民族的生活方式、风俗习质和宗教信仰,他们在本民族中的作用是别的民族干部所不能代替的。同时,为加快民族地区的经济发展和社会进步,也必须培养一大批少数民族干部。进一步提高对培养少数民族干部工作重要性的认识,大胆选拔少数民族干部,改善干部队伍结构,提高干部素质,进一步加强各民族领导干部的团结合作,是新时期民族工作的一项重要任务。

(作者单位:北京信息科技大学马克思主义学院)

参考文献:

[1]红军长征过云南[M]. 云南民族出版社,1986.41,47.

[2]李蓉. 论红军长征中民族政策的运用与发展[J]. 西藏研究,2006(3).

[3]中国工农红军第一方面军长征记[M]. 人民出版社,1959.

[4]中国工农红军第一方面军长征记[M]. 人民出版社,1959.

[5]邓小平文选.[M]. 人民出版社,1995.

07

经济社会研究

湖南湘西州十八洞村精准扶贫调研报告

胡　飒

摘　要:"精准扶贫"的重要思想是习近平总书记到湖南湘西考察时首次提出的。对扶贫对象实施精准识别、精准帮扶、精准管理和精准考核之后,十八洞村各方面发生了巨变。其间,思想观念的改变,党员的模范带头作用的发挥,政策的支持是非常重要的脱贫保障。

关键词:十八洞村;精准扶贫;脱贫

2012 年,习近平总书记在广东考察工作时指出,没有农村的全面小康和欠发达地区的全面小康,就没有全国的全面小康。要加大统筹城乡发展、统筹区域发展力度,加大对欠发达地区和农村的扶持力度,促进工业化、信息化、城镇化、农业现代化同步发展,推动城乡发展一体化,逐步缩小城乡区域发展差距,促进城乡区域共同繁荣。2015 年,我国"十三五"规划提出,到 2020 年,农业现代化取得明显进展,人民生活水平和质量普遍提高,我国现行标准下农村贫困人口实现脱贫,贫困县全部摘帽,解决区域性整体贫困。从这些讲话和目标设计中可以看出党和国家解决贫困问题的魄力和决心。十八洞村是我国贫困村脱贫的一个缩影,有着重要的示范意义。

一、十八洞村的今与昔

十八洞村是湖南省湘西州比较偏远的一个苗寨。村子距 309 国道 4 公里,总面积 14162 亩,耕地面积 817 亩,林地面积 11093 亩,森林覆盖率 78%。全村辖 4 个自然寨、6 个村民小组。2013 年年底,全村 225 户 939 人,其中贫困户 136 户,贫困人口(年收入低于 2880 元)542 人。2015 年,十八洞村的人均纯收入达到 3668 元,比 2013 年增加了 1150 元,减贫 223 人。到 2016 年 1 月,剩下的 127 户贫困户都已实现了脱贫。如今,十八洞村已由名不见经传的苗寨乡村变成了旅游胜地,猴年春节,十八洞村竟吸引上万游客前来观光旅游。

从吃、穿、住、用、行等方面的对比,也可以看出十八洞村的巨变。第一,道路宽敞。从山外进村子是一条标准的沥青公路,曾经晴天一身灰、雨天一身泥的羊肠小道成了永远的历史。第二,村容村貌良好。曾经十八洞村堪称脏乱差。现在的十八洞村,在近两年连续投入资金约1200万元进行自来水安装、农网改造、道路扩宽、民居改造等基础设施建设之后,家家户户是新修的木板房、新扎的竹篾墙和新铺的庭院,房前屋后铺就了青石板路,村貌焕然一新。第三,生活有了保障,生活水平有了提高。在扶贫工作组和村委会的帮助下,全村50多户贫困户养起了生猪、黄牛、山羊,去年一年,全村仅腊肉外销一项就创收10万元以上。十八洞村推出了"11·3"工程,即每个农户种植10棵冬桃、10棵黄桃,饲养300条稻花鱼。桃树种植后,出卖每棵桃树的年采摘权,每棵桃树采摘权定价为每年418元,其中300元给种植桃树的农户,118元作为村里管理平台费用。

二、精准扶贫与十八洞村

"精准扶贫"的重要思想最早是在2013年11月,习近平总书记到湖南湘西考察时首次提出了"实事求是、因地制宜、分类指导、精准扶贫"的重要指示。2014年3月,习近平总书记参加两会代表团审议时强调,要实施精准扶贫,瞄准扶贫对象,进行重点施策,进一步阐释了精准扶贫理念。2015年6月总书记在贵州省强调要科学谋划好"十三五"时期扶贫开发工作,确保贫困人口到2020年如期脱贫,并提出扶贫开发"贵在精准,重在精准,成败之举在于精准"。2015年10月16日,习近平总书记在减贫与发展高层论坛上强调,中国扶贫攻坚工作实施精准扶贫方略,增加扶贫投入,出台优惠政策措施,坚持中国制度优势,注重六个精准,坚持分类施策,因人因地施策,因贫困原因施策,因贫困类型施策,通过扶持生产和就业发展一批,通过易地搬迁安置一批,通过生态保护脱贫一批,通过教育扶贫脱贫一批,通过低保政策兜底一批,广泛动员全社会力量参与扶贫。在习近平总书记精准扶贫思想的指导下,十八洞村很快感受到了脱贫带来的幸福。

精准扶贫是指针对不同贫困区域环境、不同贫困农户状况,运用科学有效的程序对扶贫对象实施精准识别、精准帮扶、精准管理和精准考核的治贫方式。也就是俗话说的"对症下药",然后"药到病除"。

精准识别要回答:一是谁是真正的穷,二是有多穷,三是为什么穷。"谁是真正的穷"是识别贫困对象。这是精准扶贫的关键一步,是前提和基础,如果对象识别不准确,容易产生贫困对象的数量缺口,会出现扶了可以不用扶的,漏了需要扶的尴尬局面,后续有些扶贫工作就失去了意义。"有多穷"是识别贫困深度。贫困深度瞄准的精度不够,容易产生贫困程度的收入缺口。"为什么穷"是识别贫困致因。资源贫瘠、信息闭塞、教育落后、权利和能力弱小等都是导致贫困的具体原因,只有瞄准致因,才是真正做到了精准识别,才能对症下药,取得扶贫绩效。

十八洞村按照群众申请和政府考核相结合的办法识别贫困。首先把识别贫困的权利交给群众。十八洞按照"七步法"和"九不评"识别贫困。即"户主申请,群众投票识别,三级会审,公告公示,乡镇审核,县级审批,入户登记"——这是十八洞村识别贫困户的"七步法"。"家里有拿工资的不评,在城里买了商品房的不评,在村里修了三层以上楼房的不评……"——这是十八洞村筛选贫困户的"九不评"。"七步法、九不评"精准识别出了十八洞村的贫困人口542人,这样的结果老百姓表示认可和服气。同时村里对每个贫困户都分别建档立卡,并录入"扶贫开发建档立卡信息采集系统"。

精准帮扶要回答:一是谁在帮扶,二是在帮扶谁,三是如何帮扶。政府部门、企业、团体,甚至社会个人都是帮扶主体。每类主体的扶贫意愿、能力和责任存在差异性。只有对帮扶主体进行精准的分析,才能实现帮扶主体和扶贫对象需求之间的有效匹配。

十八洞村逐户"开药方",实现精准帮扶。针对贫困户不同的致贫原因,开出不同的"药方",实施"精准滴灌、靶向治疗"。如对有劳动能力的建档立卡贫困户,推行产业扶贫"四跟四走"模式,即"资金跟着穷人走、穷人跟着能人走、能人穷人跟着产业项目走、产业项目跟着市场走"。再如,对缺少资金发展产业的贫困户,省扶贫办、省农村信用联社推出扶贫小额信用贷款,实行免抵押、免担保、财政贴息。[1]

精准管理是指对扶贫对象、扶贫资金和帮扶主体进行全方位、全过程的监测,实时反映帮扶情况,实施动态化、制度化管理,实现扶贫对象的有进有出,为扶贫开发工作提供决策支持。首先建立扶贫信息管理制度。按照"信息到户、真实准确,动态调整、进出有序"的要求,加强扶贫对象信息管理。2015年,开展建档立卡"回头看",对"扶贫开发建档立卡信息采集系统"逐村逐户开展复查,核实完善。对不符合条件的、群众反映强烈的坚决剔除出列;对应进未进的、因灾因病等致贫的,按"应进则进、应扶尽扶"的原则,一户不落地纳入系统,对贫困人口动态调整。其次强化扶贫资金管理。按照"严管、高效、安全"原则,健全扶贫资金审批、划拨、使用全程管理制度,大力推行扶贫资金项目公告公示制度、扶贫项目群众监督制度、专项审计制度,切实加强扶贫资金监管,确保专款专用、高效使用。

精准考核主要是对精准扶贫的效果进行考核,主要针对地方政府。通过考核,总结成绩,找出问题,促进精准扶贫工作落到实处、取得实效。2016 年中央 1号文件强调,实行最严格的脱贫攻坚考核督查问责。对于每年脱贫人口,逐村逐户复核验收,严格按照村民小组推荐、民主评议、入户核实、公示公告、退出审批的程序"销号",并且必须要由脱贫对象签字认账,并在"扶贫开发建档立卡信息采集系统"中标识,避免"被脱贫"。湖南省扶贫开发领导小组正在建立扶贫对象退出机制,通过确定规范的退出标准和程序,对贫困人口、贫困村、贫困县发展情况和脱贫进程实行有效动态管理。[2]

三、启示

1. 思想建设先行

首先,改变村民的"等靠要"思想。2014 年 1 月,习近平总书记离开十八洞村两个多月后,花垣县委宣传部副部长龙秀林受县委指派,带着 5 名干部进了村。村民觉得上面一定会下拨很多钱帮他们脱贫,而听说龙秀林是宣传部的,觉得一没项目二没钱,有些失望。村里进行农网改造时,许多村民为小利益纠缠,扶贫工作队的工作一度很难开展。村民等靠要的思想比较严重。龙秀林决定先进行"思想建设"。他了解到,十八洞村 10 年前由两个村合并而成,多年来,这两个村落连红白喜事都不来往,村合心不合,表面上是一个村,实际上没什么沟通。龙秀林在村里积极开展各种活动,包括成立一个艺术团,组织两个村落的村民参加一些文艺活动,加强各寨之间的沟通,逐渐实现村民之间的融洽相处。随着村支两委班子的配合,全村在精准扶贫的理念上逐渐形成共识,村民"等靠要"的观念慢慢转变了。

其次,党员模范带头作用很重要。随着十八洞村旅游业的红火,停车难成了阻碍发展的一大难题。经民主协商,十八洞村准备修建两个停车场。经过村支部反复动员,大部分村民同意征地,但其中一位村民迟迟不配合,原来他家只有这一块地,如被征用修停车场,就没口粮了。但由于这块地就在规划建设停车场的中央,不征收停车场就不能开建。情况陷入僵局,村支部第一支书施金通当即决定,拿自家一块 1.88 亩的田地和村民置换。得知施金通"擅自"拿自家田地置换时,父母心里老大不乐意。在施金通家,这块地交通位置最便利,其他都在山坳里。但施金通觉得:"党员要起模范带头作用,这样才更有说服力。"为此,他说服父母,最终置换了自家田地,使得停车场如期动工建设。[3]党员干部的先锋模范作用,在扶贫攻坚中很重要。十八洞村紧密结合脱贫攻坚各项工作任务,对党员分类管理、设岗定责,推行承诺兑现制、绩效考核制、坐班服务制、代访代办制、结对帮扶制、群众评议制"六制"工作法,党员的先锋模范作用得到充分发挥。

2. 政策支持是保障

持续有力的政策支持是扶贫工作的重要抓手。湖南省出台了一系列扶贫脱贫的政策,构建"1+10+17"(1个目标指南、10个保障机制、17个实施方案)的精准扶贫政策支撑体系,打出一套有力的"组合拳",解决"怎么扶"的问题。1个目标指南,即出台《中共湖南省委关于实施精准扶贫加快推进扶贫开发工作的决议》《中共湖南省委湖南省人民政府关于贯彻落实〈中共中央国务院关于打赢脱贫攻坚战的决定〉的实施意见》,完成精准识贫、精准扶贫、精准脱贫的顶层设计;10个保障机制,即出台《湖南省农村扶贫开发条例》和贫困县党政领导班子领导干部经济社会发展实绩考核办法、贫困县约束机制、扶贫资金使用绩效管理机制、精准扶贫工作督查机制等保障措施;17个实施方案,即出台包括安全饮水、农村道路、农网改造、易地扶贫搬迁、危房改造、教育扶贫、医疗保障、产业扶贫、旅游扶贫等17项省直部门实施方案,每项措施"真金白银",分量十足。

比如金融政策的扶持。围绕金融支持湘西州扶贫攻坚,人民银行着力加强货币政策工具的引导,强化信贷政策效果评估,取得了较好的成绩。同时,在新形势下按照金融扶贫或普惠金融发展的要求,切实做好做实金融精准扶贫工作。人民银行对湘西州实行政策倾斜,对全省首批53个试点村之一的十八洞村金融服务站重点倾斜。近年来,农信系统、邮储银行和农业银行作为主联系行,与该县70%、15%和10%的贫困村建立了金融扶贫联络挂钩机制,金融服务在这里实现了"四个提升",即贫困农户贷款、获得贷款的村民数量、基础金融服务水平和村民金融知识素养都有较大提升。[4]有着这样多的惠民政策,所以十八洞村的扶贫工作取得了巨大成就。

3. 产业发展是根本

发展产业是最终解决贫困问题的物质载体。有了合适的产业,才能源源不断产生效益,才能使群众在脱贫的基础上实现致富,而不至于出现"返贫"的现象。十八洞村扶贫工作队入户摸底,得来的情况基本相同:贫困户一缺资金、二缺技术,单打独斗闯市场,难上加难。过去吃过教训:扶持起来的特色养殖一度红火,工作组一撤,却又开始"重复昨天的故事"。还得走市场的路子。十八洞村摸索出了"五跟":资金跟着穷人走,穷人跟着能人(合作社)走,能人(合作社)跟着产业走,产业跟着市场走——整合资金,利益共享,让市场主体带着贫困户闯市场。[5]

考虑十八洞村的实际情况(山多地少),在县里领导的帮助下,十八洞村选择与苗汉子专业合作社共建猕猴桃基地,贫困户和普通村民则带着扶贫和政策支持资金入股。2014年成立十八洞村苗汉子果业有限责任公司,在华融湘江银行和国家开发银行的信贷支持下,合资1000万元,现已形成种植规模2000亩。2015年,花垣县扶贫开发办又在该村成立了十八洞乡村游苗寨文化传媒有限责任公司,组织村民经营食品、苗绣、客栈,开辟农家乐、纯净水、水电站、游客接待中心、村文艺团、党的群众路线教育实践基地等。当前十八洞村精准选择产业,实现"五条腿走路":既有猕猴桃为主的种植,还有黄牛为主的养殖,加上乡村旅游、劳务经济和苗绣,未来的美好生活,指日可待。

(作者单位:北京信息科技大学马克思主义学院)

参考文献:

[1][2]冷凌.我省"精准扶贫、精准脱贫"有哪些新亮点[N].湖南日报,2016-06-10.

[3]周小雷.花垣县十八洞村打造"以党建促扶贫"新模式[N].湖南日报,2016-06-07.

[4]精准扶贫让十八洞村变了模样[N].金融时报,2016-03-28.

[5]十八洞村扶贫记[N].湖南日报,2015-11-29.

我国技术市场管理体制的缺憾
与应对策略研究

奚冬梅[1]　董　亮[2]　傅正华[3]

摘　要：政府管理对技术市场发展会起到重要的推动或抑制作用，其中成熟、高效、完善的技术市场管理体制是关键。随着以信息技术为引领的新一轮科技革命的到来和国内外政治经济环境的变化，我国技术市场管理面临着新的机遇与挑战。本文首先对我国技术市场管理体制的历史演变进行了梳理，并从理论上的认识、政治上的影响和经济上的推动三方面分析了管理体制演变的原因，探讨了管理体制在宏观组织协调与顶层设计、微观过程管理与评价激励机制方面对技术市场的制约，在此基础上提出了完善建议。

关键词：技术市场；管理体制；应对策略

政府管理对技术市场的发展起到至关重要的作用，与技术市场兴衰紧密相关。经过 30 多年的培育、扶持、引导，我国的技术市场从萌芽形成到深入发展，规模不断发展壮大，初步形成了结构合理、管理科学、运行有序的技术市场管理体系。但是，随着以信息技术为引领的新一轮科技革命的到来和国内外政治经济环境的变化，我国技术市场管理面临着新的机遇与挑战。如何在新形势下加强技术市场的管理与引导，形成自主创新能力，成为实现创新型国家战略目标的重要课题。本文将从我国技术市场管理体制的历史演变及原因梳理，分析我国技术市场管理体制方面存在的问题，并在此基础上提出应对建议。

一、我国技术市场管理体制的历史演变

1978 年以后，我国政治文化的变迁为科技体制改革和技术市场的建立提供了政治前提，我国进入了一个新的社会转型时期。1978，邓小平提出"在二十世纪

内,全面实现工业、农业、国防和科学技术的现代化"的国家发展目标,并且特别强调:"四个现代化,关键是科学技术的现代化。"[1]这意味着国家重启现代化进程发展战略的转变。在这样的背景下,如何尽快缩小我国与经济发达国家的技术差距,跟上世界技术发展形势并选择正确的技术发展路径成为这一时期要解决的重要课题,而在解决这些问题的过程中,科技体制发展上的"举国体制"[2]暴露出一些弊端,缺少对市场的敏感性和灵活性,技术水平落后,因此我国科技体制改革被提上日程,技术市场进入探索时期。具体经历了以下几个过程。

（一）全国技术市场协调指导小组的成立

1981 年 4 月,中共中央和国务院批转了国家科委党组《关于我国科学技术发展方针的汇报提纲》,《汇报提纲》明确提出"加速科技成果的应用推广,实行有偿转让",建议转让所得报酬,除应上缴一部分外,大部分留给转让单位作为发展基金。1982 年 10 月,国务院在北京召开全国科学技术奖励大会,会议期间,国务院提出了"经济建设必须依靠科学技术,科学技术工作必须面向经济建设"的战略方针,并提出了科学技术推广工作的"四个转移"。1985 年 1 月,国务院发布《技术转让暂行办法》,国务院领导明确将加速技术成果商品化、开放技术市场,作为科技体制改革的突破口。

在技术市场刚刚起步的这一阶段,技术市场的管理工作由国家科委科技管理局的成果处负责,具体负责此项工作的仅有三个人。[3]这种状况显然不适应技术市场发展的客观要求,伴随着《中共中央关于科学技术体制改革的决定》的调研和起草工作,1984 年国务院第 51 次常务会议提出加强技术成果商品化、开放技术市场,以此作为科技体制改革的突破口,1984 年 12 月由国家科委、国家经委、国防科工委联合召开全国技术市场工作座谈会,并由三委牵头,根据会议代表们的讨论,形成了上报国务院的《关于开放技术市场几点意见的报告》,国务院很快就批准了这个报告,1985 年 4 月,国务院批准成立由 13 个部委(国家科委、国家经委、国防科工委、国家计委、科学院、教育部、总工会、科协、专利局、财政部、工商局、统计局、工商银行)组成的"全国技术市场协调指导小组",负责组织力量对技术市场进行宏观指导,制定有关法规,沟通各方面信息,推动技术市场工作。

全国技术市场协调指导小组成立后,于 1986 年发布《技术市场管理暂行办法》,明确提出了发展技术市场的"放开、搞活、扶植、引导"的八字方针,并开展了一系列的技术市场理论研讨和科技成果交易活动。技术市场在全国各地蓬勃兴起。

（二）中国技术市场管理促进中心设立

1986 年,经人事部批准,国家科委成立"中国技术市场管理促进中心"。"中国技术市场管理促进中心"的前身为 1985 年成立的企业性质的"中国技术市场开发中心",1986 年 3 月,国家科委党组决定改市场中心为事业单位,1986 年 8 月,经人事部批准,正式更名为"中国技术市场管理促进中心"。

"中国技术市场开发中心"的主要任务有 6 条:1. 组织技术成果有偿转让,活跃国内技术市场;2. 中心兼任全国科技与人才开发交流协作网的办事机构,组织实施协作网章程,推动协作网发展;3. 协助国家科委调查研究技术市场有关问题,进行技术市场的预测和统计分析;4. 组织跨地区、跨部门、跨行业的科技协作;5. 建立为全国技术市场服务的技术成果信息库;6. 组织培训技术市场经营管理人才。[3]

更名为"中国技术市场管理促进中心"后,原开发中心存在着向管理促进中心转变的问题,包括中心的主要任务和中心的性质、职能等。1987 年 1 月,国家科委发文,就"中国技术市场管理促进中心"的性质、职能和主要任务进行了明确规定:"中心"受国家科委领导,为国家科委直属局级事业单位。其主要任务是:一、负责全国技术交易活动的统计、分析及预测等,为全国技术市场宏观调控决策提供依据。二、组织、指导技术商品信息的横向流通,以促进技术交易的繁荣。三、组织全国范围的技术交易,组织各部委所属技术力量为振兴地方经济服务;为消化、吸收引进国外技术组织招标;为老、少、边地区摆脱贫困组织技术支援等。四、会同银行引导资金流向,为技术交易提供必要的信贷。五、组织全国技术市场经营、管理人员的培训。六、管理、协调各省、自治区直辖市及各部委已联合成立的全国技术交流协作网,并负责对技术市场开发服务机构进行业务指导。[3]

（三）撤销"全国技术市场协调指导小组"

1988 年 4 月,国务院"三定"方案撤销非常设机构"全国技术市场工作协调指导小组",确定国家科委归口管理全国技术市场工作,因无法解决行政编制,撤销了成果司技术市场处。国家科委委务会批准成立"国家科委技术市场管理办公室"主管全国技术市场工作,决定"中国技术市场管理促进中心"同时作为"国家科委技术市场管理办公室"开展工作,具体行使管理全国技术市场职能。同时,对中心主要任务进行微调,由原来的六项增加至七项:一、组织技术市场调查研究及预测,督促检查技术市场政策法规贯彻实施情况。二、负责全国技术市场管理业务协调指导工作,抓好技术合同认定、登记和统计分析,为全国技术市场宏观调控提供决策依据。三、负责技术法律咨询业务,进行重大技术合同纠纷仲裁,维护技术交易秩序。四、组织并指导全国技术商品信息流通。五、组织全国技术市场经营管理人员培训工作。六、加强全国技术市场网络建设工作,指导推动全国性跨部分、跨地区的技术开发与交流活动。七、用行政的、经济的办法加快技术成果推广步伐,举办国内大中型技术交易会,逐步使之规范化、制度化。[3]主要任务中增加了技术合同认定、登记,技术法律咨询、重大技术合同纠纷仲裁,技术市场网络建设,举办国内大中型技术交易会等新的任务。

1998 年,国务院机构改革实行政事分离,"国家科委技术市场管理办公室"印章上交科技部计划司。技术市场管理工作由"中国技术市场管理促进中心"下设的技术市场处具体负责。

（四）技术市场中心、创新基金与火炬中心合并

2006 年,技术市场管理促进中心、科技型中小企业创新基金与火炬中心合并,技术市场处作为火炬中心的下属机构行使对技术市场的监管职责。新组建的"科学技术部火炬高技术产业开发中心"共有 14 项职能,其中第 2 项、第 6 项涉及技术市场,分别为:"研究我国技术市场发展的状况和问题,提出技术市场的发展规划及有关政策,为科技部宏观决策提出建议和对策。""承担全国技术市场日常运行管理,以及登记、统计、培训、信息、技术转移等工作;联系和协调全国技术市场管理机构;开展科技成果推广和产业化咨询服务等工作。"

二、我国技术市场管理体制演变的原因

从我国技术市场管理体制的演变可以看出,国家层面的技术市场管理机构的权限和权威性呈现出由强化到弱化的趋势。随着国家技术市场管理办公室印章上交,各省市自治区的技术市场的管理职能挂靠在科委(科技局)的成果处,北京成为保留技术市场管理办公室为数不多的几个省市之一。之所以会出现管理体制上的变化来自这样几个方面。

（一）理论上的认识

导致国家层面的技术市场管理机构的权限和权威性弱化的原因首先来自理论上的认识。即认为,市场经济条件下,技术的流通和交易应完全由自由市场进行调节,而无须监管,因而弱化技术市场的监管机构。这种理论认识的形成,有着深刻和复杂的背景。一方面是对国防导向的科技政策和计划经济体制弊端的一种克服和纠偏,认为科技体制改革的方向应当立足于为经济建设服务,增强市场配置资源的灵活性,改变科研机构市场敏感性差、科技成果转化率低的情况;另一方面受西方经济学理论"大市场小政府"的影响,认为"市场万能",政府干预应被

限定在很小的范围内,削弱政府职能,因而弱化技术市场的监管机构。

（二）政治上的影响

改革开放以来,我国政治环境稳定,政府决策系统没有发生根本性变化,这为深入开展科技体制改革和政治体制改革提供了前提和基础。技术市场发展与政治决策息息相关,1985 年 3 月 13 日,中共中央发布了《关于科学技术体制改革的决定》,提出了"经济建设必须依靠科学技术,科学技术工作必须面向经济建设"的科技方针。《决定》同时采取"推动"策略和"拉引"策略[4],标志着科技体制改革经过前期摸索正式启动,"全国技术市场协调指导小组"成立,1986 年国家科委下设"中国技术市场管理促进中心",1988 年,国务院改革撤销非常设机构,撤销"全国技术市场协调指导小组"而成立"国家科委技术市场管理办公室"主管全国技术市场工作。1998 年,国务院机构改革实行政事分离,"国家科委技术市场管理办公室"印章上交科技部计划司。技术市场管理工作由"中国技术市场管理促进中心"下设的技术市场处具体负责。由此可见政治上的变化对技术市场管理机构影响较大。

（三）经济上的推动

改革开放以来,我国经济发展迅速,截至 2016 年,我国国内生产总值达到 67.7 万亿元,增长 6.9%,在世界主要经济体中位居前列,这为科研经费的持续大规模投入提供了基础和保障。据统计,2014 年我国全社会研发经费支出达到 13312 亿元,名列世界第二;研发经费支出占 GDP 的比例为 2.09%,超过英国、意大利等发达国家;全国技术合同成交额达 8577 亿元,比上年增长 14.8%。从研发队伍看,2014 年全国研发人员全时当量达到 380 万人年,位居世界第一。[5]我国经济实力的增强为技术市场的繁荣与管理体制上的探索奠定了良好的基础。

三、我国技术市场管理体制对技术市场的制约

尽管我国技术市场规模不断扩大,全国技术合同成交额从 1988 年的 72.5 亿元提高到 2014 年的 8577 亿元。但是从总体上看,技术在经济转型中的关键性作用发挥有限,经历了 30 多年改革历程,技术与市场结合的问题依然没有从根本上解决,自主创新和创新驱动发展的技术市场体系尚未形成,技术市场管理体制还存在许多监管不到位、运行低效与配置不合理之处,这制约着技术市场的深度发展,具体体现在以下几个方面:

（一）宏观战略规划与顶层设计不足

技术市场是科技成果转化,形成现实生产力的关键环节。技术商品有着与一

般商品不同的复杂特性,即"公共物品和外部性"。由于市场中的主体——企业资源有限,往往以追求短期利润为目标,对于一些关系国计民生、关键领域基础技术等难以进行有效配置,正是这些特点,导致市场失灵。近年来越来越多的国外学者将研究焦点正在从技术市场的存在意义转向技术市场的发展战略上来。他们主要以市场失灵等技术市场发展的阻碍因素为切入点,提出了技术市场的发展战略,且多集中于技术市场失灵问题的研究。[6]围绕技术市场失灵的领域与环节政府进行宏观资源配置、扶持与引导。

我国目前技术市场产品质量参差不齐、成果转化率低,影响了技术创新成果的产业化,总体看来,由于缺乏良好的体制、机制和政策环境,技术市场的发展滞后于我国市场经济的发展。[7]

从全国技术市场管理机构设置上看,2006 年,技术市场管理促进中心、科技型中小企业创新基金与火炬中心合并,技术市场处作为火炬中心的下属机构行使对全国技术市场的监管职责。受限于机构规格,技术市场处难以承担协调监管部委之间和全国技术市场相关工作,更无法从战略高度对技术市场的发展进行高屋建瓴的规划和顶层设计。

由于技术市场具有长期性、相关性、整体性的特点,需要管理机构在宏观上进行战略规划与顶层设计并组织协调持续推进。目前,我国科技体制的最高管理机构为中共中央,通过国务院下属的科技教育领导小组领导着中国的科技事业。科教领导小组负责研究和审查重大的科技教育政策和计划,协调政府间的重要活动。科技部是负责管理科技事业的总揽机构,负责包括从政策、规划和计划的制定到若干国家科技计划的预算和资源分配等。[2]1998 年,国家科委改组为科技部;2011 年,科技部掌握和分配大约 14% 的政府科技开支,与原来的国家科委负责制定和执行科技政策的职责渐行渐远。[8]国家科技教育领导小组由于定位模糊、职责繁多,因而也并未很好地实现其在宏观层面上协调各个部委之间、中央与地方政府之间的职能。在国家科委改组为科技部之后,其负责协调的职能未被明确地界定出来。科技部只是国务院下属众多部委中的一个,虽然它从中央政府科技拨款中获得的比例最大,但是从重要性和影响力来看,属"弱势"部门。国家科技任务现在已分散到国务院内许多部委或部委级机构,它们在其管辖范围内均可以提出和管理国家研发计划,预算则直接由财政部拨款。[2]

此外,高技术研发计划项目定位模糊,各种科研计划针对不同问题提出,分别由不同部门管理,但部门之间缺乏协调沟通,条块分割造成科技资源配置碎片化。

由此可见,在宏观层面管理机构设置与组织协调方面存在定位不清、重复建设,缺少强有力的宏观组织协调与推进,这与转型时期的经济发展需求不相匹配。

(二)技术市场过程管理粗放、运转不畅

技术市场的发展离不开政府的管理,因为很大一部分技术作为一种外部正效应非常大的公共产品,容易造成不同技术需求与供给方的搭便车行为,造成技术供应短缺和技术需求混乱。[9]

我国技术市场过程管理粗放、运转不畅主要体现在以下几方面:一是政府科技经费投入大产出少,效益低下。截至 2015 年年底,我国科技经费投入仅次于美国,成为世界第二大国,R&D 经费投入强度(与国内生产总值之比)超过 2%,但是和高强度投入比起来,我国科技成果产出率较低,高校、科研机构投入产出比例严重失调。2006 年至 2008 年,全国 30 所重点高校研发经费(R&D)共计 5800935 万元,研发课题 211400 项,专利申请 31925 件,专利授权 16493 件,技术转让合同成交数 1167 项,技术转让合同成交额 71777.05 万元。经测算,高校获政府 R&D 投入与技术服务的投入产出比为 100:1.24。许多科研项目立项的市场化导向不足,项目成果多数为论文,并且高校、科研机构科技成果是面向政府并对政府负责的。二是技术市场交易、服务、监管体系未能形成协调、有效的运行体系。目前,我国共有各类技术交易和服务机构近 2 万家,技术产权交易机构近 40 家,各级常设技术交易市场近 200 家,但是,总体上看,技术中介服务机构不够强大,技术交易服务体系虽发展较快,但停留在提供信息与交易场地、举办活动的初级阶段,深层次技术交易服务有待加强。政府不但直接兴建孵化器场地,在多数情况下还直接参与管理,其建立的管理组织也类似于政府机构,采用事业单位的管理模式,其运作效率和服务水平都有待提高。[10]监管方面对于技术提供方和需求方监督保护机制与立法有待加强,存在监管缺位与执行不力的情况。技术市场交易、服务、监管协同机制需要进一步加强。三是技术成果转让审批程序复杂,影响技术交易的积极性。高校和科研机构产出的科技成果均按照国有有形资产进行管理,根据《中央级事业单位国有资产处置管理暂行办法》(财教[2008]495 号)规定,中央级事业单位处置单位价值或批量价值在 800 万元以上的国有资产,经主管部门审核后报财政部审批;一次性处置单位价值或批量价值在 800 万元以下的国有资产,由财政部授权主管部门进行审批。转让科技成果需要层层报批,程序烦锁、周期长,这不仅消磨了科技成果持有单位和科技人员的积极性,也使高新技术成果在漫长的报批过程中逐步失去市场竞争力。

(三)成熟的技术评价与激励机制尚未有效建立

目前我国技术市场技术评价机制还不完善,一方面是政府对于技术发展不同时期的评价支持模式定位不清,对于技术发展种子期、导入期、成长期、成熟期采取何种支持和退出方式还需深入研究。同时,技术商品的特殊性和复杂性,给技术产品的价格评估带来了一定难度。我国技术价格调控管理缺位,技术价格评估管理不规范,技术要素的价格评估、知识产权管理隶属不同部门,造成市场分割、价格信号失灵,导致技术市场效率低下。[7]

另一方面是缺少技术中介机构作为第三方进行客观地评估与分析,技术交易双方不能对技术产品的市场价值与应用前景达成共识,就会降低技术转让的成功率,造成产业化时机的延误和科技资源的浪费。目前企业对技术中介的作用认识不足,往往不愿出资委托技术中介机构进行技术论证和市场调研,科研机构也经常忽略中介技术评价服务的必要性。如果高投入、高风险的研发项目不通过专业机构的科学评估与论证,盲目决策,也会造成多余的投资损失。

此外,科技成果使用价值的实现过程是一个相当复杂的过程,需要科技工作者付出超人的智慧和艰辛的劳动,但目前对科研人员和实现科技成果使用价值的人员的奖励力度较小,激励作用有限。从中关村示范区股权和分红激励试点实践看,在已批复的市属单位激励方案中,采取科技成果收益分成方式的高校和科研院所,奖励比例一般在 20% ~ 30%,最高为 50%。此外,财政部、科技部发布的《中关村示范区企业股权和分红激励实施办法》(财企[2010]8 号)规定,高校院所科技成果入股的奖励比例范围为 20% ~ 30%,相比教育部"原则上不超过 50%"的规定,有所收紧。由于科技成果转化的奖励比例较低,一些科研团队和人员往往通过签订技术开发、技术咨询合同,或者通过私下交易方式来实现科技城的使用价值。科研团队和高校、科研院所的利益都不易得到保障。

四、我国技术市场管理体制改革建议

随着新科技革命、经济转型、经济全球化和信息化的突起,对科技的依赖和需求程度比以往任何时期都要高,这种客观形势必然催生国际国内技术转移的新需求,对技术市场的发展与监管服务提出了更高要求。随着技术市场的深入发展,其理论已由过去成果转化转为技术转移,技术转移成为制约技术市场发展的关键问题。我认为应当辩证审视和处理好政府主导与引导、抓与放、宏观与微观之间的关系,形成系统、协调、高效、有序的管理运行体系。

(一)增强宏观组织协调与顶层设计

在宏观组织协调与顶层设计方面,应给予足够的重视,统筹规划与安排。从发达国家经验来看,美国、欧盟、日本等技术发达国家技术转移起步较早,现已形成成熟的创新体系,规范并服务技术转移的实施,并对科技中介机构如何改进、简化技术转移工作流程、提升转移效果和质量都进行了顶层设计和发展规划。[11] 2002 年 7 月,日本政府颁布《技术产权战略大纲》,明确提出要将技术产权的创造、保护和运用作为"国家战略"加以推进,实施"技术产权立国"的发展战略。[6] 在宏观层面,发达国家并没有弱化政府作用,而是大多采取强政府管理模式,便于统筹进行顶层设计与制度安排。我们国家应当充分吸收我国国防科技中的"举国体制"中的优势与经验,辩证处理好政府与市场之间的关系。在宏观层面加强战略、制度、法律等层面的顶层设计,不能在宏观层面弱化政府职能与推动作用。美国国防科技管理是国家层次出台国家科技战略规划,统筹协调军、地科技工作,取得较好效果。政府支持模式在宏观上应区别于企业、个别机构起主导作用。

在管理机构设置上,建议设立科技部技术市场管理司,归口组织管理与协调全国技术市场工作。同时,在此基础上成立由国务院领导下的技术市场专项工作领导小组,统筹协调各部委之间、军地之间技术转移、服务、监管相关事项,增强协同创新能力。在地方下设技术市场专职管理部门,便于宏观政策从上到下执行落地、统筹安排。因此,我们期望健全管理机构完善监管体系,从国家层面明确技术市场管理机构的设置和管理权限、职能和管理方式,从法律上对此做出规定。同时,对于国外技术转移应当提高税收,有效保护国内技术的产业化。

(二)提高对技术市场研发、转移、产业化过程管理的精细化水平与效益

目前我国技术市场已初具规模,在微观层面应加强过程管理,精耕细作,提升水平和效益。从发达国家管理经验来看,政府在推动技术要素市场建设和发展上是多方位支持的,从前期研发资助、中期技术转移、后期产业化都有不同的政府支持模式。发达国家技术中介机构高效卓越,为技术市场的活跃与发展奠定了良好的基础。如英国技术市场的知识转移主要是通过技术中介来实现。技术市场的中介机构经过长期发展,已经形成了一个多层次、全方位、结构合理的完整的服务体系。英国科技中介机构从整体结构上可以分为三个层面:政府层面、公共层面和私人公司。[12] 政府层面,英国政府在全国各地建立了 283 个地区性的"企业联系办公室(BusinessLink)",将政府、企业、大学紧密联系在一起。公共层面,英国皇家学会皇家工程院、各大学科技成果转化中心、科技园、全国性专业协会等,促进国家重大科技成果转化。私人公司是英国科技公司的主体,如 BTG 主要业务是帮助申请专利、技术转让评估和实施专利授权。

目前,我国技术市场中介机构虽发展较快,但相对力量较弱,建议逐步完善国家技术转移体系,在全国技术转移范围内,打造完整的技术转移产业服务链、知识

产权交易服务链和科技投融资服务链,形成多层次、立体式、综合化技术中介机构,有效将政府、大学与企业紧密结合,推动和活跃技术市场主体创造力,促进技术成果产业化。在微观层面,政府通过制度、立法、规范、监管等方面系统设计、精细管理,间接对市场施加影响,避免政府直接干预所导致的官僚化、行政化模式,有效活跃市场。同时,加大对技术市场监管力度,有效保护技术供给与需求双方的合法权益,增强市场主体的积极性。

(三)完善技术评价与激励机制,调动供需双方积极性

目前虽然资产评估机构遍布全国各地,但都是在国有资产管理局下以评估有形资产为主,以管理国有资产为目的。专门服务于技术转让、技术入股等属于技术市场中介职能的无形资产评估机构很少,远不能满足形势发展的需要。由于缺乏规范的技术价值定价和评估机制,致使技术流动不畅。因而需要制定技术评估规范的行业标准和执行标准,结合国际惯例,建立适合我国国情的切实可行的评估方式。对评估机构实行同业共济赔偿责任形式,对用户承担无限责任,从资产评估机构提取一定的风险基金做赔偿准备,防止一旦发生赔偿事件单独一个评估机构的资产根本无法抵偿客户的损失。完善的技术价值评估体系,可以为技术交易双方提供相对客观的谈判基准点,能够部分消除信息不对称带来的影响,从而降低交易成本,促进交易行为,加速技术的有效转移。

制定和完善高校、科研机构技术转移的激励政策,调动高校、科研机构专利职务发明人积极性,给予个人与机构政策倾斜。推动美国技术转移快速发展的一个重要因素是"拜杜法案"的颁布和实施。美国"拜杜法案"规定:大学对政府资助获得的研发成果拥有自主知识产权,大学可以通过专有或非专有的方式进行技术转移,技术转移的收入必须在科研人员和科研机构之间进行分配。这一规定极大地激发了科研机构和科技人员推动技术转移的积极性。而我国,复杂的审批程序和有效激励不足,科研机构和科技人员推动技术转移的积极性并没有充分发挥出来。因此,应对发明专利技术转让收入的所得,给予个人与机构政策倾斜。

除了对技术供给方给予激励以外,对于高新技术企业也应当加大扶持和激励力度。除了税收调节之外,还应加大政府采购在技术创新中的拉动作用,改变政府采购局限于节约资金和抑制腐败的情况。采购法中明确对促进技术创新的相关规定;加大政府采购规模和力度。通过政策性的政府采购行为来鼓励行业内优秀的企业快速发展起来,同时还可以通过带有倾向性的产业结构调整活动,弥补企业在资源配置中的不足,高新技术产业作为一个新兴行业,政府部门也通过政

府采购激励其发展。

（作者单位：1.3. 北京信息科技大学马克思主义学院；2. 北京信息科技大学科技处）

参考文献：

[1]邓小平．邓小平文选(第二卷)[M]．第二版．北京：人民出版社，1994：85－86.

[2]曹聪等．中国科技体制改革新论[J]．自然辩证法通讯，2015(1)：10－21.

[3]刘庆辉．技术市场探索与实践[M]．科学技术文献出版社，1998：40－41、70、73－74、75－76.

[4]Xue, L. A Historical Perspective of China's Innovation System Reform：A Case Study[J]. Journal of Engineering and Technology Management，1997(14)：67－81.

[5]穆荣平.抓住新科技革命的历史机遇[N].人民日报，2015－03－25(7).

[6]李健．基于国际技术转移的中国技术市场发展研究[D]．中国科学技术大学博士学位论文.2011.

[7]张江雪．我国技术市场的发展现状、问题及对策分析[J]．科学管理研究，2010(4)：50－53.

[8]Sun Y. Cao C. Demystifying Central Government R&D Expenditure in China[J]. Science，2014，345(29)：1006－1008.

[9]杨壬飞、仝允桓．发达国家技术市场特征及其管理模式研究[J]．科学学与科学技术管理，2005(12)：42.

[10]韩珺．我国高新技术产业融资模式创新研究[D]．中国海洋大学博士论文，2008.

[11]郭连成，赵树瑶.美国联邦政府机构推进技术转移工作五年计划(2013—2017)的新举措[J]．中国科技论坛，2014(04)：15－19.

[12]Razak Grady& John Pratt. The UK Technology Transfer System：Calls for Stronger Links Between Higher Education and Industry [J]. Journal of Technology Transfer，2000. 25：206.

"三站一社"立体式社区志愿者队伍建设研究

——以北京市丰台区马家堡街道嘉园二里社区为例

田丽娜

摘　要:随着时代的发展,社区志愿者队伍迅速发展,并在社区治理中发挥了一定的作用,但社区志愿者队伍建设仍存在不少问题。在推进国家治理体系和治理能力现代化的进程中,探讨社区志愿者队伍建设的制度化、规范化等问题具有重要意义。从分析社区志愿服务的现状出发,解读社区志愿者队伍存在结构不合理、管理不规范等问题,力图构建"三站一社"立体式社区志愿者队伍来实现社区志愿者队伍的长效发展。即以社区为中心和根本,充分利用社区志愿服务站、社区青年汇、商务楼宇等志愿服务终端平台来搭建志愿者队伍的立体化平台,提升社区志愿者的服务技能,优化社区志愿者队伍建设。

关键词:社区志愿者;队伍建设;"三站一社"

2016 年 7 月,中共中央宣传部、中央文明办、民政部、教育部、财政部、全国总工会、共青团中央、全国妇联联合印发的《关于支持和发展志愿服务组织的意见》中指出:"志愿服务是现代社会文明进步的重要标志,是加强精神文明建设、培育和践行社会主义核心价值观的重要内容。"随着我国市场经济的快速发展和社会转型的深入推进,社区日益成为城市治理的重心。社区志愿服务的开展对于创新"多元共治"的社区治理平台、共创和谐社区建设、加强社区精神文明建设等都具有重要意义。社区志愿者是社区志愿服务的有力推动者和践行者,社区志愿者队伍作为社会志愿服务体系的重要组成部分,在储备优秀的社会工作人才队伍和提高公民素质方面发挥着重要作用。近年来,社区志愿者队伍迅速发展,并取得了显著成绩,但社区志愿者队伍建设仍存在不少问题。在推进国家治理体系和治理能力现代化的进程中,探讨社区志愿者队伍建设的制度化、规范化和长效性、科学性等问题具有重要意义。

1986 年国家民政部提出在全国开展社区服务,并于 1987 年召开"全国社区服务工作座谈会",标志着社区服务进入起步阶段,提供便民利民服务和民政福利服务成为社区社会服务的主要内容。1983 年 2 月,西城区大栅栏街道发起"综合包户"学雷锋活动,推动了北京市社区志愿服务的发展。1989 年 3 月 18 日,我国出现第一个志愿者组织"天津和平区新兴街道社区服务志愿者协会"。中央文明委于 2014 年通过的《关于推进志愿服务制度化的意见》中指出要通过"搭建拓宽志愿服务平台"来加强对志愿服务制度化的组织推动。本调研就是以丰台区马家堡街道嘉园二里社区为例,探讨构建"三站一社"式的立体化志愿服务平台,实现了对志愿者队伍的长效建设。即以本社区为中心,构建包含社区志愿服务站、社区青年汇、商务楼宇工作站等志愿服务终端平台,推动志愿者队伍建设,实现社区志愿服务的发展,促进文明社区建设,构建社区和谐。

一、社区志愿者队伍的现状

志愿者是指"为公共利益而自愿且无偿地奉献自己时间、精力和技能的个人"。[1]社区志愿者是志愿者队伍的主要类型,是在社区中自愿、无偿地为社会和他人提供帮助的人。近年来,社区志愿服务事业迅速发展,社区志愿者组织及志愿者数量持续增长。以北京为例,截止到 2017 年 3 月 22 日,在"志愿北京"平台上注册的志愿者为 3778682 人,其中愿意做社区志愿者的人数达到 1692279 名,占到整个注册志愿者的 45% 左右,体现了社区志愿服务是志愿者最愿意参与的领域。社区志愿服务在社会救助、老年服务、再就业服务、日间照料、配餐送餐、家电维修、心理咨询等多个方面发挥了重要作用。

近年来,随着中国社会的不断进步和发展,社区治理的不断推进,社区志愿者队伍不断壮大。社区志愿者队伍已经形成了社区居民参与为主、多样化的志愿者组织蓬勃发展和志愿服务项目不断丰富等特点。

首先,社区志愿者队伍形成了以本社区居民为主、多元主体共同参与的志愿者人才体系。《关于推进志愿服务制度化的意见》中指出,要充分发挥社区居民的主体作用。目前社区中志愿服务的主体力量还是以本社区居民为主。中国志愿服务联合会近年来在全国开展"邻里守望"志愿服务活动,通过关爱空巢老人、残障人士、农民工和留守儿童等关爱活动,让志愿服务立足社区,服务社区,用邻里守望编织社区的爱心网,用志愿服务帮助那些需要帮助的人。丰台区马家堡街道嘉园二里社区辖区内共有 45 栋楼,居民楼共 38 栋,居民总人数为 10290 人,共有

1000 名左右的本社区居民参与志愿服务，是社区志愿者队伍的主体力量。另外，还有部分高校志愿者、其他的志愿者组织参与到社区志愿服务中。从 2013 年 12 月开始，已经有 60 余名大学生志愿者在嘉园二里社区开展了"守望真情、你我呵护"科技助老志愿服务，通过集中培训、一对一教学等方式来帮助社区老人学会使用电子产品，丰富老年人的生活。

其次，社区多样化的志愿者组织整合了志愿者队伍，丰富多彩的志愿服务项目也推进了志愿者队伍建设。社区以环境、文化、关爱等服务领域为核心成立的志愿者组织实现了与志愿服务项目的对接，更好地整合了志愿者人才资源，促进了社区志愿服务。丰台区马家堡街道嘉园二里社区在维持治安、关爱服务、保护环境、文化推广、宣传咨询等领域分别成立了"邻里守望小组""亲情帮扶小组""环境美化监督小组""政策宣传小组"等，提高了志愿者奉献社区、服务社区的意识，也从专业领域提升了志愿者的服务技能，优化了志愿者的队伍建设。

二、社区志愿者队伍建设存在的问题

目前，我国社区志愿服务形成了立足社区本身的主要特点，社区志愿者的素质也在服务过程中不断得到锻炼和提升，但是社区志愿者队伍建设还存在队伍结构不合理、对志愿者管理不规范等问题。

社区志愿者队伍结构不合理。2016 年，《关于支持和发展志愿服务组织的意见》中指出："积极支持志愿服务组织承接扶贫、济困、扶老、救孤、恤病、助残、救灾、助医、助学等领域的志愿服务。"中国社区志愿服务发展几十年来，服务内容不断扩展，而且都与社区居民生活息息相关，具体涉及"扶贫、济困、扶老、救孤、恤病、助残、救灾"等诸多领域。尽管社区志愿服务领域广泛，但是志愿服务项目多为老年人参与，青年人参与比例较小。此外，长期化、专业化的志愿者队伍较少，这使得社区志愿服务在方式、内容等各方面存在着一定的局限，很多时候不能够满足被服务群体的需要。

对志愿者管理不规范导致志愿者队伍流失较为严重。开展志愿服务项目时，需要经历四个阶段，第一个阶段即调查研究阶段，通过详细的调查，对项目的设计和宣传来完成对项目的准备工作。第二个阶段即注册招募阶段，通过实名注册，志愿者招募工作和培训工作等，推进志愿项目的具体实施。第三个阶段即志愿者管理阶段，通过对志愿者的人文关怀和科学化管理，保障志愿者权利，激励志愿者乐于奉献。第四个阶段即志愿服务成果的转化阶段，对志愿者进行正确的评价，开展志愿者的记录计时和成果转化等工作，促进志愿服务项目的持续性和完整性。这里对志愿者的管理应该是一个广泛意义上的认识。包含上述的十二个字即"调、设、宣;注、招、培;管、保、激;评、记、转"。目前,社区志愿者与大型活动中的志愿者相比,缺乏科学化的管理,人才流失较为严重。社区志愿服务项目开展时,忽视了调研和设计、宣传等工作,对志愿者队伍的组成体系缺乏设计。招募志愿者时的标准不明确,没有充分考虑不同的项目招募志愿者的标准应该有所不同,导致项目开展存在风险。目前,很多社区已经为社区志愿者提供了培训。但是社区志愿者培训还存在培训内容不丰富、培训针对性不强、缺乏对培训效果的总结与反馈等问题。此外,志愿者的保障激励和记录计时工作有所欠缺。社区重在鼓励志愿者参与社区治理,但是对于志愿者的权益保障以及考评表彰等方面做的工作不够,导致很多志愿者丧失了对志愿服务的兴趣,志愿者队伍人员流失现象严重。

三、构建"三站一社"立体式社区志愿者队伍

社区志愿服务经过多年的不断发展和完善,已经取得了一定的成绩。但是也存在一些问题,为了实现志愿者队伍的多样化、专业化、规范化、科学化、持续化等特点,充分立足社区本身,整合社区周边资源,构建"三站一社"立体式社区志愿者队伍,是实现社区志愿者队伍长效发展的有效方式。"三站一社"即指以社区为中心和根本,充分利用社区志愿服务站、社区青年汇、商务楼宇等志愿服务终端平台来搭建志愿者队伍的立体化平台。

"三站一社"立体式平台促进志愿者队伍构成的丰富性。社区志愿服务站、社区青年汇、商务楼宇等志愿服务终端平台整合了志愿者资源,形成了以社区为中心的多元化志愿者队伍。社区志愿服务站可以整合本社区特别是老年人为主的志愿者人力资源。社区青年汇搭建了为青年人服务的平台,可以利用这个平台来调动青年人以及全家人参与志愿服务的热情,丰富志愿者队伍。商务楼宇工作站可以充分发掘商务楼宇里的资源,把企业志愿者或者个体经济志愿者等引入周边社区,从而实现服务社区,共同发展的目的。以丰台区马家堡街道嘉园二里社区为例,嘉园二里社区志愿服务站共有志愿者1000余人,注册志愿者450余人,多以50~70岁的老年人为主。这些志愿者是本社区居民,可以实现服务本社区的常态化发展。自2010年起北京团市委在全市基层社区等青年聚集地区建立青年汇,社区青年汇通过开展创业培训、交友联谊、文体娱乐、志愿服务等活动来团结和带领区域内的广大青年构建互助向上、包容和谐的社会关系,实现对青年的组织和管理。嘉园二里社区的"聚意社区青年汇"充分利用这个平台整合青年人的人力

资源,通过一系列活动提高青年人对社区的认可度,再鼓励青年人参与科技助老、养老院慰问、美化社区环境治理等社区志愿服务来增强社区志愿者队伍的力量。"小手拉大手"的"志愿家庭"模式鼓励了全家人共同参与社区志愿服务,丰富了志愿者队伍构成的年龄层次。商务楼宇工作站承担着搞好商务楼宇党务、政务、社务工作等职责。嘉园二里社区充分利用了周边商务楼宇的资源,与马家堡时代风帆商务楼宇达成了协议,通过"月月帮扶"等长期项目,实现对社区困难家庭的帮助。"月月帮扶"项目不仅实现了社区与商务楼宇的对接,更实现了企业与服务对象的对接。此外,时代风帆大厦商务楼宇工作站还通过专业志愿服务小分队,通过"菜单式"服务的方式服务于楼宇附近的社区。商务楼宇工作站的志愿服务拓宽了社区志愿者队伍的范围,让不住在本社区但是工作在社区附近的志愿者能够"就近就便"地参与到周边社区的志愿服务中,实现了志愿者队伍的多元化和立体化。

　　"三站一社"立体式平台促进志愿者队伍管理的科学性。社区志愿服务站、社区青年汇、商务楼宇等形成的以社区为中心的志愿服务终端平台能够扩展资源,实现对志愿者管理的科学化和规范化。不同社区有着不同的特点,需要充分利用社区本身的优势和周边区域的优势来实现对志愿者的管理。志愿服务需求调研是构建专业化志愿者队伍的基础。对社区志愿服务而言,志愿服务面对的服务人群、社区所具备的资源、活动的切入点、参与志愿的人群、开展的活动形式等都是需要充分考虑的因素。社区志愿者应该立足本社区实际,去发现本社区以及周边地域的可利用资源,探索开展符合本地区实际的有特点、有意义、有成果的志愿服务项目。嘉园二里社区开展的"守望真情、你我呵护"科技助老志愿服务项目就是结合本社区是拆迁安置老旧小区、老年人居多的特点,以服务对象需求为导向,根据老年人需求为老年人进行电子产品的教学,让老人们享受快乐的生活。在志愿者注册招募阶段,"三站一社"立体式平台可以实现志愿者招募的多元化和科学化。时代风帆大厦商务楼宇在社区开展志愿服务时,需要与参与服务的企业签订书面协议,分派专门的工作人员负责管理、开发志愿服务队伍。楼宇内入驻三年以上的企业才有机会与工作站签订协议,参与"月月帮扶"活动。这样的项目对招募的志愿者标准要求较高,保障了志愿服务项目的持续性,也提升了志愿服务的效果。此外,志愿者培训在"三站一社"立体式平台下也可以实现多元和常态。社区志愿者可以参与社区志愿服务站、社区青年汇、商务楼宇工作站等开展的专业类或者通用类志愿者培训,提升志愿者的素质和能力。嘉园二里社区的"聚意社区青年汇"就利用了"志愿家庭"等方式实现了老年人志愿者和青年人志愿者的沟通和交流,从而更好地促进社区志愿服务。立体化的激励保障也可以促进志愿者队伍的长效建设。每年通过志愿者大联欢的方式,采用物质奖励和精神激励的方式鼓励企业志愿者、本社区志愿者以及青年志愿者更多地参与社区志愿服务。此外,鼓励志愿者在"志愿北京"等网络平台注册,实现对志愿服务项目的专业化指导,保证志愿者服务时长及时计时和服务效果的及时反馈,促进志愿队伍的规范化发展,提高志愿服务活动的质量。

以社区作为平台,社区志愿服务活动促进了人与人、团体与团体之间的交流,丰富了社区居民的生活,推动了社会的和谐发展。构建"三站一社"立体式社区志愿者队伍,依托社区志愿服务站,利用基层社区建立的地域性青年活动平台即社区青年汇和在商务社区中建立的基层组织即商务楼宇工作站来拓展志愿者队伍结构,为社区志愿者队伍建设开辟新途径,开启新领域。

(作者单位:北京信息科技大学马克思主义学院)

参考文献:

[1]北京志愿服务发展研究会. 中国志愿服务大辞典[Z]. 北京:中国大百科全书出版社,2014. 9.

[2]党秀云编. 志愿服务制度化:北京经验与反思[M]. 北京:国家行政学院出版社,2013. 1.

[3]侯玉兰,唐忠新主编. 社区志愿服务理论与实务[M]. 北京:中国社会出版社,2009. 6.

论房地产税在我国征收的必要性

谭德宏　尹国彪

　　摘　要:本文首先通过房地产税的内涵、特征以及它在法学中的地位,结合我国目前在房地产税征收方面所存在的问题,分析出现行房地产税法律规定所存在的问题以及所带来的一系列现象,面对目前经济不景气的现象说明我国房地产税征收的重要性与必然性,最后借鉴国外发达国家的房地产税收征收的经验水平,提出我国未来房地产税收改革的基本思路。

　　关键词:房地产;法律制度;税收改革

　　随着房地产行业的迅速发展,我国一线、二线城市的房价更是快速上涨,与之密切相关的房地产税绝对增长也较快,2005 年我国第三产业中税收增长最快的行业是房地产业,实现税收 1798.65 亿元,增长 31.3%。但是房地产税收额占整个财政收入的比重始终维持在 4.4% 左右,这与房地产业的迅速崛起状况大不协调,有分析认为,房地产行业是目前我国偷税最严重的行业之一,这暴露出我国现行房地产税收政策的诸多不合理之处。因此,我们有必要厘清何为房产税,房产税的功能和定位是什么? 本文试从房产税的内涵和功能定位角度来分析在我国征收房产税的必要性。

一、房地产税的内涵

　　房产税,顾名思义征税对象是房产,房子是建立在土地上的物体,可是我国法律把土地分为两种成分,分别是国有土地、集体土地,集体土地为农村专门设置,除了农村的宅基地外一般不能建设为商品房,必须转化为国有土地才能上市交易。[1]

　　也就是说所有的商品房都必须建立在国有土地上,所以,人们购买的房产的土地是国有的。物品除古董外一般有折旧概念,房产属于人们的生活物品,建筑存续期限有限,也有折旧的属性。问题在于,房产会有折旧,不会增值,房地产的增值不会是房产,而是土地的增值,而我们的土地不是私有,是国有的,按民众的理念增值也是属于国有,与房产关系不大。这种关系也就限制着政府按土地溢价对房产随行就市来征收房产税,因此为了给房产征税张目改换成"房地产税"这个词就比较适合征收意境。

二、房地产税的发展

(一)国内房地产税的发展

新中国成立多年来,税制改革稳步推进,先后经历了六次重大改革。相应地,房地产税收制度也先后经历了六次变革,分别是:

初始建立房地产税制。新中国成立初期,为恢复和发展生产筹集资金,1950年1月,中央人民政府政务院公布《关于统一全国税政的决定》和《全国税政实施要则》,规定在全国统一设立 14 个税,其中就有房产税和地产税,后来在实际执行中做了进一步调整,将房产税和地产税合并为城市房地产税,并于 1951 年颁布了《城市房地产税暂行条例》,规定对房产征收房产税,对土地征收地产税;对房价、地价不易划分的,征收房地产税,房地产税收制度初步建立了起来。然而,随着1950 年资本主义工商业改造、1953 年"公私合营"、1958 年对房地产业和私有出租房屋进行社会主义改造,私人和民营企业房地产的拥有数量和交易数量大大减少,尤其是在"文革"期间,财税体制荡然无存,房地产税也形同虚设。

实行"公私分明"的房地产税制。受"非税论"和"税收无用论"的影响,1973年我国实行了简化税制的改革,将国有企业和集体企业应缴的包括城市房地产税在内的多个税种并入工商税,但是非公有制企业和城市居民拥有的房地产仍按照《城市房地产税暂行条例》执行,从形式上形成了公私壁垒、界限分明的房地产税制。

形成"内外有别"的房地产税制。随着改革开放步伐的迈进,1983 年和 1984年进行了两步"利改税"和工商税制改革,1986 年颁布了《房产税暂行条例》,此后还陆续颁布了《城镇土地使用税暂行条例》和《耕地占用税暂行条例》。外商投资企业和外资企业仍按原规定缴纳城市房地产税,形成了一套"内外有别"的房地产税制度。

初步建立房地产税收体系。1994 年税制改革,是新中国成立以来规模最大、范围最广泛、内容最深刻的一次税制改革,初步建立了适应社会主义市场经济体制的税收制度。在这次税制改革中建立了房地产税收体系,其中与拥有房产所有权和土地使用权直接相关的税种有五个：房产税、城镇土地使用税、城市房地产税、耕地占用税、土地增值税；间接相关的税种有六个：营业税、个人所得税、城市维护建设税、企业所得税、契税、印花税。由此，基本形成了多税种、多环节、多层次的复合型税收体系。[2]

逐步完善房地产税收体系。2004年税制改革是在进一步完善社会主义市场经济体制的背景下提出来的,改革的原则是简税制、宽税基、低税率、严征管。2001—2010年间,我国的税制进一步简化、规范,税负更加公平,取消农业税,修改增值税、营业税、消费税等暂行条例,实现增值税从"生产型"向"消费型"的转变,统内外资企业所得税,完善房地产税制体系,取消了城市房地产税,将对内征收的房产税、城镇土地使用税和耕地占用税改为内外统征收,消除了"内外有别"的藩篱,体现了税收公平原则。需要指出的是,2003年10月中共十六届三中全会通过的《中共中央关于完善社会主义市场经济体制若干问题的决定》中,在"分步实施税收制度改革"的内容中,提出"条件具备时对不动产开征统一规范的物业税"。物业税是房地产税的别称,但这项改革一直未能进行。

推进房地产税制改革。由于多年的经济快速增长,我国已成为世界第二大经济体,居民的收入和财富已具有相当规模,同时国内收入分配不公、贫富两极分化日益严重,中央与地方财权与支出责任的错位日益凸显,"土地财政"和地方债务风险突出,亟须推进以提高直接税比重和完善地方税体系为方向的新一轮税制改革。而房地产税制改革成为新一轮税制改革的引擎。2011年1月28日,在重庆、上海实施房产税改革试点对个人部分住宅征收房产税,房产税改革的帷幕正式拉开。十八届三中全会确定了"税收法定原则",指明了"加快房地产税立法并适时推进改革"的方向。

(二)国外房地产税的发展

最近几年,全球各地的房地产价格几乎都在攀升,房价过高、"市场失灵"是一个全球性的难题。各国政府在抑制房地产市场泡沫,保证社会经济秩序正常运行方面,都进行了艰辛的努力和探索。下面,将对美国、德国的房地产市场调控政策进行分析。

1.美国的房地产税法律规定

美国房产税指房产屋主每年向当地市政府交纳的税种。美国的房地产税是由各地方政府征收,而不是美国联邦来征收。因此各州税率不一,高低不等,多数是房子价值的1%－1.8%。但如果是投资土地,地税则要低许多。

房地产税一般按年计,房价越贵,房产税越高。一般讲,房地产税是用于市政、县郡、学区、社区大学及其他政府机构。房地产税属于联邦个人所得报税扣税项目,也可用于抵扣州所得税扣税项目,但各州规定不一。

美国对土地和房屋直接征收的是房地产税,又称不动产税,归在财产税项下,税基是房地产评估值的一定比例。目前美国的 50 个州都征收这项税收,各州和地方政府的不动产税率不同,平均 1% – 3%。由于财产税与地方的经济关系紧密,因此多由地方政府征收。目前财产税是地方政府财政收入的主要来源,同时也是平衡地方财政预算的重要手段,大约占 30%。如果扣除联邦和州的转移支付收入,仅就地方政府自身的收入来看,占近一半。[3]

其他有关的税种主要是根据房地产交易、继承与赠予以及所得,分别归在交易税、遗产赠予税和所得税项下。

一是交易税,税率约为 2%,房地产买卖时缴纳。

二是所得税,其中个人所得税实行超额累进税率,最低税率为 15%,最高税率为 39.9%,房地产出租形式的收入适用此税;资本利得税,依据房地产出售所获得的差价收入征收;公司所得税实行超额累进税,税率分为 15%、25%、34%、35% 四档,税基为房地产公司的净利润。

三是遗产赠予税,房地产作为遗产和被赠予时才征收,规定超过价值 60 万美元的遗产和每次赠送价值超过 100 万美元的物品才征税。由于美国房地产的价格不高,旧房经过折旧价值更低,因而实际上很少征收。

此外还有少数服务性收费项目,如土地产权登记费等,收费标准统一,数额很小。

2. 德国的房地产税法律规定

在德国,私有财产是一切发展的基石。在德国的一系列经济改革中,有 30% 是关于私有财产的内容,最大的业主同样是国家。国家通过出售一部分地产,获得了一部分收入,使经济得到发展,并且通过出售地产使得将外流的资金吸引回来。为了更好地发展房地产市场,必须有明确的房地产市场游戏规则,使投资者可依据其选择购买房地产。

在德国,自有自用的住宅和不出租盈利的住宅不需要交纳不动产税,只交纳宅基地的土地税。用于出售的房地产首先要缴纳评估价值 1% ~ 1.5% 的不动产税,房屋买卖还要交 3.5% 的交易税。如果通过买卖获得盈利,还要交 15% 的差价盈利税。

首先,在土地税上,政府对于自用式房屋购买者和其他土地买卖经营者进行严格区分,不同对待。土地税,实际上是政府向德国境内的地产(包括土地、地面建筑物)征税,税金的多少则按照登记的地产状态和价值确定。其征税基础为每年初按照税收评估法所确定的课税标准价值,一年一缴。根据联邦统一的税率,建筑用土地的税率为 3.5‰,独户住宅土地税率分两类,价值在 75000 马克以内的税率为 2.6‰,75000 马克以上的税率为 3.5‰,双户住宅税率为 3.1‰。为了鼓励购买住宅自住,政府对居民自用的第一套住宅不征地面建筑物部分税收。也就是购置住宅的普通居民,每年只需缴纳房基地部分(该房基地价值单独评估,并在房产证书中备注)的土地税。

其次,政府对地产买卖获利者征收高额的土地购买税和资本利得税。土地购买税亦可称土地交易税,凡国内登记过的土地被出售就要按规定缴纳土地购买税,此处征税基础同样指土地和地面建筑物两者的价值总和,税率为 3.5%。对于买卖获利部分,政府还将对出售房产征收资本利得税,十年内出售即参照公司税标准征收资本收益的 25%。土地购买税和资本利得税的适用范围还包括买卖房地产公司的股票。

三、我国现行房地产税的法律规定及问题

从我国房地产税制运行来看,房地产行业涉及的税费,整体并不轻,但结构严重失衡,主要存在以下问题:

(一)房地产税出现重复征收现象

我国房地产税种较多,税种设置不尽合理,存在重复交叉征收的现象。如对纳税人的房产所占用的土地,既从量计征土地使用税,又从房价上征收房产税。再如,房地产产权转让收入须按全额或差额征收营业税,而同时又要按增值部分征收土地增值税,对于增值的那部分金额明显地存在重复征税的现象。这些重复征收的税种不仅增加税务机关的工作量,而且损害纳税人的利益。

(二)税收征收计量方式单一,范围狭窄

如城镇土地使用税是国家对在城市、县城、建制镇和工矿区内使用土地的单位和个人,以其实际占用的土地面积为计税依据征收的一种税。其功能是通过土地有偿使用的方式,达到限制土地浪费的目的。但税收优惠范围较宽,征收范围窄,达不到限制土地浪费的目的。房产税的计税依据是从价计征和从租计征两种形式,并没有考虑随着环境的变化房产的市场价值会有所变动。

(三)房地产税负结构不尽合理

由于我国房地产税收主要集中在开发流转环节,持有房地产几乎不存在税收负担,其结果是,一人拥有几套乃至几十套普通住房,将不在征收范围之内,可以

豁免,不能打击房地产市场的投机活动。

(四)税法税种设置简单,征税条款粗略,漏洞较多

例如,1987 年通过《耕地占用税暂行条例》,该税是国家对占用耕地建房或从事其他非农业建设的单位和个人依其占用耕地面积征收的一种税,此税的功能是为了保护耕地。但在实践中比较普遍的做法是将被使用土地不作为耕地上报,从而就无须交纳耕地占用税。耕地占用税名不副实,难以保护有限的耕地资源。

(五)我国房地产税税权不足,使政府财政收入来源不正当

名义上我国将耕地占用税、土地增值税、城镇土地使用税、房产税列为地方税,但地方只有征税权,与其相关的税制基本要素的调整权绝大部分集中在中央,不利于地方政府通过房地产相关税收增加财政收入和调节经济。在实际执行中,地方政府往往变相增加房地产相关收入,例如在房地产开发环节除收取土地出让金和营业税、城市维护建设税等相关税收外,还要收 50 余项费用,通常总计占房价的 15% ~20% 。

(六)房产税课税依据和税率设置不科学

从课税依据看,租房环节,房产税的计税依据为房产租金收入,由于目前房源分散以及征管信息系统建设不足,我国住房租赁环节税收征管难度较大,再加之征管不严,逃税漏税现象非常严重,个人住房租金税收收入甚少;从价计征时,房产税是按照房屋的原值一次减除 10% ~30% 后的余值来计征,在房产价格波动的情况下,房产原值与房产的市场价值存在偏差,房产税的计税依据就与房地产市场价值脱离。由于无法建立与房地产价值变化相适应的税基增长机制,不利于收入分配的调节。从税率看,税率设定上没有考虑各地间实际情况的差异,缺乏弹性。从征税范围看,目前国家规定对自有居住用房不征税,同时对高档、豪华房产又缺乏必要的税收调节措施。可见,目前的房产税收制度难以发挥公平调节的作用。

(七)房地产相关税收法律法规的立法层次不高

多数都是通过条例或暂行条例等行政法规的形式颁布,在贯彻落实中常常受外界因素的干扰,导致房地产调控政策执行不到位。

(八)房地产税收的配套制度不健全

目前,房产登记制度并未完善建立,缺乏统一的评估体系,相关从业人员素质参差不齐以及尚未构建房地产评估机构的考核标准和评价体系等,这些都影响了房地产税收制度改革的进程。

由此可见,中国房地产税制改革已进入基础性制度建设阶段,必须按照现代

市场经济发展的要求,构建房地产税制。

四、我国房地产税征收的必要性

当前,全面推进房地产税改革意义重大。这既是深化市场经济体制改革、完善社会主义市场经济体制、转变经济发展方式的要求;又是进一步完善财税体制、合理调节收入分配、维护社会公平的迫切需要;也是完善房地产市场调控制度基础、促进房地产稳定健康发展的重要举措。要抓住房价上涨压力仍较大、各方面呼声较高的有利时机,进一步凝聚各级政府、学界、业界和社会大众等各方共识,切实推进房地产税改革,落实事关国家长治久安的制度安排。

（一）征收房地产税的必然性

席卷全国的"房地产热"没有随着季节和气候的变化而开始降温。相反,土地批租、房地产开发已经成为社会主义市场经济条件下城市改造和建设的主旋律,房地产交易则成为市场经济的一大热门。然而房地产市场以"炒"为特征的投机活动却在根本上阻碍了其本身的健康发展。房地产开发公司"漫天飞","撒地平"、买空卖空、转手倒卖牟利的状况严重扰乱了房地产市场应有的正常秩序。因此,以法律手段规范和管理房地产市场的行为,加强引导、调控已迫在眉睫。

而现在政府以卖地收入为中心的土地财政模式具有不可持续性:一是可供出售的土地有限。土地资源有限,不能无限制供应。名义上在土地使用权年限期满后地方政府可以再出售使用权,但70年或若干年后能否再次出售,实际上是不确定的。而且,即使可以再销售,短期内的地方政府可支配财力仍然是个问题。二是房地产价格的高企不利于经济社会发展。房价持续快速上涨,带动了地价的上涨,地价上涨也在推动房价的上升。房价和地价的相互推升,无论是对生产还是对生活,都意味着成本的上升。且不说这可能蕴含着的地产泡沫,仅就其对经济竞争力而言的危害,就不得不引起重视。三是房地产价格可能的波动会直接影响地方土地收入的稳定取得,进而影响地方公共产品和公共服务的提供。

于是,决策者需要为地方寻求更加稳定的财源。"构建和完善地方税体系"的必要性也正是在这样的背景下显得更有意义。特别是"营改增"试点的进行,意味着原来作为地方税收收入主要来源的营业税改为增值税之后,可能不再适合长期作为地方税收收入。而房地产税相对于土地收入,每年定期征收,从财源上看,属于细水长流类型,自然而然地进入了决策者的视野。

中国房地产税能否顺利推出,关键在于税制设计是否公平。房地产税制设计的公平性,蕴含了纳税人与纳税人之间的税负分配公平、政府与纳税人之间的收入再分配公平以及政府内部各级别之间的税权分配公平。目前,由房产税和城镇土地使用税所构成的房地产税制,在公平性的三个维度上都存在缺失。有鉴于此,房地产税改革应扩大征税范围、合理设计税收要素、配套减并相关税费并平衡分配政府税权,以实现公平性。

因此,房地产税收征收是非常必要的,这样才能更好地建设社会主义市场经济,规范社会主义市场经济的运行。

(二)征收房地产税的重要性

房地产税制改革是深化财税体制改革的重要内容之一。房地产税制改革极具中国特色。2003 年,"开征物业税"设想提出;2011 年,重庆和上海两市个人住房房产税试点开始;2013 年 11 月 12 日,十八届三中全会通过的《中共中央关于全面深化改革若干重大问题的决定》(下文简称《决定》)要求"加快房地产税立法并适时推进改革"。自此,房地产税制改革定位已非常清晰,即只能在立法的基础之上推进改革。立法推进改革的思路,消除了各种房地产税开征传言存在的温床,促进了房地产市场的健康发展和社会稳定,有利于国家治理现代化目标的实现。

房地产税制改革绝不止步于此。房地产税制改革影响面广,改革的顺利推进需要合适的战略选择,并在最大程度上形成改革共识。特别是房地产税定位、税制改革方案、相关制度配套方案等基础层面的共识,将会极大地促进改革的顺利推进。共识可以在很大程度上消除房地产税制改革所可能带来的风险。那么,如何才能达成共识? 这是一个重要且值得深入探讨的问题。在法治国家,立法是共识形成的重要路径。在立法过程中,各种歧见与误会均可能通过立法中的讨论得到消除。为了让立法的作用得到最充分的发挥,房地产税制改革的讨论应该是全面的,让所有愿意参与讨论的个人都有机会表达自己的看法,让房地产税的专业知识得到更全面的普及,让所有备选改革方案都能得到全面的评估,让改革方案的选择建立在专业知识的智慧支持之上。这样,房地产税制改革实质上是一个公共选择问题。相关利益方的利益差异和偏好不同,最终选择的改革方案很可能是折中的结果,这种折中本质上就是共识的形成,只有达成共识的方案才可能真正得到执行。否则,制定出来的方案就可能停留在纸面上,缺乏执行力。此外,房地产税征税过程中,征税人与个人(家庭)纳税人直接面对面,纳税人明显感受到税负和"税痛",房地产税收征管将面临前所未有的挑战。由此可见,税收征管模式如何相应跟进,也是一个重要的问题。

因此,顺利推进房地产税制改革必须要在达成共识的基础上选择合适的战略,对中国未来房地产税的征收以及中国未来经济的发展起到非常大的作用。

五、我国房地产税的基本思考

十八届三中全会有一项重要部署就是深化财税体制改革，"完善立法、明确事权、改革税制、稳定税负、透明预算、提高效率，建立现代财政制度，发挥中央和地方两个积极性。要改进预算管理制度，完善税收制度，建立事权和支出责任相适应的制度。"新一轮财税改革的目标之一，无疑是解除地方政府"依赖土地财政"的顽疾。当务之急就是调整中央和地方在财权和事权上的分配。在上收部分事权的同时，中央应适度下放部分财权，以稳定地方财源。房地产税收体系的改革作为完善分税制财政体制的重要组成部分，对于化解土地财政也有十分重要的作用。

（一）重新考虑税种的征收范围，避免税源的遗漏

从理论上说，对于在某个地区拥有房地产的居民而言，房地产具有固定地点，不能随意移动，地域性强，而且与每个居民息息相关，同时房地产的增值以及利用房地产所获得收益的高低与当地城市基础设施和地方政府所提供服务质量的优劣密切相关，不论是企业财产还是居民个人的住宅都要享受到来自各级政府所提供的公共服务，因此房地产税征税范围也应当覆盖全部城乡范围，不分内资外资，不分城市农村，不分房产地产，应当一律纳入征税范围。加大房地产保有环节税收，增加房地产保有成本征收新购房产税，加重房地产保有成本，这对房地产投资和投机行为产生限制。这种调控方式，对于多套房产拥有者来说，今后可以自由选择出租或者出售，减少房产闲置率，提高住房的利用率，并使房价趋于合理的水平。

（二）设计合理的计税依据，符合经济的发展

例如，将房产税按房屋原值一次减除10%～30%后的余值计征的办法为按房屋的评估价值计征，改目前从"价"计征和从"租"计征的办法统一为从"价"计征。房地产税的改革还应与土地制度的改革相结合。

分税制的改革不完善是导致土地财政的重要原因，但是我国的土地制度也是产生土地财政的罪魁祸首。我国土地归国家所有，地方政府的土地垄断使得私人不能进行土地交易，只有解决土地制度问题才能更好地完善房地产税的改革。

（三）完善房地产税收相关法规政策

财税体制是优化资源配置、维护市场统一、促进社会公平、实现国家长治久安的制度保障。必须完善立法、明确事权、改革税制、稳定税负、透明预算、提高效率，建立现代财政制度，发挥中央地方两个积极性。

因此,政府在制定房地产税收政策时,需要正确认识房地产税对房价的影响效应,考虑宏观经济环境,分清不同税种对房价的作用,针对不同地区制定相应的税收政策,真正达到调控房价的效果。

（作者1:北京信息科技大学马克思主义学院;作者2:北京信息科技大学行政1402学生）

参考文献:

[1]唐在富. 中国房地产税改革:定位、现状、方向与建议[J]. 发展研究,2012 – 01 – 20.

[2]李寿庭. 房产法的几个基本问题[J]. 中外房地产导报,1996 – 11 – 23.

[3]张宏. 美国次贷危机下的中国房地产市场发展趋势[J]. 合作经济与科技,2009 – 02 – 01.

京津冀一体化发展现状及其策略

杜明夏

　　摘　要:京津冀一体化发展,与我国区域协调发展的全局息息相关。一体化发展不只是区域经济的一体化,还有社会基本公共服务一体化、生态环保一体化。当前,京津冀一体化发展还处于起步阶段,交通基础设施建设薄弱、区域内部发展不平衡、产业结构不合理。因此,中央和地方政府应当从这几方面着手,加速推动京津冀的一体化发展。

　　关键词:京津冀;一体化

　　京津冀的一体化发展,关系着我国整个区域发展的布局,中央对此也高度重视,因此京津冀一体化在整个国家的区域布局中占据着重要的战略地位。

一、京津冀一体化发展的战略地位

　　区域经济的一体化发展,是京津冀协调发展的重大问题,不但与此区域自身的发展息息相关,还与我国的区域发展总布局息息相关。所以,中央和京津冀地方行政机关基于此区域的现实状况,把握其将来发展的方向,采取一系列措施加强此区域的合作。

　　对于京津冀的区域协同发展,习总书记亦不止一次做出明确的指示。2014 年 1 月 24 日、2 月 25 日,对于促进改革向纵深发展、促进首都平稳健康地发展尤其是解决特大城市发展问题展开深层调研。2 月 26 日,举行座谈会,听取工作汇报,并对北京城市建设和管理工作提出 5 项要求,2013 年 5 月赴天津调研,2013 年 8 月赴河北调研。并且,成立京津冀协同发展领导小组,于 2015 年 4 月 30 日中央政治局会议讨论,2015 年 6 月 9 日,党中央、国务院正式印发实施《京津冀协同发展规划纲要》。

推动京津冀协同发展,此为党中央、国务院基于目前的宏观环境下展开的战略性部署,是习近平总书记参与筹划、指导、推行的重大国家战略。他用"四个需要"来回答为什么把其上升为国家级发展战略,此为其区域协调发展的内生驱动力:一是着眼于将来构建首都经济圈、促进区域发展体制机制创新的需要;二是探索健全城市群布局和形态、为优化开发区域发展提供示范和样板的需要;三是探索生态文明建设有效路径、促进人口经济资源环境相协调的需要;四是实现京津冀优势互补、促进环渤海经济区发展,带动北方腹地发展的需要。

二、京津冀一体化发展的重要内涵

基于习总书记明确指出的四个需要,我们对此区域一体化发展有着更为深层次的认识,即是以市场的一体化为核心动力,以公共服务的一体化为重要保障,以环境保护的一体化为内在要求。

(一)区域经济一体化

京津冀三地的经济一体化包含实施一系列方式方法来将这几个地区在经济领域的障碍加以消除,促使生产要素能够在区域间自由流动,并且,这些区域间的经济方面的差距能够降低甚至消失,发展程度趋于一致,促使不同区域的经济发展保持在一个均衡状态。换句话说,京津冀的经济一体化发展是这几个地区之间生产要素展开二次分配的过程,而且能够促使区域中的各项资源得到最高效的配置。然而,其并不追求经济发展的平均化和同城化,而是要将不同地区之间在经济、政治层面的一些障碍加以打破,促使其市场化水平得到提升,产生一个能够促进生产资源得以高效配置的体制环境。

(二)社会基本公共服务一体化

所谓京津冀地区基本公共服务一体化,即此地区范围内的群众可以获得基本公共服务,可以不再被行政区域局限,最后可以趋于一致。其亟须跨越单个的行政管辖区,将跨区域遇到的问题加以妥善处理,经由各个地区间展开沟通讨论,对于各个地区在此层面的问题来探究一个科学有效的处理手段,实现共赢,实现效益最大化。

(三)生态环保的一体化

京津冀生态环保的一体化即三地区为了协调实现区域内各个主体的生态环境要完成的目标,经过体制机制创新,各个行政主体不仅要考虑自身的生态问题,还要充分考虑区域之内其他行政主体的生态目标,从而确保各项科学高效的环保政策与方式能够真正落实到位,促使区域范围内不同行政单位之间在环保层面能够更有效分工与协作,实现整个区域内生态环境效益的最大化。

三、京津冀一体化发展现状

京津冀的区域功能布局依然存在一些缺陷与不足,城镇体系架构仍然处于一个不平衡的状态。京津目前已经处于一个较高的经济发展层次,而周边的中小城市存在相当明显的差异,尤其是河北和京津两地的经济水平差异较大。

(一)交通基础设施的薄弱性

健全基础设施的建设是实现区域经济一体化的前提。就整体而言,京津冀区域的高速公路并不满足其目前的发展需要,高铁、港口等并未展开有效的整合,交通的网络化发展和经济高速增长的需求存在一定的冲突。就轨道交通而言,铁路运营的能力与区域发展的需求不相适应,还存在相当大的差距。京津冀地区的铁路和公路网络,都是把核心城市当作辐射中心,均需要经过北京与天津,此在很大程度上影响了这两个城市交通的有序运行。而且,此区域的港口、机场等大型交通设施重复建设的问题非常突出,资源利用效率低下。比如,北京首都机场的利用率超高,机场不得不一次次地扩充再建,而同样高标准建成的石家庄机场和天津机场却客流量小,航班少,造成了极大的浪费。

(二)区域内部发展的不平衡性

1. 经济发展的不平衡性

经济一体化发展中,北京与天津两个城市的整体实力占非常突出的优势,而河北的经济实力相对落后。因此,区域经济发展失衡是面临的最重要问题。基于产业架构而言,北京已经基本上完成了对于产业架构的调整,但是天津与河北目前"二三一"的模式依然占据着重要地位;基于市场开放而言,天津与北京两个城市因为在很早之前就出台了一系列优惠政策,因此很多领域优势突出。而河北省虽然也不断加快对开放的步伐,但在利用外资、外贸出口等方面仍有很大差距。

2. 资源分布的不均衡性

就地理位置而言,京津冀是一个整体,北京与天津最初亦属于河北省,后来被独立出来成为直辖市,因为在集聚资源层面,直辖市优势明显,能够给投资者与创业者创造一个更广阔的平台,让其获得更大的效益,人才资源就会在此区域集聚,促使原本应该在此区域内均衡分配的经济格局逐渐发展成向北京、天津集中的不平衡发展状态。因此,在京津发展作为主导的前提下,河北省的产业格局受到逐步边缘化,产生了一条环京津的贫困带。并且,长久以来,河北省全力支持京津地区的水资源、交通资源和用地资源,但是没有获得相应补偿,这更加剧了河北经济的落后。

3. 行政壁垒的严重性

京津冀区域存在非常突出的政治属性。长时间以来,此区域内部因为行政地位的对立,促使经济层面没有实现有效的分工与协作。经济开放程度还亟须加以提高,过去的旧格局依然对其有不可小觑的影响力。体制性障碍已经变成此区域走向一体化的进程里亟须攻克的重要问题。首先,区域中并未展开统筹发展规划。区域中的各行政方并未基于整体来找寻自身具有的优势,反而不依据自身的实际情况,盲目追求"大而全",核心城市与周围的城市没有找准自身的定位,对其一体化发展具有非常大的负面影响。近些年,北京与天津在基础设施、制造业等领域展开激烈的竞争,造成资源无法高效加以利用,也对区域内部的平衡发展产生非常大的负面影响。其次,缺少高层次的合作磋商机制,虽然各个行政区的最高领导亦展开了不止一次的探讨交流,但是始终没有能够对于此地区中的问题得到统一的意见,无法促使各方的利益有效地协调。河北将希望寄托在北京、天津两个城市的辐射带动,促使经济逐渐趋于一体化。但是实践表明,此设想基于当前的协调机制下,难以获得良好的成效。其实,京津对河北的带动作用并不明显,河北与京津两市的合作除了水资源、土地资源等方面存在生态屏障以外,在产业上的分工也不够多。再次,并未产生以市场为主、宏观调控为辅的有效机制。当前,国有资本占据着主导地位,大部分的民营企业规模不大,企业的活力不足,辐射能力遭受很大的影响。

(三)产业格局的不合理性

1. 产业的同构现象严重

京津冀的产业同构现象基本上反映在两个层面:一是天津和北京产业存在相当突出的相似性,其主导产业均为黑色金属冶炼、电子通信设备制造业等领域,同质化情况非常突出,因此两方在经济合作方面的关系如履薄冰,不利于其发展,尤其是对于天津市的负面影响更大。其二是河北省内部城市之间产业发展十分相似,秦皇岛、唐山、邢台、沧州、邯郸、石家庄等城市,其化工、机械、建材、冶金、电子、机电和纺织的比例十分接近。

2. 国有经济的比重过高

京津冀地区的国有经济占比相对较高,绝大部分资源依然紧紧掌握在行政机关的手中,企业具有非常突出的干预性,市场化水平不高。目前,该地区的国有经济改革依然处在非常紧张的时期,非公有制经济不具有充足的实力将行政区域之间设置的一些障碍彻底清除,如果能够依靠公有制经济的力量展开跨行政区的行业整合,对经济一体化的发展会产生一定程度的作用。

四、加快京津冀一体化发展的对策

从京津冀一体化目前发展的现状来看,依旧存在很多亟待解决的问题。如果这些问题得不到及时有效的解决,京津冀一体化的进程就无法快速推进。因此,针对交通基础设施薄弱、产业布局不合理、区域内部发展的不平衡性,提出几点相应的建议。

（一）完善京津冀地区交通基础设施建设

交通设施的建设作为京津冀一体化发展的纽带,加大对其创建力度,能够在很大程度上把地区内空间层面的距离拉近,给大众带来更多的便捷,推动经济增长,促使一体化进程的深入。第一,经由北京、天津交通的一体化来促使两地联动。围绕两地的机场为中心,创建空中客货运输系统,将空间层面的距离大大缩短。而且依靠京津塘高速公路,建立起两地机场之间、港口之间快速货运通道。第二,依托京津这两大交通枢纽,促使区域交通运输网由"单中心放射式"往"双中心网络式"过渡,加大对于西部地区的扶持力度,打通中西部地区到黄骅港的出海通道,以《河北省沿海发展规划》为依据,以"再造一个河北"为指导,加快建设京唐、津秦高铁,这样有利于打通京津和河北省联系的各关键节点。第三,北京作为我们国家的交通枢纽,背负着非常大的交通压力,天津与唐山亦应当承担起区域内交通枢纽的重任,加大对于天津空运、海运的建设,让其变成将国内外紧密联系在一起的"海陆空一体化交通网络",产生联系华北、东北甚至西北腹地的全方位多层次的运输体系,有效缓解北京在交通领域的压力。

（二）增强京津冀地区的协调规划

就行政区划展开一定程度的调整,京津冀地区的非国有经济实力还处于一个较低的水平,参照区域边界对发展展开筹划,产业布局依旧是行政机关的首要选择。因此,对于行政区域划分展开适度的调整是一种迅速、简洁地展开产业布局的方式,为了能够将此区域不均衡的情况加以改变,促使区域之间的资源能够获得高效的配置。比如,考虑把承德、张家口、廊坊划入北京市的范围,促使北京科学技术教育能力获得充分的释放。把秦皇岛、唐山与天津合并,创建完整的沿海产业带,如此不但能极大地推动城市的发展,也为北京、天津的发展创造了更广阔的空间,同时对于别的地区的行政区规划提供了一定借鉴。最关键的是,在很大程度上消除因为行政因素而导致的京津冀一体化所产生的消极影响。

(三)促进产业格局的优化发展

实现区域经济一体化,更应强调的是形成区域内各城市的优势互补、错位发展。首先,确定京津冀区域发展的总体方向,尽可能应用此区域的优势,将市场的作用调动出来,采取一系列措施促进制度与科技的革新,让此区域建设成为重化工业中下游产品为主的先进制造业与高新技术产业基地。其次,应当从北京向河北转移更多可持续发展的制造业。当前,北京向河北省的产业转移项目为数不多,其中资源消耗型和环境污染型的企业占多数。最后,应当加速对于国有经济的调整。

京津冀的一体化,意味着区域经济、社会基本公共服务、生态环保各个方面实现一体化的进程。但是在实现一体化的进程中,又有很多需要努力解决的问题,比如交通基础设施建设的薄弱、区域内部经济发展的失衡、产业布局的不合理,这些都需要各个击破,才能促进京津冀一体化的快速推进。因此,完善京津冀地区交通基础设施建设、增强京津冀地区的协调规划、促进产业格局的优化发展,成为京津冀一体化中需要着力推进的措施。

(作者单位:北京信息科技大学马克思主义学院)

参考文献:

[1]张亚明、张心怡、唐朝生. 京津冀区域经济一体化的困境与选择——"与长三角对比研究"[J]. 北京行政学院学报,2012(6):70~76.

[2]孙久文、丁鸿君. 京津冀区域经济一体化进程研究[J]. 经济与管理研究,2012(7):52~58.

[3]崔冬初、宋之杰. 京津冀区域经济一体化中存在的问题及对策[J]. 经济纵横,2012(5):75~78.

[4]张耀军. 论京津冀一体化协调发展的路径选择[J]. 当代经济管理,2014(10):50~53.

[5]该刊课题组. 京津冀一体化的综述与借鉴[J]. 天津经济,2014(4):22~29.

马克思主义理论视域下的金融危机分析

关月盈

摘　要：本文运用马克思主义理论对金融危机的深层原因进行剖析，认为其根源来自资本主义的基本矛盾，即生产社会化同生产资料私人占有之间的矛盾，此外也从消费习惯、经济管理思想、政策工具以及制度危机的角度对其进行了分析，从而对我国经济发展提供了重要的启示和借鉴。

关键词：金融危机；资本主义；马克思主义；经济危机理论

2007 年美国爆发金融危机，其波及范围迅速扩展到全球。从金融领域扩展到实体经济领域，更是因此，金融危机转变为社会危机。这次金融危机来势凶猛，对社会经济的各个方面都造成了严重的影响。马克思、恩格斯在《资本论》中早就对资本主义经济危机的原因、实质以及周期性问题做了科学的论述，并指出了其根本原因就是资本主义社会的基本矛盾。历史上几次经济危机的爆发都使资本主义社会的基本矛盾不断加深，此次金融危机的深层原因仍然是其社会的基本矛盾不断地激化，因此，马克思关于资本主义经济危机的论述仍然具有现实意义，并且能够对我国的经济发展提供重要的启示和借鉴。

一、美国爆发金融危机概况

（一）美国金融危机的概述

自 20 世纪 90 年代起，美国社会由于以信息技术为主的高新技术产业的发展，推动社会经济繁荣，尤其是金融资本市场方面，出现了社会发展的"黄金时代"。在这个时期，美国的低利率政策直接刺激了消费，同时政府大力推广宽松的住房政策，刺激了消费者的购买热情，在给信用良好的用户贷款的同时，也给信用等级较低的贷款者进行贷款，进一步刺激了人们对购房的意愿，使得房价不断提高。为了满足不同信用等级的贷款者的购房需要,大量的金融资本注入房地产市场,此外,金融机构发行各种金融衍生品,造成虚拟资本的泛滥,使得各个金融机构对贷款者的限制条件越来越宽松,这些都会让房价上升,形成价格泡沫。

为了控制过热的经济形势,美国政府连续提高利息,实施从紧的货币政策。这项政策使人们贷款后要还更高的利息,从而提高了房贷成本,抑制消费,从而使得房价下降。这个时期,加入经营次级房贷的金融机构的资本都无法回流,完成资本的流通,从而导致多家银行和企业机构的破产。这场由房地产引发的金融危机逐渐演变为蔓延到全球的金融危机、经济危机,各国都出现了股市震荡,股票下跌,房价下跌。

(二)金融危机的原因和性质

金融危机的最根本的原因就是资本主义的基本矛盾,即资本主义生产社会化和生产资料私人占有之间的矛盾。此外还有:

1. 美国的消费习惯。在美国人们普遍依靠借钱消费,因为年轻人赚钱少,但却消费很多;老年人在退休后有丰厚的退休金,却并不是消费的主力。所以年轻人多借钱消费。而且金融危机爆发前,美国发达、完善的信用制度能使任何人放心地依靠借钱来消费。此外,美国人并不习惯存钱,他们的储蓄率一直很低。对于本身没钱的人来说,要消费,就只能借钱。

2. 经济管理思想。自1970年经济"滞涨"以后,凯恩斯主义的"国家干预"政策被新古典自由主义所替代。80年代的"华盛顿共识"所倡导的"经济自由、私有化、减少管制"成为主要的经济工具。

3. 经济环境与具体政策工具。2000年后美国在高科技泡沫破裂所导致的经济的短暂衰退中,连续降低利率,为市场注入资金,拉动经济增长,促进了美国房地产的发展,并持续了多年。这也是此次金融危机的导火索。这是近百年来,资本主义的经济危机最严重的一次。

第一,这是资本主义的全面的危机。这场危机对金融行业的冲击最为严重,对金融体系产生了巨大的破坏作用。在破坏金融领域的同时,这场危机逐步扩大到了各个领域,各个资本主义国家,更是深入理念、模式、体制和制度层面。

第二,这是资本主义的全球性的危机。资本主义全球化,就是资本主义生产关系在全球范围内的形成和发展,因此资本主义的全球化危机就是在全世界范围内的资本主义的危机。这场爆发于美国的危机,波及了全世界,这就是全球化的反面效应。

第三,这是资本主义的制度性危机。经济危机的根源就是资本主义生产社会化和生产资料私人占有之间的矛盾,美国的金融危机是其最典型的表现。全球化的高度发展并没有做到分配更加公平,大量的财富依旧聚集到美国金融寡头那里,财富的两极分化不断加剧,而这种矛盾就是当代资本主义基本矛盾的集中体现。从根本上说,这是资本主义制度的内在矛盾演变而成的,是其外在表现。是资本主义制度必然灭亡的阶段性的反映。[1]

二、马克思经济危机理论

1. 经济危机发生的可能性和现实性的转化

在简单的商品交易中,是通过物物交换的方式来完成商品的流通,在这个过程中,买和卖是同时进行的,没有分离,所以发生经济危机的可能性就很小。但是,货币充当一般等价物之后,商品之间的买和卖就不再统一,买方和卖方都是独立进行经济活动,很容易就出现商品太多而无人购买的生产过剩的危机,因此,发生经济危机的可能性就大大增加了。在美国的金融危机中,其导火索就是房地产业的泡沫式发展。房地产商对房子的供应,已经远远超过人们对房子的正常需求,在虚拟资本的作用下,造成了一种对房子依旧存在旺盛需求的假象,这就产生了生产过剩的结果。首先,从马克思的视角看,如果危机要从可能性转化为现实性,必备条件就是要在资本主义的制度下进行生产;其次是,要使这种资本主义制度下的生产达到一定程度;再次是,在生产过程中,要采取商品和货币两种形式的资本;最后就是,生产中各方的不同资本之间的竞争。

2. 经济危机爆发的根源

经济危机爆发的根源是资本主义的基本矛盾,即资本主义生产的社会化和生产资料的私人占有之间的矛盾,也就是马克思讲的生产相对过剩危机。马克思认为,"一切现实危机的最后原因,总是群众的贫穷和他们的消费受到限制,而与此相对比的是,资本主义生产竭力发展生产力,好像只有社会的绝对的消费能力才是生产力发展的界限。"[2]从生产和消费的角度来看,资本家的目的就是为了获得最多的利润,也就是剩余价值的最大化。为了不停地获得剩余价值,生产者就会不停扩大再生产,而这种生产是盲目的,是不顾社会需求的生产。因此,在这种情况下,越是生产,生产和消费的比例就越不协调,就会进一步演变成生产关系和生产力之间的矛盾,然后导致危机的爆发。美国的金融危机是实体经济问题,也就是房地产问题的表现,其实质都是生产相对过剩,或有效需求不足。资本家为了追求剩余价值的最大化,不停提供房屋,一方面,房屋作为生活必需品,它的价格存在上涨的趋势,从而能够满足生产者追求剩余价值最大化的需求。另一方面,消费者对房屋有非常强烈的需求,但是因为其低收入而无法购买,就形成了有效需求的不足。当这两方面的问题越来越严重时,危机就爆发了。

3. 信用制度导致经济危机存在

首先,马克思肯定了信用制度的积极作用。信用制度降低了资本积累的难度和成本、促进了资本的集中、分散了资本生产的风险,生产者依靠信用就可以不赌上全部身家来进行投资,为跨期支付提供了基础、分离了企业的所有权和经营权、降低了对货币的需求量。其次,在肯定其积极作用的同时,马克思也指出了它的消极作用,信用的不断发展会超出资本积累所有的界限,透支消费和违约率使市场出现了虚假需求的现象。信用制度使生产和消费的比例没有了限制,所以除了虚假需求之外,还会出现更多不稳定的虚拟资本,从而就有可能爆发经济危机。

4. 经济危机具有周期性

资本主义的经济危机是有周期性的,分为四个阶段,危机、萧条、复苏、繁荣。在萧条时期,生产停止,为新一次的生产力发展做准备;在复苏时期,资本主义的经济开始恢复发展,缓和了各种矛盾;在繁荣时期,资本主义的生产进入高速发展时期,此时各种矛盾加剧、激化,使得经济危机再次爆发。

5. 辩证认识经济危机的影响

经济危机对资本主义的生产方式有积极的影响。因为,危机爆发后会淘汰掉落后的生产力,促进新兴技术和生产力的发展,调整产业结构,为下一次的经济繁荣做好准备。其消极影响表现在:由于经济全球化影响,大部分的国家都为此次经济危机进行了买单,资本主义矛盾在世界范围内不断深化。

三、运用马克思主义理论分析美国的金融危机

(一)资本主义经济危机的根源是资本主义制度的内在性矛盾

根据马克思在《资本论》中阐述的基本原理,资本主义之所以会产生周期性的经济危机是因为生产社会化和生产资料私人占有之间的矛盾,以及由此派生出的各个企业生产计划和无政府管理状态,以及社会生产能力的增长和消费能力的不足之间的矛盾。对于当前这场始于美国的经济危机,与之前的经济危机相比较,其区别主要在于供给方和需求方谁是矛盾的主要方面。在此之前的经济危机,主要表现的是生产过剩,商品出现大量剩余,卖不出去,矛盾在供给方。但是现代的危机中,主要表现出的是,人们对商品有大量的需求,为了满足这种旺盛的需求,而采用透支消费的方法,这便是把矛盾转给了需求方。通过透支的方法,在一定程度上缓和了矛盾,推迟了危机的爆发,但是也会使危机升级,在爆发的时候产生

巨大的破坏力。20世纪30年代的危机中,美国运用凯恩斯主义,通过政府干预经济,刺激消费和投资的方法来化解危机,这实质上就是在政府和个人消费的努力下,加快商品的销售,解决生产过剩的矛盾。而这次的金融危机所采取的措施在本质上是和当时的措施相同的,但是其效果却差强人意。马克思认为,如果拒绝从生产关系上去进行调整,那么"所有解决这个危机的方法,都是将来危机的所在"[3]。

（二）资本主义经济危机的周期性爆发是资本主义基本矛盾激化的结果。

马克思认为,只有改变资本主义私有制,才能彻底解决资本主义的自身矛盾,否则就必然会爆发周期性的经济危机。从1825年英国爆发第一次经济危机以来,19世纪70年代爆发的危机最为严重,这场危机加速了生产和资本的集中,出现了垄断和垄断组织,自由竞争的资本主义被垄断资本主义代替。1929—1933年的大危机是对资本主义生产方式的最严重打击,资本主义世界工业产量下降了4%,世界贸易总额下降了2/3,失业率居高不下。"二战"后,西方国家政府实行宏观经济调控,资本主义经济危机虽然出现了新特点和总体缓和趋势,但是仍然爆发了九次经济危机。其中严重的危机有1973—1975年的石油危机、1980—1982年的经济"滞胀"和2007年美国金融危机。

马克思资本主义经济危机理论认为,经济危机之所以会呈现周期性爆发的特点,其原因在于资本主义基本矛盾运动过程本身存在的阶段性。在不同的阶段,资本主义的基本矛盾存在不同的趋势。例如,当经济处于复苏阶段,各种矛盾趋于缓和,当经济处于繁荣阶段,各种矛盾开始激化,当资本主义基本矛盾发展到尖锐化的程度,使社会再生产比例失调时,就会爆发经济危机。而经济危机的爆发使企业纷纷倒闭,生产大幅度下降,社会生产力遭到巨大破坏,淘汰了落后的、多余的社会生产,从而使社会生产与社会的有效需求达到了暂时的平衡,资本主义各种矛盾得到暂时缓和,此时幸存的企业会不断地开始研究并应用新的技术,重新发展了社会生产力,经济危机得以逐渐摆脱。但是产生经济危机的根源并没有消除。因此,资本主义的发展会反复经历危机、萧条、复苏、繁荣这四个阶段。

（三）美国金融危机和经济危机的根源和实质

因为美国对金融市场的过度放任和盲目发展,使得其呈现出一种无政府状态,1970年以后,金融危机成为经济危机爆发的主要形式。美国出现虚拟经济和经济泡沫的原因主要有以下三点:一是科学技术的出现及其广泛应用,特别是信息技术与网络技术。二是根据资本主义社会的发展状况,新自由主义理论逐步取代凯恩斯主义而成为美国等发达资本主义国家的主流经济学理论。20世纪70年代初期爆发的两次石油危机,导致整个资本主义世界陷入了"滞涨"的困境,而强调政府干预的凯恩斯主义却束手无策。新自由主义的支持者,认为这是因为国家干预过度、开支过大,人们的理性预期导致了政府政策的失灵。由此开始了新自由主义为主导的经济时代。至20世纪90年代初,新自由主义逐步演变成为美国国际金融寡头集团开始将国际垄断资本及制度扩张到全球的理论依据。此时新自由主义的意识形态和政策,已经完全被国际金融寡头所吸收,他们在吸收了的同时,又企图将它们扩散到全世界,使私有制、市场金融自由化和经济全球化一体化也成为世界经济的主流思想。三是布雷顿森林体系的崩溃,取而代之的是要求汇率形成机制的"市场化"、资本流动和资本运作的"自由化",加上美元霸主为主要内容的当代国际货币金融体系的形成,信息技术和网络技术的发明和广泛应用,为国际垄断资本向全球扩张以及金融的虚拟化和膨胀提供了技术支持。这三者结合,推动了以美国为代表的发达资本主义国家由国家垄断向国际垄断过渡,进一步加剧了资本主义制度所固有的各种矛盾。

20世纪90年代,美国的虚拟资产量已经超过了其实际的好几倍,以信用为基础的虚拟资本不停地膨胀,使得资本主义国家的利润不再主要是通过实体经济来获得。资本的本性在于增殖,对利润的追求或者对剩余价值最大化的追求,是资本主义发展的原始动力。在各种金融衍生品中,虚拟资本的数量被无限地扩大。马克思指出,"只要一有适当的利润,资本就胆大起来。如果有10%,它就保证到处被使用;有20%的利润,它就活跃起来;有50%的利润,它就铤而走险;为了100%的利润,它就敢践踏一切人间法律;有了300%的利润,它就敢犯任何罪行,甚至冒绞首的危险"。[4]许多贷款机构为了获利,将钱贷给了不具备贷款条件的人,他们借助于各种金融衍生品将资本变成证券,然后又把证券化的资产转卖给投资银行,从而取得巨额利润,而投资银行也为了获得巨额利润又把金融衍生产品推向了世界各国的投资者,尤其是对美元有巨大需求的发展中国家。在这个寻求利润最大化的过程中虚拟资本被发展到了极致,使资本主义物质生产过程和价值增值过程的统一发生了背离现象。虚拟资本脱离了实体经济,必然导致金融风险加大,必然会爆发金融危机。

20世纪90年代,经济全球化的进一步发展,使得次贷危机的扩散性和传染性更强,各个资本主义国家都不同程度地受到了次贷危机的影响,而市场越开放其所受影响就越大。美国等国政府用财政政策和货币政策来干预经济,只能暂时延缓危机爆发的时间,但不能彻底消除经济危机。

（四）资本主义危机中的信用

信用制度促进了资本主义的发展,甚至可以说,信用制度支撑了资本主义的发展。美国此次爆发的金融危机,支撑资本主义发展的信用制度则成了"帮凶",所以生产过剩的问题必然要和信用制度联系在一起。信用制度使"一切资本好像都会增加一倍,有时甚至是增加两倍,因为有各种方式使用同一资本,甚至同一债权在各种不同的人手里以各种不同形式出现"[5]。信用与隐藏的生产过剩是相关的,其根本原因就是,因为信用工具的应用,生产和流通过程的分离被大大地加剧了,也就是说,资金的回流只是观念上的,而不是实际的资金回流,因为买和卖不再统一,买卖在时间上相分离,这就为经济危机的爆发埋下了伏笔。在资本主义发展的繁荣时期,资金的回流看起来非常的迅速,但是事实却是因为信用的作用,信用的回流会代替实际的回流,所以就算实际的回流已经结束,也会在一段时间内依旧保持回流的状态,这样,实际上的生产过剩就被掩盖了。

信用制度推动生产过剩的另一个原因,就是观念上的货币。信用作用被不断扩大意味着观念上的货币量不停地扩张,也可以说,虚拟资本的量在不断扩大。所以在观念货币的作用下,资本家会错觉地认为实际资金已经回流而再次扩大再生产。信用能够承受的最大限度,等于完全充分地利用产业资本,也就是等于,不顾消费能力的界限,只是让产业资本不停扩大再生产。并且信用制度促进了社会生产力的发展,同时,由于经济全球化,信用方便了跨期支付以及其他相关的内容,加速了世界市场的形成。在信用制度促进生产力发展的同时,也蕴含着危机,因此信用制度推动的发展,也通过各种要素加快了落后的生产方式的解体。此外,因为信用的扩张,会导致支付链条更加容易受到破坏或冲击。支付链条越长,对信用的要求就越高,因此,一旦链条中的一方出现了资金问题,无法继续链条中的过程,那么在这个链条上的所有涉及方都会出现资金回笼问题。除此之外,信用制度还会让危机的持续时间变得更加漫长并且难以快速恢复。

美国的次贷危机就是由于信用的不断扩张,形成了消费者对房子的虚假的需求,在这种虚假需求的遮蔽下,隐蔽了生产过剩的现状,从而导致生产和需求的不成比例,首先在房地产领域爆发了经济危机,然后扩散到了金融领域。在这次由美国次贷危机引发的全球性的经济危机中,就是因为面向信用等级较差的消费者提供的贷款无法收回,造成了支付链条的断裂,从而影响了金融投资机构,以及购买这些投资机构证券的银行,致使多家银行和企业倒闭。

四、美国爆发金融危机对我国的启示

在经济全球化进一步加深的背景下,是资本主义国家发展模式的全球运行导致了全球范围内的经济失衡,尤其是不平等的分配以及资本主义生产方式在世界范围的不断扩张。在这种情况下,中国特色社会主义建设也逐渐加入全球化的进程中,这就需要我们充分发挥资本在推动生产力发展时的积极作用,还要认真预防和应对资本运行带来的负面效应。

首先,要避免国外危机向国内的转移。在经济全球化的过程中,资本主义的经济危机不可避免地要蔓延至全球。一方面要让国际资本和非公资本在推动我国社会生产力发展上发挥积极作用,另一方面绝不照抄照搬西方经济制度,切实防范资本主义经济规律作用的消极后果。同时,在参与经济全球化过程中要自主掌握对外开放的广度和深度,在一些关系国计民生的重点行业、关键领域要对外资严格限制。

其次,在所有制问题上,必须毫不动摇坚持公有制的主体地位。党的十八大报告提出,提高劳动报酬在初次分配中的比重;初次分配和再分配都要兼顾效率和公平,再分配更加注重公平。要真正实现分配公平,解决两极分化问题,关键是必须重视公有制经济的地位和作用,不断壮大国有经济,振兴集体经济,实行公私经济共进,改变"劳穷资富"。

再次,在消费问题上,要努力克服消费主义带来的不良影响。党的十八大报告提出建设美丽中国的战略任务,要求我们改变消费主义的生产生活方式,这样才能使现代生态问题得到真正解决。正如一句保护濒危动物的宣传语所说:"没有买卖,就没有伤害",推进生态文明建设,从检讨消费观开始,把个人的"真实需要"和"虚假需要"区分开来,努力做到适度消费、合理消费。

(作者单位:北京信息科技大学马克思主义学院)

参考文献:

[1]邵传林、张存刚.美国次贷危机成因的深层次思考:述评与探讨[J].中国特色社会主义研究,2009(1).

[2]马克思恩格斯全集(第46卷)[M].北京:人民出版社,2001:548.

[3]邵传林、张存刚.美国次贷危机成因的深层次思考:述评与探讨[J].中国特色社会主义研究,2009(1).

[4]何秉孟.美国爆发金融危机的深刻背景和制度根源[J].马克思主义研究,2009(3).

[5]资本论(第3卷).人民出版社,2004:533.

08

国际视野

新中国成立以来中俄(苏)关系历史考察

朱晓艳

提　要:新中国成立以来,中俄(苏)关系经历了一个曲折的发展历程:从融洽相处到分裂对抗,又恢复正常化。苏联解体后,中俄两国建立了正式外交关系,两国关系开始了新的发展历程。在叶利钦任总统期间,中俄关系从"友好国家关系"发展到"建设性伙伴关系",再到"面向二十一世纪的战略协作伙伴关系"。进入21世纪,在普京和梅德韦杰夫领导俄罗斯的时期,中俄关系走上了全面务实合作的新阶段。

关键词:中俄(苏)关系;融洽相处;分裂对抗;战略协作;务实合作

新中国成立以来,中俄(苏)关系经历了一个曲折的发展过程。新中国成立后,俄罗斯(苏联)率先同中国建立外交关系。苏联解体前,两国从融洽相处到分裂对抗。苏联解体后,两国关系顺利发展,平稳过渡到中俄关系,逐步发展到战略协作伙伴关系,进入21世纪,中俄关系更是走上了全面务实合作的新阶段。本文将对这一历史过程进行简单的梳理和分析。

一、中苏关系融洽相处时期:中苏两国融洽相处

新中国成立后,我国实行的是"一边倒"的外交战略,即倒向苏联一边。这是由国际环境所决定的。当时处于第二次世界大战后的冷战时期,形成以美国为首的帝国主义阵营和以苏联为首的社会主义阵营。以美国为首的帝国主义阵营仇视新中国,在政治上孤立、经济上封锁、军事上包围新中国。毛泽东在《论人民民主专政》一文中说过:"我们在国际上是属于以苏联为首的反帝国主义战线一方面的,真正的友谊的援助只能向这一方面去找,而不能向帝国主义战线一方面去找。"

苏联成为第一个与新中国建立外交关系的国家。1949 年 10 月 1 日,中华人民共和国宣告成立,10 月 2 日,苏联就正式宣布予以外交承认,"苏联政府决定建立苏联与中华人民共和国之间的外交关系,并互派大使。"其他社会主义国家也纷纷和新中国建立了外交关系。新中国当时处于帝国主义阵营的敌视和包围中,苏联作为社会主义阵营的领头羊,向新中国伸出外交的橄榄枝,对于孤立无援的新中国无疑具有重大的意义,有效地维护了中国的国家安全。

1950 年 2 月 14 日,中国和苏联签订了《中苏友好同盟互助条约》及《关于中国长春铁路、旅顺口及大连的协定》《关于苏联贷款给中华人民共和国的协定》。根据条约和协定,中国从苏联那里获得了进行大规模经济建设所需的经济援助、人才支持等,为我国的工业建设做出了重大的贡献。同时,中国也为社会主义阵营增添了重要的力量,改变了世界政治力量的对比,对苏联也是一个重要的外交支持。

在这段时期,一方面,中国和苏联之间加强了外交、经济等各方面的友好合作往来;另一方面,由于苏联出于自身的利益,表现出明显的大国主义,两国曾达成一项秘密协定——《关于中苏友好同盟互助条约的补充协定》,其主要内容是:"无论是在苏联的中亚共和国和远东地区的领土上,还是在中华人民共和国的满洲和新疆境内,都不给外国人提供租让权,并不允许有第三国的资本或这些国家的公民以直接或间接的方式参与工业的、财政的、商业的以及其他的企业、机关、公司和团体的经营活动。"这给两国的关系发展埋下了不和谐的因子。总之,这段时期中苏两国之间的关系是融洽相处的。

二、中苏关系分裂对抗时期:中苏两国分裂对抗

中苏两党的分歧是从 1956 年的苏共二十大开始的。两党在苏共二十大对斯大林的评价及和平过渡问题出现了分歧,并展开了论战。中共认为,苏共"开始在一系列原则性问题上背弃马克思列宁主义",特别是借口所谓'反对个人迷信'全盘否定斯大林和通过所谓'议会道路'和平过渡到社会主义。中苏两党在意识形态上产生了重大的分歧。

苏联又把意识形态的分歧扩大到国家关系上,完全从自己的国家利益出发,忽视中国的主权和国家利益。1958 年 4 月 18 日,苏联提出希望与中国共同建设一座长波电台,并坚持中苏共同建设和管理,损害了中国的主权,被我国拒绝。紧接着,7 月 12 日,又提出与中国建立联合潜艇舰队,这又是一个涉及中国主权的问题,又被我方拒绝。毛泽东曾针对这个问题对苏联驻华大使尤金说:"要讲政治条件,半个指头也不行。""你们可以说我是民族主义,又出现了第二个铁托","如果你们这样说,我就可以说,你们要把俄国的民族主义扩大到中国的海岸"。这样,中苏之间的裂痕越来越大。

中苏两党分歧的公开化是1960年。在6月的布加勒斯特会谈上,赫鲁晓夫大肆攻击中共,指责中共是"教条主义""宗派主义"和"左倾冒险主义"。这样,中苏两党的关系走向分裂,国家关系也随之出现裂痕。1960年7月,苏联单方面决定,在一个月内召回了在中国工作的全部专家,并且撕毁了双方协定和合同,废除多个科学技术合作项目,给我国造成了巨大的经济损失。1962年苏联又在新疆伊犁、塔城地区策动中国边境人民越境去苏,制造了"伊塔事件"。

1964年10月,赫鲁晓夫下台。勃列日涅夫执行了比赫鲁晓夫更左的路线,使中苏之间的关系更加恶化。1966年3月,我党拒绝参加苏共二十三大,中苏两党关系几近崩溃。

1966年夏,"无产阶级文化大革命"运动在中国发动,要在党内挖出一个"资产阶级司令部",打倒"中国的赫鲁晓夫",这场历时10年之久的政治运动给中苏关系带来巨大的不利影响。

苏联还在军事安全上对我国施压威胁。1966年2月,苏联与蒙古人民共和国签订了军事同盟性质的《友好合作互助条约》。苏联不断挑起边界事件,甚至在1969年3月侵入珍宝岛地区制造流血冲突,中苏关系的恶化到了顶点。1979年年底,苏联出兵占领了阿富汗,构成了对中国西部边境的威胁。从此,苏联就从北面、南面和西面形成了对中国军事包围的战略态势。

总之,这一时期,随着中苏之间在意识形态上的分歧,国家、政党之间的利益矛盾也凸显出来并且逐渐激化,中苏关系由紧张发展到最后的分裂对抗状态。

三、中苏(俄)关系恢复时期:中苏两国关系恢复正常化

中苏关系的对抗,对中苏两国甚至整个亚太地区和世界的和平稳定发展都产生了不利的影响。1978年12月,中国共产党召开了十一届三中全会,适应"和平与发展"的国际局势,对外交政策进行了调整,实行全面的对外开放政策,强调外交更直接地为国家和社会主义现代化建设服务。这样就为和苏联关系的缓和奠定了外交政策的基础;另一方面,由于中国和美国关系的缓和,苏联在国际上受到了来自两个大国的压力,逐渐感到力不从心,深感和中国缓和恢复关系的必要性和迫切性。因此,进入80年代,两国关系逐渐地缓和、恢复。

1982年3月24日,苏共中央总书记勃列日涅夫在塔什干发表公开讲话,表达

了苏联愿与中国改善关系的愿望,其中重申苏联承认中国对台湾拥有主权和中国存在着社会主义制度。这是在平等基础上恢复发展中苏关系的一个强烈信号。中国迅速做出回应。1982 年 10 月,中苏副外长级的特使磋商在北京进行。中苏关系实现正常化有"三大障碍",即苏联支持越南入侵柬埔寨,在中苏边境和蒙古驻扎重兵,以及苏联武装占领阿富汗。这些严重威胁到了中国的国家安全。经过中苏之间的多次磋商,到 1989 年 2 月,双方最终就柬埔寨问题达成九点一致。至此,中苏关系实现完全正常化的障碍终于扫除了。

　　1989 年 5 月 15 日至 18 日,苏共中央总书记戈尔巴乔夫应邀对中国进行正式访问,从而实现了两国领导人的高级会晤,是中苏关系正常化的一个里程碑。戈尔巴乔夫结束访华之际,两国在北京发表了《中苏联合公报》,内容共有 18 条,声明两国以和平共处五项原则为基础发展相互关系,两党之间根据独立自主、完全平等、互相尊重、互相不干涉内部事务的原则进行交往,等等。这些原则都体现了中苏之间开始真正在平等的基础上对话,也标志着中苏关系的正常化完全得以实现。

　　中苏关系正常化不久,苏联的局势发生剧变,1991 年苏联解体,苏联共产党也被迫解体。中国坚决地执行和平共处五项原则的外交路线,表示中国政府愿意继续履行与苏联签署的各项条约、协定等。这样就为中苏关系向中俄关系的平稳过渡奠定了基础。

　　总之,这一段时期,鉴于国际国内形势的变化,中苏之间在经过长时间的多次磋商后,在一种崭新的利益平等对话的基础上恢复了两国两党关系的正常化。虽然苏联解体,但是平等对话原则已经确立,两国关系有了继续发展的健康基础。

四、中俄战略协作伙伴关系时期:中俄两国实现战略协作伙伴关系

　　中国政府在苏联解体不久后,双方签署了《会谈纪要》,确认俄罗斯继承苏联与中国的外交关系,中俄两国建立了正式外交关系。中苏关系平稳过渡为中俄关系,两国关系开始了新的发展历程。

　　1992 年 12 月,俄罗斯总统叶利钦访华,这是中俄之间首次最高级会晤,两国发表了《关于中华人民共和国和俄罗斯联邦相互关系基础的联合声明》,规定中俄两国彼此视为友好国家,按照和平的方式发展睦邻友好的协作关系;尊重各国为其国内发展道路自由选择的权力,两国之间的正常发展关系不会被各国社会制度的不同和意识形态上的差异所妨碍;以和平方式处理争端,不以任何方式运用武力或以武力相威胁等一系列的有关规定。还签署了在经贸、科技、文化等领域的

20 多个文件。双方明确要按照和平共处五项原则发展睦邻友好和互利合作关系，互相视为友好国家。这既是对中苏关系正常化的一个延伸，又是对发展中俄两国关系原则的一个确定。

1994 年 9 月，江泽民主席访问俄罗斯，这是中国国家元首在俄罗斯独立后首次访问莫斯科，双方签署了《中俄联合声明》《中俄互不首先使用核武器和互不将战略核武器瞄准对方的联合声明》。认为"两国已具有新型的建设性伙伴关系"，表明中俄两国的关系在互相视为友好国家的基础上又进了一步。

1996 年 4 月，叶利钦总统第二次访华，发表了《中俄联合声明》，两国关系的目标界定为"平等与信任和面向 21 世纪的战略协作伙伴关系"，标志着两国之间的关系超出了以往的双边合作范畴，而致力于构筑新的世界秩序的建设性关系。

总之，在叶利钦任总统期间，中俄关系实现了三步跨越式发展，从"友好国家关系"发展到"建设性伙伴关系"，再到"面向二十一世纪的战略协作伙伴关系"。对于这段时期的中俄关系，江泽民同志总结指出："中俄的这种新型关系，只是双方的协作友好关系，而不是结盟关系。它不针对任何第三国，更不对任何国家构成威胁。它有利于维护本地区和世界的和平与安全，完全符合世界局势与国家关系发展的潮流和需要。"

五、中俄关系发展新阶段：全面务实合作的全面战略协作伙伴关系

进入 21 世纪，即在普京和梅德韦杰夫领导俄罗斯的时期，中俄关系走上了全面务实合作的新阶段。

2001 年 7 月 16 日，江泽民主席和普京总统在莫斯科签署《中俄睦邻友好合作条约》，将中俄关系定位为平等信任的战略协作伙伴关系，并用法律形式确定下来。2004 年 10 月，普京访华期间，中俄签署了《关于中俄国界东段的补充协定》，成功地解决了历史遗留的边界问题，消除了妨碍中俄关系全面发展的最大隐患，保证了中俄两国人民睦邻友好合作的现实基础。2005 年 6 月底至 7 月初，我国国家主席胡锦涛对俄罗斯进行国事访问，两国签署《中俄关于 21 世纪国际秩序的联合声明》。2006 年 3 月，俄罗斯总统普京对中国进行国事访问，并出席"俄罗斯年"开幕式和中俄经济工商界高峰论坛开幕式，两国并签署了《中华人民共和国和俄罗斯联邦联合声明》。

2008 年 5 月，俄罗斯总统梅德韦杰夫对中国进行国事访问。两国签署《中华人民共和国和俄罗斯联邦关于重大国际问题的联合声明》。2008 年 7 月 21 日，中俄两国共同签署两国政府关于中俄国界线东段的补充叙述议定书，这标志着中俄

4300 公里的边界全线勘定。

2009 年 10 月 12 日至 14 日，国家主席胡锦涛会见俄罗斯总理普京。中国高度肯定中俄战略协作伙伴关系取得的新进展和中俄总理第十四次定期会晤取得的重要成果。俄罗斯对两国经贸、能源、人文等领域合作取得新的进展感到满意，愿意同中国不断推进俄中战略协作伙伴关系。

2010 年 9 月，中俄两国领导人共同签署"中俄关于全面深化战略协作伙伴关系的联合声明"，再次强调落实《中俄投资合作规划纲要》和《中华人民共和国东北地区与俄罗斯联邦远东及东西伯利亚地区合作规划纲要（2009—2018 年）》的重要性，表明了中俄两国以务实态度坚定不移地发展"全面战略协作伙伴关系"的决心。

在中俄关系在政治、经济、文化等领域逐步提高务实合作的基础上，在新的时期，在中俄政府的支持下，中俄关系逐渐迈进全面务实合作的新阶段。2011 年 6 月胡锦涛主席访俄，两国达成新的重要共识，决定"共同发展平等信任、相互扶持、共同繁荣、世代友好的全面战略协作伙伴关系"，双方制定了下一个 10 年两国关系的远景规划。

2012 年，俄罗斯进入了一个新的历史发展时期。普京总统再次入主克里姆林宫，并且提出了俄罗斯实现重新崛起的发展目标。6 月份，普京来华访问，中俄发表了《关于进一步深化平等信任的中俄全面战略协作伙伴关系的联合声明》，双方再次强调"将致力于进一步加强平等信任、相互支持、共同繁荣、世代友好的中俄全面战略协作伙伴关系，恪守尊重彼此利益和自主选择社会制度和发展道路的权利，互不干涉内政，在主权、领土完整和安全等核心利益问题上相互支持，互利共赢，不对抗的原则"，并将这一方针作为两国外交最主要优先方向之一。

2013 年 3 月，习近平刚刚当选为中国国家主席，就把俄罗斯作为首次出访国家。中俄签署的《中俄关于合作共赢、深化全面战略协作伙伴关系的联合声明》强调，"把平等信任、相互支持、共同繁荣、世代友好的全面战略协作伙伴关系提升至新阶段，将以此作为本国外交的优先方向"。在联合声明中，批准了实施《〈中华人民共和国和俄罗斯联邦睦邻友好合作条约〉实施纲要（2013 年至 2016 年）》，决心"把两国前所未有的高水平政治关系优势转化为经济、人文等领域的务实合作成果作为中俄面临的战略任务。为此，两国要推动各自国家和地区发展战略相互对接，不断创造出更多利益契合点和合作增长点。推动两国合作从能源资源向投资、基础设施建设、高技术、金融等领域拓展，从商品进出口向联合研发、联合生产转变，不断提高两国务实合作的层次和水平。

总之,21 世纪的头 10 年,即普京、梅德韦杰夫担任总统时期,中俄关系在政治互信、经贸往来、能源合作、文化交流等领域皆取得重大进展,进入了实质性发展阶段。中俄两国领导人的定期互访和经常性会晤,两国政府间建立的各种会晤和磋商机制保证了情况及时沟通、问题及时解决。普京第三次当选为俄罗斯总统后,中俄关系迈进了全面务实合作的新阶段,务实合作成为两国关系发展的重点和方向。

当前,中俄关系发展良好,但这种关系还面临许多挑战和考验,需要继续精心呵护和培育,才能让双方在关系发展中获益。中俄关系在实现中华民族伟大复兴过程中具有不可替代的作用,正如习近平所强调:"一个高水平、强有力的中俄关系,不仅符合中俄双方利益,也是维护国际战略平衡和世界和平稳定的重要保障。经过双方 20 多年不懈努力,中俄建立起全面战略协作伙伴关系,这种关系充分照顾对方利益和关切,给两国人民带来了实实在在的好处。"而未来继续塑造健康的中俄关系既需要两国领导人和两国人民立足现实利益,也要着眼于两国关系的长远发展战略,进一步深化中俄全面战略协作伙伴关系是中俄两国维护自身利益的必然选择,历史也一再证明,中俄两国只有从协同发展中才能获得更多的益处。

(作者单位:北京信息科技大学马克思主义学院)

参考文献:

[1]毛泽东选集(第四卷)[M]. 人民出版社,1991:1472~1475.

[2]黄定天. 中俄关系通史[M]. 黑龙江人民出版社,2007:140.

[3]黄定天. 中俄关系通史[M]. 黑龙江人民出版社,2007:143.

[4]人民出版社编. 关于国际共产主义运动总路线的论战[M]. 人民出版社,1965:55~63.

[5]韩念龙主编. 当代中国外交[M]. 中国社会科学出版社,1988:114.

[6]江泽民. 为建立公正合理的国际新秩序而共同努力(一九九七年四月二十三日),http://news. xinhuanet. com/ziliao/2002 - 03/03/content_2644576. htm.

[7]中华人民共和国和俄罗斯联邦关于进一步深化平等信任的中俄全面战略协作伙伴关系的联合声明,http://news. xinhuanet. com/politics/2012 - 06/06/c_112137977. htm.

[8]习近平. 顺应时代前进潮流 促进世界和平发展. 载《人民日报》2013 - 3 - 24.

透过"颜色革命"看政府公信力建设

任玉娜

摘 要:20世纪80年代以来,美国为达到通过和平、非暴力的方式实现他国政权更迭的目的,在全球范围内频频策动"颜色革命"。从"郁金香革命"到"茉莉花革命",此期间无论是成功策反的"颜色革命",还是未遂的"颜色革命",我们都可以看到政府公信力在整个过程中的重要性,如果在"颜色革命"的目标国中人民对政府失去了信心,那么整个政权将会面临着分崩离析的命运。不战而屈人之兵,心理战和意识形态战争的威力并不逊色于热武器战争,对处于发展关键期的中国来说,我们要对"颜色革命"保持高度的警惕,所以,不断加强我国政府公信力的建设对我们来说尤为重要。

关键词:颜色革命;政府公信力;启示

一、"颜色革命"的基本概况分析

21世纪的初期发生了一系列用和平、非暴力的手段成功变更政权的革命,在这些事件中,反对派往往选择象征着平和、美好的颜色或者是花卉来作为自己的标志,因此得以"颜色革命"或"花朵革命"之称。"颜色革命"这一政治危机的出现是在国内国外条件酝酿基本成熟时发生的,是社会中各种矛盾、问题不断积聚、发酵以至爆发的表现。

(一)"颜色革命"的由来

1989年11月,在捷克斯洛伐克发生了一场以一种和平的手段达到政权变更的反对共产党统治的革命,因此在这场革命中没有发生像原先暴力革命那样的流血牺牲,所以用天鹅绒的柔软、平和来象征这次革命。相对于用兵戎相见的战争来达到政权更替的效果,这种和平转变政权的西化政治运动受到了西方政客们的青睐,"颜色革命"一词也正是这种革命方式的进一步演化。之所以选用"颜色革命"一词,是因为格鲁吉亚、乌克兰、吉尔吉斯斯坦的"革命"中反对派以具有美好、平和意义的国花国旗的颜色为标志,采用同"天鹅绒革命"同样的街头运动促成国家政权的转变。可见,"'颜色革命'问题,是政治问题,不是学术问题。"[1]

（二）"颜色革命"的实质

从严格意义上来说,"颜色革命"并不能称为真正意义上的革命。因为,纵观"颜色革命"取得成功的国家,仅仅是重新分配了国家权力,原有资本主义社会的经济基础、上层建筑、政治原则以及社会纲领并没有发生实质性的改变。"颜色革命"的实质乃是美国为实现其称霸全球的战略在大国地缘博弈的过程中寻找并积极扶持亲美势力,打着"合法""民主"等旗号颠覆现行政权的活动。

（三）"颜色革命"中的政府公信力

1. 何为政府公信力

现代政治理论认为,政府的存在是以人民的授权为基础的。另外,马克思·韦伯认为任何一个由命令和服从构成的社会活动系统的存在,都依赖于它是否有能力建立和培养对其存在意义的普遍信念,也就是对其合法性的信仰,而人民的认可则是政府公共权力合法性的来源。政府想要拥有展开各项活动的资格,就必须取得公众的信任。对于政府公信力则是指,掌握着国家公共权力的政府,能够通过公正、高效、透明等途径处理社会生活中的利益分配和社会各种差异,从而获得公众对其普遍信任的能力。

我们可以从以下几个方面来评价一个政府的公信力,即政府的负责任程度,以民为本、为人民服务的程度,依法行政、民主法治的程度以及廉洁透明的程度等。

2. 政府公信力与"颜色革命"的关系

吉恩·夏普的"非暴力战争"理论是美国策动"颜色革命"的重要理论依据。夏普认为,"独裁者"的优势在于"武力"与"暴力",但是如果想要政权长期维持下去必须依赖于人民和社会各个部门的支持、合作与服从,也就是说政权想要长久维持下去来自人民的支持是最为重要的力量。所以,只要一个国家中的大部分人民还没有对现行的政府失望透顶,只要大部分人民还愿意相信政府会变好,那么"颜色革命"将很难取得成功。

2007 年,在缅甸发生了一场因为油价的大幅上涨严重影响了普通民众生活而导致的僧侣上街抗议游行的活动,因此这场活动也被称为"袈裟革命",同时,也被认为是一次"颜色革命"。但是在这场"革命"中,在参与示威游行的僧侣最多时也仅仅只达到缅甸全部僧侣数量的 1/20,游行的地点只发生在少数的大中型城市之中,如仰光、曼德勒等。另外,作为以往反对缅甸军人统治的主力军之一的大学生团体和缅甸三大政治力量之一的少数民族也并没有加入此次的示威游行,军人、警察、国家的公务员以及作为缅甸军政府所扶持的最大的社团——缅甸联邦巩固与发展协会并没有背叛现行政府,人民没有完全心灰意冷,所以"袈裟革命"最终以失败告终。

正所谓得民心者得天下,在当今世界中和平与发展是时代的主旋律,任何形式的暴力冲突都将会引起全世界爱好和平的人民的厌恶。因此,美国想要在这样的国际大背景下继续推行其称霸全球的战略,采取这种不流血的"革命"形式是最遂其心意的,所以为避免"颜色革命"的发生,加强政府自身公信力的建设是十分必要也是十分重要的举措。

二、"颜色革命"与政府公信力的内在关联

(一)面对经济消沉,政府力所不及

"发展才是硬道理",人民对政府的评价、对政府的认同感不是来自政府高深的理论、长远的规划以及美好的许诺。"实践是检验真理的唯一标准",人民对政府的认同感来自政府真正为老百姓所做的惠及百姓的实事。经济的发展无疑是人民心中最为关切的一个方面,以"颜色革命"的"重灾区"独联体国家为例,政府在扭转本国经济下滑方面的无能为力成为美国扶持下的国内反对派撬动现行政权的有效着力点。

在颜色革命爆发前夕,独联体国家的经济每况愈下,贫富不均、两极分化严重,经济的消沉吞噬着人民对政府的信心。格鲁吉亚在 1995 年的时候国内的生产总值比 1990 年苏联解体前下降了 72%。从数据层面看,截止到"玫瑰革命"爆发的 2003 年,格鲁吉亚国内的生产总值要比 1994 年经济大滑坡的时候提高了63%,但是在实际情况层面上,我们可以从一份相关调查中看到,该国中的绝大多数家庭还处于贫困线以下,并没有超过其在苏联解体前的经济水平。

经济的不景气使得消极的情绪一直弥漫在整个社会之中。人民对政府的抱怨远远多于对政府的信任,所以当反对派起来推翻现有政府时,人民并没有站出来维护现有的政府。同时,曾经被誉为苏联粮仓的乌克兰在经济上也面临着难题。苏联解体后,乌克兰的经济长期处于衰退时期,曾经的经济文化繁荣的场景已远去多年,在 1992 年到 2000 年之间,乌克兰国内的生产总值下降了 75%。国内的民众不得不疲于生计,甚至还有许多民众不得不背井离乡辗转到俄罗斯务工。乌克兰政府对经济低迷态势的无力扭转使得民怨四起,人民不再愿意相信这个政府能给人民带来幸福安康,所以政府存在的合法性受到了强烈的冲击,经济的低迷埋下了政治变革的隐患。再如,"郁金香革命"又称"黄色革命"的爆发地吉尔吉斯斯坦,经济的持续走低使得人民对政府大失所望。2002 年吉尔吉斯斯坦的贫困人口占 52%,70% 的乡村没有自来水,41% 没有医院和保健机构,60% 没有交通设施,吉尔吉斯斯坦的经济状况近于赤贫。[2]吉尔吉斯斯坦当局将经济的发展错误寄托于国外援助上,向西方所借的外债达到本国国民生产总值的 90% 左右,高额的外债并没有给本国经济的发展起到雪中送炭的作用,经济的持续低迷,使得民众不再相信政府的解释,人们希望通过更换总统使自己的生活变得富裕起来的意愿越来越强烈。

(二)面对官员腐败,政府熟视无睹

1. 官员腐败问题严重

政府的腐败是中亚各国当权者的软肋,更是中亚各国人民所深恶痛疾之处。权力寻租,像毒虫一样侵害着国家的机体。

格鲁吉亚的政府腐败问题极为严重,在跨国犯罪与腐败研究中心发表的一份研究报告中提到,在谢瓦尔德纳泽当政的十多年间,成为了格鲁吉亚"政治腐败越来越体制化"的时期。在整个国家中占人口总量 1.5% 的上层人士控制着国家 60% 的财产。无独有偶,2005 年 3 月,在"透明国际"发布的全球十大腐败领导人名单中,乌克兰前总理榜上有名。另外,乌克兰各个机构的腐败现象也层出不穷。根据乌克兰商界的一项调查,乌克兰企业主将每年收入的 6.5% 用于行贿政府官员。[3]与此同时,吉尔吉斯斯坦的政府也没能走出腐败的泥潭。就拿总统阿卡耶夫一家来说,利用官方背景,积累了大量的财富。百姓与政府之间的矛盾在官员严重贪污的背景之间越积越深,这也导致了执政十多年的总统在一次抗议游行中就狼狈下台。

2. 官员知法犯法

独联体国家中都制定了各自的反腐机制和相应的法律法规,但是官员们依然置若罔闻,知法犯法。如果不向政府的工商管理部门行贿,那么企业注册手续的办理将遥遥无期,如果不向司法部门行贿,那么就有可能被错判、误判。在官官相护的氛围下,滥用职权、徇私舞弊屡见不鲜,人们希望政府能够遏制住不正之风,但是政府对人民的呼吁置若罔闻,因为政府官员中有大量的官员都是这些非法活动的参与者。在国家经济体制转轨之际,政府官员明目张胆地违法乱纪,窃取国家利益,但广大的老百姓却成为转轨代价的买单人。

三、"颜色革命"警示下我国政府公信力建设

（一）深化行政体制改革,严惩腐败

1. 深化行政体制改革

我国的经济体制由新中国成立初期的计划经济到改革开放后逐渐建立社会主义市场经济体制,政府在经济发展中始终发挥着重要的作用,尤其是在社会主义市场经济中,政府"有形的手"能够弥补市场经济的不足,促进我国经济的健康发展。但是,政府与市场之间千丝万缕的联系也为腐败的滋生提供了温床。因此,首先,加快政企分开、政府与市场中介组织分开等,深化行政体制改革,有利于铲除"灰色收入",推进廉政建设。其次,深化行政体制改革还要理顺各个职能部门之间的关系,加强部门的整合力度,明确权责关系,建立健全各个部门之间相互配合协调的机制。

另外,行政体制的改革并不是一蹴而就的,要分清主次,逐步深入。首先,从党的十八大报告中我们可以看出,我国今后行政体制改革的核心和关键仍然是转变政府职能,在科学发展思想的指导下,加快经济发展方式的转变,让"有形之手"和"无形之手"协调发挥作用。其次,加强政府公共服务职能的建设,进一步改善民生,让广大人民群众共享发展的成果。再次,行政体制的改革还致力于强化政府社会管理职能,加强和创新社会管理。如今,随着我国信息化、网络化的发展,我们面对的情况要比以往复杂许多,所以我们还要不断推进在各个方面的科学化、信息化建设。

2. 严惩腐败

腐败几乎是任何一个政权都无法摆脱的梦魇,同时腐败又是人民群众极度厌恶的顽疾。千里之堤,溃于蚁穴,政府的执政之基要时刻谨防"白蚁"的侵蚀。同时,在管理学中有一句非常有名的话,即"好的制度让坏人变好,坏的制度让好人变坏"。遏制贪腐之风,既要抓铁有痕,对腐败零容忍,更要不断完善行政体制,保持行政环境清明,所以我们要充分利用社会多元主体的监督作用,在深化我国行政体制改革的过程中,通过健全和完善的监督机制保障我国政府公信力的建设。另外,加强行政监督,要牢牢把握两个方向上的监督,一个是权力体系、机制方向上的,即上级国家行政机关监督下级国家行政机关行的权力行使;一个是人员设置方向上的,即各级行政机关领导人监督自己的下级人员在履行自己的职责、进行行政管理活动等方面的情况。同时,我们还要加强对行政管理人员尤其是行政一把手的经济审计监督,保证公款公用,以严密的审查、严肃的态度、严格的制度

消除任何人对贪腐还抱有侥幸的心理。另外,仅仅在政府体制内加强监督还是远远不够的,我们还要充分调动广大人民群众和社会各界的监督力度,通过广泛的民主监督,将权力的运行置于阳光之下。

同时,让政府接受人民群众的监督,有利于调动广大人民群众的积极性,让人民群众充分感受到政府是人民的政府,这无疑将会大大提升政府在人民心中的可信度。

(二)加强政府诚信道德教育

法律规范的约束始终是硬性的,但是道德的约束力量却是内化于心的,无论是在法律所及的范围内,还是法律触及不到的范围内,道德都可以发挥自己强大的力量。所以,加强政府在道德层面上的建设是其增强公信力的重要举措。政府的形象是通过每位政府公职人员在日常的行政管理过程中体现出来的,他们的一言一行都受到了人民群众的关注。所以,加强公职人员的诚信道德教育,在他们之间牢固树立为人民服务的观念,树立清廉为官、正直做人、以人为本、尽职尽责的观念,以防止市场经济中拜金主义、贪图享乐、自私自利等思想的侵蚀。其次,促进政府公信力的建设,还要在政府公职人员中树立依法行政的法治观念,在格鲁吉亚、乌克兰等"颜色革命"取得成功的国家政府中,公职人员滥用职权,以身犯法是引起民怨的一个重要因素,所以对于处于改革攻坚期的中国来说,进一步强化政府公职人员的法治意识显得尤为重要。让每一位公职人员在心中高悬法律之剑,既时刻警醒自己,又时刻警示别人,将力量强大的公权力装入法律的牢笼。再次,在广大公职人员的心中树立诚信、踏实、敬业等观念,做到"言必信,行必果",落实求真务实的工作作风,在工作中不搞劳民伤财的"形象工程""政绩工程",从人民群众的利益诉求出发,为老百姓办实事、办真事,用自身的行动来提高公众对政府的满意度。

(三)规范政府的行为方式

政府行为方式就是政府执行国家职能的行为,是体现政府公信力的重要载体。任何国家的政府制定的政策都需要通过政府行为来进行贯彻和落实,各级政府和政府公务人员在执行公务时是否文明有礼、是否迅速高效、是否秉公处事等直接关系到老百姓对政策的接受度和认可度。好的政策如果用错误的方式去执行,那么所得到的结果往往与事先预计的大相径庭。所以,规范政府的行为方式,即规范政府公职人员的行为方式,在目前加强我国政府公信力建设中具有重要的意义。

纵观"颜色革命"相继得手的独联体国家,政府的行政行为在许多地方都存在着严重的不规范之处,滥用执法、办事拖沓、官官相护、暗箱操作等一系列的行为将政府的公信力败坏得所剩无几,甚至是荡然无存,给了国内亲美反对派以极佳的攻击口实。

以史为鉴,可知兴替;以人为鉴,可知得失。"颜色革命"的频繁上演,为其他国家的政治建设敲响了警钟。我国目前正处于改革的深水区,各种矛盾凸显,因此,吸取前车之鉴,大力促进我国政府的公信力建设,有利于我们在关键时刻走好、走稳每一步,实现中国民族的伟大复兴。

(作者单位:北京信息科技大学马克思主义学院)

参考文献:

[1]刘瑞复."颜色革命"首先是一个政治问题[N].中国社会科学报,2015 - 02 - 06(A07).

[2]林治华."颜色革命"爆发的经济学分析——吉尔吉斯斯坦与乌兹别克斯坦转轨经济比较[J].俄罗斯中亚东欧研究,2006(01):52~56.

[3]何卫."颜色革命"中的腐败因素[N].中国社会科学院院报,2008 - 01 - 31(006).

[4]李兰.独联体国家"颜色革命"研究[D].南开大学,2013.

[5]马钟成.美国"颜色革命"战略及其应对思路探讨[J].浙江社会科学,2015,(1).

[6]石荣广.政府公信力的评价标准现状及对策探析[J].各界文论,2007(4):19 - 20.

[7]王艳."颜色革命"警示下的中国政治生态建设[D].天津师范大学,2010.

[8]赵华胜.原苏联地区"颜色革命"浪潮的成因分析[J].国际观察,2005,(3):1 - 8.

[9]孙学谦.试析中亚地区"颜色革命"及中国战略应对[D].暨南大学,2011.

[10]昆仑岩.防止"颜色革命"要坚持治本之策[N].中国社会科学报,2014 - 12 - 15A04.

[11]郝玲玲.政府公信力若干问题研究[D].吉林大学,2010.

社会党国际应对气候变化问题的优势与经验

王晋锦

摘　要:社会党国际是一个重要的国际性政党联盟组织,在国际事务中具有重要影响,展现出强大的生命力。随着气候变化问题的逐渐恶化,社会党国际成立了专门的委员会研究气候变化问题,多次召开特别会议讨论气候变化问题并形成多份决议,同时积极参加全球气候问题谈判,提出自己的方案,并形成了一套完整的政策和治理理论。在思想观念上社会党国际采取生态中心主义与全球视角,注重人类共同利益,强调政府间合作解决气候变化问题。具体政策方面,社会党国际主张加强现有国际合作体系,同时通过科普宣传,提高社会大众对气候变化问题的重视,使人类改变现有的能源消费模式。社会党国际对气候变化问题的思想和举措,值得我国学习和借鉴。

关键词:气候变化;社会党国际;全球治理;环境问题

自柏林墙倒塌,"冷战"结束以来,东西方敌对对峙的状况得以化解,而多极化逐渐成为趋势。另一方面,全球化以迅猛的态势得到发展,并改变了世界的经济和政治结构,并带来了很多新的问题。在这样的背景下,社会党国际对自身的政策进行了讨论和修改,积极倡导"全球治理",力求在国际事务中发挥自身的作用。而气候变化问题作为"全球治理"的一个重要内容,得到了社会党国际的高度重视。社会党国际在气候变化问题上的对策和主张,清晰地体现了其新的价值和政策取向,具有很高的借鉴意义。

一、社会党国际应对气候变化问题的组织优势

社会党国际(SI)是一个由世界各国的泛民主社会主义政党所构成的相应政党国际组织,名字源于之前的名称社会党国际,即在 1889 年时建立的第二国际。

到 2004 年 2 月份之前,其全部的成员党与组织的数目是 168 个,在这当中 50 余个成员党的执政或参政国家达到 50 个,可以称其是当下全球范围内最具影响与规模的国际性政党联盟[1-3]。

(一)社会党国际是较为松散的政党联合体

之于社会党国际来讲,并没有相应的意识形态对其进行掌控,所以其当下的联合体组织仍是属于松散性的,其进行相应活动的目的通常是以提升成员党间的相应合作与联系,从而使得其在政治方面的立场能够相同。与意识形态鲜明的政党相比,组织松散性推动了其自由地发展,不受意识形态的约束,但也萌生出特别的优势。在社会党纳入新成员时,有这样的规定,即其需有相应的民主社会主义纲领,和一国一党原则,即相应的在纲领角度的党名。社会党国际所通过的决议对于各个成员党来说,一般不会有太大约束力。在相应的纲领当中有这样的内容,所有的成员党之于组织来讲,不分高低贵贱,均是平等的地位,对于成员党间来讲,其相应的活动仅限于交流相应的信息与经验,从而在更大程度上增强相互之间的沟通。由此可见,此种模式的组织形式,与全球政党政治发展的趋势是相一致的,同时有着广阔的前景。

当下来看,社会党国际最大的优势是,其能够使得长期处于不完整状态的国际左派进行重组,并展现出其强大的作用。若发展的趋势是凭借相应的思想权威代替之前的形式权威的话,那么社会党国际就具有其最大的优势。

(二)社会党国际的执政优势

在第二次世界大战之后,存在于不同国家的社会民主党希望自身的道路是与社会主义和资本主义均不同的"第三条道路",从而给予不同国家的社会民主党经验,进一步地探索相应的中间化模式。之于不同国家的社会民主党来讲,其在认识方面可能存在差异,然而在第三条道路的看法上,其均认为第三条道路能够很好地掩盖当下全球化经济中资本主义发展中出现的缺陷,从而推动西欧社会民主党重新振作起来。欧盟成员国中,多数国家都是社会民主党执政或联合执政。[4]

之于当下国家政治方面来讲,政党政治可谓是其中十分关键的内容,而在国家内部进行的斗争则有很大的可能会转移到政党国际当中。全球不同的国家或地区,以自身的利益为出发点,进行保护各自利益的竞争,在气候问题与其他国际矛盾日益激烈的当下,社会党国际展现着很大的作用,其通过国际会议与宣言以及相应的声明等,对问题进行探讨,从而在最大的程度上推动国际舆论朝着更好的方向发展,有时其能够因为在国际政治中占据较大的政治地位而获取世界范围内人民的关注,并使得部分国家将社会党国际的看法用在自身的主张当中。[5]

（三）社会党国际应对气候变化的组织机构

进入 21 世纪,气候变化问题逐渐成为全球的重要议题。为了应对这一新的挑战,社会党国际专门成立了"可持续世界社会委员会"[2]（Commission for a Sustainable World Society）。该委员会在社会党国际领导下,研究气候变化问题,阐明社会党国际在这个问题上的进步性。期望通过国际合作应对人类的共同挑战,解决全球环境问题,治理气候变化。该委员会汇集了知名人士,其中包括来自各大洲的前国家元首和政府部长,支持联合国气候变化大会等全球行动,并特别关注减少全球变暖。[6]

二、社会党国际应对气候变化问题的思想观念

社会党国际对气候变化问题的看法是随着全球气候变化问题的恶化和国际社会逐渐重视而渐渐加深的,从社会党国际发现气候变化问题到形成一套完整的政策和治理理论,经历了漫长的过程。从社会党国际历次会议记录中,我们可以看到其在不同时期关注的重点和出发点是不同的,但对气候变化的重视则不断加深。

（一）强调制度合作

社会党国际应对气候变化问题在思想方面的关注点有三点,分别是共同利益与权力分享以及相应的利益协调,与此同时,其间还将具有相应规范能力的准则作为行动的总体规范。欧洲一体化的实现,使得社会党国际关注到,与实际相符的规则与相应的制度方面的安排能够在很大程度上解决发展中出现的问题,从而推动其稳定发展。所以,面对相应的气候变化,社会党国际的做法是:强调国际规则与多边合作协定,希望在相应协定的基础上,部分国家能够认识到自身的错误,并进行改正,进而推动全球气候向好的方向发展。

在气候问题当中,社会党国际的看法是:强调不同的国家之间应该进行相应的合作,同时还讲到,在政府和非政府组织以及国家与相应的社会组织间,也应该达成相应的共识,加强合作,共同发展。之于合作,社会党国际强调,在世界范围内进行的相应合作,地区与地区等进行相应合作。之于合作方式,强调在某些非制度方面的合作,比如相应的文明对话等。综上而言,社会党国际在气候方面的看法是在不破坏法制的情况下改良当下气候问题的。

（二）注重和谐发展

其十分关注建构之于国际关系的影响。看法是:从本质上讲国际秩序即是对观念进行划分,并在国家间的共识中进行体现。至于出现的国际秩序无政府状态,则仅是意识中人们对其的看法,而这则能够推动新国际秩序的发展。之前的思想当中,人们均认为在人和自然间的相应联系是"人类中心主义",总是将自然看作被动的,待人宰割的对象,从而在无情的剥削下,使得生态环境恶化,而人类则尝到了自然报复的恶果;在国家和全球利益两者间,之前人们均推崇国家利益,以"丛林竞争规则"进行竞争,最终使得霍布斯的"安全困境"出现,造成"人人为自我"的混乱无秩序;之于社会和国家两者来讲,之前采取的做法均是国家在社会中拥有至高无上的权力,对社会中全部的事项均能够进行掌控,从而使得有参与积极性的相应社会群体也不能参加相应的国际事务。而社会党国际在解决气候变化方面的观念则是对以上落后观念的颠覆,并建立起了能够与当今社会发展相适应的新型发展理念。

自然方面,社会党国际采取"生态中心主义"的观念颠覆了之前的"人类中心主义"理念,并在此基础上谈到:人类发展需在保护自然的基础上进行适度的开发利用,从而才能达到经济发展与生态环境一同发展的目标。同时指出,当今全球需要应对的世界化问题很多,因此不同的国家政府不能仅考虑自身利益,还应将视角放在全球角度,依据共同价值观,推动全球和国家利益的共同发展。在公民与民权运动的蓬勃发展中,人们逐渐认识到,国家在社会层面上不能进行权力垄断。因此社会党国际谈到,应该通过广泛参与以及上下互动的方式进行社会管理,从而降低绝对统治的比例,并让社会大众比如公民与媒体以及政党组织等均进入关于气候变化的相应讨论之中,从而让结果更具客观性,另一方面也能赢得民心。这些理念能够推动人和自然的稳定发展,推动国家间进行和平竞争,从而维持世界整体的和平秩序。

三、社会党国际在环境问题上的政策

社会党国际认为,在碳排放方面,我们能够对其进行改进,以防止更糟状况出现的时间仅有十到十五年,在这当中的严重状况包含海平面上升与世界动植物物种减少和相应的气候灾害。对我们来讲,挑战即是采用何种方式改善气候与保证相应的能源供应,防止其因为供应出现大幅度的价格变化,而一旦此种状况出现,就会在很大程度上阻碍经济的发展,在此时最有效的方式即提升可再生能源所占的比例与其使用的效率,同时其也能很好地推动经济的可持续发展。[7]

国家在资源方面的需求持续增加,若想真正地获取发展先机,很多国家会无节制地开发自然资源,尤其是相应的能源资源,竞争更为激烈,而这往往会触发相应的矛盾,造成国家间的不和,引发生态移民潮与传染病扩散,贫困人口增

加等,影响着世界经济的发展,尤其是对经济较为落后的国家来讲,影响程度更大。

(一)发挥现有国际体系的领导力

为了从容应对各种挑战,国际体系本身就要具备极强的领导力,发达国家与发展中国家要实现平等互助。使全球管理体系更为公平合理化的一个重要方法就是对联合国进行变革,而这也就需要联合国所包含的各个成员国都必须付出更多的努力,对建立于国家民主互助层次上的至关重要的机制进行重塑,令其重新迸发出活力,从而可以用更为强大的多边合作来应对世界上的各种形式的挑战。

发达国家与发展中国家彼此间要团结互助,其中包含了对那些在气体排放和对气候适应力差的国家提供经济和技术上的支持。独立的国家所做出的承诺也应该由自身减排的经济实力等方面来决定,应根据共同的准则、本身的能力和所承担的责任来实施。经济实力较强、气体排放量较大的国家应该率先减少本国的气体排放量。

(二)唤醒公众对可持续问题的重视

为了推动全球以统一高效的方式应对全球气候变暖这一重大变化,至关重要的一点就是公众的思想意识。用教育来培养公众的思想意识。对全球公民与日俱增的共同意识,国际上持欢迎态度,但是还需要进一步的努力,在青年群体中加大宣传力度,并加强对政治上获得的成功经验的宣传力度。

不可忽略掉科学界所体现出来的重要作用,要给予大力的支持。在对自然系统的检测、通报全球各国政府公众气候变暖所带来的影响,以及对全球未来发展形势所给出的预测和意见等方面都起到了至关重要的作用。为了保障世界上各个国家都可以从最为先进的科学中收获长远的收益,加大科学研究方面的资金投入是十分有必要的。

(三)改变能源生产与消费方式

在气候变化领域想要谋求更好的发展,各国政府就必须树立起更为清晰的发展目标。制定政策之时,既要有远大的发展志向,又要确保目标的可行性,为国有和私营企业建立起明确的发展目标,推动环境的良好向前发展,积极鼓励科研和投资活动,对于不利于环境发展的行为决不可姑息,要根据相关的法律法规予以处罚。

另外国际上的社会党认为,进行环境保护时,改变社会各层面的生产和消费模式是相当有必要的。为了更有效地保护和利用能源,必须改变人们现有的行为、态度以及技术。想要实现最终的宏观经济目标,最重要的一个方法就是要查出气体排放量大的部门,并有针对性地制定相关的政策减少这些部门的排放量。

四、社会党国际在气候变化问题上的应对措施

社会党国际工作的主要方式是通过会议研讨问题并形成决议,社会党国际的国际大会、国际理事会就为气候变化问题召开特别会议,研究应对政策。同时社会党国际作为一个国际组织,还积极参加联合国的气候变化大会,向会议提交政策建议,并呼吁各国落实。

(一)社会党国际会议决议

在80年代中期,社会党国际将环境保护列入对外政策的重要目标中,在1985年社会党国际在维也纳会议中也首次通过了《关于环境的声明》,并在之后十七大上面所发表的《利马宣言》中专门对环境问题做出了详细的阐述,十八大上也将《环境纲领》予以通过,在结束冷战之后的代表大会中,国际社会党都会提到环境保护方面的问题,并有针对性地提出了环境保护以及可持续发展的思想。

2008年,社会党国际召开了二十三大,会议中通过了名为《立即行动应对气候变化:实现可持续发展的世界社会》的决议,对其未来的工作制定了具体的方针。在此次会议中,社会党人认为当前全球人类共同所面临的一个挑战就是气候变化,必须立即开展相应的行动[7]。

在2012年南非召开的二十四大会议中,社会党人持续了以往对能源和气候问题的关注,指出气候变化对全球的影响变得更为明显。依据其造成的最终后果可知,气候变化带来的影响并不均衡,污染排放物最少的国家反而会遭受到最大的损失。这就要求发达国家与发展中国家要团结一致,共同做出减少煤炭排放的承诺,只有如此,才可以真正在全球范围内将碳排放量降到最低,避免潜在灾害的发生。

(二)参与全球合作

社会党国际认为,因为破坏环境没有国界的划分,因此保护环境必须是一种国际性的行为。世界上每个国家都应承担起保护环境和自然资源的重任,为此,必须开展国际合作。

对于国际社会在1997年所通过的《京都议定书》,社会党国际及其成员给了大力的支持。在2000年4月社会党所召开的国际理事会布鲁塞尔会议中,成立了京都议定书工作组,并在相关的社会党委员会中开展相应的活动,以此来表示对《京都议定书》的支持。[8]

2007 年,在印尼巴厘岛举行了联合国气候变化会议。社会党对此次会议上所签订的各种协议表示支持。会议上的《巴厘岛路线图》和《巴厘岛行动计划》的最终目的就是要在 2009 年年底形成一个全新的有关气候行动谈判的进程,而该框架于《京都议定书》期满后正式生效。社会党国际对于政府气候部门所拟定的大部分目标以及要求都表示出了极大的认同。

2011 年,社会党国际"可持续世界社会委员会"参与了南非德班召开的世界气候变化大会。它希望通过碳税等财政手段,控制气候变化问题。在会议的声明中,社会党国际提到应该重点关注那些拥有资源少,人类发展指数低,有消失风险的小岛国家。社会党国际希望达成有约束力的文件,降低温室气体排放,使得全球气温最多提高 2℃ 。[9]

五、气候全球化对中国推动建立国际新秩序的启示

中国共产党于 20 世纪 80 年代开始正式与社会党国际开展友好互动活动,在 2004 年双方进行互相交流与协作实现共同发展。在 2009 年我国联合社会党国际"可持续世界社会委员会"共同举办了有关可持续发展的问题研讨会。当前任何全球性问题的解决都离不开中国,因此,社会党国际希望了解中国的看法和主张,愿与中国共产党继续就气候变化、可持续发展、核裁军、金融危机等问题进行深入对话。智力前总统拉戈斯认为,中国的例子可以说明,随着时间的不断前进以及广泛的应用和推广相关技术,我们完全可以做到发展经济的同时降低能源消耗。若发展中国家实现了这一点,那么他们就不会沿着发达国家曾走过的道路前行。从这一点可以看出,我们已经到了机会之窗。拉戈斯认为,发达国家应在开发可再生能源方面积极向发展中国家转让技术,并加大融资力度,从而使发展中国家能够更好地解决可持续发展问题。社会党国际认为,中共作为新兴大国的执政党在增强全球多边机制的有效性、完善国际治理的多层次结构以及构建公正、民主世界的新秩序上将是十分重要的合作者。

有关气候变化上面,社会国际党提出了很多合理的建议,我们可以进行学习和借鉴。基本目标上,力求实现全人类的共同利益,即以互相交流和合作的方式将各国各地区间的矛盾消除掉;利用协商、合作以及谈判等方式促进国际关系走向民主化;通过保护生态环境以及减少污染等方法促进全球的可持续发展。在应对全球气候变暖的主体上,社会党国家主张实行主体多元化,各个国家在促进世

界和平发展中肩负着无法推卸的重要责任,此外国际组织,特别是联合国,也要充分发挥出其自身的重要作用。在环境保护的方法上,社会党国际主张要严格遵守国际上有关的规章制度,尤其是要遵守联合国宪章的规定。社会党国际对于全球气候变化的各种思想在一定程度上符合全世界人民要求建立一个民主和平和可持续发展的世界愿望。

作为一个用勇于承担责任的大国,我国为建立世界新秩序做出了不懈的努力。我国可以对社会党国际有关气候变化的合理思想予以借鉴和学习,将我们和谐世界的思想加以完善,对建立一个合理公正的经济政治方面的新秩序起到重要的推动作用。

六、结语

社会党国际了解:许多必要的政策和新的措施贯彻起来并不容易。但是,除此以外根本没有任何其他的出路,因为行动的任何延误都会使我们有效应对气候变化的能力大打折扣。必须赋予作为整个多边体系组成部分的全球性机构以前所未有的能力、灵活性和权威,以满足各国公民对一个更美好世界寄予的期望和需求。今天,鉴于我们深刻意识到对子孙后代的共同责任,鉴于不立即行动将会产生的严重后果,社会党国际重申自己坚定地致力于为建立一个可持续的、更加公平和更加人性化的社会而努力工作的庄严承诺。

(作者单位:北京信息科技大学马克思主义学院)

参考文献:

[1]中央编译局世界社会主义研究所.当代国外社会主义理论与模式[M].北京:中央编译出版社,1998.261.

[2]李宏.八十年代以来社会党国际对外政策的变化[J].当代世界社会主义问题,1998(4):53~58.

[3]龚加成,金君英.冷战结束后社会党国际基本纲领与政策的演变[J].北京工业大学学报(社会科学版),2005(01):44~48.

[4]陈生洛.80年代社会党国际的对外政策与民主社会主义[J].中国青年政治学院学报,2000(06):38~41.

[5]姜琳.从社会党国际22大看其新世纪的战略调整[J].当代世界与社会主义,2004(03):75~77.

[6]狄会深. 积极关注全球问题,共同应对世界性危机—记社会党国际23 大
[J]. 当代世界,2008(08):39 ~40.

[7]国际文件集[M]. 哈尔滨:黑龙江人民出版社,1989. 145.

[8]李宏. 另一种选择:欧洲民主社会主义研究[M]. 北京:法律出版社,
2003. 171.

[9]Socialist International about Us[EB/OL]. Http://www. socialistinternational. org/
about. ofm. 2015 –5 –7.

浅谈西方新社会运动

高 欢

摘 要:自20世纪60年代中期以来,西方国家爆发了形形色色的社会运动。其目的不同、规模不等、形式多样,具有强烈的社会反响。新社会运动是当代资本主义的社会矛盾和冲突的体现,反映了当代资本主义的社会危机,是西方资本主义国家社会结构转型的结果。它的发展改变了传统的社会运动格局。对新社会运动的研究有利于对目前西方社会各种力量之间冲突对立勾画出一幅最新最全面的图像。

关键词:资本主义社会危机;新社会运动;启示

西方新社会运动始于20世纪60年代,发展至今已成为有目共睹的现象。所谓新社会运动,主要包括西方70年代以后发生的和平运动、学生运动、反核抗议运动、少数民族的民族主义运动、同性恋权利、妇女权利、动物权利、选择医疗、原教旨主义宗教运动、新时代运动、生态运动,等等[1]。而这些运动的出现,是民众对社会基本矛盾和社会发展中未解决难题的回应。它们是一个新时期社会首要矛盾的结果,正如资产阶级解放运动、无产阶级解放运动是对当时时代难题的回应。虽然资本主义在经济、文化、社会、思想上有不同程度的发展,但是由于其本质矛盾的存在,新社会运动的出现是其发展过程中现代性危机的结果。

一、新社会运动

(一)何谓"新社会运动"

西方社会在第二次世界大战以后发生了许多大规模的公民运动,如法国"五月风暴",反对伊拉克战争的反战游行,"绿色和平运动",反"全球化"运动,等等。青年学生以及中产阶级知识分子是参加这些活动的主体。西方学者把它们称作

"新社会运动"。美国学者杰弗里·伊萨克认为,新社会运动是在发达资本主义社会战后政治的相对稳定中出现的对抗(不满的宣泄)和挑战。[2]英国学者劳伦斯·威尔德则称它"既是由经济和政治合理化引起的新抱怨,也是富裕社会正在上升的期望和正在变化的价值选择"[3]。也就是说新社会运动是当代资本主义国家的民众对晚期资本主义社会出现的新的社会矛盾和社会冲突进行的斗争和抗议。

战后资本主义社会发生的最重大的事件是 1968 年运动,是 70 年代以后真正意义上的新社会运动的预演。七八十年代以大规模的反核运动、女权运动、保护环境的绿色和平运动为开端,新社会运动层出不穷。数以万计的欧洲民众走上街头,示威浪潮席卷西方社会。他们一般是围绕种族、移民、民权、性别、环境等引起公众高度关注的重大政治问题形成政治认同,从而组成各种社会运动和团体,共同抗议和斗争。

(二)"新社会运动"的产生

回顾资本主义新社会运动的历史,这是一场有着深刻的社会历史和思想背景的试图推动社会进步的社会运动。具体到某个国家的某些时段,它表现为社会矛盾的凸显以及对当时社会体制和制度的巨大冲击。汉斯彼得·克里西等学者在西欧新社会运动一书中说:"我们确信,新社会运动的兴起与现代化的宏观历史进程中社会冲突结构缓慢但重大的转型密切相关。"[4]新社会运动产生的原因具体来说是由社会结构和思想意识引发的。

1. 社会结构原因

第二次世界大战后西方资本主义社会结构发生很大变化,从工业社会向"后工业社会"过渡。第三产业迅速发展。而从事第三产业的人们成了新社会运动的主体。受自身工作经历和教育背景的影响,他们懂得为自己的某些利益采取社会活动。同时由于社会经济结构的变动,使一部分人摆脱了原来的社会基本阶级属性在各个阶层之间流动。包括无业者、失业者、持股人、食利者、"在家办公"的自雇者,以及寻求自由生活的人。目前发达国家的边缘阶层已经占所在国人口的百分之二三十,形成了一股相当大的社会力量对社会结构的变化起到了促进作用。

2. 思想意识原因

"不满"是当代资本主义普遍存在的情绪。对现存体制不满,对国家福利政策不满,对生态环境不满,对法律完善不满,对社会忽略自己的需求不满。当不满积累到一定的程度,便会反抗、表达、斗争。而当代资本主义无法使人们的需要得到全面满足,人们又强烈追求自由与良好的生活状态,建立人与人之间的和谐,一场场社会运动便接踵而至。

二、新社会运动"新"在何处

（一）由社会运动谈新社会运动之"新"

对于西方资本主义来说，社会运动是一股不可忽视的政治力量，它们反映着人们的心声，是对国家现存问题的抗议。它对国家的政治体制提出挑战，并影响着国家的建设方向。社会运动具有以下四个特征：

1. 拥有一个非正式社会网络。这个社会网络可以联系个体成员、群体和组织而形成运动。它不仅使人们之间相互信任，有集体概念，而且能够刺激产生集体行动，有利于成员之间相互交流；

2. 拥有一个共同信仰。这个信仰能形成集体身份，使运动在没有大规模活动的时期存续下去；

3. 拥有一个共同的反对目标。处在不同环境下的人们受到同样的伤害时可以产生集体运动；

4. 拥有战略或策略，行动方式有一定的目的性。新社会运动除了具备传统社会运动的基本特征外，还呈现出一些新的特点。

对于新社会运动之"新"，从不同角度考察的西方学者有不同的看法。尽管学者们对新社会运动的看法不一，但与传统的社会运动相比，新社会运动在主体、议题、方式和组织结构上都与传统的运动有了很大的区别。首先，从运动主体上看，新社会运动参与者是一批接受高水平、正规化教育的群体，而且包括一些不属于传统组织的群体，例如从事宗教、社会文化服务职业的或者在校的学生也是新社会运动的坚定拥护者。其次，就运动议题而言，新社会运动关注的是环境、生态、核威胁和性别压抑等，它所反映的社会冲突超越了现代政治中基于社会阶级利益冲突等一系列政治化议题，而扩展到了整个社会文化。从运动方式而言，新社会运动的参与者多采用非传统的行动方式，但也能根据环境状况灵活地运用各种传统的行动方式。其行动策略也具有多样性，多数新社会运动的一个共同战略是寻找一个强有力的同盟，如对和平运动而言，教会和工会都具有特殊的重要性。就组织结构而言，新社会运动的内部结构并不是个体的或原始的网络的聚集，相反，它们的结构应被视为一种 SPIN 组织即局部化、非集中化和意识形态上的一体化网络。但运动本身的扩展和外部环境几乎总是使其面临着正式化、集中化发展的压力，当然运动整体的正式化水平在不同运动与国家间有很大的差别，如妇女运动一般有着较为非正式和非集中的组织结构，而和平运动则以较为正式化的组织结构为特征。

(二)由工人运动谈新社会运动之"新"

研究学者认为,新社会运动不再是工人运动,而是学生运动、环境保护运动、反核运动、女性运动等。维复卡认为,新社会运动与工人新社会运动有五个方面的差别。[5]

第一,新社会运动的运动对象更为模糊。工人运动的目标很明确,为了反资产阶级既有经济意义也有政治意义。工人运动的对手非常清晰,也就是那些经济巨头,垄断经济的资本家。但是之后的新社会运动,例如反核运动的参与者也很难诉说自己的目标敌人是谁,是研制核能源的科学家吗?还是应用能源的公民或者商家?没有明确的指明。所以说新社会运动的斗争对象更为模糊很难清晰确定单一人物或者集体。

第二,新社会运动更加全球化。工人运动是在民族国家的范围内展开的,虽然也试图冲出特定民族国家,但未能实现。新社会运动则与之相比多了全球化运动的形式,它可以在许多国家同时发生。再拿反对核武器和核电厂的运动为例。反核运动具有国际性的意义。它的呼吁是全球人民的共同愿望,很容易将其扩展为全球式的大规模运动,产生深刻的社会影响。

第三,新社会运动从社会经济斗争转向文化斗争,由经济基础层面转向上层建筑层面。工人运动中工人大多由于经济基础决定其贫困的生活环境,他们为了生存和得到更好的待遇进行反抗斗争。但是在工人运动进行的同时,他们也会矛盾。为了生存而抗争,但是抗争胜利后如果企业衰败,自己也失去了工作的机会,更加难以维持生存。而新社会运动则是为了文化追求。时代背景的不同决定生存已然不是首要问题。例如,反核运动主要是由环境保护人士参加的。运动希望得到一种新的生活方式和一种新的社会观念,即保护生态环境,人与自然和谐相处。新社会运动中也会发生少数民族的斗争,比如,要求获得平等的政治权利、平等的就业机会,反种族歧视等,这些运动主要是一种文化上的诉求。

第四,新社会运动与政治的关系同工人运动的不同。马克思之后的许多工人运动成立了政党建立了自己的武装政权。他们有自己的意识、纲领、目标。部分政党脱离了工人阶级,背叛了工人阶级的利益,脱离了民众。新社会运动则宣称一切私人问题都是政治的,有的直接独立于政治领域。例如"绿色和平运动"发展为绿党。原本环境保护与政治无关,但是他们的政治主张逐步被其他政治组织所容纳并且支持赞同,获得了政治意义。可以说,"新社会运动对于把政治区分为左翼和右翼的传统做法提出了挑战,并把以往看作是政治行动以外的东西包括进来,从而拓展了政治的定义"[6]。

第五,形成的主体不同。工人运动与新社会运动相比,前者是社会意识上的主体而后者是文化意识上形成的主体。我们多了解工人运动是由工人阶级为主,他们为了反抗社会压迫集结在一起发起斗争。同时他们在社会生活上又有着联系,潜移默化成了一种社会意义上的群体。而在当代资本主义社会,工人阶级的地位有所提高,生活质量得到改善,他们的阶级利益淡化,不会再因某个人的利益受到侵害或者人格侮辱进行阶级斗争。西方的新社会运动参与的主体或许没有共同的目标。有的人也许为了刺激生活,也许为了扩展人际关系,也许是跟风,也许是抗议。这些活动纯粹是文化活动,不掺杂阶级抗争。也许彼此生活本来并无交集,只因这个活动积聚在一起。

三、新社会运动格局的变化

学者研究发现从公众动员的规模和政治行动的方式看,经历了近二十年的发展后,西方新社会运动自 80 年代中期发生了广泛而深刻的变化。新社会运动的主要类型是和平运动与生态运动。在 70 年代末、80 年代初时两种大规模群众性抗议活动都有了不同程度的减少,但是自此后,和平运动走向衰弱,而环境运动在总体规模与政治影响上都有良好的发展。最明显的状态是,环境运动大都与一些政府机构建立了联系,并且逐渐趋于通过正规的、系统的方式向政府表达意愿。但是和平运动却并没有做到这些。可见环境运动处于优越地位。由于审视角度的不同,新社会运动为何在这一时期呈现出这样的态势,西方学者也没有一致的答案。但是仅就个人分析,认为其有以下两个方面的原因。

第一,在现实社会状态下的个人优先选择决定了运动的规模。就新社会运动发展前提而言,"现代化"是一个重要因素。由于科技的发展,社会更加城市化,人们的交通联系更加便利化,思想交流更容易产生共鸣。也就是说社会的现代化是新社会运动产生的前提。而新社会运动又是社会现代化危机的产物,都是发展中未解决难题的反映。此时期西方资本主义更多的运动参与者是在国内外政治和经济相对安全的条件下成长起来的,因而他们更优先考虑当时更强烈的诉求,也就是环境健康。生态直接影响着人类的生活水平,健康状态。而国家的军事安全,世界和平似乎是多余的呼吁。更通俗形象地举例来说,作为在读研究生,相对于未来生活的物质需要,我们更看重的是当前知识的获取和学历的提升。这是我们在个人生活和政治参与中希望优先实现的要求。

第二,时局之下政府对新社会运动呈现的态度决定了运动的态势。新社会运动中环境运动团体政治参与影响的扩大,突出表现为它对欧洲一体化发展进程和欧洲联盟改革的积极介入。在所有的主导性社会运动中,环境运动团体是处于最优越地位的社会运动。[7]欧盟几乎所有的机构都赞成环境主义。环境运动在布鲁塞尔还建立了强大的院外活动集团,此外其还通过欧洲法院和欧洲议会来实现它们的目标。相比之下,西欧和平运动既缺乏像核武器威胁那样鼓动性的政治议题,也缺乏政府如同环境鼓励般支持以实现运动的政策目标,所以它处在了衰退境地。

四、新社会运动引发的启示

上述的新社会运动是资本主义现代化危机的产物,同样新社会运动是资本主义社会危机最直观的写照。危机即是解决不了的问题,没有危机也就没有抗议和运动。第二次世界大战后,西方发达资本主义国家在长约二十年的时间里经济繁荣、社会稳定。然而这种相对稳定的发展并不代表其自身存在的各种矛盾都已经得到解决。而且其存在的矛盾所导致的各种社会矛盾却在越来越激化和严重。新技术革命的迅猛发展,全球范围的生态环境恶化,失业率与增长经济低迷,福利制度的危机,性别平等更加要求强烈,经济全球化等都向现存的资本主义制度提出了严峻的挑战。那么为什么这些西方国家经历了如此激烈的新社会运动的冲击在社会危机严峻下依然能保持社会稳定?新社会运动地我们这一代的启示是什么?

（一）借鉴西方国家应对新社会运动的策略

面对以新社会运动为主要表现形式的社会危机和社会矛盾的压力,当代西方发达国家采取了有效的应对策略。其中包括建立和维护社会主流意识形态、根据社会结构变化调整政党策略、国家成为社会利益调整的主体、采取法律和行政措施预防和化解社会矛盾等。[8]马克思指出:"人们奋斗所争取的一切,都同他们的利益有关。"[9]我国要积极疏通社会利益、缓解阶级矛盾,重视社会阶层的变化,及时解决问题,少走弯路。加强党的执政能力,主动改善生态环境等可能引来公众不满而又需要解决的问题。只有在执政方式的革新中不断坚持和发展其基本执政理念,积极响应以人为本的理念,强化执政方式的民主性,执政党居安思危,增强忧患意识,汲取西方资本主义政党兴衰成败的教训,吸收其有效的有利于国家发展的政策方法,才能有助于构建社会主义和谐社会。

（二）处理好我们与社会发展的关系

新社会运动中类似我们这一代的青年是一股重要的生力军。在我国,我们应该积极提高自己的能力和素质,既要避免给国家带来负担,引起危机,也要为国家贡献力量、解决问题。我们不能说新社会运动绝对好与坏。但是我们确定,如果国家繁荣富强,人与自然和谐相处,人与社会共同发展,人与人信任友善,人们就不会发起抗议运动。我们应激发自己进行社会参与的积极性,同时最大限度地焕发工作热情和创造潜能。积极投身到我国社会主义现代化目标的建设中去。促进中华民族的全面复兴。面对就业率低的现状,与其发起运动进行抗议,我们更应全面审视自己,提高自己的社会价值,给自己创造价值。

（作者单位:北京信息科技大学马克思主义学院）

参考文献:

[1] Hank Johnston. Albert Melucci1 New Social Movement. Temple University Press,1994.

[2]杰弗里·伊萨克著,周凡译,后马克思主义与新社会运动[J]. 马克思主义与现实,2004. 65.

[3]杰弗里·伊萨克著,周凡译,后马克思主义与新社会运动[J]. 马克思主义与现实,2004. 66.

[4]汉斯彼得·克里西. 西欧新社会运动[M]. 重庆:重庆出版社,2006. 10.

[5] Michel Wievorka. "After New Social Movements". in Social Movement Studies. Vol. 4. No. 1. 1 – 19. May 2005,P1 – P7.

[6]Craig Calhoun. New Social "Movements of the Early Nineteenth Century". in Social Science History. Vol. 17. No. 3 Autumn,1993,P386. P391. P393.

[7]Gary Marks and Doug McAdam. Social movements and the changing structure of political opportunity in the European Union. West European Politics1992(1996), P249 – P278.

[8]孟鑫. 当代西方发达国家应对新社会运动策略分析[J]. 中国人民大学学报,2005(05).

[9]马克思恩格斯全集(第2版)[M]. 北京:人民出版社,1995.

对第二国际组织形式的分析

姜婕妤

摘 要:历史上的第二国际在国际共产主义运动史上是占有举足轻重的重要地位的。自第二国际成立后,后人对其研究和探讨都仅仅侧重于它的结果,反而对它组织形式的内容及特点谈得不太多,第二国际的组织形式有其特殊性,正是因为它产生于一个特殊的历史时期,与第一国际和第三国际有很大的差异。所以,我针对第二国际组织形式产生的背景、影响以及人们对它的评价谈谈自己的理解。

关键词:第二国际;组织形式;自主性

第二国际在成立初期并没有成立任何固定的具有国际性的组织机构。通常所说的 1889 年的巴黎国际社会主义工人代表大会,即第二国际成立大会,实际上只是第一国际解散后在各国先后成立的群众性工人政党的第一次大规模国际会议,它使得各个国家先进工人之间长期的中断得到了联系,且时常讨论一些共同关心的重要问题并做出决议,从而开辟了国际工人运动和社会主义运动的一个新的历史时期。

一、第二国际组织形成的历史背景

第二国际是国际共产主义运动发展到新的历史阶段的产物,当时国际工人运动和社会主义运动的发展水平决定了它组织形式的独特性,正是因为第二国际在组织形式上的独特性,所以体现了各个国家党内的相对自主性。

在法国的巴黎公社运动失败以后,世界各资本主义国家也进入一个相对和平稳定的历史发展时期,各国际工人准备把握住机会,在这个新的历史时期储备自身的力量以及加强组织建设。在那个时期,无产阶级能够在民族国家内部建立社会主义政党,从而锻炼、教育和组织各国家的工人阶级,根据本国的实际情况同资产阶级做斗争,在政治上、思想上以及组织上做好迎接下一个革命高潮到来的准备。值得注意的是,在第一国际解散以后的相当长的时间里,社会主义运动有了较好的发展前景,主要表现在欧美各个国家都先后建立了社会主义政党,然而,这些党在各个方面表现得还不够完善和成熟,士兵的战斗力等方面还比较薄弱。为了使各国革命运动有更好的发展,建立一个新的国际组织是十分必要的。但是,如果仍然照搬第一国际当时集中统一的领导模式,各个党不仅无法在自己的国家发挥特有的独立性,而且不利于工人运动更好地发展。正如恩格斯所说:"运动的规模已经很大很广了,再也不能用这种对它来说已经狭窄的框框来束缚它了。"[1]"这类形式的联盟不仅不必要而且也不可能存在下去了。"[2]无产阶级在新的革命历史时期中,在革命精神和原则等方面第二国际继承并发扬了第一国际的精华部分,但在组织形式和活动方式这两个方面有自己独到的创新和发展。这种新的组织形式有助于不同国家的党之间进行平等的交往和联系,有助于它们根据自己国家不同的发展情况来制定相应的斗争策略和战略方针,从而使国际共产主义运动在横向方面有巨大的发展。

马克思主张,无产阶级的事业不光是各个国家自己的事情,更是整个国际性的事业,其最终目标的实现是需要各个国家的工人阶级共同努力的。国际主义的要求是各民族、各国家内部阶级政党的地位一定是平等的,不过组织上一定要有其独立性。恩格斯说过:"各国工人阶级独立自主地发展是影响国际工人运动发展以及壮大的一个重要因素,真正的国际主义需要以独立的民族组织为基础,真诚的国际合作为前提,只有在平等者之间才有可能更好地合作,自愿联合、互相支援才能实现真正的国际主义运动。"恩格斯对第二国际的最大贡献,就是坚决主张以马克思主义理论为指导,同时要保持各国社会主义政党的独立性。恩格斯不主张所要建立的第二国际同第一国际具有相似的组织形式,他不希望各国政党作为下属支部隶属于它,即上下级的关系,相反的,主张在思想上统一的,即坚持科学社会主义方向,同时又具有多样性,即各国工人政党能够发挥自己的自主性和首创精神。第二国际在组织形式上有一定的松散性,有利于最大限度地争取人民群众参加社会主义运动,并加强国际的联系,从而维护整个国际社会主义运动的团结。

第二国际在组织形式上的松散性,是被欧洲一些具有民主传统的国家所需要的。

马克思认为各个国家不同的政治、经济、文化以及相应的社会条件和民族传统决定了不同国家工人运动的组织形式和斗争方法。一种在专制政体和半专制政体下可能取得一定成效的活动方式,如果强加到民主政治制度比较健全的国家里,则不一定行得通,反之,也是同样的道理。具有较为松散的组织形式的第二国际,一方面适应了新的历史条件和新的目标任务,另一方面也和西欧各国的历史和民族具有较强的一致性。当时,国际共产主义运动思潮虽然已经扩展到了全球,但是其核心仍然在西欧。德国、英国、法国等国家的社会主义运动仍然在第二国际中起着不可替代的重要作用。在我们看来,这些国家都已经经过了相当长时间的资产阶级民主革命,基本动摇甚至推翻了封建专制制度,先后建立了一套比较健全的资本主义民主制度,民主观念和民主意识逐渐深入人心。这些国家的无产阶级在资产阶级革命中获得了极大的启发,他们在争取自己切身利益的同时,逐渐放弃了之前较为原始的、野蛮的斗争手段和方式,采用了民主这个大家都普遍愿意接受的现代武器。在这种特殊的背景下,如果建立一个和之前一样的权力相对集中的政党,必然会失去广大群众的支持和维护。我们不能片面地用列宁的集中制思想去批判第二国际的组织形式。其实,列宁很早就明确表示过他作为职业革命家组织开展运动的思想,这仅仅是针对俄国这种专制国家而言的,并非全世界通用的唯一模式。因此我们可以看出,列宁的建党思想对同俄国相类似那些比较落后的国家是适用的,但对于西欧各国却不一定完全适用,即使是到了今天该主张仍然具有重要的借鉴和指导意义。

二、第二国际组织形式的影响

(一)积极影响

第二国际组织形式的特点是与无产阶级革命运动的发展有关系的,所以,它的这一特点极大地推动了这一时期国际共产主义的运动。

虽然第二国际的组织形式比较松散,国际代表大会做出的决议对各个国家党没有那么强的约束力,但是,由于各个国家社会主义政党都是以平等的身份参与这些决议的制定的,并且是在充分讨论的前提下共同确定,在实践过程中各国政党又可以根据本国实际情况有选择地采取相关措施,所以,这些政策都能自觉地得到贯彻和执行,这强有力地促进了国际共产主义运动的发展。例如,1905年俄国革命爆发后,第二国际各国代表共同商议,最终同意支援俄国革命,这一决议在各个国内得到很好的运用和发展。比如战争与和平的问题,第二国际经常召开代表大会商讨要如何谴责军国主义、捍卫和平、反对战争。尤其是在巴塞尔大会上一致通过的《国际局势和反对战争的统一行动》宣言,表明了社会党人在战争与和平问题上有相同的立场和观点,就这个问题的讨论得到了各国无产阶级的积极拥护和支持。第一次世界大战爆发前夕,在第二国际的号召下,很多国家内的工人阶级都不同程度地开展了反对战争的罢工运功。形式上国际代表大会的决议可能对各国并没有特别强大的约束力,但是,在道义上却有很深刻的影响。第二国际的组织形式很大程度上有利于争取人民群众参加社会主义运动,加强各国的联系,促进了国际的交流与合作。法国工人党和社会党的一位领袖布拉克说:国际代表大会"起着持久的团结的作用"[3]。考茨基也说:"第二国际不能强迫一切国家的工人运动实行统一的决策,但是,它能朝这一方向施加强大的道义压力,它的历史贡献就在于此,如果没有它,我们恐怕在战争之前的几十年间就已经经历国际无产阶级在阶级斗争中糟糕的四分五裂和对立状态了。"[4]

第二国际大多数政党看上去的"松散"状态,其实并不是一盘散沙,而是以党内民主制为基础的。

严格地讲,组织形式上的"松散"状态并不等于组织涣散,也没有非因果关系。如果说第二国际各党在组织形式上"松散",只是对其表面的简单的描述,而不是实质上的凝练和概括。党在民主上的组织原则是马克思主义政党的关键因素。恩格斯曾指出,党内的民主制是预防任何一个组织实行独裁专断的基础和保障。例如,德国党很早就规定了党的最高权力机关是代表大会,并为之付诸实践,同时规定了代表大会的年会制,并且为了保障党的执行机关在行使权力的同时真正贯彻执行代表大会的规定,它还专门设立了监察机构来监督。他们在平时的实际工作中,充分发扬党内民主,重大问题由全党公开讨论,然后根据少数服从多数的原则做出统一的决定并付诸行动。由于党的各项重大方针政策并非是个人意志或少数人意愿的产物,而是通过全党成员的自由讨论商榷后确定实施的,因此各项决策具有坚实的群众基础,在通常情况下,都能得到各国政党的贯彻和执行。第二国际的领导机关可以时刻监督党制定决议的执行情况,但它无法强制要求各级地方组织去实行具体的行动策略,而是"给予它的团体和个人成员最广泛的自由去选择他们能够遵循的专门的社会学理论和制定他们的实践活动方针"[5]。这就可以确保各级组织在复杂多变的国际斗争环境中独立自主地开展有关工作。由于第二国际内存在较为浓烈的民主氛围,因而,不同的思想观点、思维方式的交锋异常激烈活跃,会出现一些不同观点的派别,出现这种情况也是在所难免的。第二国际各国政党尊重内部每个党员的思想自由和言论自由,尤其侧重于保护少数个人和派系的陈述、保留和坚持自己观点的权利,避免强迫要求大家追求表面思想的一致。

（二）消极影响

第二国际的组织形式较第一国际的组织形式有许多可以借鉴的地方,但它的缺点是无法担负起领导整个无产阶级革命胜利的重任。

在第二国际刚刚成立的时候,它的组织形式还不是完全固定的、不具备一定的国际性质,没有共同的纲领和章程,甚至都没有发表正式的成立宣言。在1900年召开的巴黎大会上,决定设立社会党国际局,由各个国家的政党派2名代表参加大会,分别设立主席和书记各1人,决定国际局每年举行一次全体会议。但是,第二国际并没有在总部设立中央领导机关,只是需要负责联络各国政党和情报交流情况。它和各个国家政党之间是没有领导和被领导关系的,也没有相互牵制和彼此制约的关系。在1907年召开的斯图加特大会上一致通过了组织的总体章程,规定了国际代表大会和国际局的活动规则,其基本原则就是国际代表大会制度。主要活动方式就是定期召开国际代表大会,目的是交流各国工人运动发展的经验和互通情报,商讨各国共同关心的问题,制定指导各国工人运动的方案。但是,国际代表大会通过的决议并不会强制要求各国政党必须按要求执行,他们有选择的权利。国际代表大会或国际局都无法干涉各个国家政党的内部事务。因此,总体看来,第二国际不是一个集权的组织,而是一个松散的国际组织。

此外,参加第二国际组织的不光有各国的社会主义政党,而且还有其他社会工人团体,参与人员较为复杂,斗争的目标也并非完全一致,指导思想并不全是运用马克思主义理论。

因此,组织内部成员并不完全是无产阶级中的先进分子,没有把无产阶级革命和实现无产阶级专政作为自己的奋斗目标,而是把合法的议会斗争作为重点去实践。为了加强议会斗争的需要,只是一味地追求党员数量,对贵族、小资产阶级分子甚至资产阶级分子也热烈欢迎,造成党的成员混乱,无组织,无纪律,允许各国政党内不同的派别自由活动,使地方组织有很大的自主性,甚至可以不按照中央的决议执行。为了配合议会斗争的需要,这些政党还自发提高工会和议会成员的地位和话语权,甚至让议会党团的影响力凌驾于党中央之上。这样的党肯定无法领导无产阶级进行革命,更不可能在革命形势具备时承担起领导地位。在第二国际时期,总体上是资本主义和平发展时期,由自由资本主义向垄断资本主义转变,无产阶级并没有选择在这个时期夺取政权,相反利用普选权进行合法的议会斗争是其主要任务。当然这也取得了很大的成就。然而,大多数第二国际的领袖都害怕受到统治阶级的镇压,从而失去自己原有的合法权利和地位,同时他们也沉迷于议会斗争所带来的点滴成就,把议会斗争合法化,忘记了自己最初的目的。

尤其是在伯恩施坦的修正主义出现以后,他极力主张否定无产阶级革命和无产阶级专政,力推议会斗争成为党内的主要斗争方式,并且使之思想逐步占据了领导统治地位。由于他的指导思想已经与马克思主义理论大相径庭,所以在行动上,就无法同议会外的群众结合起来发展革命力量,因此无法根据外界形式的发展及时引导群众开展新的革命斗争。在第一次世界大战爆发时,西欧各国不但没有利用当时尚好的革命形势组织发动工人无产阶级去革命,而是在战争一开始就毫不犹豫地投入资产阶级的怀抱,无情地背叛了无产阶级的革命事业。

综上所述,我认为尽管第二国际的组织形式有可取之处,但各国政党组织都只适合领导合法的议会斗争,不可能实现领导无产阶级和劳动群众来进行社会革命,推翻资产阶级的统治,实现共产主义的终极目标。

三、第二国际的组织形式与其最终破产的关系分析

第二国际松散的组织形式是第二国际破产的直接原因吗? 多数人主张,第二国际松散的组织形式是其破产的主要原因之一,但我觉得这种观点不完全符合历史事实。列宁曾经说过,第二国际是历史发展到一定时期的产物,其组织形式的特点不可避免地会产生时代的烙印。列宁正是基于当时大的国际时代背景考虑,既充分肯定第二国际所产生的巨大影响,同样也实事求是地指出了第二国际的缺点和不足。针对分析第二国际的特点时他曾经提出,第二国际组织是“工人无产阶级运动的国际组织,这个运动当时是横向发展的,因此,革命的水平难免会有所下降,机会主义不免暂时加强”[6]。在分析第二国际破产的原因时他又提出:“机会主义不是偶然的现象,不是个别人物的罪孽、过错和叛变,而是整个历史时代的社会产物。”[7]从列宁的这些论述中我们不难看出:机会主义在第二国际的产生、发展和最终的破产这几个阶段都与当时特定的历史条件是密不可分的。具体来说,第二国际的破产与第二国际中绝大多数社会民主党的机会主义的存在是分不开的,机会主义经过长期的发展逐渐占据了统治地位,从而党的性质发生了质的变化,主要表现在由大多数国家的党在和平时期滋长的机会主义到战争时期发展成为社会沙文主义的现象,因此我认为它是一定历史时期的产物,有一定的必然性。第二国际这种组织形式绝不是机会主义泛滥和第二国际破产的主要原因。

三、结语

我们无法否认,第二国际的破产不可避免给国际共产主义运动带来了不可估量的损失,但第二国际这个组织也为世界无产阶级革命事业做出了重要的贡献。

对于这样一个长达 25 年之久的世界性的国际组织,在国际共产主义运动史上有过重大影响力的国际组织,如果仅仅因为由机会主义的蔓延滋长而导致最终走向破产,就把它当作"肮脏的发展而一概加以否定的话,这不是马克思主义者该有的风度"[8]。我认为,第二国际的组织形式在当时的历史条件下是有利于无产阶级革命运动深入发展的,在历史中有非常重要的意义。因此,我们必须具有实事求是的态度,明确地区分第二国际组织形式所带来的积极因素和消极因素,客观地做出符合历史史实的结论。虽然第二国际的组织形式不是尽善尽美的,存在着许多这样或那样的弊端和缺点,但其曾经是许多发达国家的无产阶级进行斗争的有效形式之一,也是完成党中心任务的基础和保障。

(作者单位:北京信息科技大学马克思主义学院)

参考文献:

[1]中共中央马克思恩格斯列宁斯大林著作编局编. 马克思恩格斯全集(第38 卷)[M]. 北京:人民出版社,2009:141.

[2]中共中央马克思恩格斯列宁斯大林著作编局编. 马克思恩格斯全集(第19 卷)[M]. 北京:人民出版社,2009:143.

[3]柏林德文版. 若·奥普特. 纲领和现实[M]. 1970:42.

[4]柏林德文版. 若·奥普特. 纲领和现实[M]. 1970:47.

[5]国际共产主义运动史文献史料选编(第 3 卷)[M]. 中国人民大学出版社,1985:51.

[6]列宁选集(第 3 卷)[M]. 人民出版社,1972:809.

[7]列宁选集(第 2 卷)[M]. 人民出版社,1972:634.

[8]斯大林全集(第 6 卷)[M]. 人民出版社,1965.

大革命时期陈独秀与共产国际的关系

马燕婷

摘 要：陈独秀是我党早期的领导人之一,是一位重要的、颇有争议的人物。20世纪90年代后,随着有关资料的公开,引起人们的研究热潮,对陈独秀评价也基本趋向公正。这些研究不仅有利于我们对陈独秀有一个客观公正的评价,而且有利于正确认识共产国际与陈独秀的关系及共产国际对中国革命的作用。通过对这一系列的问题探讨,可以揭示出大革命失败的真正原因,以及明确大革命失败的责任问题。让我们以史为鉴,在经济建设中吸取经验教训,坚持独立自主的原则,坚定不移地走中国特色的社会主义道路,这是我们实现中华民族伟大复兴的必由之路。

关键词：陈独秀;大革命;右倾;共产国际

大革命时期,陈独秀与共产国际的关系密不可分,共产国际对陈独秀的影响是巨大的。陈独秀对于中国革命的探索和认识,很多都是来自共产国际的指导,但是共产国际有意在国共两党政策上偏颇,及其对中国革命指导上的错误,是大革命时期陈独秀犯右倾错误的重要原因之一。

一、陈独秀与共产国际关系的发展演变

俄国十月革命以后,最早建立了社会主义国家,但是其一成立就处在世界帝国主义的包围和封锁中。为了打破这种封锁和围剿,共产国际和俄共(布)加快了在东方,特别是在中国开展工作的步伐。而中国也在探寻救国的道路,由此与共产国际的关系密切起来。

（一）接触与了解

1. 陈独秀与共产国际的初步接触

1920 年 4 月，俄共（布）"向中国（上海）派遣了全权代表维经斯基同志及其两名助手季托夫同志和谢列布里亚科夫同志。三个都是共产党员。这为在远东国家开展有步骤的组织工作奠定了基础"[1]。他们是为了寻求与中国建立联系。陈独秀与维经斯基的初次会晤是由李大钊介绍的。这次会晤意义重大，使陈独秀与共产国际开始有了联系。

陈独秀认为"作为共产党首先要信仰马克思主义，其次是发动工人，组织工人，武装工人，推翻资产阶级政权，消灭剥削制度，建立无产阶级专政"[2]，即陈独秀认识到指导思想及人民群众的重要性，提出建立无产阶级专政的口号。但是维经斯基的想法与陈独秀的不一致。经过一番较量，最终维经斯基接受了陈独秀的意见，肯定了陈独秀在上海的建党工作并予以帮助。陈独秀有了维经斯基的帮助，加快了建党的步伐。

同年，维经斯基和陈独秀又建立了上海革命局领导革命工作。"为了使革命学生联合起来组成统一的社会主义青年团，该部做了大量组织工作。他们在中国各个城市召集一系列的学生会议，并在北京举行了北京、天津、汉口、南京等几个城市的学生代议，最后成立了社会主义青年团。青年团成立后派代表参加上海革命局。"[3] 由此可见，上海革命局在中国革命早期起了重要的作用。

2. 陈独秀与共产国际的相互了解

共产国际的工作机制是高度集中的，这影响了追随国家的独立自主。陈独秀曾为此而与其发生冲突。1921 年 9 月，陈独秀开始了与代表马林的接触，马林的很多做法，例如要求每周一次的工作报告，引起了陈独秀的不满。就此，陈独秀认为，"我们不能靠马林帮助，要靠中国人自己组织党，中国革命靠中国人自己干，要一面工作，一面革命"[4]。后来，两人的关系有所改善，陈独秀也接受了共产国际的领导。

经过与陈独秀的接触，共产国际对陈独秀有了一个全新的认识，初步认可了陈独秀的工作。1922 年 5 月，利金在给共产国际执委会远东部的工作报告中肯定了陈独秀在创建中国共产党过程中的作用，他指出："上海小组具有领导作用，不仅因为它是中心组，而且也因为有陈独秀同志参加。"他还说，"在中国共产主义小组组成人员中，有许多同志，如李大钊、陈独秀等，不仅是革命者，而且也是颇有影响的工作者。因此，归根到底必须承认，在中国，我们有从事共产主义工作的支柱。"

（二）争论与服从

在接受共产国际的领导与国共合作中，陈独秀极力维护中共独立性，这种维护主要来自其对独立性的认识，陈独秀对于国共合作中损害中共独立地位的行为进行了一定的抵制。

1. 抵制共产国际有损中共独立性的行为

大革命时期中共的革命都是在共产国际的领导下进行的。但陈独秀认为"各国革命有各国的国情，我们要保留独立自主的权力，要有独立自主的做法，我们有多大的能力干多大的事，决不能让任何人牵着鼻子走"。基于这样认识，陈独秀首先抵制马林不尊重中共独立性的行为。比如，马林派中共党员张太雷赴日本筹备共产国际远东会议工作，但没有与中共商量，陈独秀认为马林的这种行为是藐视中共中央的行为，因此陈独秀要求撤换马林。陈独秀这种坚决维护中共尊严的行为应该肯定。

马林走后，鲍罗廷来华，其损害中共的行为更甚。鲍罗廷在国共两党中，更倾向扶植国民党，使其成为民族解放运动的领袖。导致其经常做损害中共独立性的事情。陈独秀对鲍罗廷这种做法给予强烈的抵制。陈独秀在维护共产党独立性方面，做了一定的抵抗。尤其在共产国际高度集权的年代，陈独秀的抗争更显可贵。虽然没有从根本上改善中共被共产国际包办的事实，但在一定程度上起到了积极作用。

2. 陈独秀对共产国际的无奈服从

伴随着大革命高潮的到来，国民党右派掀起的反共逆流也在滋长。在国民党新老右派变本加厉的反共活动面前，陈独秀反抗软弱无力。在共产国际及其代表的压力下，陈独秀不得不服从共产国际维护国共合作的指示，尽力维护国共合作的局面。

陈独秀第一次提出退出国民党是因为戴季陶主义的出现。但后来在维经斯基及共产国际的压力下改变主意，共产国际执行委员会要求"中国共产党仍要留在国民党内，应采取这样的方针：通过自己在国民党内的工作来保证加入国民党的各社会阶级和集团的联盟和行动统一"[5]。1926 年 1 月国民党第二次全国代表大会在广州召开。在关于国民党中执委的共产党员人数问题上，陈独秀不得不做出让步，服从了共产国际的主张。

二、大革命时期陈独秀的右倾错误与共产国际

大革命的后期陈独秀犯了右倾错误，但他的右倾错误除了有他自己的因素外,更多的还是共产国际指示的原因。

(一)统一战线中,放弃革命领导权

在国共合作的统一战线中,陈独秀最大的一个错误就是放弃了对无产阶级的领导权的争夺。陈独秀放弃领导权理论上的表现即认为"中国目前所需要的是民族革命运动,这个运动的领袖应该是中国国民党;民众若不认识国民党和国民党若不认识自己,都是中国革命之最大障碍"。陈独秀做出这样的论断,有两个原因,一是共产国际的影响;二是陈独秀高估了资产阶级力量,低估了无产阶级力量。基于这种判断,他认识不到无产阶级争夺领导权的重要性,同时也认识不到共产国际在这方面的指挥失误,更谈不上去纠正错误了。所以最终犯了右倾错误,导致中共在大革命中遭受失败,并给我党带来严重损失。

(二)忽视武装斗争的重要性

相对于军事,陈独秀更加注重宣传工作。他这种认识的原因有两个:一是他本身的认识不足;二是受共产国际对中国政策的影响。共产国际对中共的军事工作曾给予一定的帮助,但相对于给国民党的军事帮助来说,对共产党的帮助是微乎其微的。基于共产国际的态度,陈独秀做了一个放弃领导权的错误论断,从而使大革命后期中共处于被动、无力反击的境地。陈独秀认为"败坏困苦的中国,须有各阶级群起合作的大革命,才能够依群众的革命热忱和创造力涌现出一个独立的统一的新国家。这个新国家只有在大群众的革命的狂热中,全国的制度文明思想习惯都受了洗礼,才能够实现,绝不是单靠军事行动可以侥幸得来的,更不是个人的暗杀可以成功的。单靠军事行动取得政权,这是墨西哥式葡萄牙式的军事投机,绝不是法兰西式俄罗斯式的革命事业"[6]。可见陈独秀不赞成纯粹军事工作,也对军事工作在革命中的重要性缺乏认识。因而这一段时期中共军事工作都是在一心一意帮助国民党。

直到1925年,中共在共产国际的帮助下,理论上开始建立自己的武装,这也一定程度上改变了陈独秀对军事力量的认识并开始注重军事工作,他认为"反对革命用武力,这种人不是糊涂蛋便是反革命者。任何国家任何性质的革命,都非有武力不成;因为被革命的统治阶级都有强大的武力,革命的被统治阶级如果没有武力,当然不会成功"。最终取得了一定的效果。但在实际中,共产国际更加注重国民党的军事力量的发展。共产国际代表为了保护统一战线,否定了中共大力发展自己军事力量的建议,要求共产党员不担任军队的领导职位。陈独秀在实践中遵从了共产国际这一主张。

（三）放弃中共对土地革命的领导权

陈独秀放弃土地革命有两方面的原因，一是陈独秀个人认识的局限性。他没有认识到农民对土地的渴望，进而有的战斗力；二是与共产国际政策有关。共产国际很早就认识到了土地革命的重要性，但在实际指导中却有偏差，影响了中共对土地政策的实施。

陈独秀是按照共产国际的国民党主导土地革命的要求，制定中共的土地政策的。但本身这个政策就与共产国际之前倡导的统一战线相矛盾，所以给执行政策的陈独秀及中共造成了困难。陈独秀很难协调国民党内部的大地主、富豪与普通农民之间的关系，因而其错误是很难避免的。但陈独秀根本的错误在于不懂得争取中共独立领导土地革命的重要性，不懂得灵活运用共产国际政策的正确部分来加强中共对农民运动的领导。共产国际低估中共、仅看重国民党力量对陈独秀的错误认识影响也是巨大的。

所以大革命时期，共产国际犯了政策制定与实际指导上的错误，陈独秀追随了共产国际的错误政策，在执行中犯了右倾错误。总体上来说陈独秀在统一战线中只注意联合忽视了联合中的斗争，只重视民族革命不懂得民族斗争中的阶级斗争。在与共产国际的关系中，陈独秀是一个很好的执行者，然灵活变通能力较差，他对共产国际的政策缺乏辨别，往往正确也执行、错误的也实施，不懂得利用共产国际正确政策来发展中共力量，也不懂得策略性地抵制共产国际错误政策来降低对中共或中国革命的危害。陈独秀这种错误使得共产国际的错误政策在中国得以实施并影响了中国革命发展的进程。

三、陈独秀与共产国际关系演变的缘由

由上可以分析得出，在共产国际的领导下，中共的独立性很小，陈独秀对共产国际的态度也基本上是服从。但是什么原因导致了后来关系的破裂呢？

（一）两者利益差异

共产国际和俄共（布）对我国革命在经济上提供了巨大的援助。共产国际在指导中共进行革命时，投入了大量的经费。"据大致统计，苏联资助中国 20 年代国民革命运动的总开支有几千万金卢布。很多史料可以证明。例如 1923 年 5 月 22 日，维尔德说收到从莫斯科寄给中国共产党的 278 英镑和 3500 美元，并附有详细分配数额的指示。"[7]

但随着革命的深入发展，陈独秀已完全改变了建党初期的观点，而是照搬俄国革命的经验，立足于苏俄的利益，因此不能很好地维护中国的利益，甚至牺牲中

共的利益。共产国际为了维护国共合作中,争取国民党的合作,要求中共放弃的领导权就是一个例子。

共产国际对陈独秀和中国革命总是持一种领导者的心理和姿态,派大量的驻华代表对中国实行高度集中的领导方式。共产国际驻华代表起着上传下达举足轻重的作用,中国的实际情况通常都是由代表反馈给共产国际的,共产国际很难了解中国真实的情况,所以制定的政策就难免存在错误。共产国际帮助过陈独秀,陈独秀也曾真心接受共产国际领导,但两者利益之间的根本差别注定了陈独秀与共产国际的关系走向破裂。

(二)共产国际的领导体制

在大革命时期中共是在共产国际高度集权领导下活动的,中共几乎所有重大决策都是共产国际直接制定或在共产国际指导下制定的。特别是中共加入共产国际以后,事无巨细都受到共产国际的领导。据有的研究者统计:"从 1923 年到1927 年,为中国革命问题召开过 122 次会议,做出了 738 个决定,从大的政策到小的决定都有所涉及。"[8] 在这样高度集权的控制下,中共独立自主性很小。这也是陈独秀与共产国际关系演变的原因之一。

(三)陈独秀的个人素质

陈独秀与共产国际关系的演变除了上述两方面原因外,陈独秀自身原因也导致后来关系破裂。

照搬照抄苏俄经验。苏俄革命的胜利,使陈独秀很愿意接受共产国际的领导,学习苏俄的道路,所以在加入共产国际后,陈独秀并不反对共产国际对中国革命事无巨细的指导,并且在有分歧时,一般都选择服从共产国际的指示,可见陈独秀对共产国际是极其崇拜的。

理论准备和政治经验不足。中国共产党成立之初,任务艰巨。陈独秀虽对中国革命做了一定有价值的探索,但因共产国际的指导,使中国革命道路发生了偏差,理论不能与中国实践相结合。再加上自身认识的局限性,不能对共产国际的指示做出正确的判断,不能妥善处理与共产国际的关系。

陈独秀性格上的原因。陈独秀性格具有双重性:既有自己的想法,坚持己见;又容易盲从。他在与维经斯基和鲍罗廷的相处中,更多地表现了服从性。陈独秀的这种性格使他很难独立自主地处理问题,同时又不能灵活处理与共产国际的关系,因此也不可能快速准确地应对中国革命中产生的理论和实践问题。

四、从陈独秀与共产国际的关系中得到的启示

（一）领导人的素质对党至关重要

陈独秀在社会上具有很大的影响力，又连任中国共产党五届的最高领导人，所以可想而知他对党的影响力。当时共产党是在陈独秀的筹备下刚刚成立，缺乏相应的社会历练，当时的陈独秀和中国共产党都是不成熟的，在对中国革命道路探索的过程中难免出现错误。

同样作为党的领导人的毛泽东，在坚持独立自主的情况下，巧妙和艺术地处理同共产国际的关系。在这个过程中，独立自主原则得到进一步的运用和发展，并最终为全党所接受，成为全党共同遵守的基本原则和中共的优良作风。这也说明党的领导人也要有学习和积累经验的过程，领导人的素质随着党的成长也在提升。作为无产阶级政党的领导人要有良好的个人素质，在错综复杂的革命斗争和建设中，既要把握好独立自主的原则性，又要在坚持大原则、大方向的前提下，艺术地、灵活地处理一些具体问题。

当今复杂的国内国际环境对党的领导人提出了更高的要求。不仅要有处理党内问题的能力和素质，更要具有处理党际关系的能力和素质。中国共产党是中国社会主义事业的领导者，肩负着社会复兴和人民富裕的社会使命，这使得中国共产党更需要高素质的领导人。高素质的领导人是带领政党不断前进的动力之一。

（二）将马克思主义理论与中国实际相结合

在用马克思主义理论解决中国问题时，应注意结合中国实际，不能生搬硬套。大革命时期陈独秀就尝试用马克思主义来解决问题了，但是由于主客观因素的多重影响，陈独秀把共产国际的指示神圣化，从而在大革命后期犯了右倾错误，就连当时指导中国革命的共产国际也犯了马克思主义教条化的错误，在中国照搬照抄苏联的经验。

（三）坚持独立自主原则，正确对待外国经验

共产国际对中共实施集权制的领导方式使中共基本失去了独立自主的权力，形成中共对共产国际的依赖，甚至迷信。陈独秀虽然有过抗争，但一般情况下都是尽量予以理解、消化，并在实际工作中贯彻落实。这样一种权力运作机制导致以陈独秀为首的中共中央在大革命后期，在政治局势瞬息万变的情况下不是根据革命发展的形势需要制定相应政策，而是坐等千里之外的莫斯科方面的指示。

事实证明,大革命时期中共在处理与共产国际的关系时,很大程度是被动服从的,有时甚至是盲从的。之所以产生这种倾向,一方面固然是囿于共产国际的纪律;另一方面,就是不能正确认识外国经验,盲从苏联经验、神化共产国际指示。

革命教训是深刻的,事实教育我们无论革命还是建设,必须坚持独立自主的原则。正如邓小平所指出:"我们要注意学习和借鉴外国经验。但是,照抄照搬别国经验,别国模式,从来不能得到成功","中国的事情要按中国的情况来办,要依靠中国人自己的力量来办。独立自主,自力更生,无论过去、现在和将来,都是我们的立足点"[9]。随着经济全球化的发展,我们自身正处于改革开放越来越深入的阶段,在面对一些外来文化或经验时,要注意辨别,不能全盘否定,更不能全盘西化,要有选择地借鉴,取其精华,去其糟粕。

四、结语

陈独秀作为我党早期的主要领导人之一,对中国革命道路的探索做出了重要贡献。但是因为陈独秀早期缺乏经验,再加上共产国际对国共两党政策上的矛盾和失误、对中国革命指导上的错误,严重地阻碍了陈独秀对于中国革命理论的探索和认识。共产国际的错误指导是大革命时期陈独秀政治思想曲折发展的重要原因,共产国际在很大程度上左右着大革命时期陈独秀政治思想的发展和变化,使其政治思想呈现出复杂多变的特点。所以,在今天复杂的国内国际环境中,我们要坚持独立自主、自力更生,绝不照搬照抄别国的经验,要结合中国实际,走中国特色社会主义道路。

(作者单位:北京信息科技大学马克思主义学院)

参考文献:

[1]共产国际、联共(布)与中国革命档案资料丛书(第1卷)[M]. 北京图书馆出版社,1997:50.

[2]包惠僧回忆录[M]. 人民出版社,1983:370.

[3]共产国际、联共(布)与中国革命档案资料丛书(第1卷)[M]. 北京图书馆出版社,1997:53.

[4]包惠僧回忆录[M]. 人民出版社,1983:257.

[5]共产国际、联共(布)与中国革命档案资料丛书(第4卷)[M]. 北京图书馆出版社,1998:84.

[6]陈独秀. 陈独秀文章选编(中)[M]. 北京:生活·读书·新知三联书店,

1984:370.

　　[7]共产国际、联共(布)与中国革命档案资料丛书(第1卷)[M]．北京图书馆出版社,1997:250.

　　[8]李梅丽:大革命时期陈独秀功过与共产国际[D]．陕西师范大学,2007年．硕士论文.

　　[9]邓小平．邓小平文选(第三卷)[M]．北京:人民出版社,1993:2.